€1

Texte, Motive und Gestalten
der Goethezeit

Hans Reiss

Texte, Motive und Gestalten der Goethezeit

Festschrift für Hans Reiss

Herausgegeben von
John L. Hibberd und H. B. Nisbet

Max Niemeyer Verlag
Tübingen 1989

CIP-Titelaufnahme der Deutschen Bibliothek

Texte, Motive und Gestalten der Goethezeit : Festschrift für
Hans Reiss / hrsg. von John L. Hibberd u. H. B. Nisbet. –
Tübingen : Niemeyer, 1989
NE: Hibberd, John L. [Hrsg.]; Reiss, Hans: Festschrift

ISBN 3-484-10623-9

© Max Niemeyer Verlag, Tübingen 1989
Printed in Germany.
Satz und Druck: Druckerei Maisch + Queck, Gerlingen
Einband: Heinr. Koch, Tübingen

Inhalt

Preface / Vorwort der Herausgeber

Hans Reiss retired from university service in August 1988 to begin a new, and no less active, phase in his career as a scholar. His interest in literature was in fact present long before he entered the university world: since his father was a printer by profession, and his mother an actress who specialised in the classical German repertoire, his awareness of the literary idiom has been with him since his earliest years. Ever since, he has been fascinated by the written and spoken word – both of which he has himself produced in generous quantities.

His career has been characterised by diversity of location and of interest. In 1938, he escaped at the eleventh hour from Germany, not knowing whether he would ever see his parents or his home in Mannheim again. He resumed his schooling in the vastly different world of the Republic of Ireland, of which he later became a naturalised citizen; he took his first degree at Trinity College, Dublin, in 1943, followed by a Ph. D. in 1945. In 1946, he moved to London, where he held posts as Lecturer in German, firstly at the London School of Economics and Political Science, and then at Queen Mary College. He was overjoyed, when the war came to an end, to learn that both his parents had survived: his mother's heroic initiative in concealing her husband throughout the war had saved him – in view of his Jewish extraction – from certain arrest and liquidation.

With his move to McGill University, Montreal in 1957, Hans Reiss gained early advancement in the shape of a Professorship in his subject; the Chairmanship of the Department of German and Russian soon followed. This move led in due course to another decisive event in his personal life, for it was in Montreal that he met and married his wife Linda. The last, and longest, phase in his university career has been spent in Bristol, where he occupied the Chair of German from 1965 until his retirement. Here, he has had the satisfaction of seeing his two sons progress to adulthood via a series of academic successes, first at Clifton College and then at the University of Cambridge. He has also been able, since his return to England, to maintain close links with his native region of Germany, spending much of his summer vacations in Nußloch near Heidelberg.

Within the sphere of German literature and thought, Hans Reiss's interests have also been diverse. His doctoral dissertation was on Schnitzler, and his first book, published in 1952, was on Kafka. To write on Kafka at that time in Britain was a bold step, for Kafka's work was not yet acknowledged as part of the German literary canon and was regarded, in some influential circles, as a barely reputable object of study. Other fruitful literary interests, including Heine, Thomas Mann, various aspects of modern fiction, Sternheim, and, increasingly, all aspects of Goethe and of the later eighteenth century, developed in subsequent years.

From his time at the London School of Economics onwards, Hans Reiss has also devoted much time to the study of German thought, especially to political philosophy. It is in his writings in this area, more than any others, that his intellectual debts and affinities are most apparent. Characteristically, they include both German and British influences: he holds Kant's systematic rationality in high esteem, is much in sympathy with the empirical tradition of British philosophy, and greatly admires Karl Popper. He shares with all of them a respect for science and for liberal values, and a distrust of every variety of irrationalism and obfuscation in moral and political contexts. That distrust has also been accompanied by a dislike of all writing which shows little regard for clarity of presentation and expression or resorts to unnecessary specialist jargon.

Two aspects of Hans Reiss's scholarly achievement call for particular mention here, because they are not obvious from the titles of his books and articles which are listed towards the end of this volume. The first of these is his work as a book reviewer. It is not simply a matter of quantity, although not far short of two hundred reviews by him have appeared in many journals and newspapers. The most striking feature of these reviews is their dual orientation to English-speaking and German-speaking audiences. Like many other 'Auslandsgermanisten' – though more extensively than most – he has regularly tried to make the best of the German literary and intellectual tradition accessible to readers in his country, or countries, of residence. In Britain, his efforts in this respect have been directed not just at a specialist public, as his many reviews in the *Times Higher Education Supplement* testify. Less usual is the frequency with which, as a member of a foreign university system, he has reviewed works on German studies in the German-speaking press. But most distinctive of all is the consistency with which, in these reviews, he has brought Anglo-Saxon scholarship and values to the attention of his German-speaking readers. Over many years of reviewing, he has in fact mounted a personal campaign for recognition, in the German-speaking world, not so much of his own scholarship, as of all noteworthy scholarship on the German literary heritage by English-speaking writers.

The second aspect of his scholarly activity which is not evident from his list of publications is in many ways parallel to his work as a reviewer, and can accordingly be mentioned more briefly. This is his role as a Visiting Professor and lecturer in many countries, but above all in English-speaking and German-speaking areas. In this case, too, he has functioned as a two-way cultural mediator; and through his travels and through inviting distinguished colleagues to lecture in Bristol and elsewhere, he has established a wide circle of personal contacts in various parts of the world.

Understandably, therefore, there was no lack of willingness on the part of a large number of people in all areas of German studies, as well as in other walks of life, to be associated with this *Festschrift*, whether by having their names recorded in the *tabula gratulatoria* or by submitting an essay for inclusion. Of necessity, the editors had to be selective in relation to topics covered, and it was decided that the volume should be confined to studies of Goethe and his contemporaries. Two factors influenced this decision. In the first place, Hans Reiss's work, since the publication of *Goethes Romane*, has increasingly concentrated on the classical age of German literature, including aspects of the Romantic period and, more recently, the *Aufklärung*. And secondly, it was hoped that a more unified volume would emerge if contributions were limited to a clearly defined chronological period.

The term *Goethezeit*, as Friedrich Sengle rightly points out (see p. 123), has tended to carry a normative load, suggesting that Goethe himself was the centre on which the aspirations of an entire age were focused, or from which it derived its identity. The term is used in the title of this volume not because of any such conviction on the part of the editors – although there is no denying the exceptional importance of Goethe – but simply because there is no other widely recognised term to cover the remarkable period of German literature and thought from Lessing's major works to the close of the Romantic era. Goethe is, in fact, well represented in this volume; but it is hoped that the remaining studies cover a reasonable range of other writers and topics whose inclusion can be justified without reference to Goethe. Some attempt has also been made to secure a balance of contributions from Germany and North America as well as from Britain; and from the beginning, the editors envisaged a volume with some essays in English and some in German as an appropriate tribute to a scholar equally at home in both languages. It was, of course, impossible to include contributions from all of Hans Reiss's friends who are active in the area in question and whose work the editors would have liked to see represented. That this is so is regrettably inherent in the nature of the exercise.

We are grateful to the contributors for their ready response to our invitation to submit a piece for inclusion; this gratitude also extends to a scholar who was prevented only by circumstances of health from fulfilling his intention to contribute, namely Sir Karl Popper. We are also especially grateful to Walter Müller-Seidel for his advice and encouragement and for negotiating the publication of this volume with a respected German publishing house, and to Max Niemeyer Verlag for taking it on. We are likewise indebted to all the many well-wishers whose names are recorded in the *tabula gratulatoria* and who contributed generously to the publishing costs. We wish to acknowledge particular debts of gratitude to F. u. F. Burda, Baden-Baden, to Burda GmbH, Offenburg, to Modenverlag, Offenburg, and to the University of Bristol for major subsidies without which this volume could not have been published.

Finally, we should like to thank Hans Reiss for good-humoured forbearance over the delay in publication, for which the editors accept responsibility. We hope that he will accept this volume as a token of the good will and affection of a large number of friends and colleagues, all of whom wish him a long and happy retirement.

July 1988   John Hibberd
                                                       Barry Nisbet

Joseph Leighton (Bristol)

Das Nichtschreiben von Briefen: Eine Glosse zur Briefkunst des achtzehnten Jahrhunderts

Vorbemerkung

Die Wahl dieses an und für sich reizenden Themas darf nicht mißverstanden werden. Jeder Wissenschaftler, der mit unserem zu Emeritierenden korrespondiert hat, weiß, daß er seine Korrespondenz immer mit erstaunlicher Gewissenhaftigkeit gepflegt hat. Zu seinen Schwächen gehört aber, daß er manchmal mit einer gewissen Ungeduld die Gewohnheit vieler Germanisten bemängelt, nicht umgehend auf seine Briefe zu antworten. Der folgende Aufsatz will also, indem er sich mit der literarhistorischen Tradition des Nichtschreibens von Briefen befaßt, für Verständnis, Toleranz, Nachsicht und geschichtliche Perspektive plädieren.

Im achtzehnten Jahrhundert hat der deutsche Brief seinen geschichtlichen Höhepunkt erreicht. Gerade in diesem Zeitalter wurde der Brief nicht nur zu einem wesentlichen, unter Umständen internationalen Kommunikationsmittel, besonders unter Gelehrten, sondern er wurde zu einer literarischen Form schlechthin[1]. Zu dieser Entwicklung gehörte natürlich auch eine gewisse Stilisierung, die sich in der Anwendung einer manchmal formelhaften Ausdrucksweise wie auch in dem Vorkommen bestimmter briefspezifischer Topoi aufweist. Solche erscheinen häufig am Anfang eines Briefes. Das uralte Problem, wie man einen Brief überhaupt anfängt, fand im achtzehnten Jahrhundert verschiedene Lösungen, unter denen das Entschuldigungstopos oder das Beschwerdetopos einen nicht unwichtigen Platz einnehmen.

Das Nichtschreiben von Briefen, oder vielleicht genauer das Nichtantworten auf Briefe wurde durch diese Entwicklung zum Thema und Topos.

---

[1] Vgl. Rainer Brockmeyer, *Geschichte des deutschen Briefes von Gottsched bis zum Sturm und Drang* (Dissertation Münster, 1961).

Eine ausbleibende briefliche Antwort bedeutete natürlich zunächst, daß der Brief seine Funktion als Kommunikationsmittel zum Teil einbüßte. Aber gerade im Zeitalter der Empfindsamkeit, wo der Freundschaftskult geradezu grassierte, bedeutete das Nichtschreiben von Briefen ein persönliches Versagen ersten Ranges, das auf mangelnde Sensibilität, Treue und Freundschaftspflicht schließen ließ. In Wirklichkeit rief dieses Versagen die unterschiedlichsten Reaktionen hervor, die zugleich als echtes persönliches Moment wie auch als kunstvolle Variation eines bekannten Topos verstanden werden wollten.

Um diese Entwicklung einigermaßen anschaulich zu machen, muß man einen Korrespondenten ausfindig machen, der allgemein als fauler Briefschreiber gelten darf. In diese Kategorie paßt der Dichter und Young-Übersetzer Johann Arnold Ebert (1723–1795), der über 50 Jahre lang mit vielen wichtigen Dichtern, Literaten und Gelehrten seiner Zeit eine weitläufige Korrespondenz unterhielt. Nach der ersten Lektüre dieser Briefe könnte man meinen, daß kein Korrespondent des achtzehnten Jahrhunderts so viel Freude durch seine Briefe und so viel Enttäuschung durch sein Nichtschreiben verursacht hätte.

Während seiner Leipziger Studienzeit gehörte Ebert zur Gruppe der sogenannten ›Bremer Beiträger‹. Diese kleine Gruppe von literarischen Freunden ist nicht nur durch ihre Opposition zu Gottsched gekennzeichnet, sondern auch durch ihre Pflege der Freundschaft, die sich später auch in ihren Briefen manifestierte. Typisch für die anhaltende Freundschaft dieser Gruppe ist die Korrespondenz zwischen Ebert, der als Professor für Englisch am Collegium Carolinum in Braunschweig tätig war, und dem späteren Kopenhagener Hofprediger und dann Kieler Theologie-Professor Johann Andreas Cramer[2]. Diese bisher unveröffentlichte Korrespondenz ist von literarhistorischer Bedeutung, weil beide Freunde so enge Beziehungen zu Klopstock und zur Stolbergschen Familie hatten[3].

Im Freundschaftsbrief des achtzehnten Jahrhunderts sind immer bestimmte Stichwörter zu erwarten, wie etwa Zärtlichkeit, Liebe, Versicherung usw. Der Briefpartner will in der Abwesenheit des Freundes ständig seiner Liebe versichert werden, und das Ausbleiben eines erwarteten Briefes kann Enttäuschung, Zweifel an der Treue des Freundes, ja Seelenqual

---

[2] Vgl. P. Pressel, ›Johann Andreas Cramer‹, in *Allgemeine Deutsche Biographie*, Band IV (1876), S. 550–551.

[3] Für die Erlaubnis, aus bisher unveröffentlichten Briefen zu zitieren, bin ich der Herzog August Bibliothek Wolfenbüttel sehr zu Dank verpflichtet.

auslösen. Ein Brief, den Johann Andreas Cramer am 4. April 1749 an Ebert geschrieben hat, fängt mit folgender Klage an:

> Mein lieber Ebert,
> Erwarten Sie keinen andren Brief von mir, als einen Brief voll zärtlicher Klagen über Sie und meinen Gärtner. Warum habe ich eine so rechtschaffne und zärtliche Seele kennen lernen, als die Ihrige ist; Warum habe ich in Ihrer Liebe eine so große Glückseeligkeit gefunden, wenn ich habe von Ihnen vergessen werden sollen? Mein Vorwurf ist ungerecht, mein liebster Ebert; das weiß ich. Ich bin überzeugt, daß ich von Ihnen noch immer eben so sehr geliebt werde, als ich von Ihnen geliebt wurde, wenn Sie in meinen Armen die Zärtlichkeit und Freundschaft selbst waren. Allein wenn ich von einem Freunde, den ich so sehr liebe, als Sie, gar nichts weiß; wenn ich niemals auch nicht einmal in drey Zeilen von ihm erfahre, ob er lebt; wie er zufrieden ist, das ist für mich eben so schmerzlich, als wenn er mich vergessen hätte. Mein Gott es sind mehr als sechs Monate, daß Sie von meiner Seite sind. Und in den sechs Monaten nicht eine einzige Versicherung, daß ich noch geliebt werde! Nein, das kann ich nicht ertragen[4].

Diese elegante Klage an den Freund macht eindeutig klar, wie hoch ein Brief als Freundschaftsbezeigung geschätzt wird. Wenn ein Brief dann in der Tat von einem so hochgeschätzten Freunde erhalten wird, so wird das Eintreffen des Briefes dementsprechend enthusiastisch begrüßt:

> Welch eine Freude Sie uns durch Ihren Brief gemacht haben, dieses kann ich Ihnen nicht beschreiben; wir haben ihn gewiß zehnmal durchgelesen, nicht weil er nur allzuviel Schmeichelhaftes für mich enthielt, sondern weil ich das Herz meines Eberts darinnen fand, weil ich fand, daß Sie, wenn Sie gleich nicht an mich geschrieben, doch für mich gebetet hätten. (V 305)

So schrieb Cramer im Juni 1759, und seine Begeisterung hält sich noch in Grenzen. Manchmal aber war die Freude beim Empfang eines Briefes so groß, und die damit verbundenen Empfindungen so stark, daß diese selbst das Schreiben einer Antwort unmöglich machten. Um 1750 schrieb Cramer folgende Zeilen an Ebert:

> Mein allerliebster theuerster Ebert,
> Ihre Briefe sind in der zärtlichsten und schönsten Wehmuth geschrieben; ach könnte ich meinen Brief nur in der Freude und Wollust schreiben, die ich empfand, als ich die Ihrigen erhielt! Was für Nahmen gebe ich Ihnen, was für Nahmen Ihrer Liebe und Freundschaft gegen uns beyde? Außer der edelsten und

---

[4] Herzog August Bibliothek Wolfenbüttel. Signatur: Cod. Guelph. Vierweg Sammlung Nr. 298. In den folgenden Anmerkungen werden Briefe aus dieser Sammlung einfach mit V + Nummer des Briefes zitiert.

größten Wollust, die ich in dem Besitze meiner theuersten Charlotte genieße, kenne ich keine größere, als die mir die Empfindung Ihrer Liebe gegen uns giebt. Warum haben wir keinen stärkeren und schönern Nahmen für Ihre Zärtlichkeit und Freundschaft, als Zärtlichkeit und Freundschaft? Ich fühle es itzt auch, liebster Ebert, daß selbst die Liebe und Zärtlichkeit uns zum Schreiben unfähig machen können. (V 314)

Wie willkommen mag es Ebert gewesen sein, diese wichtige Einsicht in das Verhältnis zwischen dem Briefschreiben und der freundschaftlichen Liebe zu konstatieren! Damit hatte er natürlich die perfekte Ausrede für seine Schreibfaulheit. Aber in einem anderen Sinne dürfen wir hier zugleich eine Vorstufe jenes berühmten Briefes vom 10. Mai in Goethes *Die Leiden des jungen Werthers* erkennen, wo der Held in der Überschwenglichkeit seiner Gefühle gesteht: »Ich könnte jetzt nicht zeichnen, nicht einen Strich, und bin nie ein größerer Maler gewesen als in diesen Augenblicken.«

Bei Ebert war es bestimmt nicht immer der Fall, daß sein Schweigen mit einer Abschwächung seiner Freundschaft zu tun hatte. Er war nicht nur als Übersetzer aus dem Englischen eine Vermittlerfigur, sondern er hat auch öfters seine Beziehungen zum Braunschweiger Hofe eingeschaltet, um sich für die Interessen seiner Freunde einzusetzen. In einem ähnlichen Sinne deutet auch Cramer das Schweigen Eberts im Jahre 1750, indem er seine Berufung auf eine Predigerstelle in Quedlinburg auf die Einsatzbereitschaft seiner Freunde zurückführt. Er nimmt an, daß ihn Ebert und Gärtner bei dem einflußreichen Johann Friedrich Wilhelm Jerusalem gelobt haben:

Ob ich gleich nicht eine Zeile von Ihnen erhalte, so kann ich doch in Ihrem Andenken und in Ihrem Herzen nicht verloschen seyn; denn von wem könnten die gute Begriffe welche der Abt Jerusalem von meinem Herzen haben muß, herrühren, als von Ihnen und Gärtnern? (V 300)

Bei aller Dankbarkeit aber ist der leise Vorwurf der ersten Zeile nicht zu überhören.

Gerade in einer so engen Gruppe von Freunden, wie es die ›Bremer Beiträger‹ waren, wurde das Schreiben bzw. Nichtschreiben noch komplizierter. Man wußte, daß ein Brief an den einen Freund auch anderen Freunden vorgelesen oder mindestens brieflich berichtet würde. In einer Situation, wo alle sich gleichberechtigt fühlen, führt die scheinbare Bevorzugung des einen Freundes manchmal zu Gefühlsäußerungen, die der Eifersucht nicht unverwandt sind. Ein feinfühliger Korrespondent wie Cramer weiß aber diese Situation diplomatisch zu beherrschen. In einem Brief vom 22. März 1760 schreibt er:

Liebster Ebert,
Mit wie viel Vergnügen habe ich Ihren Brief an unsern Klopstock gelesen, fast mit
eben so viel Freude, als wenn er an mich geschrieben gewesen wäre. Urtheilen Sie
daraus, was Sie mir für ein Geschenk machten, wenn ich bald selbst einen emp-
finge. (V 307)

Auch hier kann man nur den leisesten Ton eines Vorwurfs heraushören,
aber es wird zugleich ein sanfter moralischer Druck auf den Freund
ausgeübt, um den verlangten Brief aus ihm herauszupressen.

In solchen Situationen kommen wir in die Nähe des sogenannten Ge-
meinschaftsbriefes, der besonders für den Kreis um Klopstock und Gleim
typisch ist. In der Klopstockschen Korrespondenz gibt es viele Briefe dieser
Art, unter denen sich auch ein Sammelbrief an Ebert befindet, der seine
wohlbekannte Brieffaulheit zum Thema nimmt. Der betreffende Brief, mit
dem Datum 12. Juni 1750, ist ein Gemeinschaftsbrief von Klopstock, Gleim
und Johann Christoph Schmidt und fängt mit folgenden Zeilen von Klopstock an:

Mein liebster Ebert
Ob es gleich eine sehr eitle Vorstellung seyn würde, wenn man eine Antwort von
Ihnen hoffen wollte, so schreibe ich doch an Sie. Ich will Ihnen nur berichten,
daß wir gestern Abend einen solennen und unwiederruflichen Ausspruch getan
haben, daß alle Ihre Entschuldigungen, die Sie für das Nichtschreiben machen,
schlechterdings ungültig sind[5].

In den folgenden Zeilen wiederholt Gleim fast wörtlich den gleichen
Vorwurf. Das Thema erfährt dann weitere Variationen in den Händen der
drei Freunde, bis Johann Christoph Schmidt für seine Klage über Eberts
Nichtschreiben diese rührenden Worte findet:

Mein lieber Herr Ebert
Ich würde es eben so gerne von Ihnen schriftlich hören, daß Sie mich liebten, als
von den besten Mädchen in der Welt mündlich: Ihre Freunde sagen mir aber, die
Gewährung dieses Wunsches sey selbst über die Macht des Himmels, denn Ebert
würde Ebert nicht mehr seyn, wenn er Brieffe schriebe. (Klopstock, S. 83)

Der Brief endet mit dem Urteil, daß Ebert auch nicht mehr dazu taugt,
Grüße an weitere liebe Braunschweiger Freunde weiterzugeben.

---

[5]   Friedrich Gottlieb Klopstock, *Briefe 1738–1750*, hg. von Horst Gronemeyer (Berlin, New
York, 1979), S. 82.

Die Korrespondenz mit Cramer enthält auch einen ähnlichen Gemeinschaftsbrief an Ebert, wo nicht nur Cramer und seine Frau Charlotte sondern auch Johann Adolph Schlegel und Gottlieb Wilhelm Rabener zu dem Brief beitragen. Besonders der Beitrag von J. A. Schlegel ist typisch dafür, wie man Ebert ganz allgemein zum Musterbild der Faulheit hochstilisiert. Schlegel schreibt:

> Mein allerliebster kleiner Mitfaulenzer,
> Ich fühle es, wie ansteckend Ihr Exempel ist. Ihre allerliebste Faulheit hatte auf das kräftigste auf mich gewirkt, und ich hatte schon die Hoffnung von mir, nicht nur Sie einzuholen, sondern mein Original sogar zu übertreffen. (V 317, S. 4ʳ)

Solche lieben Töne sind aber bei Rabener nicht mehr zu finden. Von ihm stammt nur die scharfe Eintragung:

> Mein allerliebster fauler Ebert
> Wie vergnügt war ich, als Sie mich noch kannten!
>   Rabener (V 317, S. 4ʳ)

woraus ersichtlich wird, daß Rabener das lange Schweigen seines Freundes eindeutig als Verrat an der Freundschaft deutet.

Wie sehr das Nichtschreiben von Briefen zu einem der maßgebenden Eröffnungszüge eines Briefwechsels werden konnte, zeigt ein weiteres Beispiel aus der Korrespondenz Eberts, nämlich sein Briefwechsel mit der Gräfin Christiane von Stolberg, der Mutter der beiden Dichter Christian und Friedrich Leopold. Wie Eberts andere Freunde beanstandete auch die Gräfin Stolberg seine Faulheit in Sachen Briefschreiben, und sie zeigte sich auch bereit, die Hilfe seiner Freunde aufzusuchen, um ihn zur Bekämpfung dieses unliebenswürdigen Lasters zu ermuntern. Am 23. Oktober 1760 schrieb die Gräfin:

> Mein theuerster Plinius,
> Herr Cramer hat mir versprochen Ihnen zu schreiben und recht sehr auszuschmähen daß Sie noch immer der zwar zärtliche aber auch zugleich sehr faule Freundt sind, und nicht von sich hören noch sehen lassen, da Sie uns doch gewiß zutrauen können, daß wir Sie viel zu lieb haben, als daß es uns gleichgültig seyn sollte, zu wissen wie es Ihnen geht und ob Sie noch an uns gedenken, schämen Sie sich, und glauben Sie, daß es mir recht schwer fällt Ihre Zärtlichkeit und Ihre Nachläßigkeit im Schreiben zu comprimiren, da ich von der ersten so versichert bin, die andre aber so sehr fühlen muß, daß ich so gar auf mein schreiben […] noch keine antwort erhalten[6].

---

[6] Herzog August Bibliothek. Signatur: Cod. Guelph. 616 Novi (2). Im folgenden wird diese Sammlung von Briefen als 616 Nov. zitiert, mit der Nummer des einzelnen Briefes in Klammern.

Auch wo die Gräfin ihre Freude über den Empfang eines Briefes ausdrük-
ken will, gilt der Vorwurf der Faulheit immer noch, wird aber in dieser
Situation so umgedeutet, daß die Freude über den empfangenen Brief
dementsprechend enthusiastisch gelobt wird:

> Mein theuerster Plinius
> Wie sehr mich dero wehrtes Schreiben erfreuet, bin ich gar nicht im Stande zu
> sagen, die so geschwinde gegen Antwort (NB von einem Ebert, der sonst so faul
> im Schreiben ist) und der gantze Inhalt desselben, welche den zärtl. und muntern
> Plinius gantz darstellt, machte es mir unendlich schätzbar. (616 Nov. (3))

Dieser scheinbare Gleichmut der Gräfin Stolberg war aber nur von kurzer
Dauer. Fünf Wochen später war ihre Geduld schon wieder in den letzten
Zügen, und in einem Brief vom 14. Februar 1761 verbindet sie ihren
Vorwurf über Eberts Faulheit mit einer ausdrücklichen Warnung gegen die
Nachlässigkeit:

> Mein theuerster Plinius
> ich sehe wohl ich muß selbst schreiben und meinen faulen Freundt vom schlafe
> aufwecken, ist es erlaubt nun solange mir nicht geschrieben zu haben da ich Sie
> doch versichern ließ, durch meine Secretaire daß dero Schreiben mir die verlohr-
> nen Kräfte wieder ersetzen würde! Was könnte ich heraus vor einen Schluß zum
> Nachtheil dero zärtlichen Freundschaft machen wenn dieses die Zärtlichkeit der
> meinigen erlaubte, doch verlassen Sie Sich nicht zu viel auf dieselbe, sondern
> bedenken, daß sie einen sehr empfindlich gegen alle Nachlässigkeit macht. (616
> Nov. (4))

Besonders typisch für die Behandlung des ganzen Themas ist hier die
Anspielung auf die angeblich restaurierende Kraft der Briefe; der Empfang
eines Briefes von einem wertvollen Freunde gilt als das beste Arzneimittel
gegen verschiedene Krankheiten des Körpers und der Seele.

Mit diesem Brief aber will die Gräfin immer noch nicht zu ihrer
wirkungsvollsten Waffe greifen, um Ebert zum Briefschreiben zu bringen.
Sie versucht es wieder mit einem Appell an seine Freundschaftsliebe:

> O mein Plinius (ich will es noch mit der Güte probieren) wüßten Sie was Ihre
> Briefe mir vor eine Freude machen, Sie schrieben alle Woche, meine Augen
> werden zwar nicht kleiner, sie bekommen aber ein Feuer und eine Munterkeit die
> ihnen sonst nicht eigen ist, wollen Sie dieses Freude mir nicht *bald* machen? (616
> Nov. (4), S. 1ᵛ)

Mit dem Hinweis auf das Kleinerwerden der Augen spielt die Gräfin hier
auf die im Klopstockkreis wohlbekannte Art an, wie Ebert selbst in seinem
Gesichtsausdruck seine Freude zu erkennen zu geben pflegte. Diese Taktik

scheint auch nicht ohne Erfolg zu bleiben; bis Ende März ist die Sache so
weit erledigt, daß die Gräfin schreiben kann, »O ja es ist alles vergeben und
ich liebe Ihnen wieder von gantzen Hertzen«. Nach weiteren zwei Monaten
fängt die Gräfin aber wieder an, an Eberts Treue zu zweifeln, aber dann
erfährt sie von seiner Krankheit und muß dementsprechend klein beigeben.

Gerade während des Jahres 1761 war der Briefwechsel zwischen Ebert
und der Gräfin Stolberg von großer Bedeutung, weil die fromme Gräfin, die
Eberts Young-Übersetzung mit großer Begeisterung las und bewunderte,
seine Unterstützung in ihrem Plan suchte, Edward Young als Paten für
ihren Sohn Magnus zu gewinnen. Insofern waren die Liebes- und Freund-
schaftsversicherungen in diesen Briefen mehr als nur literarische Floskeln.
Was die Young-Angelegenheit betrifft, so scheint auch Ebert ein einigermaßen gewissenhafter Korrespondent und Vermittler gewesen zu sein. Nach
Erledigung dieser diplomatischen Pflicht war er jedoch wieder unfähig, den
Ansprüchen der Gräfin gerecht zu werden. Noch im selben Jahr merkt man
eine gewisse Verschärfung des Tones:

> Mein zwar sehr fauler, doch aber sehr theurer Plinius,
> Nun glaube ich fast mit Gewißheit, daß Sie verredt haben, mir anderst als auf 2
> Briefe zu antworten, ich will mich also darin schicken, und mit diesem Brief eillen
> weil doch alsdenn mir eine baldige antwort versprechen darf. Drey Posttage sind
> schon vorbey da ich hätte ein Schreiben von meinem Plinius haben können allein
> ich wartete, ich hoffte, ich freute mich vergeblich, ich will also unter 3 Wochen
> auf nichts warten, auf nichts hoffen, mich auf nichts freuen. (616 Nov. (8))

Auch mit diesem gefühlvollen Appell an seine Liebe und Freundschaft
gelang es der Gräfin nicht, bis Endes des Jahres einen Brief aus ihrem faulen
Korrespondenten herauszuzwingen. Am 3. Dezember war es schon so weit,
daß sie ihre Zweifel an seiner Freundschaft zum Ausdruck brachte:

> Mein fauler, mein unartiger, mein incorrigibler
>   mit alle dem aber, dennoch theurer Plinius
> Alle Posttage habe ich vergebens gehofft, einen Brief von Ihnen zu erhalten, nun
> fange ich aber an, hieran zu verzagen, und suche Ihr Stillschweigen zu gewohnen,
> so schwer es mir auch wird, und so unbegreiflich es mir auch ist, daß ein so
> zärtlicher Freund wie Sie, es über das Herz bringen kann, halbe Jahre hingehen
> zu lassen, ohne seine Freunde mit Schreiben zu erfreuen, mit Schreiben, die eben
> so angenehm sind, wie sein Umgang, und noch das eintzige, so seinen Umgang
> einiger Maaßen ersetzet. (616 Nov. (9))

Trotz aller Enttäuschung versuchte die Gräfin noch positiv zu bleiben, und
mit dem Bericht der Verlobung ihrer Tochter mit dem Grafen von Berns-

torff brachte sie eine Nachricht, die ihrer Meinung nach eine Antwort unvermeidlich machte. Auch diese Taktik brachte aber keinen eindeutigen Erfolg, so daß sie am 24. März 1762 zu einer weit kräftigeren Methode greifen mußte:

> Theuerster Freund
> Nun habe ich endlich den Weg gefunden, Sie zum Schreiben zu bringen, man muß ihnen nur selten schreiben, und nicht zuviel, so kommen Sie von selbsten. Die Ursach meines Stillschweigens ist kein von allen denen, die Sie anführen, sondern weil ich wirklich glaube, daß Ihnen des öfteren schreiben incom. und Ihrer Trägheit es gar zu schwer wird bald zu antworten. (616 Nov. (10))

Schon die Weglassung des Kosenamens Plinius fällt auf, und der Ton des Briefes ist strenger geworden. Am Ende bleibt ja wohl die einzige mögliche Antwort auf das beharrliche Nichtschreiben von Briefen die eigene Verweigerung des Briefschreibens. So weit bringt es hier die Gräfin noch nicht, sondern sie erlebt mit ihrer Zurückhaltung, mit ihrer Rücksicht auf Eberts Verlegenheit einen kleinen moralischen Triumph. Er hat ja »von selbsten« geschrieben.

Trotz aller Freundschaftsbeteuerungen in den Briefen der Gräfin Stolberg empfindet man in manchen ihrer Formulierungen eine innere Gekränktheit, die als spontane Reaktion auf die Brieffaulheit Eberts zu verstehen ist. Bei anderen Korrespondenten führt diese Gekränktheit (selbstverständlich nach reiflicher Überlegung) zu Spitzfindigkeiten, die erst recht als eigenständige literarische Variationen des Beschwerde-Topos gelten dürfen. Für diese Entwicklung sollen hier zwei interessante Beispiele angeführt werden.

Ein weiterer Angehöriger des Klopstock-Kreises, der über viele Jahre mit Ebert korrespondiert hat, war der Hamburger Pastor Julius Gustav Alberti[7]. Als dieser 1755 für ein Diakonat in Hamburg erwählt wurde, erhielt er unter anderen auch einen Gratulationsbrief von Ebert. Nun waren Albertis Erfahrungen in seiner Korrespondenz mit Ebert nicht wesentlich anderer Art als diejenigen seiner Freunde. So kommt es, daß seine erste Reaktion auf den Brief gewisse Zweifel an seiner Verfasserschaft zum Ausdruck bringt. Seine Antwort an Ebert, datiert den 12. Mai 1755, fängt mit folgenden Zeilen an:

> Mein lieber, lieber Ebert,
> Ich habe vorigen Sonnabend einen Brief erhalten, einen schönen langen Brief, worunter Dein Name stehet. Du kannst nicht glauben, mit welchem Vergnügen

---

[7] Vgl. C. R. W. Klose, ›Julius Gustav Alberti‹, in *Allgemeine Deutsche Biographie,* Band I (1875), S. 213–214.

ich ihn gelesen in der Hoffnung, daß er wirklich von Dir ist, aber Du wirst es mir nicht verdenken, daß ich mich noch nicht recht darüber freuen kann, bis ich erst hiervon alle mögliche Gewißheit habe, daß der Brief von demselbigen Ebert ist, der ehedem in Leipzig so schön Billard spielte, welcher zum Unterschiede von allen Menschen seines Namens *der Liebe* heißt, der die Bücher ein bisgen mehr liebt, als seine Freunde, der die Nachtgedanken übersetzt hat, der auf der Schöppenstädter Straße wohnet, der so sehr für Hamburg eingenommen ist, der die Kunst aus dem Grunde versteht incognito zu reisen, der so meisterlich einpacken und so treflich Courier reiten kann, der sich so geschwinde anziehet, der im Jahre 1753 sich unter dem Character eines Oberförsters zu Mitternacht in einem fremden Hause rasieren lassen, und der das alles lieber thut, als einen Brief schreiben – ob das derselbige ist, der mir seine Freude über meine Erwählung zum Diacono in Hamburg so freundschaftlich bezeuget hat. Doch ich will es annehmen. Bei dieser Wahl sind so viele Wunder vorgegangen, daß auch dieses mir beinahe nicht ganz unglaublich vorkommt.[8]

Dieser Brief läßt sich nicht nur als Einblick in den Lebensstil und in das Temperament Eberts auswerten, sondern darf hier als besonders kunstvolle Variation eines bekannten Themas gelten.

Wenige Jahre vorher hatte aber der Dichter Christian Fürchtegott Gellert, der auch in Leipzig mit den sogenannten ›Bremer Beiträgern‹ befreundet war, vielleicht die drastischste Möglichkeit gefunden, auf Eberts schon damals legendäre Brieffaulheit zu reagieren. In seiner Verzweiflung, überhaupt etwas von seinem nun in Braunschweig tätigen Freund zu hören, kommt er auf die Idee, selbst in Eberts Namen eine Antwort auf seine eigenen Briefe zu verfassen. Im Frühjahr 1748 schrieb Gellert folgenden Brief an Ebert:

Mein fauler Freund,
Damit ich auf gewisse Weise eine Antwort von Ihnen erhalte, ohnedaß Sie mir schreiben dürfen: so habe ich in Ihrem Namen selbst einen Brief an mich aufgesetzt. Seyn Sie so gut, und lesen Sie ihn durch, streichen Sie die Stellen mit Bleystift an, wo ich Ihre Meynung getroffen habe, und schicken Sie mir ihn wieder zurück; oder noch bequemer, geben Sie ihn nur Herr Fridericin, damit er mir ihn zuschicket. Hier ist der Brief[9].

Dann folgt der Text des Briefes, den er von Ebert haben möchte, mit folgendem Kommentar:

---

[8]   Herzog August Bibliothek. Signatur: Cod. Guelph. Vierweg Sammlung Nr. 8.
[9]   Christian Fürchtegott Gellert, *Briefe*, hg. von John F. Reynolds, Band I (Berlin, New York, 1983), S. 23–24.

Dieß ist die Antwort, die ich in Ihrem Namen an mich aufgesetzt habe. Nehmen Sie geschwind eine Feder, und schreiben Sie, wo sie es für gut befinden, Ja, oder Nein, an den Rand, und schieben es ja nicht auf. Hören Sie? Bequemer weis ichs Ihnen nicht zu machen.

Damit ist der Kreis geschlossen. Das Nichtschreiben von Briefen ruft eine Reihe der verschiedensten Reaktionen hervor, bis der ursprüngliche Korrespondent zugleich Brief und Antwort selber verfassen muß.

Der Themenkreis, den ich hier kurz skizziert habe, mag belanglos erscheinen, bleibt aber typisch für die literarischen Kreise um Gleim und Klopstock. Was als echte Variation des Freundschaftsthemas anfängt, läuft ständig Gefahr, in Formelhaftigkeit (beim Gellertschen Beispiele sogar in Bürokratisierung) auszuarten. In den vielen zitierten Beispielen bleibt aber eine individuelle Komponente durchaus erhalten. Wie Rainer Brockmeyer es treffend formuliert:

Man sucht im Brief des Freundes nicht nur die Bestätigung des eigenen Dichtens, sondern die Bestätigung des eigenen Wesens. Darum bittet man immer wieder um Antwort, darum klagt man, wenn sie nicht rechtzeitig im erhofften Augenblick eintrifft. (Brockmeyer, S. 65)

H. B. Nisbet (Cambridge)

Lessing and Misogyny:
Die Matrone von Ephesus

The story of the widow of Ephesus is recorded in innumerable versions, from Europe to China and from antiquity to the present day[1]. But the most familiar version, at least in European literature, is that in the *Satyricon* of Petronius[2]. A young widow, renowned for her fidelity, vows to starve herself to death in her husband's tomb. One night, a soldier on guard nearby over the corpses of some crucified thieves notices a light in the tomb and discovers the widow, with her maidservant in attendance. Encouraged by the maidservant, he prevails on the widow first to share his meal, and subsequently to respond to his amorous advances. Meanwhile, a relative of one of the crucified thieves removes the unattended corpse and takes it away for burial. The soldier, on discovering the loss, resolves to commit suicide rather than face execution for neglecting his duty. But the widow proves equal to the emergency: reluctant to lose her lover, she offers her husband's body as a substitute for the one stolen from the cross.

My aim in this paper is to examine Lessing's unfinished comedy on this subject, *Die Matrone von Ephesus*, and in particular to try to explain why he abandoned it when it was almost completed. This question has been discussed before, but none of the explanations so far advanced strikes me as satisfactory. Before I turn to the fragment itself, however, I should like to say something about the misogynistic associations of the story and Lessing's attitude to them, for this will have a bearing on my later attempt to explain why the play remained a fragment.

The attitude of misogyny is closely associated with the story of the widow, but its scope and expression vary considerably from one version to

---

[1] See Peter Ure, 'The Widow of Ephesus: Some Reflections on an International Comic Theme', *Durham University Journal*, 49 (1956–57), 1–9; M. Dacier, 'Examen de l'Histoire de la Matrone d'Éphèse', *Mémoires de littérature, tirés des Registres de l'Académie Royale des Inscriptions*, 41 (1780), 523–45; and Eduard Grisebach, *Die Wanderung der Novelle von der treulosen Witwe durch die Weltliteratur*, 2., vermehrte Ausgabe (Berlin, 1889).

[2] Petronius, *Satyricon* and Seneca, *Apocolocyntosis*, Loeb Classical Library, revised edition (London and Cambridge, Mass., 1956), pp. 228–35.

another. Over the centuries, these versions move along a scale between two extreme positions: between misogynistic condemnation of female infidelity on the one hand, and good-humoured tolerance, or even approval, of the widow's change of heart on the other. Lessing described Petronius's story as 'unstreitig die bitterste Satire, die jemals gegen den weiblichen Leichtsinn gemacht worden'[3], and it certainly does imply a cynical and negative judgment on womanhood (which is hardly surprising in the context of a work in which most of the male characters are paederasts). Nevertheless, Petronius's version is a long way from the extreme of misogyny. This extreme is reached in the versions of monkish compilers in the Middle Ages, some of which conclude with diatribes on female depravity, and even aggravate the widow's offence by having her mutilate her husband's body to make it more closely resemble the corpse of the crucified thief[4]. But in modern times, the movement is all in the opposite direction. In La Fontaine's influential verse-tale 'La Matrone d'Éphèse' of 1682, the humorous element is predominant[5], as it is in almost all versions written in the eighteenth century, when the story achieved its greatest popularity[6]. Most writers are, of course, aware of the misogynistic potential of the tale; but they generally qualify it or tone it down considerably[7], even to the extent of making the main figure a man instead of a woman (see Ure, p. 6). In short, a more tolerant attitude than ever before is taken towards the widow's lapse. In so far as her return to life is prompted by natural feelings – and in the age of sensibility, the voice of the heart has great moral authority – it merits approval rather than condemnation[8]. Nevertheless, her abrupt conversion from obsession with the dead to passion for the living becomes a frequent object of satire in prose and verse narrative, fable, comedy, farce, and even opera (see Ure, pp. 5f. and Grisebach, p. 112).

---

[3] Gotthold Ephraim Lessing, *Werke*, edited by Herbert G. Göpfert, 8 vols (Munich, 1970–79), II, 545–72. Subsequent references to this edition are identified simply by volume and page-number.

[4] See, for example, Ure, p. 2 and Elisabeth Frenzel, *Stoffe der Weltliteratur* (Stuttgart, 1962), pp. 666–69.

[5] Jean de La Fontaine, *Contes et Nouvelles en vers*, edited by Georges Couton, Classiques Garnier (Paris, 1961), pp. 341–45.

[6] See Roseann Runte, 'The Matron of Ephesus in Eighteenth-Century France: The Lady and the Legend', *Studies in Eighteenth-Century Culture*, 6 (1977), 361–75.

[7] See Michael M. Metzger, *Lessing and the Language of Comedy* (Studies in German Literature, 8) (The Hague, 1966), pp. 164ff.

[8] See Runte, pp. 363 and 367; also Wilhelm Heinse's remark of 1773, quoted in Grisebach, p. 119: 'Man setze sich nur an die Stelle der Matrone! Man wird nichts Unnatürliches finden.'

Such good-humoured satire on female fickleness is prominent in the dramatic versions with which Lessing was most familiar, namely Houdar de La Motte's *La Matrone d'Éphèse*[9] and Christian Felix Weiße's *Die Matrone von Ephesus*[10]. The idiom of these comedies, unlike that of Lessing's own fragment, is not yet that of the age of sensibility, but the robuster and more cynical humour of the rococo period. The cruder of the two plays, La Motte's prose comedy, in fact contains a good deal of knockabout farce, with servants blundering into each other in the darkness of the tomb, and the widow subjected to the advances not only of the soldier, but also of the soldier's seventy-year-old father. There is, admittedly, a virulent denunciation of female perfidy towards the end[11]; but it cannot be taken seriously, since it comes from the jealous old man when he discovers that his son has beaten him in the competition for the widow's affections. In fact, this same old man pleads with the widow soon afterwards to substitute her husband's body for the missing corpse and to marry his son to save him from suicide. And this, of course, helps to diminish the widow's responsibility for the gruesome act which follows.

The comedy of Lessing's friend Christian Felix Weiße is very much in the Anacreontic mode. Its morality is that stylized and ironic hedonism which is typical of rococo poetry, and the widow is easily won over by the conventional *carpe diem* arguments of the soldier and the maidservant. Within these rococo conventions, women are, of course, primarily a source of erotic pleasure, and the institution of marriage tends to elicit misogynistic comments, as in Weiße's lines 'Ich weiß, daß mancher gern das Fährgeld doppelt zollte, / Wenn Charon mit der Frau bey Zeiten reisen wollte' (Weiße (1783), I, 369). When the subject of corpses is mentioned in this play, is it treated quite literally with *Galgenhumor*, as in the maidservant's remark on the removal of the thief's body: 'O du verwünschter Dieb, der du den Dieb gestohlen, / Möcht dich der Henker doch sammt dem Gehenkten holen!' (Weiße (1778), I, 258) But here, as in the widow's own suggestion concerning her husband's body, the black humour has no under-

---

[9] Houdar de La Motte, *Oeuvres*, 10 vols (Paris, 1754), V, 463–510; though not published until 1754, the play was first performed in 1702 (see Metzger, p. 167).

[10] Christian Felix Weiße, *Weißens Lustspiele* (Sammlung der besten deutschen prosaischen Schriftsteller und Dichter, 76. Teil), 3 vols (Karlsruhe, 1778), I, 209–60; revised edition in Weiße, *Lustspiele*, neu überarbeitet, 3 vols (Leipzig, 1783), I, 365–422.

[11] La Motte, V, 505: 'Toutes les femmes sont désormais pour moi autant de monstres que j'abhorre! ce n'est que légereté, qu'inconstance, que dissimulation, que perfidie, et tous les vices du monde ensemble.'

tones of moral criticism, and the play's Anacreontic frivolity gives it an un-
reality which takes the edge off its satire on the heroine.

The misogynistic humour which sometimes occurs in these dramas is also
to be found in Lessing's works, especially in his early years. It appears most
often in his epigrams, many of which are modelled on those of Martial, and
which are frequently directed at the institution of marriage. The following
are typical:

> Ein einzig böses Weib lebt höchstens in der Welt:
> Nur schlimm, daß jeder seins für dieses einz'ge hält. (I, 18)

> or: Zweimal taugt eine Frau – für die mich Gott bewahre! –
> Einmal im Hochzeitbett, und einmal auf der Bahre. (I, 49)

There are numerous other examples of acidic wit at the expense of women
in Lessing's early lyric poems, many of them in the Anacreontic idiom[12];
and the early comedy *Die alte Jungfer* (I, 733–74) contains only slightly less
virulent satire on an old maid who is desperate to catch her man. (Such
satire, it must be added, is not directed solely and specifically at women: in
the same year as *Die alte Jungfer*, Lessing wrote another satirical comedy,
Der Misogyn, this time at the expense of misogynists.)

It is against this background that we must assess Lessing's interest in the
story of the widow of Ephesus, which began during his friendship with
Weiße when the two were students in Leipzig, and continued at least until
the end of the Hamburg period. We do not know what his earliest sketches
were like[13]. But when he did most of his work on the play – namely in
Hamburg – he was concerned above all to modify or neutralize the
misogynistic element in the story, and there is little sign in the surviving
fragments of the venomous satire on women which we find in his early
poetry. Indeed, with Lessing's version of the story, we reach the opposite
extreme to that of the medieval misogynists: it marks the culmination of the

---

[12] See, for example, 'Das Muster der Ehen' ('Der Mann war taub, die Frau war blind'), I, 200;
'Die eheliche Liebe', I, 201; 'Faustin' (after Poggio Bracciolini), I, 200f.; and 'Orpheus'
(prose draft for uncompleted ode), I, 145f.

[13] They may well have differed considerably from the surviving fragments, as a letter from
Weiße to Karl Wilhelm Ramler, written on 21 July 1768, suggests. Weiße writes: 'von seiner
Matrone von Ephesus hat er [Lessing] mir schon vor etlichen Jahren den Plan gezeiget: bei
ihm, wenn ich mich noch recht erinnere, lebt der Mann der Matrone wieder auf' (quoted in
Waldemar Oehlke, *Lessing und seine Zeit*, 2 vols (Munich, 1919), I, 438). This suggests that
Lessing intended to diminish the widow's guilt by revealing at the end that the husband was
not after all dead – a device already employed in various versions before his time (cf. Ure,
p. 4 and Runte, p. 364).

eighteenth-century tendency to depict the widow in as favourable a light as possible. Lessing makes every effort to retain our sympathy for the widow, and to present her change of heart as fully understandable. His main reason for doing so, as he indicates in the *Hamburgische Dramaturgie*, is to bring the play into line with his own theory of comedy as it had now developed – that is, as a realistic form of drama which evokes sympathetic laughter at human weakness, without forfeiting the audience's respect for the comic hero[14].

As Lessing puts it, anyone who attempts to dramatize the story faces a peculiar difficulty, a difficulty which previous dramatizations, such as La Motte's, had failed to overcome. The problem is that, in a dramatic version, it is much more difficult to take a tolerant view of the widow's behaviour than it is in the narrative form (IV, 395f.). For in the narrative version, our distance from the events and our delight at the story's ironic twists make us able to accept, or even excuse, the widow's final strategem to save her lover, namely the surrender of her husband's body: 'ihre Schwäche dünkt uns die Schwäche des ganzen Geschlechts zu sein [...] was sie tut, glauben wir, würde ungefähr jede Frau getan haben'. But on the stage – especially if the characters are realistically drawn – it is difficult to make the widow's act, when we experience it at first hand, seem anything other than a revolting crime, and the widow herself as meriting anything less than the death penalty:

> Und diese Strafe scheinet sie uns um so mehr zu verdienen, je weniger Kunst der Dichter bei ihrer Verführung angewendet; denn wir verdammen sodann in ihr nicht das schwache Weib überhaupt, sondern ein vorzüglich leichtsinniges, lüderliches Weibsstück insbesondere.

In other words, what Lessing objects to most of all in the earlier dramatizations of the story is their failure to retain our sympathy and respect for the widow. And he blames this shortcoming on the dramatists' failure to motivate her change of heart convincingly, and to eliminate the offensive aspects of the ending:

> Kurz, die petronische Fabel glücklich auf das Theater zu bringen, müßte sie den nämlichen Ausgang behalten, und auch nicht behalten; müßte die Matrone so weit gehen, und auch nicht so weit gehen. – Die Erklärung hierüber anderwärts! (IV, 396f.)

---

[14] See IV, 395ff.; cf. also IV, 361ff. (*Hamburgische Dramaturgie*, §§ 28f.).

He is clearly alluding here to the solution he adopted in his own uncompleted play: he makes the report of the missing corpse an invention of the soldier's servant, thus obviating the need for the substitution to be carried out at all[15]. Nevertheless, the widow still has to go so far ('so weit gehen') as to agree to the substitution before it is shown to be unnecessary; and it is shortly before this point is reached that Lessing's final draft of *Die Matrone von Ephesus* breaks off. As a result, most critics have concluded that he abandoned the work because he was unable to present the widow's agreement to the substitution convincingly or acceptably – that is, to avoid making her seem vicious or depraved[16].

I do not believe that this is the reason why he failed to complete the play. But in order to prove my point, I must first ask what measures he adopted to solve the problem he had himself identified – that of motivating the widow's final actions convincingly and presenting them in such a way as not to forfeit our sympathy. To accomplish this end, he employed two distinct strategies: he set about raising the level of the principal characters and their dialogue, making them more refined and sophisticated than in any previous version of the story and eliminating the coarser elements almost completely; and he worked out the widow's motivation to the last detail, building up a series of pressures which leave her little alternative but to act as she does, and render her behaviour wholly understandable.

In the first of these strategies, Lessing was merely carrying further the tendency of his age to portray the widow in an increasingly sympathetic light. Thus, La Fontaine, La Motte, and others had made the suggestion concerning the substitution of the corpse come not from the widow, as in Petronius, but from her servant[17], and, as a concession to religious sensibilities, they described the thief as hanged rather than crucified. Besides, the

---

[15] II, 549. Jürgen Schröder, *Gotthold Ephraim Lessing: Sprache und Drama* (Munich, 1972), p. 296 maintains that the planned change to the ending would have entailed a confession by the officer that his claim to have been a friend of the deceased husband was a lie. There is not a shred of evidence in Lessing's drafts to support this theory.

[16] See, for example, F. J. Lamport, *Lessing and the Drama* (Oxford, 1981), p. 156: 'after the seriousness with which Antiphila and her grief are portrayed it is hard to imagine her being convincingly cured to the point even of agreeing to such a scheme', and T. C. van Stockum, 'Lessings Dramenentwurf *Die Matrone von Ephesus*', *Neophilologus*, 46 (1962), 125–34 (p. 131): 'wir dürfen wohl vermuten, Lessing habe das interessante und originelle Experiment schließlich doch als psychologisch unmöglich preisgegeben', cf. also Robert Petsch, '*Die Matrone von Ephesus*: Ein dramatisches Bruchstück von Lessing', *Dichtung und Volkstum*, 41 (1941), 87–95 (p. 88); Schröder, p. 303; and Peter Pütz, *Die Leistung der Form: Lessings Dramen* (Frankfurt a. M., 1986), p. 72.

[17] See La Fontaine, p. 345 and La Motte, V, 509.

widow's admission of love for the soldier now usually came *after* his threat of suicide instead of before[18]. Lessing's draft for the ending of the play shows that he planned not only to adopt such earlier mitigations of the widow's conduct, but also – as already mentioned – to add the significant new device of making the report of the stolen corpse an invention of the soldier's servant, thereby eliminating the grisly ending altogether. His soldier himself has also become an officer and – at least in some respects – a gentleman. Furthermore, as critics have noticed[19], Lessing's efforts to raise the tone of the play from farce to more serious comedy can be detected even from one draft of his play to the next. For example, in the earlier of the two longer fragments, the first thought of the widow Antiphila on waking from her sleep is of food; in the final version, it is of her departed husband (II, 547 and 557). And whereas the officer Philokrates, in the earlier version, invents the story of an ambiguous oracle which had prophesied 'daß er die beste Frau bei den Toden [*sic*] finden werde' (II, 548), this misogynistic joke is deleted in the later version. In fact, all the coarser and misogynistic humour which remains is relegated to Philokrates's servant Dromo, as when he declares that he believes in women's fidelity just as he believes in ghosts (II, 556), or when he echoes the earlier promise of the widow's maidservant Mysis that they will witness 'ein Beispiel der ehelichen Liebe [...], dergleichen die Welt noch nie gesehen' (II, 556) with the ironic rejoinder, at the end, that they have witnessed 'ein Beispiel der ehelichen Liebe [...], dergleichen [...] die Welt alle Tage sieht'[20].

It is, however, going too far to suggest that Lessing has so ennobled the main characters as to remove the element of satire altogether[21]. The jokes of the servant Dromo are aimed at female weakness in general; but they are also a commentary on the widow's weakness in particular. Besides, the widow Antiphila herself swears the superbly ironic oath never to leave the

---

[18] See, for example, Weiße (1778), I, 257. All this, of course, is part of a wider process of growing refinement throughout the eighteenth century; cf. John McManners, *Death and the Enlightenment: Changing Attitudes to Death in Eighteenth-Century France* (Oxford, 1981), p. 451: 'Throughout the century, from libertinism to *sensibilité*, literature records a subtilizing and refining of the relationship between the sexes.'

[19] Cf. Petsch, p. 90 and Karl S. Guthke, *Nachwort* to G. E. Lessing, *D. Faust*; *Die Matrone von Ephesus* (Reclams Universal-Bibliothek, 6719) (Stuttgart, 1968), p. 76.

[20] II, 545. This rejoinder appears only in the penultimate version of the play; but since the initial cue for it is retained in the final version (II, 556), it is clear that Lessing intended to supply the punchline in the (unwritten) revised version of the scene in question.

[21] This is the drift of Metzger's interpretation, which takes a wholly positive view of the main characters and represents the play as a serious comedy in the same vein as *Minna von Barnhelm* (Metzger, pp. 171–74).

tomb 'ohne dem [*sic*] Geliebten meiner Seele' (II, 560). But this delightful
touch does not merely ironize her own supposed fidelity; it is also an
ingenious device to prevent her from committing perjury, and thus helps to
temper the force of the satire. Her very name 'Antiphila' – which Lessing
takes over from Weiße, although he adopts no other names from Weiße's
play – casts an ironic light on her chastity, since it means 'returner of love'[22].
What Lessing has done, then, is to strike a balance between refining the
widow's character on the one hand to make her more sympathetic, and
retaining an element of satire – albeit mild and good-humoured satire – on
her weakness on the other.

But it is to the second of his strategies – that of providing a flawless
motivation for the widow's conduct – that Lessing devotes most attention.
As he had pointed out in the *Hamburgische Dramaturgie,* her culpability
increases 'je weniger Kunst der Dichter bei ihrer Verführung angewendet'.
Accordingly, he develops the widow's psychology in far greater detail than
any previous writer, and employs every conceivable device to make her
seduction plausible and convincing (cf. Pütz, pp. 71f.).

For example, we are told by her servant near the beginning that she has
been convulsed with grief for forty-eight hours, and has finally fallen asleep
through exhaustion (II, 555f.). There can thus be no doubt about her
affliction; but it is also clear that its most critical phase is over. Tears, as
Kant points out in his *Anthropologie,* have a restorative effect in such
situations:

> eine Witwe, die wie man sagt, sich nicht will trösten lassen, d. i. die Ergießung der
> Tränen nicht gehindert wissen will, sorgt, ohne es zu wissen oder eigentlich zu
> wollen, für ihre Gesundheit[23].

And sleep doubtless plays its part too. For although, when the widow
awakens, she launches into despairing tirades and takes her solemn oath
never to leave the tomb without her beloved (II, 560), she is at least able to
talk about her situation now without breaking down. And when she
suddenly learns from her servant that a soldier has been there while she
slept and is about to return with his commanding officer, it is clear that her

---

[22] Metzger's interpretation of the name as meaning 'against love' (Metzger, p. 170) makes no
sense in the light of Philokrates's description of it as 'ein lieblicher, schmeichelnder Name'.
On the sources and significance of the names of the other characters see Hendrik Birus,
Poetische Namengebung: Zur Bedeutung der Namen in Lessings 'Nathan der Weise'
(Palaestra, 270) (Göttingen, 1978), p. 88.
[23] Immanuel Kant, *Werke,* Akademie-Ausgabe (Berlin 1902–), VII, 262.

consciousness of her femininity has also returned. For although she is forced to feign sleep again to escape the soldiers' attentions, the stage-direction tells us that she throws herself on her coffin 'in einer nachlässigen, aber vorteilhaften Stellung' (II, 561)[24]. Forcing her to feign sleep is one of Lessing's most ingenious additions to the plot: for the widow is thereby compelled to listen to the enraptured officer's praises of her beauty, delivered with passionate eloquence, whereas this would have been out of the question had she admitted to being awake. When she is eventually obliged, by the ardent officer's touching her hand, to abandon her pretence, his abject plea for shelter from the storm outside, followed by respectful praise for her fortitude and resolution, is not easy to dismiss (II, 565f.). But even so – and despite the maidservant's growing intervention on behalf of the officer – she resolves to flee the tomb as soon as he goes off to fetch provisions (thereby revealing an impulsive tendency which casts doubt on the seriousness of her oath). She is prevented from leaving only by the officer's immediate return (II, 568). When, on realizing her intention, he suddenly and nobly capitulates and agrees to leave himself, she is moment-arily caught off balance; this allows him to regain the initiative, which he promptly does by claiming, at the mention of her husband, to have been her husband's bosom friend and comrade-in-arms in earlier days (II, 569). This ruse is Lessing's second major innovation, and it is as ingenious as the previous one of forcing the widow to feign sleep. For the officer is now able to gain the widow's confidence, and to appear to share her grief; and she, very understandably, now retreats from her insistence that he leave at once (II, 571). The more he commiserates with her and magnifies their common loss, the more she likes it – and him – until he suddenly remembers his duty (II, 572).

This is where Lessing's final fragment breaks off. The widow's motiv-ation up to this point is complete. All that remained to be written was one short scene with the false report concerning the stolen corpse, followed at once by the officer's suicidal despair and the widow's agreement to save him. With the widow now facing a new catastrophe which she must associate intimately with the first – the loss of her husband's friend and the sharer of her grief – it is not straining credibility unduly to suppose that she is unlikely to resist for long her servant's insistence that, as a matter of life

---

[24] An earlier draft is even more explicit: 'in einer nicht ganz unstudirten [Stellung]': see G. E. Lessing, *Sämtliche Schriften*, edited by Karl Lachmann and Franz Muncker, 23 vols (Stuttgart, 1886–1924), XXII, 85 (henceforth referred to as LM).

and death, the only way to save the officer is by surrendering her husband's corpse. This grim prospect would have been removed immediately, however, by the confession of the officer's servant that he had invented the story of the theft to further his master's designs; and after the officer's stern rebuke, the comic atmosphere would have returned with the final scene, essentially complete in draft, between the two servants.

One further device should be mentioned which Lessing employs in order to make the widow's change of heart acceptable. Although he was able, by the ambiguous wording of her oath, to prevent her committing perjury, this does not excuse her morally from breaking the vow she *believed* she was making. But even here, he retains our sympathy for her by making this vow the product of extreme, indeed excessive grief, which has plunged her into religious despair and caused her to question providence and even to denounce the gods[25]. We know, however, from the crises of faith of Tellheim in *Minna von Barnhelm* and Nathan in *Nathan der Weise* that such doubts of providence are, for Lessing, a sign of temporary emotional unbalance in people who have reached the end of their tether. It is incumbent on the dramatist to counteract such doubts and to reaffirm the world-view of theodicy, of metaphysical optimism[26]. The widow's denial of the gods, and the oath she swears in her state of despair, are a sign that her grief has gone too far. If there is a providence – and its existence is axiomatic for Lessing – she will surely, and rightly, be prevented from carrying out the oath she thought she was making. In short, this oath itself was an aberration; and conversely, her violation of it will confirm that she has returned to normality[27].

Never was Lessing's dramatic algebra put to more rigorous use than it is in *Die Matrone von Ephesus* to make the heroine's motivation comprehensible in terms of realistic psychology[28]. Never before had so diverse, subtle, and devastating an accumulation of pressures been brought to bear so tellingly against the widow's resistance, or her capitulation been made to seem so inevitable. Some measure of Lessing's success can be obtained if we compare it with his attempts shortly afterwards to solve the related problem

---

[25] 'So will ich nie mehr zu ihr [Diana] beten, nie mehr ihr Hymnen singen, nie mehr ihr opfern, nie mehr ihre Priester beschenken! [...] Was hier, hier noch klopft, *(auf ihr Herz)* ist mir glaubwürdiger, als alle Götter' (II, 559).

[26] See IV, 598f. (*Hamburgische Dramaturgie*, §79).

[27] Compare Lamport, p. 156 and Metzger, p. 173.

[28] See Schröder, p. 297: 'Deutlicher noch als in der *Emilia* wird die Psychologie der Figuren zu einem Werk ästhetischer Berechnung.'

of motivation in *Emilia Galotti*[29], in which the heroine has to confess, immediately after her bridegroom's murder, that she may not be able to resist the advances of a seducer – a seducer whom she has every reason to suspect of complicity in the murder. In *Die Matrone von Ephesus* we witness in detail how the widow's seduction is put into effect and her resistance overcome. In *Emilia Galotti*, on the other hand, our knowledge of the heroine's psychology depends largely on hearsay and on her own concluding statements, for we have not seen enough of her behaviour at first hand to form an independent assessment of her motives[30]. But this is too familiar to need elaboration. All I want to point out is that Emilia's motivation is much less transparent, and much more problematic, than the widow's motivation for her change of heart towards the officer. And if this is so, it must seem improbable that Lessing's dissatisfaction with the widow's motivation was the reason why he failed to complete *Die Matrone von Ephesus*, a several critics maintain,[31] although he successfully completed *Emilia Galotti* soon afterwards.

It has also been suggested that the widow's final action – her agreement to surrender her husband's corpse – was potentially too offensive for Lessing to be able to complete the play[32]. He had, of course, already eliminated the most offensive aspect of the traditional ending by making the substitution of the corpse unnecessary. And there is a further factor which helps to make the widow's consent to this proposal acceptable, as comparison with *Emilia Galotti* will again confirm. Both plays are based on prose narratives of classical antiquity. But *Emilia Galotti* is given a modern, contemporary setting, whereas *Die Matrone von Ephesus* retains its setting in ancient times. The change of setting created serious problems with the former play, whose tragic ending – the father's killing of his daughter to save her virtue – became much less plausible in a modern context than in the

---

[29] The affinities between the two plays, including verbal echoes of *Die Matrone von Ephesus* in the later play, have often been noticed: compare, for example, the words at the end of Lessing's draft of the final scene of his comedy (II, 550) and the closing words of *Emilia Galotti*; also the officer's enumeration of identifying particulars of the widow's late husband (II, 569) and the dialogue between the Prince and Marinelli in Act I Scene 6 of *Emilia Galotti* (II, 138f.).

[30] This point is well made by G. A. Wells, 'What is Wrong with *Emilia Galotti?*', GLL, 37 (1983–84), 163–73.

[31] See note 16 above.

[32] See Erich Schmidt, *Lessing: Geschichte seines Lebens und seiner Schriften*, fourth edition, 2 vols (Berlin, 1923), I, 559: 'Auch als bloßes Gedankenspiel widerstrebte jener frevle Tausch dem Theater, denn mit Leichen spaßt man nicht.'

context of family honour and threatened enslavement in ancient Rome[33]. Such problems do not arise in *Die Matrone von Ephesus*, however, for it presupposes a society in which a widow can publicly decide to starve herself to death in her husband's tomb and in which a soldier can face execution for allowing a dead man's body to be removed by his relatives for burial. But once we have accepted such customs as these, the need for the substitution of a corpse, and the widow's consent to this under extreme pressure, also become easier to accept than they would be in a contemporary setting. As in *Nathan der Weise*, the psychology is realistic, but the setting gives us a certain distance from the events depicted.

Besides, one must not exaggerate the eighteenth century's squeamishness over such matters as references to corpses on stage[34]. The sheer number of dramatizations of the story suggests that the subject-matter in itself was not considered unacceptable[35], and the positive reception of Lessing's fragment when it appeared posthumously in 1784 indicates that its content as such was not regarded as offensive[36]. This is hardly surprising, when we consider that much more gruesome material than this was currently appearing on the German stage. In Gerstenberg's *Ugolino* of 1768, which was successfully performed in Berlin in 1769 and sympathetically received by Lessing[37] and Herder[38], two coffins are brought on to the stage, one containing Ugolino's dying son and the other his dead wife; another of the sons subsequently has to be restrained from making a cannibalistic attack on his mother's corpse[39].

---

[33] See Wilfried Barner and others, *Lessing: Epoche – Werk – Wirkung*, fifth edition (Munich, 1987), p. 364; also Lamport, pp. 177f.

[34] Erich Schmidt's reaction to this question (see note 32 above) is more characteristic of his own times than of Lessing's (Schmidt's biography was first published in 1884–92).

[35] Oehlke, I, 468 cites the *Bibliothèque des Théâtres* of 1733 as stating: 'Chaque théâtre a sa Matrone d'Éphèse'; see also Ure, pp. 5f.

[36] See, for example, the review in the *Litteratur- und Theater-Zeitung* of 1784 cited in G. E. Lessing, *Werke und Briefe*, edited by Wilfried Barner and others, 12 vols (Frankfurt a. M., 1985–), VI, 791f.: 'ein herrliches, herrliches Stück! der unnachahmliche Witz darin, die feinen Wendungen im Dialog, die Art, wie Lessing den Stoff genommen und bearbeitet hat, erregen die höchste Bewunderung für das Genie des Verfassers, und so oft man das Stück auch liest und wieder liest, wird man von neuem bewundern und zugleich bedauern, daß gerade dieses Nachspiel unvollendet blieb.'

[37] See Lessing, *Werke und Briefe*, XI (1), 470 and 503–507, Lessing to Nicolai, 4 August 1767 and Lessing to Gerstenberg, 25 February 1768. The widow's dream, as recounted in the penultimate fragment of Lessing's play (II, 547), is in fact modelled on Gaddo's dream in *Ugolino*, as Schröder, p. 298 points out.

[38] See Herder's extensive review in Johann Gottfried Herder, *Sämtliche Werke*, edited by Bernhard Suphan, 33 vols (Berlin, 1877–1913), IV, 308–20.

[39] Heinrich Wilhelm von Gerstenberg, *Ugolino*, edited by Christoph Siegrist (Reclams Universal-Bibliothek, 141–141a) (Stuttgart, 1966), pp. 31 and 58f.

There is nothing remotely like this in *Die Matrone von Ephesus*, whose potentially gruesome aspects are eliminated entirely or reduced to an absolute minimum. Their presence therefore does not explain why Lessing left the work unfinished.

It has also been suggested that he failed to complete the play for reasons of time or pressure of work on *Emilia Galotti*[40]. But this play in particular, which is by far the most complete of his fragments, needed very little work indeed to finish it: the final scene was complete in draft (II, 549f.), and only the penultimate scene, whose outlines had also been established (II, 545), remained to be written. And to say that his interest shifted to *Emilia Galotti* is to state the consequence, not the cause, of his loss of interest in the earlier play. Some reports in fact suggest that he actually did complete it. For example, Boie claims on 28 May 1771, after a visit to Lessing, that the play was complete but that Lessing refused to show it to him, and Eschenburg reports in 1785 that a complete text of the play was among the box of papers which Lessing lost in 1775 in Leipzig[41]. But even if the play was complete in 1771, we still have to explain why Lessing did not publish it or show it to anyone in the following years, although he had no such inhibitions about *Emilia Galotti*, which he published as soon as it was completed.

Thus, none of the explanations hitherto advanced for Lessing's failure to complete or publish *Die Matrone von Ephesus* – the problem of the widow's motivation, the difficulty of coping in a dramatic version with the coarser and potentially distasteful aspects of the story, lack of time, or the pressure of other work – is wholly adequate. The decisive factor is altogether more obvious – so much so that this may explain why no one, so far as I can see, has suggested it before.

We do not know precisely when Lessing abandoned his fragment, but it is generally agreed that he must have done so at some time between 1769 and 1771[42]. During this time, a series of events occurred which decisively affected his personal life, and which had an unforeseen bearing on the play

---

[40] See the respective editors' remarks in Lessing, *Werke und Briefe*, VI, 792 and LM, III, p. xiii.

[41] See *Lessing im Gespräch*, edited by Richard Daunicht (Munich, 1971), pp. 303 and 392; see also the report of Johann Anton Leisewitz on page 564 of the same volume. Lessing was, however, in the habit of declaring that he had completed a play as soon as he had drafted a complete scenario, as C. F. Weiße reports (*Lessing im Gespräch*, p. 29).

[42] See, for example, LM, III, p. xiii; Schmidt, I, 560; and Guthke, p. 76. This dating is confirmed by echoes in the text of *Wie die Alten den Tod gebildet*, completed in 1769 (cf. Metzger, p. 180 and Schröder, p. 301), and by the echoes of *Die Matrone von Ephesus* in *Emilia Galotti* (completed winter 1771–72; cf. note 29 above).

he was working on. The first of these was a death – or more precisely, a death in Venice. In December 1769, his friend Engelbert König died in the course of a business trip to Italy, and the news reached Lessing in Hamburg in January 1770[43]. In April of that year, Lessing moved to Wolfenbüttel; and in June, he began an affectionate correspondence with Eva König, the wife of his deceased friend and his own wife-to-be. Life had suddenly caught up with art: the courtship of a widow had become the centre of Lessing's own emotional existence.

But is there any evidence of more specific parallels between the real-life situation and that in the play – and if so, of whether Lessing was ever aware of them? Such evidence does indeed exist, and it is to be found in his correspondence with Eva König.

On 21 September 1770, on her way from Hamburg to Vienna to settle her late husband's affairs in that city, Eva wrote to Lessing from Salzburg. Although she had experienced bouts of grief and depression over her recent bereavement during earlier stages of the journey, there is no trace of it in this letter: she has had a busy week, her health has improved, she has met numerous friendly people, she has been sightseeing, and she gives Lessing news of the local theatre. But she also tells him of an unfortunate incident with her maidservant which has deprived her of sleep on the night before her journey is due to resume:

> Mein Mädchen hat sich in Gesellschaft des Kammerdieners eines Grafen, der mir gegen über logiert, so entsetzlich besoffen, daß sie schon die ganze Nacht nichts tut, als sich erbrechen. Ich bin ihre Wärterin [...] Eine angenehme Beschäftigung! da ich ohnedem vor nichts in der Welt mehr Abscheu habe, als vor einem Betrunkenen. Eben ist sie eingeschlafen, ich wünsche nur, daß sie beim Erwachen sich so befindet, daß wir abreisen können[44].

Her next letter, written nine days later from Vienna, is very different in tone. Suddenly plunged into her late husband's business affairs, she can no longer suppress her grief, and writes: 'So wie mich einer anredet, habe ich Tränen in den Augen; [...] Wie kann es aber anders sein? Alles erinnert mich an meine vergangne Glückseligkeit' (*Meine liebste Madam*, pp. 25f.).

Lessing replies to both of these letters on 25 October. And the remarkable thing about his reply is that he rolls the situations in the two separate letters into one. He writes:

---

[43] See Gerd Hillen, *Lessing-Chronik: Daten zu Leben und Werk* (Munich, 1979), p. 60.

[44] *Meine liebste Madam: Gotthold Ephraim Lessings Briefwechsel mit Eva König 1770–1776*, edited by Günter and Ursula Schulz (Munich, 1979), p. 22.

Ihr Mädchen war so gut als keine, wo nicht gar noch schlimmer als keine. Zwar, wer weiß? Am Ende ist es doch wohl besser gewesen, daß das Kreatürchen seine eigenen Angelegenheiten hatte, daß es liebte und trank, den ersten den besten Kerl und Wein – als wenn es ein gutes empfindliches Ding gewesen wäre, das seine Frau nicht aus den Augen gelassen und um die Wette mit ihr geweinet hätte. Durch jenes wurden Sie Ihren eigenen Gedanken entrissen: durch dieses wären Sie in Ihrem Kummer bestärkt worden. Sie werden sagen, daß ich eine besondere Gabe habe, etwas Gutes an etwas Schlechtem zu entdecken. Die habe ich allerdings; und ich bin stolzer darauf, als auf alles, was ich weiß und kann. (*Meine liebste Madam*, pp. 32 f.)

The situation, as Lessing imagines it, has become that of the widow of Ephesus, whose maidservant's flirtation with the servant of the officer was the first step in the widow's return to life and love. And instead of blaming the maid for keeping Eva, who was in precarious health, up all night, he commends her for helping to distract Eva from her grief and restore her to life. He is applying the psychology of his drama to the real-life situation, and echoing his own attempts to portray the widow's recall to life in a favourable, even providential manner. But once these connections had been made, it would have been unthinkable for him to resume work on the incomplete play, or to publish it if he had already completed it; for in it, the widow's recall to life is coupled with a betrayal of her deceased husband's memory, and her suitor's claim to have been her late husband's friend is shown up as a calculated falsehood. For different reasons, it would have seemed to both Eva and Lessing like a sick joke. Instead, Lessing abandoned the play for another long-standing dramatic project, namely *Emilia Galotti*, which he could complete with an easier conscience. For although its view of female psychology is akin to that of *Die Matrone von Ephesus* – the heroine confesses to the same kind of weakness as that to which the widow succumbs (see Schröder, p. 305) – Emilia does not betray the memory of her deceased bridegroom, but chooses to die instead.

Although Eva may have known of Lessing's interest in the theme during his Hamburg years, it is unlikely that he ever showed her the dramatic fragment. For she was only too ready to look for connections between his writings and his personal life. For example, a few weeks before their engagement in September 1771, she writes urging him to join her in Hamburg, and mentions that she has just been reading his recently reprinted epigrams, with their biting misogynistic humour:

eben lege ich ihre *Sinngedichte* aus den Händen, und bin in meiner längst gehegten Meinung – Sie seien ein *Erzweiberfeind*, nun völlig bestärket. Ist es aber

nicht recht gottlos, daß Sie uns bei allen Gelegenheiten so herunter machen! Sie
müssen an verzweifelt böse Weiber geraten sein. Ist dieses, so verzeihe ich Ihnen;
sonst aber müssen Sie wahrhaftig! für alle die Bosheit, so Sie an uns ausüben,
nocht gestrafet werden. Das Mädchen, das Sie sich wünschen, sollen Sie wenigstens nie finden. (10 August 1771; *Meine liebste Madam*, p. 82)

Her tone is teasing and lighthearted, but she has clearly been taken aback. It
is not difficult to imagine how she would have reacted to the far more subtle
satire on female weakness, with its embarrassing closeness to her own
situation, which Lessing had just come so near to completing.

I therefore believe that it was primarily external circumstances, rather
than failure to solve the internal problems he had identified in the story,
which prevented Lessing from completing or publishing his fragment. And
I could end this discussion here, were it not that I have so far said nothing
about the feminist perspective and what it can tell us about the play. So far
as I can see, the feminists have not yet turned their attentions to this work,
although there has been a certain amount of feminist criticism of other
dramas by Lessing in recent years[45], and one feminist essay has been written
on the widow of Ephesus in eighteenth-century France[46]. The line taken in
these accounts is predictable: women are inherently good, and any short-
comings they display are the result of their oppressed position in a male-
dominated society. The essay on the widow of Ephesus is no exception; it
argues that most French versions of the theme after 1700 glorify the widow
as a champion of natural feeling over social injustice and an inequitable
custom[47]. This line of interpretation certainly fits Lessing's fragment too,
inasmuch as Lessing does not condemn the widow, but portrays her change
of allegiance as understandable and excusable. There is, however, no
suggestion in Lessing's fragment that the widow is a victim of social
injustice or an unjust custom, for her decision to starve herself to death,
though not resisted by her fellow-citizens, is not encouraged by them
either. Nevertheless, there *is* an element of male egotism and male injustice

---

[45] See, for example, Christine O. Sjogren, 'The Status of Women in Several of Lessing's
Dramas', *Studies in Eighteenth-Century Culture*, 6 (1977), 347–59; Elizabeth Boa, 'Der
gute Mensch von Barnhelm', *Publications of the English Goethe Society*, 54 (1985), 1–36;
and Inge Stephan, '"So ist die Tugend ein Gespenst": Frauenbild und Tugendbegriff bei
Lessing und Schiller', in *Lessing und die Toleranz*, edited by Peter Freimark, Franklin
Kopitzsch, and Helga Slessarev (Detroit and Munich, 1986), pp. 357–74.

[46] See note 6 above.

[47] Runte, p. 367; cf. also p. 369: 'She [the widow] rose from the depths of mysogenic [*sic*]
satire [...] to the heights of goodness (when Good is equated with Natural).'

in Lessing's play. And I should be sorry if this element were not given due recognition. For firstly, the officer Philokrates is an unabashed male chauvinist, as his dialogue with the widow's maidservant Mysis reveals when he announces that he has come to comfort the widow:

> *Philokrates.* So komme ich, sie zu trösten.
> [...] *Mysis.* Sie schläft.
> [...] *Philokrates.* Desto besser! So kann ich erst sehen, ob sie des Tröstens wert ist [...] Ich will sie ruhig wieder einschlafen lassen, wenn sie meine Erwartung betriegt. (II, 561f.)

His pity, in other words, is entirely dependent on the widow's sexual attractiveness. And secondly, Philokrates's story that he was a close friend of her late husband is an unscrupulous invention, designed merely to further his ulterior end. In short, if the widow's return to life and love is a positive step, we must not forget that it is made possible only by the relentless pressure of a predatory male who avails himself of all the seducer's arts. It would therefore seem that, on some occasions at least, even the male chauvinist has his uses.

But this brings me to what I think is the real internal weakness of Lessing's play, a weakness exacerbated by his very success in overcoming the problem he had set out to solve, namely that of the widow's motivation. Lessing's widow is subjected, at her most vulnerable moment, to an overwhelming series of pressures, beginning with flattery she cannot escape, appeals to her pity, praise of her fortitude, apparent compliance with her wishes, professed friendship for her late husband, and feigned commiseration, and culminating in an all-too-genuine threat of suicide. These pressures are so great, and they are applied with such finesse and timing, that her momentary consent to the macabre proposition that was to have been put to her would have been both understandable and excusable. But the very magnitude of these pressures means that her decision to abandon her oath cannot be wholly free. She overcomes the tyranny of her husband's memory only by surrendering to another dominant male; whereas only a free decision to return to life, taken without external harassment, could fully restore her dignity. Yet such a decision is not possible within the framework of the traditional story – not, at least, if it is to remain credible in terms of realistic psychology. For the story itself contains an element of misogyny which no amount of manipulation on Lessing's part could expunge. The problem is that, the freer an agent the widow is, the more vicious she will appear; and the less free she is, the more she will appear a passive victim of male domination. The story, in other words, can be varied to emphasize either the widow's fickleness or her weakness; but in neither case will she appear in a favourable light. Lessing chose to retain our sympathy for her by diminishing her responsibility. But as her responsibility diminishes, so too does her moral autonomy. And even if he found this view of female psychology more acceptable than most of us would today[48], it is doubtful whether he could have been entirely happy, after writing *Minna von Barnhelm*, with a heroine as passive as his widow eventually became. The fact that he went on to complete *Emilia Galotti* is perhaps significant; for Emilia asserts her moral autonomy to avoid falling victim to the weakness to which she confesses herself susceptible.

There is in Lessing a streak of cynical humour which at times assumes misogynistic or even misanthropic forms[49] – although he was certainly no misogynist in his personal views, as his letters and conversations amply testify[50]. It was, I suspect, to this side of his humour that the story of the widow of Ephesus first appealed in his student days in Leipzig. And although he did all he could to mitigate the morally offensive aspects of the story, and although his version stands historically at the opposite extreme to the misogynistic diatribes of the medieval monks, he could not eliminate its misogynistic content entirely without destroying the story's structure, and with it the main source of its humour[51]. Whether or not he had such

---

[48] Compare his remark in the *Hamburgische Dramaturgie* (IV, 396) on the widow's seduction in Petronius's story: 'ihre Schwäche dünkt uns die Schwäche des ganzen Geschlechts zu sein; [...] was sie tut, glauben wir, würde ungefähr jede Frau getan haben'.

[49] See, for example, the searing witticisms in his famous letter on the death of his son (31 December 1777; LM, XVIII, 259), at which Eschenburg was understandably horrified, and Lessing's subsequent explanation (7 January 1778; LM, XVIII, 261): 'Auch ist nicht Verzweiflung, sondern vielmehr Leichtsinn mein Fehler, der sich manchmal nur ein wenig bitter und menschenfeindlich ausdrückt'; also T. W. Danzel und G. E. Guhrauer, *G. E. Lessing: Sein Leben und seine Werke*, second edition (Berlin, 1880–81), II, 602: 'Lessing fuhr einst mit C. A. Schmid von Celle nach Lüneburg. Er war eingeschlafen. Nahe an der Stadt stößt sein Begleiter ihn an: "Wachen Sie auf Lessing, wir kommen zu Menschen." Lessing, die Augen reibend, blickte hinaus. "Ja," sagte er, "ich sehe schon den Galgen!"'

[50] See, for example, his letter to Eva König of 29 November 1770: 'An dem neuen Stücke, *Die Hausplage*, so gut es sonst sein mag, finde ich den Titel sehr zu tadeln. Als ob die Hausplage nicht eben so wohl vom männlichen als weiblichen Gechlecht sein könnte! Und ich muß mich nur über Sie, meine liebe Freundin, wundern, daß Sie mir davon sprechen, als ob es sich schon von selbst verstünde, daß es von nichts anderm, als einer bösen *Frau* handeln könne' (*Meine liebste Madam*, p. 39); see also *Lessing im Gespräch*, p. 440, for Lessing's defence of a prostitute about whom dismissive and prejudiced remarks had been made.

[51] Lessing's brother Karl perhaps realized as much, as his comment on Lessing's intentions indicates: 'Lessing wollte den bitteren Spott des Herrn Weiße über das schöne Geschlecht mildern. Da aber seine Milderung doch noch Spott bleibt, so ist es eine Frage, ob er sich

considerations in mind when he decided to abandon his comedy, it is impossible to say. But it is certain that, around the time at which he stopped working on it, he was confronted with a real-life situation which must have shown up the play's latent misogyny in all its harshness. And that was enough to ensure that it would never be published in his lifetime.

vielen Dank damit verdient habe. Er hat den unwahrscheinlichen Spott nur wahrscheinlich machen wollen' (Karl Gotthelf Lessing, *Gotthold Ephraim Lessings Leben, nebst seinem noch übrigen litterarischen Nachlasse*, 2 vols (Berlin, 1793–95), I, 63f.).

Hans Dietrich Irmscher (Köln)

Aneignung und Kritik naturwissenschaftlicher Vorstellungen bei Herder*

Die Stellung der neueren Naturwissenschaften, vor allem der Physik, im kulturellen Zusammenhang und die Einwirkung ihrer Methoden und Erkenntnisse auf verschiedene seiner Bereiche ist schon seit längerer Zeit Gegenstand einer fächerübergreifenden wissenschaftlichen Reflexion[1].

Die Untersuchung der Rezeption naturwissenschaftlicher Vorstellungen in der deutschen Literatur hat sich lange Zeit auf Goethe beschränkt, in dessen Werk der Zusammenhang von Naturbeobachtung und poetischem Verfahren nicht zu übersehen war[2]. Über die naheliegende Beschäftigung

---

* Überarbeitete Fassung eines Vortrags, gehalten im Mai 1984 vor dem Japanischen Germanistenverband in Tokyo, im Juli 1984 und im Januar 1988 an den Universitäten Tübingen und Bielefeld. Der vorliegende Text ist Teil einer größeren Untersuchung über das Verhältnis von Naturwissenschaft und Literatur vom 18. Jahrhundert bis zur Gegenwart.

[1] Zu nennen wären etwa Hans Blumenberg, *Die kopernikanische Wende* (Frankfurt am Main, 1965); Thomas S. Kuhn, *Die Entstehung des Neuen. Studien zur Struktur der Wissenschaftsgeschichte*, hg. von Lorenz Krüger, stw, 236 (Frankfurt am Main, 1978); Ders., *Die Struktur der wissenschaftlichen Revolutionen*, 2. revidierte und um das Postskriptum von 1969 ergänzte Auflage (1970), stw 25 (Frankfurt am Main, 1978); Thomas P. Saine, *Von der Kopernikanischen bis zur Französischen Revolution. Die Auseinandersetzung der deutschen Frühaufklärung mit der neuen Zeit* (Berlin, 1987); Charles Percy Snow, *Die zwei Kulturen. Literarische und naturwissenschaftliche Intelligenz*, aus dem Englischen von Grete Felten und Karl E. Felten, hg. von Helmut Kreuzer (Stuttgart, 1967; München 1987); Fritz Wagner, *Isaac Newton im Zwielicht zwischen Mythos und Forschung. Studien zur Epoche der Aufklärung* (Freiburg/München, 1976).

[2] Aus der Fülle der Untersuchungen nenne ich nur einige der neueren Arbeiten: Jeremy Adler, ›Goethe und Newton. Ansätze zu einer Neuorientierung am Beispiel der chemischen Verwandtschaft‹, in *Goethe im Kontext*, hg. von Wolfgang Wittkowski (Tübingen, 1984), S. 300–312; Gottfried Benn, ›Goethe und die Naturwissenschaften‹, in Benn, *Gesammelte Werke in vier Bänden*, hg. von Dieter Wellershoff, Bd. I (Wiesbaden, 1959), S. 162–200; Michael Böhler, ›Naturwissenschaft und Dichtung bei Goethe‹, in *Goethe im Kontext*, hg. von Wolfgang Wittkowski (Tübingen, 1984), S. 313–340; Walter Heitler, ›Die Naturwissenschaft Goethes. Eine Gegenüberstellung Goethescher und modern exakter Naturwissenschaft‹, in *Der Berliner Germanistentag 1968* (Heidelberg, 1970), S. 13–23; H. B. Nisbet, ›Goethe und die naturwissenschaftliche Tradition‹, in *Goethe und die Tradition*, hg. von Hans Reiss (Frankfurt am Main, 1972); Alfred Schmidt, *Goethes herrlich leuchtende Natur* (München/Wien, 1984); Albrecht Schöne, *Goethes Farbentheologie* (München, 1987); Carl Friedrich von Weizsäcker, ›Einige Begriffe aus Goethes Naturwis-

mit Goethe hinaus hat – soweit ich sehe – zuerst *Karl Richter* den Zusammenhang von ›Literatur und Naturwissenschaft‹ unter prinzipiellen Gesichtspunkten ins Auge gefaßt[3]. Ihm folgten Untersuchungen zu Lichtenbergs aphoristischem Denken im Zusammenhang mit der von ihm praktizierten Methode der Experimentalphysik[4].

Vor dem Horizont der in diesen Untersuchungen erprobten Fragestellungen sind auch die folgenden Beobachtungen zu verstehen. Zur Präzisierung des Untersuchungsziels sei vorausgeschickt:

1) Es geht mir nicht um den Nachweis der *Quellen,* aus denen Herder geschöpft hat, sondern um die *Art* der Rezeption und Kritik naturwissenschaftlicher Vorstellungen.

2) Mit Rücksicht auf den zur Verfügung stehenden Raum werde ich mich auf die Bedeutung der Physik, genauer der Mechanik für Herders Philosophie der Geschichte beschränken und lediglich Herders Kritik an der quantifizierenden Methode der Naturwissenschaft behandeln.

I. ›Ernsthafte‹ und ›schöne‹ Wissenschaften in der Logik und Poetik des 18. Jahrhunderts (Der Witz)

Im Jahr 1959 hielt der englische Romancier und Wissenschaftler Sir Charles Percy Snow an der Universität Cambridge einen Vortrag unter dem Titel 'The Two Cultures and the Scientific Revolution', in dem er die These vertritt, daß die naturwissenschaftliche und die literarische Intelligenz einander nicht nur fremd seien, sondern in ihren Konsequenzen einander sogar zuwiderlaufen. Während die Naturwissenschaft die Gesellschaft entscheidend verändern, ja umwälzen werde, verhindere die an der Tradition orientierte literarische Kultur gerade die Lösung der aktuellen Probleme der Menschheit, vor allem die der Dritten Welt mithilfe der technologischen Anwendung naturwissenschaftlicher Erkenntnisse.

---

senschaft‹, in *Goethes Werke,* Hamburger Ausgabe, hg. von Erich Trunz, 8. Auflage (München, 1981), Bd. XIII, S. 539–554.

[3] Karl Richter, *Literatur und Naturwissenschaft. Eine Studie zur Lyrik der Aufklärung,* Theorie und Geschichte der Literatur und der schönen Künste. Texte und Abhandlungen, 19 (München, 1972); Ders., ›Lyrik und Naturwissenschaft in Goethes *Westöstlichem Divan*‹, in *Études Germaniques,* 38 (1983), S. 84–101.

[4] Gerhard Neumann, *Ideenparadiese. Untersuchungen zur Aphoristik von Lichtenberg, Novalis, Friedrich Schlegel und Goethe* (München, 1976); Albrecht Schöne, *Aufklärung aus dem Geist der Experimentalphysik. Lichtenbergsche Konjunktive* (München, 1982).

Dieser Vortrag hat ein großes Echo ausgelöst und eine Kontroverse heraufbeschworen, die bis heute nicht zur Ruhe gekommen ist[5]. Die von Snow aufgeworfenen Fragen verbinden sich neuerdings mit der älteren Diskussion prinzipieller methodologischer Probleme, die Wilhelm Dilthey mit seiner Abhandlung ›Ideen über eine beschreibende und zergliedernde Psychologie‹ (1894) begonnen hat[6]. Angesichts der Ausbreitung naturwissenschaftlicher Methoden auch in der Erforschung historischer und literarischer Phänomene machte Dilthey auf die unterschiedliche Gegebenheitsweise historisch-kultureller und physischer Erscheinungen aufmerksam, die auch eine je spezifische Methode ihrer Erforschung verlange. Während jene vom Menschen hervorgebracht sind, Objektivationen seines Selbstverständnisses, erscheinen diese als etwas Selbstgegebenes. Während diese analysiert, nach den Gesetzen etwa von Ursache und Wirkung *erklärt* werden können, wird man jenen nur gerecht – so behauptet Dilthey – wenn man sie zu *verstehen* sucht. Die *Hermeneutik* ist die Methode der Geisteswissenschaften. Diese prinzipielle Differenz hinsichtlich Gegenständlichkeit und Methode ihrer Erforschung hebt auch noch Hans-Georg Gadamer in seinem Buch *Wahrheit und Methode*[7] hervor, dessen Titel im Sinne eines Gegensatzes verstanden werden muß: Methodisches Vorgehen ist gerade nicht die Verfahrensweise der hermeneutischen Wissenschaften, sondern ausschließlich die der Naturwissenschaften.

Eine solche Unterscheidung zweier gegensätzlicher Kulturen oder zweier grundverschiedener Erkenntnismethoden war dem *18. Jahrhundert* weitgehend fremd. Vielmehr glaubte man in jener Zeit, und nicht nur in Deutschland, die Grenze zwischen den ›ernsthaften‹ Wissenschaften, wie man etwa die Mathematik und die Erforschung der Natur nannte, und den ›schönen‹ Wissenschaften, wie die Poesie bezeichnet wurde, nicht so scharf ziehen zu müssen, wie wir das heute gewöhnt sind. Denn beiden Wissenschaften gemeinsam ist nach der Meinung der Philosophen und Dichter des 18. Jahrhunderts jene intellektuelle Fähigkeit, die man ›Witz‹ nannte, ein Ausdruck, der heute in der alten Bedeutung nur noch selten verwendet wird, wenn man etwa sagt, jemand sei ein Mann von ›Witz‹, ›Geist‹, ›Esprit‹.

Nach Johann Christoph Gottscheds Definition in seinem *Versuch einer*

---

5 Vgl. Anm. 2 und das Januar-Heft 1987 der Zeitschrift *Universitas,* in dem mehrere Autoren sich zur Frage »Naturwissenschaften und Geisteswissenschaften – zwei getrennte Kulturen?« äußern.

6 Dilthey, *Gesammelte Schriften,* Bd. V, S. 139ff.

7 Hans-Georg Gadamer, *Wahrheit und Methode. Grundzüge einer hermeneutischen Philosophie* (Tübingen, 1960).

critischen Dichtkunst (Leipzig, 1730) macht »ein lebhafter Witz, wie ein
Weltweiser sprechen möchte«, den eigentlichen Charakter des Poeten aus,
ein Vermögen, das Horaz »ingenium et mens divinior« genannt habe. Im
Anschluß an Christian Wolff definiert Gottsched den Witz als die »Ge-
müthskraft, welche die Ähnlichkeiten der Dinge leicht wahrnehmen, und
also eine Vergleichung zwischen ihnen anstellen kann. Er setzet die Scharfsinnigkeit [= acumen] zum Grunde, welche ein Vermögen der Seelen anzei-
get, viel an einem Dinge wahrzunehmen, welches ein andrer, der gleichsam
einen stumpfen Sinn, oder blöden Verstand hat, nicht würde beobachtet
haben. Je größer nun die Scharfsinnigkeit bey einem jungen Menschen ist, je
aufgeweckter sein Kopf ist, wie man zu reden pflegt: desto größer kann
auch sein Witz werden, desto sinnreicher werden seine Gedanken seyn«[8].
Der Witz ist also nach dieser Definition ein *synthetisches* Vermögen, das
Gemeinsame unter heterogenen Phänomenen der Wirklichkeit zu entdek-
ken. Er setzt voraus die Fähigkeit zur *Analyse*, die die Phänomene zerlegt
und die Merkmale unterscheidet, die der vergleichende Witz für seine
synthetisierende Aufgabe heranziehen könnte. Der Geltungsbereich des
Witzes war im 18. Jahrhundert jedoch keineswegs eingeschränkt auf die
Poesie. Vielmehr erscheint diese, die ›schöne‹ Wissenschaft, geradezu als
Sonderfall einer *generellen* Denkform. Anknüpfend an den Begriff des
ingeniums, das in der Rhetorik als Instrument der inventio, des Findens, der
Erfindung wirkungskräftiger Argumente der Rede verstanden wurde[9], definieren die Philosophen des 18. Jahrhunderts den Witz als das Vermögen
schlechthin, die *Übereinstimmung* der Dinge zu erfassen[10]. Wo immer
Neues entdeckt oder erfunden wird, in welchem Bereich des Geistes auch
immer, da bezeugt sich diese Fähigkeit, Ähnlichkeiten zwischen scheinbar
ganz heterogenen Vorstellungen zu entdecken. Der Witz ist die *entdek-*

---

[8] Johann Christoph Gottsched, *Versuch einer Critischen Dichtkunst*, 4. Auflage (Leipzig,
  1751), II. Hauptstück ›Von dem Charactere eines Poeten‹, § 11, S. 102f. – Über den Witz als
  poetologisches Prinzip vgl. Paul Böckmann, ›Das Formprinzip des Witzes in der Frühzeit
  der deutschen Aufklärung‹, in *Jahrbuch des freien deutschen Hochstifts* (1932–33),
  S. 52–130.
[9] Vgl. hierzu die Zusammenfassung bei Heinrich Lausberg, *Handbuch der literarischen
  Rhetorik*, 2. Auflage (München, 1960), § 260, § 1152.
[10] Christian Wolf, *Vernünfftige Gedanken von Gott, der Welt und der Seele des Menschen*
  (Halle, 1741); Carl Friedrich Flögel, *Einleitung in die Erfindungskunst* (Breslau und
  Leipzig, 1760) u. a. Den systematischen Ort des Begriffs ›Witz‹ behandelt Alfred Baeumler,
  *Das Irrationalitätsproblem in der Ästhetik und Logik des 18. Jahrhunderts bis zur Kritik der
  Urteilskraft*, 2. Auflage (Darmstadt, 1967), S. 141ff.; vgl. meine ›Beobachtungen zur Funk-
  tion der Analogie im Denken Herders‹, in *Deutsche Vierteljahresschrift*, 55 (1981),
  S. 64–97.

kende Fähigkeit des Menschen schlechthin, aber – so muß man hinzufügen – nicht schon die Erkenntnis selbst. In diesem Sinne versteht ihn auch Abraham Gotthelf Kaestner, Dichter und ordentlicher Professor für Mathematik und Physik an der Universität in Göttingen, in seiner Vorlesung *Über den Gebrauch des Witzes in ernsthaften Wissenschaften*:

> Die Wissenschaften durch neue Entdeckungen zu erweitern muß man entweder die schon erkannten Wahrheiten miteinander zu verbinden und daraus andere herzuleiten, oder sich eines glücklichen Zufalls, welcher neue Einsichten darbietet zu bedienen wissen. Jenes Verfahren setzt offenbar die Geschicklichkeit zum voraus, das Ähnliche bey verschiedenen Dingen wahrzunehmen, ohne welche man von einem auf das andere nicht schlüssen kann. Nicht nur unerwartete Vorfälle weiß bloß der Witzige zum Nutzen anzuwenden, ihm zeigen sich weitere Aussichten selbst in den gewöhnlichsten Begebenheiten, wo der gemeine Beobachter nichts seiner Aufmerksamkeit würdiges findet. Archimedes machte die sinnreichste Entdeckung der Hydrostatik bey einer Gelegenheit, wo niemand seiner Landsleute sonst was zu thun wußte, als seinen Körper zu pflegen. Newton sah einen Apfel vom Baume fallen. Dieses erinnerte ihn an etwas bey der Bewegung des Mondes, das man auch ein Fallen gegen die Erde nennen könnte. Er verglich beydes miteinander und fand, daß Mond und Apfel vermöge einerley Kraft fallen, und daß eine ähnliche Kraft auch die Planeten um die Sonne erhält. So feine, so versteckte, so entfernte Ähnlichkeiten wahrzunehmen; aus ihnen ein Ganzes zu machen, daß richtiger zusammenhängt als irgend ein episches Gedicht, und wo sich auf eine natürliche Art die Gesetze des Himmels, die Abweichungen von diesen Gesetzen, größere Begebenheiten und erstaunungswürdigere Wunder erklären, als irgend von homerischen Gottheiten, tassonischen Zauberern, und miltonischen Teufeln sind hervorgebracht worden: das wird man ja wohl Witz und hoffentlich nicht Witz von der schlechtesten Art nennen dürfen[11].

In dieser Bedeutung als entdeckende, nicht aber erkennende Fähigkeit ist der Witz den Dichtern und Philosophen des 18. Jahrhunderts bis an die Schwelle zum neunzehnten geläufig. Jean Paul kennt ihn in dieser Bedeutung[12], und für Friedrich Schlegel ist er das »Prinzip und Organ der Universalphilosophie«, durch das allein »die wichtigsten wissenschaftlichen Entdeckungen« gelungen sind und noch gelingen werden[13]. Selbst ein so scharfer Kritiker der Naturwissenschaft seiner Zeit wie Johann Georg

---

[11] *Einige Vorlesungen. In der Königlichen Gesellschaft zu Göttingen gehalten von Abraham Gotthelf Kestnern* (Altenburg, 1768), S. 25–36.

[12] Jean Paul, *Die Unsichtbare Loge; Levana oder Erziehlehre*, in *Werke*, hg. von Norbert Miller, Bd. I, S. 134ff.; Bd. V, S. 841f.

[13] Athenäumsfragment Minor 220, in Schlegel, *Kritische Schriften*, hg. von Wolfdietrich Rasch, 2. Auflage (München, 1964), S. 49.

Hamann scheut sich nicht, für den Versuch, die möglichen Bedeutungen eines *Textes* zu entdecken, das naturwissenschaftliche *Experiment* als Vorbild zu empfehlen: »Ein sorgfältiger Ausleger muß die Naturforscher nachahmen. Wie diese einen Körper in allerhand willkührliche Verbindungen mit andern Körpern versetzen und künstliche Erfahrungen erfinden, seine Eigenschaften auszuholen; so macht es jener mit seinem Texte.«[14] Wie Hamann für die Auslegung eines Textes, so fordert der Physiker Georg Christoph Lichtenberg, Schüler A. G. Kaestners in der Mathematik und Physik, eine willkürliche Kombination verschiedener Phänomene, um Neues zu entdecken: »Man muß mit Ideen *experimentieren*.«[15] Dies aber heißt für ihn nicht, die Welt der Ideen der exakten Methode der Physik einfach zu unterwerfen, sondern vielmehr auch in der Welt des Geistes versuchsweise das Paradigma, die prinzipielle Struktur *eines* Gegenstandsbereiches, auf einen *anderen* zu übertragen. Ausdrücklich fordert Lichtenberg den ›Paradigmawechsel‹ (Th. S. Kuhn) als Instrument der Entdeckung auf welchem Gebiet auch immer: »Ich glaube unter allen heuristischen Hebezeugen ist keins fruchtbarer als das, was ich *Paradigmata* genannt habe [...] Die Gleise oder vielmehr die gebahnten Wege sind etwas sehr Gutes, – aber wenn niemand nebenher spazieren gehen wollte, so würden wir wenig von der Welt kennen« (LSB, II, S. 455).

Ein bewußt herbeigeführter Paradigmawechsel ist für Lichtenberg das eigentliche Geschäft von *Phantasie* und *Witz*. Den Titel seiner 1795 erschienenen ›Geologischen Phantasien‹ erläuternd, schreibt er: »Wie oft hat sie [die Phantasie] nicht mit ihrem wilden und rauschenden Fluge Ideen aufgejagt, die sich vor dem Falkenauge der Vernunft versteckt hielten, und die diese nachher mit Begierde ergriff« (LSB, III (1972), S. 113). Sie versteht es, das, was der »Beobachtungsgeist« gesammelt hat, »zu verbinden und alles zu einem Ganzen zusammen zu hängen« (LSB, III, S. 118). Das eine durch ein anderes zu erfassen und auszusprechen, ist nach traditioneller Auffassung die Leistung der *Metapher*. So ist es zu erklären, daß Lichtenberg sich der Metapher auch in seinen physikalischen Erörterungen so ausgiebig und methodisch reflektiert bedient. Die von ihm entdeckten sogenannten ›Lich-

---

[14] *Sämtliche Werke,* hg. von J. Nadler, Bd. II (Wien, 1950), S. 71 (künftig: HSW).
[15] Lichtenberg, *Schriften und Briefe,* hg. von Wolfgang Promies, Bd. II (München, 1971), S. 454 (künftig: LSB). – Vgl. auch Mendelssohn über Lessings Denkweise: »Er war gewohnt, in seiner Laune die allerfremdesten Ideen zusammen zu paaren, um zu sehen, was für Geburten sie erzeugen würden. Durch dieses ohne Plan hin und her Würfeln der Ideen entstanden zuweilen ganz sonderbare Betrachtungen, von denen er nachher guten Gebrauch zu machen wußte«: *Lessing im Gespräch,* hg. von Richard Daunicht (München, 1971), S. 64f.

tenbergschen Figuren‹ (charakteristische Figuren von Harzstaub, die statische Elektrizität an einem Isolator anzeigen) erinnern ihn an die Darstellung eines Magnetfeldes durch Eisenfeilspäne, aber auch an die Struktur der Eisblumen am Fenster, in denen er wiederum den Aufbau des Weltalls gespiegelt sieht (LSB, III, S. 27). Die Metapher, in der sich Phantasie und Witz sprachlich konkretisieren, hat also die Aufgabe, die durch Herkommen festgesetzten Grenzen des Wissens zu überschreiten oder zumindest durchlässig zu machen, um dem Ganzen der Welt, ihrer universalen Gesetzlichkeit auf die Spur zu kommen: »Wenn man ein altes Wort gebraucht, so geht es oft in dem Kanal nach dem Verstand, den das ABC-Buch gegraben hat, eine Metapher macht sich einen neuen und schlägt oft grad durch. (Nutzen der Metaphern)« (LSB, I, S. 477).

Dieses Verständnis des Experiments als witzige, phantasievolle Kombination[16] verbietet es, Lichtenbergs aphoristisches Denken einseitig auf das Verfahren der Experimentalphysik (im modernen Sinne) zurückzuführen[17]. Schon Hamann legte in der Charakteristik des Verfahrens der Naturforscher besonderes Gewicht auf »Willkür« und »Künstlichkeit« der Verknüpfung (HSW, II, S. 71), die sich auch in der durch »gute Laune«, »Einfälle« und den Analogieschluß gekennzeichneten Denk- und Redeweise des Sokrates wiederfinden (HSW, II, S. 76). Das Moment des ästhetischen Spiels ist in Lichtenbergs Verständnis der entdeckenden Methode unübersehbar[18], aber es ist zugleich festzuhalten, daß er die künstlerische Willkür *zurückbindet* an eine den Phänomenen selbst inhärente Analogie: »Alles ist sich gleich, ein jeder Teil repräsentiert das Ganze« (LSB, I, 525).

Mit dieser doppelten Bestimmung (subjektives Spiel – objektives Korrelat) ist eine weitere verbunden: Phantasie und Witz wirken aus eigenem Recht; sie erfinden Neues, auf das Verstand und Vernunft dann zurückgrei-

---

[16] Der Königsberger Philosoph Martin Knutzen (1713–51) spricht im Hinblick auf den Witz von einer ›ars experimentandi‹, ein Ausdruck, den er selbst mit ›Versuchskunst‹ übersetzt, zitiert bei Baeumler (Anm. 10), S. 191.

[17] Vgl. Albrecht Schöne (Anm. 4).

[18] »Durch das planlose Umherstreifen[,] durch die planlosen Streifzüge der Phantasie wird nicht selten das Wild aufgejagt, das die planvolle Philosophie in ihrer wohlgeordneten Haushaltung gebrauchen kann« (LSB, II, S. 286). – Hiermit hängt Lichtenbergs Skepsis hinsichtlich der Rolle der Mathematik zusammen: »Ich glaube nicht, daß durch Calcul je eine große Entdeckung in der Naturlehre gemacht worden ist. Das ist auch sein Gegenstand nicht. Sondern sobald der Zufall oder der praktische Blick etwas entdeckt haben, so gibt Mathematik die besten Umstände an; sie zeigt, wenn sich die Sache im Ganzen so verhält, welches die beste Form und Einrichtung sei; weiter nichts«: Georg Christoph Lichtenberg, *Vermischte Schriften*, Bd. IX, hg. von Ludwig Christian Lichtenberg und Friedrich Kries (Göttingen, 1806), S. 142.

fen. Die ästhetische Intuition entdeckt den Zusammenhang der Phänomene
und gibt so der Analyse und begrifflichen Erfassung überhaupt erst ihren
Gegenstand. Phantasie und Witz laufen also der Vernunft erschließend
voraus, aber diese allein liefert die *Erkenntnis* der Gegenstände. In Lichtenbergs Worten: »Phantasie und Witz sind das leichte Corps, das die Gegen-
den rekognoszieren muß, die der nicht so mobile Verstand bedächtlich
beziehen will« (LSB, III, S. 114).

Was am Beispiel Lichtenbergs besonders deutlich gezeigt werden kann,
ist in Wahrheit Gemeingut in der Philosophie des 18. Jahrhunderts. Auch
die Theorie und Praxis des Witzes gehören in den Zusammenhang ihrer
Bemühungen, Eigenrecht und Stellung des Ästhetischen im Ganzen des
menschlichen Wirklichkeitsverständnisses zu bestimmen[19]. Noch Goethe in
dem Vers »Der Dichtung Schleier aus der Hand der Wahrheit« (Vers 96 der
›Zueignung‹ von 1784) und Schiller in dem Gedicht ›Die Künstler‹ (1789)
bringen diese Einheit von Eigenrecht und Vorläufigkeit zum Ausdruck, die
für den in dieser Zeit sich bildenden Begriff des Ästhetischen kennzeich-
nend ist:

> Nur durch das Morgentor des Schönen
> Drangst du in der Erkenntnis Land. (›Die Künstler‹, 34f.)

> Was wir als Schönheit hier empfunden,
> wird einst als *Wahrheit* uns entgegengehn. (›Die Künstler‹, 64f.)

Alexander Gottlieb Baumgarten bestimmt in seiner *Aesthetica* von 1750–58,
Überlegungen von Leibniz und Christian Wolff fortführend, die neue
philosophische Disziplin der ›scientia cognitionis sensitivae‹ auch als ›ars
analogi rationis‹, um Eigenständigkeit *und* Funktionalität des Ästhetischen
zu erfassen[20].

Von diesen philosophischen Voraussetzungen her ist zunächst auch Herder zu verstehen, vor allem seine metaphorische Ausdrucksweise auch in
Texten, in denen man eine begriffliche Argumentationsweise erwartet hätte.
Inzwischen neigt die Forschung – durch die metaphorologischen Studien
Hans Blumenbergs ermuntert – dazu, in der Bildlichkeit seines Stils nicht
mehr allein Unschärfe des Denkens zu erkennen, wie das schon Kant in
seiner Rezension des ersten und zweiten Teils der *Ideen* (1785) getan

---

[19] vgl. hierzu A. Baeumler (Anm. 10).
[20] A. G. Baumgarten, *Theoretische Ästhetik. Die grundlegenden Abschnitte aus der ›Aesthetica‹ (1750/58)*, hg. von Hans Rudolf Schweizer, Philosophische Bibliothek, 355 (Hamburg,
1983), S. 3.

hatte[21], sondern vielmehr ein methodisches Prinzip[22], eine Variante der von Leibniz skizzierten ars combinatoria, an die noch Friedrich Schlegel erinnert, wenn er den Witz zum »Prinzip und Organ der Universalphilosophie« erhebt und in Lessings »witziger Denkweise« den »kombinatorischen Geist« erkennt[23]. Diese Anknüpfung an das Verfahren des Witzes wird erleichtert durch den von Leibniz und teilweise auch von Berkeley herrührenden Phänomenalismus in Herders Erkenntnistheorie. Herder war überzeugt, daß das »Innere« der Natur dem Menschen verborgen ist. Nur Gott kennt das Wesen der Dinge, da er sie geschaffen hat[24]. Alle Resultate der menschlichen Erkenntnis sind daher nur vorläufige Fiktionen, Dichtungen, Entwürfe einer Welt nach seinem eigenen Bilde (VIII, S. 170, 272, u. a.).

Im folgenden soll daher gezeigt werden, wie Herder Begriffe und Gesetze vor allem der klassischen Mechanik, wie sie Newton zur Erklärung der Bewegungen der Himmelskörper erfolgreich herangezogen hat, als Analogien oder Metaphern auf die Geschichte überträgt, nicht um so ihre Gesetzlichkeit systematisch ein für allemal festzustellen, sondern bisher Übersehenes zu entdecken und einer Erforschung ihrer Gesetzlichkeit den Boden zu bereiten[25]. Weder die Bückeburger Schrift *Auch eine Philosophie der Geschichte zur Bildung der Menschheit* (1774) noch die *Ideen zur Philosophie der Geschichte der Menschheit* (1784ff.) sind de facto und nach Herders eigenem Verständnis Geschichtsphilosophie im Sinne einer vollendeten Erkenntnis der Weltgeschichte. Diese Werke wollen nichts weiter als das Terrain künftiger Forschung entdeckend und voreilend erschließen (XIII, S. 10f.).

---

[21] Vgl. hierzu meinen Beitrag ›Die geschichtsphilosophische Kontroverse zwischen Kant und Herder‹, in *Hamann – Kant – Herder. Acta des vierten Internationalen Hamann-Kolloquiums 1985*, hg. von Bernhard Gajek, Regensburger Beiträge zur deutschen Sprach- und Literaturwissenschaft, 34 (Frankfurt am Main, 1987), S. 111–192.

[22] Vgl. Heinz Meyer, ›Überlegungen zu Herders Metaphern für die Geschichte‹, in *Archiv für Begriffsgeschichte*, 25 (1981), S. 88–114; Peter Frenz, *Studien zu traditionellen Elementen des Geschichtsdenkens und der Bildlichkeit im Werk J. G. Herders*, Mikrokosmos. Beiträge zur Literaturwissenschaft und Bedeutungsforschung, 12 (Frankfurt am Main, Bern, 1983); Gerhard vom Hofe, ›Die Geschichte als »Epopee Gottes«. Zu Herders ästhetischer Geschichtstheorie‹, in *Bückeburger Gespräche über J. G. Herder 1983*, Schaumburger Studien, Heft 45 (Rinteln, 1984), S. 56–81.

[23] *Kritische Schriften* (Anm. 13), S. 49, 421ff.

[24] *Herders Sämmtliche Werke*, hg. von Bernhard Suphan, 33 Bde. (Berlin, 1877–1913) (künftig abgekürzt mit Band- und Seitenzahl), Bd. VIII, S. 169f.; XXXII, 180.

[25] Grundlegend für jede Beschäftigung mit der Frage nach der Stellung Herders in der Geschichte der Wissenschaft ist das Buch von H. B. Nisbet, *Herder and the Philosophy and History of Science*, Modern Humanities Research Association, Dissertation Series, 3 (Cambridge, 1970). Obwohl meine Fragestellung in eine andere Richtung zielt, verdanke ich diesem gelehrten Werk vielfältige Anregungen.

Die Himmelsmechanik Newtons ist nicht der *einzige* Komplex, der Herder Metaphern für seine Zwecke geliefert hat. In *Auch eine Philosophie der Geschichte zur Bildung der Menschheit* zieht er biologische, botanische und chemische Phänomene, aber auch solche aus dem Bereich der Dichtung und des Theaters heran, um bestimmte, bisher übersehene Seiten der Geschichte ins Licht zu rücken. Gerade die scheinbare Willkür dieses Verfahrens deutet darauf hin, daß Herder diese Analogien instrumentell und nicht gegenstandskonstituierend verwendet.

II. Newtons Himmelsmechanik und die Gesetze der Geschichte

1. In seinem kritischen Rückblick auf die Leistungen des 18. Jahrhunderts im 6. Stück seiner 1801 erschienenen Zeitschrift *Adrastea* hat Herder unter dem Titel ›Wissenschaften, Ereigniße und Charaktere des vergangenen Jahrhunderts‹ der »Darstellung des Weltsystems« nach den Prinzipien der Mechanik, wie sie Sir Isaac Newton entwickelt hat, einen hervorragenden Platz eingeräumt (XXIII, S. 510ff.). Obwohl Newtons Hauptschrift, die *Philosophiae naturalis principia mathematica* (1687) noch dem 17. Jahrhundert angehört, ist ihre folgenreiche Rezeption vor allem eine Leistung des 18. Jahrhunderts, nicht der Physik allein, sondern auch des allgemeinen Bewußtseins jener Zeit.

Eine Epoche, die ihr Vertrauen in die Fähigkeit der menschlichen Vernunft gesetzt hatte, die Bestimmung des Menschen auf die Erkenntnis der Wirklichkeit und ihrer Gesetze zu gründen, mußte in der erfolgreichen Konstruktion des Weltalls nach den Prinzipien der Mechanik eine Bestätigung dieses Glaubens erblicken. Dies zeigen etwa die zahlreichen in dieser Zeit erschienenen mehr oder weniger populären Darstellungen der Lehre Newtons. An Voltaires Schrift *Eléments de la philosophie de Newton* (1738), Fontenelles Dialoge *Entretiens sur la pluralité des mondes* (1686) wäre ebenso zu erinnern wie an Johann Heinrich Lamberts *Cosmologische Briefe über die Einrichtung des Weltbaus* von 1761 und an Georg Christoph Lichtenbergs *Betrachtungen über das Weltgebäude* (1786)[26]. Die Wirkung Newtons beschränkte sich jedoch nicht auf solche Versuche der Popularisierung. Aufgrund der Überzeugung von der Verwandtschaft der ›schönen‹

---

[26] Vgl. Karl Richter, *Literatur und Naturwissenschaft* (Anm. 3), S. 26ff.

und der ›ernsthaften‹ Wissenschaften hatte man keine Bedenken, das Prinzipielle seines Weltmodells auch auf andere Bereiche der Wirklichkeit zu übertragen. Man konnte dabei sicher sein, den Absichten Newtons selbst zu entsprechen. Denn wie schon der Schöpfer der Mechanik, Galilei, so hoffte auch Newton, alle anderen Phänomene der Natur aus mechanischen Prinzipien erklären zu können[27]. Paul Thiery d'Holbach, dessen viel gelesenes, 1770 erschienenes Buch *Système de la nature* vermutlich für Herder und Goethe eine der wichtigsten Quellen für die Anwendung Newtonscher Gedanken auf andere als physikalische Bereiche der Wirklichkeit gewesen sein dürfte[28], identifiziert im 4. Kapitel, das den Titel trägt ›Von den Gesetzen der physischen und der moralischen Welt‹, Anziehung und Abstoßung ausdrücklich mit den Phänomenen von Liebe und Haß, Freundschaft und Abneigung[29].

Auch für Herder selbst ist Newton schon in seinen frühen Schriften ein außergewöhnlicher, vorbildhafter Geist (I, S. 3; IV, S. 10). Er stellt ihn neben Maupertuis, Euler und Kaestner und bezeichnet ihn als »Lehrer des Menschlichen Geschlechts, Propheten der Natur, Ausleger der Gottheit« (IV, S. 381f.). Dieser »wahre, genievolle Weltenbauer« (IX, S. 462) erscheint ihm – obwohl eine Verkörperung des »Physischmathematischen Geistes« (IX, S. 351) – als ein Beispiel für das Genie schlechthin. Denn ihm sei im Wortsinne dieses Ausdrucks alles schon eingeboren, was später hervorgetreten sei: Er hatte alles schon in sich, als dies ein fallender Apfel weckte (VIII, S. 229, 329).

In Newton hat der menschliche Verstand »die einfachen, ewigen und vollkommenen Gesetze der Bildung und Bewegung der Planeten« festgestellt (XIII, S. 14). Aber Newtons Bedeutung reicht auch für Herder weit über seine fachwissenschaftlichen Entdeckungen hinaus. Schon 1774, in der Schrift *Auch eine Philosophie der Geschichte zur Bildung der Menschheit*, ruft er dem angehenden Naturforscher seiner Zeit zu: »Gedenke Newtons! was der einige Newton fürs Ganze des Menschlichen Geistes gewürket! was das alles allweit gewürket, geändert, gefruchtet! zu welcher Höhe er sein ganzes Geschlecht gehoben!« (V, S. 569).

---

[27] Vgl. hierzu Jeremy Adler, ›Goethe und Newton‹ (Anm. 2), S. 303.

[28] Darüber sollte die Kritik Goethes im 11. Buch von *Dichtung und Wahrheit* nicht hinwegtäuschen: *Goethes Werke*, Hamburger Ausgabe, Bd. IX, 8. Auflage (München, 1978), S. 490.

[29] Paul Thiery d'Holbach, *System der Natur oder von den Gesetzen der physischen und der moralischen Welt*, übersetzt von Fritz-Georg Voigt, stw 259 (Frankfurt am Main, 1978), S. 50.

Diese universale Bedeutung der Entdeckungen Newtons begründet Herder merkwürdigerweise mit dem *dichterischen* Charakter seines Weltmodells (VIII, S. 170, 272; XI, S. 293). Er betrachtet es als eine Fiktion, in der eine ›an sich‹ unerkennbare Wirklichkeit dem menschlichen Geist als ein Ganzes voller Ordnung und Schönheit erscheint. Es stört ihn dabei nicht, daß er mit dieser Interpretation Newtons eigenem Grundsatz widerspricht: »Hypotheses non fingo«.[30] Ist aber in diesem Sinne Newtons Konstruktion der Mechanik des Universums nur als »Denkbild des menschlichen Geistes« (XXIII, S. 514f.) zu verstehen, dann liegt die Möglichkeit der Übertragung einer solchen Denkgestalt – Lichtenberg würde von Paradigmawechsel sprechen – auf andere Gebiete der Wirklichkeit nahe. Tatsächlich hat Herder in diesem Sinne immer wieder eine solche Grenzüberschreitung gefordert. Allerdings beruft er sich nicht auf das Prinzip des Witzes, sondern auf das der *Analogie*: »In allen Wissenschaften sind die größten Erfindungen nur durch Analogieen gemacht worden« (XV, S. 553). Den Wirkungsbereich dieser »analogischen Erfindungskraft« (XV, S. 552) beschränkt Herder nicht auf das Gebiet einer einzigen Wissenschaft. Deutlicher noch als Lichtenberg fordert er einen *Paradigmawechsel* zwischen verschiedenen Bereichen des Geistes[31].

Spuren einer Übertragung naturwissenschaftlicher Vorstellungen, vor allem des von Newton entworfenen Weltmodells, finden sich allenthalben in Herders Schriften. Eine unmittelbare Kenntnis von Newtons Hauptwerk muß dabei nicht notwendig vorausgesetzt werden. Newtons Grundgedanken waren auf vielen Wegen rezipiert worden und waren zu Herders Lebzeiten ein anerkannter Bestandteil des allgemeinen Denkens. Herder konnte sie sich zueignen, etwa in dem schon genannten Buch *Système de la nature* oder in den Schriften von Hemsterhuis, zu dessen *Lettre sur les désirs* (1782) er seine ergänzende Abhandlung *Liebe und Selbstheit* verfaßt hat (XV, S. 304ff.), die schon in ihrem Titel erkennen läßt, daß er auch das Gebiet der Moral als »eine höhere Physik des Geistes« (XV, S. 275ff.) betrachtet hat. Eben Hemsterhuis soll, wie Herder sich am Anfang seiner *Ideen zur Philosophie der Geschichte der Menschheit* erinnert, beklagt haben, »daß dies erhabene Lehrgebäude auf den ganzen Kreis unsrer

---

[30] *Der Weg der Physik. 2500 Jahre physikalischen Denkens. Texte von Anaximander bis Pauli,* ausgewählt und eingeleitet von Shmuel Sambursky, dtv-Bibliothek (München, 1978), S. 398.

[31] Vgl. hierzu meine ›Beobachtungen zur Funktion der Analogie im Denken Herders‹ (Anm. 10).

Begriffe die Wirkung nicht thue, die es, wenn es zu den Zeiten der Griechen mit mathematischer Genauigkeit vestgestellt wäre, auf den gesammten menschlichen Verstand würde gethan haben.«[32] Den frühesten und zugleich entscheidenden Anstoß aber zur Rezeption der Gedanken Newtons empfing Herder zweifellos von seinem akademischen Lehrer Kant. Neben den Vorlesungen, die Herder in Königsberg bei ihm gehört hat, sind hier vor allem zu nennen der *Versuch, den Begriff der negativen Größen in die Welt-weisheit einzuführen* (1763) und die von Herder besonders geschätzte Frühschrift seines Lehrers *Allgemeine Naturgeschichte und Theorie des Himmels, oder Versuch von der Verfassung und dem mechanischen Ur-sprunge des ganzen Weltgebäudes nach Newtonischen Grundsätzen abge-handelt* (1755)[33]. Die hier von Kant als Resultat der Wirkung gegensätzli-cher Kräfte, der Anziehungskraft und der Zurückstoßungskraft[34] am Leit-faden der »Analogie der Natur« entwickelte Bildungsgeschichte des Welt-alls ist für Herder von seinen frühesten Äußerungen an bis in seine späten Schriften hinein Vorbild und Ermunterung für einen entsprechenden Ver-such gewesen, auch die Welt des Menschen und seine Geschichte als gesetzlich geregelt zu verstehen. »Wahl-Anziehung« und »Trennung« beob-achtet er als Kräfte eines universellen Bildungsgesetzes nicht nur in der Chemie, sondern auch in der Physiologie, in jedem Bereich der Schöp-fung[35]. Noch in der *Kalligone* (1800) kommt er auf die zwei »Grundkräfte des Universums nach Newton, Anziehung und Zurückstoßung«, als Erklä-rungsmodell auch für den menschlichen Bereich zurück. »Vermöge dieser zwei Kräfte gravitirt und erhält sich das moralische Weltall, wie das physische durch jene zwei ähnliche Kräfte Newtons« (XXII, S. 230). Von irgendwelchen Zweifeln an der Legitimität der Übertragung naturwissen-schaftlicher Vorstellungen auf geschichtliche oder sittliche Verhältnisse, wofür Goethes *Wahlverwandtschaften* ein Zeugnis sind, zeigt sich Herder nicht beeindruckt.

---

[32] XIII, S. 14. Vgl. hierzu Erich Trunz, ›Hemsterhuis' Reise nach Weimar 1785 und die Klauersche Hemsterhuis-Büste‹, in Trunz, *Weimarer Goethe-Studien* (Weimar, 1980), S. 218–250.

[33] Herder über diese Schrift: I, S. 116; XIII, S. 14; XXIII, S. 525.

[34] Die »Zurückstoßungskraft« tritt bei Newton allerdings hinter der »Anziehungskraft« zurück. Allein aus der Systematik des Modells schließt Kant auf die Gleichberechtigung jener: *Kants Werke*, hg. von Wilhelm Weischedel, Bd. I (Darmstadt, 1975), S. 242.

[35] *Gott*, XVI, S. 558ff.; vgl. *Vom Erkennen und Empfinden der menschlichen Seele*, VIII, S. 169ff.; *Über die dem Menschen angeborne Lüge*, IX, S. 541ff.; und das Gespräch *Hermes und Poemander*, XXIII, S. 515ff.

2. Wie nachhaltig die Erfolge der Physik bei der Erkenntnis der Gesetze
der Himmelsbewegungen auf Herders *Geschichtsdenken* eingewirkt haben,
zeigt sich schon in den Vorarbeiten zu einem Buch, mit dessen Hilfe er die
Gesetzesreformen (1767–68) der Kaiserin Katharina II. von Rußland hoffte
beeinflussen zu können. Dieses Buch sollte den Titel tragen: *Über die
wahre Kultur eines Volks und insonderheit Rußlands* (IV, S. 403). Unzufrie-
den mit dem prinzipienlosen Vorgehen bisheriger Reformversuche, aber
auch mit Montesquieus historisch-individualisierender Methode[36] wollte
Herder zunächst die fundamentalen Gesetze jeder ›Kultur‹ eines Volkes
entwickeln, wobei er unter ›Kultur‹ oder ›Bildung‹ die vollkommene Verwirklichung der spezifischen Möglichkeiten eines Volkes im jeweiligen
historischen Zusammenhang verstanden hat. Ein merkwürdiges Zeugnis
dieser Bemühungen ist eine Reflexion aus dem Jahr 1769, die jene Übertragung der Newtonschen Gesetze auf die geschichtliche Welt zeigt, aber auch
belegt, daß Herder nicht eine Gleichsetzung im Sinne hat, sondern nur eine
Aufdeckung von *Strukturanalogien* im geschichtlichen Bereich:

> Gesetze der Welt: Gesetze der Körper: Gesetze Menschlicher und Thierischer
> Naturen; euch will ich in der Dunkelheit meines Labyrinths zu Hülfe nehmen,
> wie Gesetze für Nationen zu schaffen sind, daß sie so wie ihr, gelten, würksam
> werden, glücklich machen, ihr Ziel erreichen! Gesetze der Körper zuerst, denn
> sie sind die bekanntesten.
>   Anziehung und Zurückstoßung! ich kann sie nicht erklären, ich bemerke sie
> aber. Sie haben wahrscheinlich den Körper gebildet: sie erhalten ihn: sie sind sein
> Wesen, seine Natur: was weiß ich? Gesetze also der Anziehung und Zurückstos-
> sung für eine Nation zu geben, die so natürlich ihrem Wesen sind, die eben diese
> Nation ursprünglich so gebildet, sie so erhalten haben, als jene Gesetze den Kör-
> per, das ist wahre Gesetzgebung.
>   Noch weiß ich nichts. Anziehung und Zurückstoßung sind Abstrakte Aus-
> drücke, sind Nichts als Wörter, gesammlete Begriffe; was habe ich nun gesagt,
> wenn ich sage, sie haben den Körper gebildet, sie erhalten ihn u. f.? Nichts, als
> nach ihnen wird der Körper erhalten, d. i. es muß ein einfaches Wesen seyn, das
> eine eingeschränkte Kraft hat, um sich einen Körper zu bereiten. Als Kraft ziehts
> an, als eingeschränkte Kraft wirds zurückgestossen und bekommt Sphäre: da ist
> seine Bildung: die Bildung eines Körpers (IV, S. 468f.).

Aufschlußreich sind vor allem Herders Entwürfe zu einer Philosophie der
Geschichte, in der er zu zeigen versucht, daß Geschichte sowohl als individuelle Verwirklichung nach Raum, Zeit und menschlicher Kraft verstanden

---

[36] Vgl. die Kritik in *Auch eine Philosophie der Geschichte zur Bildung der Menschheit* (V,
S. 565f.).

werden kann, wie als kontinuierlicher Zusammenhang, als ein Ganzes. Schon die frühen Skizzen zeigen, in welchem Maße der Triumph des menschlichen Verstandes in der Entdeckung der Bewegungsgesetze der Himmelskörper ihm Mut gemacht hat, ein Gleiches auch im Bereich der Geschichte zu versuchen. Die flüchtige Skizze zu einer »Universalgeschichte der Bildung der Welt« im *Journal meiner Reise im Jahr 1769* nennt als Vorbilder Newton und Archimedes: »Welch ein Newton gehört zu diesem Werke? Wo ist der erste Punkt?« (IV, S. 352).

3. Es waren aber nicht nur die formale Vorbildhaftigkeit der gelungenen physikalischen Erkenntnis, sondern auch *inhaltliche* Phänomene der Mechanik, die Herder Erklärungsmuster für ein besseres Verständnis der Geschichte geliefert haben. Darauf einmal aufmerksam geworden, erkennt man schon in der Schrift *Auch eine Philosophie der Geschichte zur Bildung der Menschheit* (1774) die Bedeutung der mechanischen Analogien (oder Metaphern). Anziehung und Attraktion zeigen sich für Herder in der Neigung einer noch unausgebildeten geschichtlichen Individualität, etwa eines Volkes, sich alles anzueignen, um sich in dem ihm Fremden zur Darstellung zu bringen (V, S. 510). Der Intensität der Anziehung entspricht die der Abstoßung (actio = reactio). In dem Maße ihrer Anziehung verwirft eine geschichtliche Kraft auch, was ihr nicht zugehört: fremde Völker, fremde Kulturen. »Ekel«, Haß, Negation, »Nationalismus«, wie bereits Herder sagt, sind die Kehrseite der Individualisierung, aber zugleich die Voraussetzung geschichtlichen Fortgangs (V, S. 510, 526). Ob nun die »Körper« der Nationen sich »aneinander reiben« (S. 548) oder sich »abstoßen«, schließlich stellt sich ein »Gleichgewicht« (S. 548) her, oder die »Schwerkraft« bringt das »Pendel« zur Ruhe, die sich »stoßenden« Nationalkörper konsolidieren sich in einem angespannten Ausgleich als Individualitäten. Gerade in jenen Sätzen, in denen Herder nach Meinung der bisherigen Forschung den Grundgedanken des Historismus formuliert hat (jedes Phänomen der Geschichte, Mensch, Nation, Staat, Rechtsordnung oder literarisches Werk, sei ein Individuum und nur aus sich selbst heraus zu verstehen), bedient er sich der Metaphorik aus dem Bereich der Mechanik: »Jede Nation hat ihren *Mittelpunkt* der Glückseligkeit *in sich,* wie jede Kugel ihren Schwerpunkt« (V, S. 509). Auch der Pendelbewegung, die Galilei und dann Christian Huygens (1673) erforscht haben, hat Herder neue Gesichtspunkte abgewonnen: »Der Pendul schlägt immer *mit gleicher Kraft,* wenn er am weitesten ausholt und desto *schneller strebt,* oder wenn er am langsamsten schwanket, und sich der *Ruhe nähert*« (V, S. 512).

Herder spielt offenbar darauf an, daß bei einem einmal angestoßenen und schwingenden Pendel die Summe aus der momentanen kinetischen Energie (Bewegungsenergie) und der momentanen potentiellen Lageenergie (bewirkt durch die Schwerkraft) stets konstant ist. Dieser physikalische Sachverhalt besagt – als Metapher verwendet – für die Geschichte (in diesem Zusammenhang), daß in jeder Epoche die gleiche Vollkommenheit des Menschlichen, wenn auch bei unterschiedlichen historischen Bedingungen und in verschiedener Gestalt erreicht werden kann. Für die Erforschung der Geschichte folgert Herder daraus, daß niemals eine Epoche an einer anderen gemessen werden dürfe, sondern jede nur aus sich selbst heraus verstanden werden müsse.

Sieht man sich die Verwendung der Metaphern aus dem Bereich der Mechanik genauer an, so erkennt man, daß Herder sie vor allem einsetzt, um die Konstituierung des *Individuellen* im geschichtlichen Zusammenhang, als Vorgang zusammenstoßender, sich bekämpfender Kräfte und ihr Resultat als Selbstzentriertheit eines in sich ruhenden Gebildes zu beschreiben. Mechanische Metaphern dienen ihm also dazu, den Blick auf die *Diskontinuität*, den *Widerspruch*, die *Auseinandersetzung* in der Geschichte zu lenken.

Will Herder dagegen die *Kontinuität* des geschichtlichen Zusammenhangs in der Auseinandersetzung zur Anschauung bringen, wählt er vor allem Analogien oder Metaphern aus jenen Bereichen der Natur, die von sich her dem Prinzip der Kontinuität folgen. Zu nennen ist das Bild des *Stromes,* der ständig fließt und doch mit sich identisch bleibt (S. 512, 561). Besonders häufig zieht Herder Metaphern aus dem Bereich des *Organischen* heran, um auf das Phänomen geschichtlicher Kontinuität hinzuweisen. An erster Stelle sind Same, Keim und Entwicklung zur vollendeten Gestalt der Pflanze zu nennen (S. 477ff.), sodann das Bild des Baumes, dessen Stamm für Simplizität der ursprünglichen Lebensverhältnisse, die Krone jedoch für Differenzierung und »Verzweigung« in der modernen Welt stehen, bei gleichzeitiger Betonung sozusagen räumlicher Gegenwart des Ganzen im zeitlichen Verlauf (S. 477ff.; 554ff.). Auch die Bilder, in denen Herder die *Einheit* von Disparität und Kontinuität der Geschichte zum Ausdruck bringen will, sind nicht der Mechanik entnommen, sondern dem Bereich des Organischen (Lebensalter, S. 481ff.), oder dem der Dichtung (Epos, Drama, Theater, S. 513, 559). Die Behauptung, Herders Analogien sollten als Hinweise auf bisher nicht beachtete Phänomene der Geschichte verstanden werden, nicht aber als Erkenntnisaussagen über die Sache selbst, wird schließlich durch die folgende Beobachtung gestützt:

Während er nämlich Analogien aus der Mechanik zu den angegebenen Zwecken ohne Bedenken heranzieht, kritisiert er auf der anderen Seite mit Schärfe die faktische *Mechanisierung* des Lebens in seiner Zeit, des Militärs, des Denkens, der Literatur und der gesamten Kultur. Herder beobachtet, wie sich die einzelnen kulturellen Bereiche aus dem Ganzen des öffentlichen Lebens herauslösen, nur noch ihrer eigenen Gesetzlichkeit folgen und so zum Selbstzweck werden, zum realitätsentlasteten Spiel, das keine Funktion mehr hat im Wirkungsgeflecht des kulturellen Ganzen[37]. Da so die kulturellen Tätigkeiten sich vom Menschen, als ihrem produktiven Ursprung, gelöst und als eigengesetzliche Bereiche konsolidiert haben, hat sich auch der Mensch in seinem Tun von sich selbst entfremdet und ist zur Maschine geworden, als Soldat, als Philosoph oder als schöner Geist (V, S. 538). Dies schreibt Herder 1774, zwanzig Jahre vor Schillers *Briefen über die ästhetische Erziehung des Menschen* (3. Brief). Herder erkennt auch sehr klar, daß diese Mechanisierung des modernen Lebens von den Regierenden als Instrument der Beherrschung eingesetzt wird (V, S. 546).

4.   Die seit 1784 erscheinenden *Ideen zur Philosophie der Geschichte der Menschheit* – die ersten Teile sind in enger Zusammenarbeit mit Goethe entstanden – hat Herder selbst als Wiederaufnahme und Fortsetzung seiner früheren Schrift *Auch eine Philosophie der Geschichte zur Bildung der Menschheit* verstanden (XIII, S. 3 f.). Unbeschadet der Tatsache, daß sich Herders Geschichtsbild in wesentlichen Punkten inzwischen gewandelt hat (Rolle des Einzelnen, Erkennbarkeit des Sinns der geschichtlichen Entwicklung, Selbstzweckhaftigkeit und Funktionalität geschichtlicher Phänomene, Aufgabe einer Philosophie der Geschichte usw.), in *einem* knüpft Herder direkt an die frühere Schrift an, in der *Methode der Analogie*. Auf die »Analogie der Natur« als Organ der Erkenntnis beruft er sich ausdrücklich in der ›Vorrede‹ (XIII, S. 9). Zugrunde liegt die Überzeugung, daß der »Gott, den ich in der Geschichte suche, derselbe seyn muß, der er in der Natur ist« (XIV, S. 244).

Auch und besonders für die *Ideen* war es der *Triumph des menschlichen Verstandes* in Newtons Konstruktion der Himmelsmechanik, der Herder ermuntert hat, auch in der Geschichte nach unverrückbaren Gesetzen zu suchen. Der menschliche Verstand, heißt es im ersten Buch der *Ideen*, »hat vielleicht nie einen weitern Flug gewagt und zum Theil glücklich vollendet,

---

[37] V, S. 534 ff.; über die »Gedankenfabrik« der Philosophie vgl. die Schüler-Szene in *Faust* I, Vers 1918 ff.

als da er in Copernicus, Kepler, Newton, Huygens und Kant die einfachen, ewigen und vollkommenen Gesetze der Bildung und Bewegung der Planeten aussann und veststellte« (XIII, S. 13f.). Der Hinweis auf Kant bezieht sich auf die schon genannte *Allgemeine Naturgeschichte und Theorie des Himmels*. Herder denkt aber sicher auch an Kants Vorlesung über ›Physische Geographie‹, die er zwischen 1762 und 1764 in Königsberg gehört hat.

Gemessen an der gesetzlichen Ordnung des Sternenhimmels, die Newton und seine Vorläufer entdeckt haben, einer Ordnung, in deren Schönheit für Herder nach alter pythagoräischer Vorstellung zugleich das Wesen Gottes sich bezeugt, erscheint dem flüchtigen Betrachter, vor allem aber einem Skeptiker wie Voltaire, der seit dem Erdbeben von Lissabon (1755) zum Exponenten der Kritik an der *Théodicée* von Leibniz[38] geworden war (dem wiederum Herder als Philosoph, aber auch als Theologe sich verbunden fühlte), die Geschichte nur als ein folgenloses Nacheinander vergeblicher Bemühungen: »Trauriges Schicksal des Menschengeschlechts, das mit allen seinen Bemühungen an Ixions Rad, an Sisyphus Stein gefesselt und zu einem Tantalischen Sehnen verdammt ist. Wir müssen wollen, wir müssen streben; ohne daß wir je die Frucht unsrer Mühe vollendet sähen oder aus der ganzen Geschichte ein Resultat menschlicher Bestrebungen lernten« (XIV, S. 205). Herder verschärft den Standpunkt des Skeptizismus noch durch Fragen, denen erkennbar das *Postulat der Theodizee* zugrundeliegt:

> Der Gott, der in der Natur Alles nach Maas, Zahl und Gewicht geordnet, der danach das Wesen der Dinge, ihre Gestalt und Verknüpfung, ihren Lauf und ihre Erhaltung eingerichtet hat, so daß vom großen Weltgebäude bis zum Staubkorn, von der Kraft, die Erden und Sonnen hält, bis zum Faden eines Spinnegewebes nur Eine Weisheit, Güte und Macht herrschet, Er, der auch im menschlichen Körper und in den Kräften der menschlichen Seele alles so wunderbar und göttlich überdacht hat, daß wenn wir dem *Allein-Weisen* nur nachzudenken wagen, wir uns in einem Abgrunde seiner Gedanken verlieren; wie, sprach ich zu mir, dieser Gott sollte in der Bestimmung und Einrichtung unsres Geschlechts im Ganzen von seiner Weisheit und Güte ablassen und hier keinen Plan haben?[39]

Noch deutlicher tritt das Vorbild der Himmelsmechanik, verknüpft mit dem Postulat der Theodizee, in der Frage hervor:

> Sind also die Zeiten nicht geordnet, wie die Räume geordnet sind? und beide sind ja die Zwillinge Eines Schicksals. Jene sind voll Weisheit; diese voll scheinbarer

---

[38] Voltaire, *Candide ou L'optimisme* (1759).

[39] XIII, S. 7; vgl. schon *Auch eine Philosophie der Geschichte zur Bildung der Menschheit:* »Wenn das Wohnhaus bis aufs kleinste Behör *Gottesgemälde* zeiget – wie nicht die *Geschichte seines Bewohners?*« (V, S. 559).

Unordnung; und doch ist offenbar der Mensch dazu geschaffen, daß er Ordnung suchen, daß er einen Fleck der Zeiten übersehen, daß die Nachwelt auf die Vergangenheit bauen soll (XIII, S. 8).

Man wird Herder nicht gerecht, wenn man den Postulatcharakter dieser Frage vorschnell in eine feste Glaubensüberzeugung ummünzt. Zweifel und Verzweiflung angesichts des tatsächlichen Verlaufs der Geschichte waren Herder vertraut. In einer nicht zur Veröffentlichung bestimmten Notiz, vermutlich aus dem Jahre 1774, reflektiert er über seine Situation »im Labyrinth«, auf der Suche nach dem Ziel, umgetrieben von der Frage, was er »in der Verfallenheit seiner Seele« seinem »lieben blutverwandten Kinde frühe einflößen« könnte über den Sinn der Geschichte, und er schließt mit den Worten: »Ich mag nicht denken! Ich küße dich, lieber Sohn mit Thränen, was soll ich dir singen – was dir sagen – in welcher Enge schwebe ich – soll ich reden, oder schweigen. – Die Geschichte der Schöpfung!« (XXXII, S. 238). Auch in den scheinbar so harmonieberuhigten *Ideen* ist Herder der existentielle Ernst dieser Frage so nahe wie 1774. Er spricht von denen, »die auf dem wüsten Ocean der Menschengeschichte den Gott zu verlieren glaubten, den sie auf dem vesten Lande der Naturforschung in jedem Grashalm und Staubkorn mit Geistesaugen sahn und mit vollem Herzen verehrten« (XIV, S. 207). Auch jetzt ist der Sinn der Geschichte der Menschheit ihm nicht unbezweifelbarer Erkenntnisbesitz, sondern Postulat und daraus folgende Aufforderung, ihn zu suchen: »Ist indessen ein Gott in der Natur: so ist er auch in der Geschichte: denn auch der Mensch ist ein Theil der Schöpfung und muß in seinen wildesten Ausschweifungen und Leidenschaften Gesetze befolgen, die nicht minder schön und vortreflich sind, als jene, nach welchen sich alle Himmels- und Erdkörper bewegen. Da ich nun überzeugt bin, daß was der Mensch wissen muß, er auch wissen könne und dürfe: so gehe ich aus dem Gewühl der Scenen, die wir bisher durchwandert haben, zuversichtlich und frei den hohen und schönen Naturgesetzen entgegen, denen auch sie folgen« (XIV, S. 207; 244). Aus den Erfolgen der mathematischen Physik in der Erkenntnis der Gesetze des Sternenhimmels gewinnt Herder also die Hoffnung, daß es möglich sein müsse, auch die Geschichte als gesetzlichen Ablauf zu erfassen, nicht in abstrakter Beweisführung wie Leibniz in seinen *Essais de théodicée sur la bonté de Dieu, la liberté de l'homme et l'origine du mal* von 1710, sondern in konkreter Darstellung der geschichtlichen Begebenheiten die Güte Gottes als Gesetzlichkeit auch im Handeln der Menschen zu erweisen. Schon in der Bückeburger Schrift *Auch eine Philosophie der Geschichte zur Bildung der Menschheit* hatte Herder der Skepsis Voltaires die Behauptung eines sinnvollen Zusammenhangs in der Geschichte entgegengesetzt. Auch in den *Ideen* ist der Autor des *Candide* der geheime Gegner, dem Herder den Gedanken einer sinnvollen, wenn auch verborgenen Ordnung der Geschichte entgegenhält. Aber eben diese Anknüpfung an die Tradition führt ihn zugleich ein Stück weiter auf dem Wege zur Antwort auf die Frage: »Ob denn, da alles in der Welt seine Philosophie und Wissenschaft habe, nicht auch das, was uns am nächsten angeht, die Geschichte der Menschheit im Ganzen und Großen eine Philosophie und Wissenschaft haben sollte?« (XIII, S. 7). Auf der Suche nach einer wissenschaftlichen Betrachtung der Menschheitsgeschichte und in Analogie zur Methode der Naturwissenschaft seiner Zeit verwirft Herder mit Nachdruck die traditionelle »Philosophie der Endzwecke« (XIV, S. 202) und fordert statt dessen, die geschichtlichen Phänomene »wie jede andre Naturerscheinung, deren Ursachen und Folgen man frei erforschen will, ohne untergeschobnen Plan« zu betrachten[40].

Sieht man sich die Beschreibung der Naturgesetzlichkeit, vor allem im 3. Kapitel des 15. Buches der *Ideen,* genauer an, die Herder in der »Naturwelt« der Geschichte zu entdecken glaubt, so ist die Orientierung an mathematischen Vorstellungen und an den Gesetzen der Mechanik unübersehbar. Herder meint zu erkennen, wie in der Geschichte, im Kampf widerstrebender Kräfte, sich schließlich ein Gebilde konstituiert, das seinen Schwerpunkt in sich selbst hat (XIV, S. 149, 225ff.). Deutlich sind in solchen Formulierungen die physikalischen Begriffe der Attraktion und der Repulsion wiederzuerkennen, und zwar in der Fassung einer Theorie, wie sie Johann Heinrich Lambert entwickelt hatte, auf den Herder sich hier wie in den Spinoza-Gesprächen bezieht[41]. Durch metaphorische Übertragung von Erkenntnissen Galileis, der Grundbegriffe der Newtonschen Himmelsmechanik oder auch der Schwingungstheorie von Christian Huygens schafft Herder sich die Möglichkeit, Ruhe und Bewegung, Widerspruch und Ausgleich, Kontinuität und Negation als einander fordernde Kräfte der Geschichte zu entdecken: »Je lebendiger und vielartiger die Kräfte sind: desto weniger ist der unvermerkte gerade Gang der Asymptote möglich,

---

[40] XIV, S. 203. Vgl. hierzu: Matthias Schramm, *Natur ohne Sinn? Das Ende des teleologischen Weltbildes* (Graz, Wien, Köln, 1985), S. 180–182.

[41] XVI, S. 469ff. Inwiefern auch Gedanken Leonhard Eulers oder Maupertuis' Prinzip der kleinsten Aktion von Herder aufgenommen wurden (»leichteste Anwendung der Kräfte«, »seine sparsam-schönste Form«, XIV, S. 226), bedürfte einer genaueren Untersuchung. Vgl. H. B. Nisbet, *Herder and the Philosophy and History of Science* (Anm. 25), S. 92ff. und Matthias Schramm, *Natur ohne Sinn?* (Anm. 40), S. 70ff.

desto heftiger werden die Schwingungen der Oscillationen, bis das gestörte Daseyn das Gleichgewicht seiner Kräfte oder ihrer harmonischen Bewegung, mithin den ihm wesentlichen Beharrungszustand erreichet« (XIV, S. 226; 234). Als Metaphern oder – wie Herder auch sagt – als Gleichnisse setzt er Begriffe der Mechanik ein, um bestimmte, bisher übersehene Seiten der Geschichte zu entdecken oder doch in helleres Licht zu rücken. Selbst die Mathematik hoffte er in dieser Weise seinen Zwecken dienstbar machen zu können: An den Astronomen Friedrich von Hahn schreibt er am 5. August 1774: »Mir fehlt, wie ich mündlich sagte, der Gebrauch der höheren Mathematik, in der, wie ich wittre, wenigstens vortrefliche *Gleichnisse* liegen müßen, in der Philosophie höher zu steigen – bisher aber habe ich noch nicht in das Zauberland kommen können, wer weiß auch je.«[42]

Indessen glaubt Herder sich zu solchen Vergleichen nicht nur kraft der witzigen Kombinatorik im Sinne des 18. Jahrhunderts berechtigt, sondern auch weil er – unreflektiert – von einer einheitlichen Gesetzlichkeit der ganzen Schöpfung ausgeht. Überall entdeckt er »die Formel des Gleichgewichts gegen einander strebender Kräfte, auf dessen Harmonie der ganze Weltbau ruht. Ein und dasselbe Gesetz also erstrecket sich von der Sonne und von allen Sonnen bis zur kleinsten menschlichen Handlung: was alle Wesen und ihre Systeme erhält, ist nur eins: *Verhältniß ihrer Kräfte zur periodischen Ruhe und Ordnung*« (XIV, S. 234). Wenn Herder also von der »Analogie der Natur« redet, so ist im Einzelnen nicht immer leicht zu entscheiden, ob er sie als *analogia heuristica* oder als *analogia entis* versteht. In den *Ideen* jedenfalls scheint er der letzteren zuzuneigen. Dagegen hat Kant mit Recht Bedenken angemeldet. Andererseits aber scheint er auch an der Auffassung, daß es der menschliche Geist ist, der die Wirklichkeit, Natur und Geschichte, nach der Analogie *interpretiert,* bis in seine letzten Jahre hinein festgehalten zu haben. In der *Adrastea* von 1802 nennt er die Begriffe »Schwere und Anziehung« brauchbare Konstruktionen, aber eben doch nur »Hülfsbrücken, Denkbilder des menschlichen Geistes« (XXIII, S. 515).

---

[42] J. G. Herder, *Briefe,* Bd. III (Weimar, 1978), S. 109. Vgl. an Hahn, 24. Dezember 1774 (Bd. III, S. 139).

III. Kritik an der naturwissenschaftlichen Methode und Entwurf einer Morphologie

Ließ sich die Kosmologie Newtons und seiner Vorgänger noch im Sinne pythagoräischer Vorstellungen als dichterischer Entwurf der Welt sozusagen ästhetisch rechtfertigen, so scheitert eine solche Interpretation bei einer der wichtigsten Voraussetzungen der mathematisch begründeten Naturwissenschaft, nämlich der analytischen *Reduktion aller sinnlichen Qualitäten auf das Quantitative.* Schon das in jener Zeit so beharrlich sich meldende Bedürfnis, sinnliche Wahrnehmung, das Ästhetische im weitesten Sinne, in seinem Eigenwert zu »retten« und als selbständigen Zugang zur Wirklichkeit zu begründen (Gottlieb Alexander Baumgarten, *Aesthetica,* 1750–58), kann als Versuch der Abwehr einer um sich greifenden quantifizierenden Betrachtungsweise der Wirklichkeit verstanden werden. Dieser quantifizierende Ansatz der Naturwissenschaft bedroht natürlich vor allem die sinnlich-bildhafte Weltsicht der Poesie. Von daher ist es auch zu verstehen, daß nicht wenige Denker jener Zeit sich mit dem Problem der *Mythologie in der Dichtung* so eingehend beschäftigt haben[43].

In richtiger Erkenntnis der Tatsache, daß die mythologischen Vorstellungen der Griechen und Römer nicht einfach übernommen werden können, suchten sie neue Bereiche für eine noch zu entwickelnde andere Mythologie zu entdecken. Ein gegenwärtiger Gebrauch der antiken Mythologie könne nur, so argumentiert etwa Herder in der dritten Sammlung seiner *Fragmente,* in einem *heuristischen* Sinne erfolgen. Moderne Dichter sollten an den alten bildlichen Vorstellungen lernen, ihre *eigene* Wirklichkeit in analoger Weise bildlich zu erfassen (I, S. 426ff.). Auf die neueren naturwissenschaftlichen Entdeckungen als ein noch ungenutztes Feld möglicher naturwissenschaftlicher Vorstellungen hatte u. a. auch der Hallenser Literaturkritiker Johann Adolph Klotz hingewiesen (III, S. 259ff.). In seiner 1762 erschienenen *Aesthetica in nuce* nimmt *Hamann* diesen Vorschlag auf: »Mythologie hin! Mythologie her! Poesie ist eine Nachahmung der schönen Natur – und Nieuwentyts, Newtons und Büffons Offenbarungen werden doch wohl eine abgeschmackte Fabellehre vertreten können? – Freilich sollten sie es thun, und würden es auch thun, wenn sie nur könnten – Warum geschieht es denn nicht? – *Weil es unmöglich ist;* sagen eure Poeten«

---

[43] Manfred Frank, *Der kommende Gott. Vorlesungen über die Neue Mythologie,* es, N.F. 142 (Frankfurt am Main, 1982) geht in der Vorlesung über »Herders Rehabilitation des Mythos« (S. 123ff.) auf diese Zusammenhänge nicht ein.

(HSW, II, S. 205). Hamann selbst gibt die Antwort auf diese Frage, warum ein solcher Versuch notwendig scheitern muß: »Die Natur würkt durch Sinne und Leidenschaften. Wer ihre Werkzeuge verstümmelt, wie mag der empfinden? [...] Eure mordlügnerische Philosophie[44] hat die Natur aus dem Wege geräumt, und warum fordert ihr, daß wir selbige nachahmen sollen?« (HSW, II, S. 206). Wer jedoch Sinne und Leidenschaften gering achtet, also die ›leidende‹ Seite der menschlichen Natur, der begibt sich auch der Möglichkeit, die Welt in Bildern zu erfahren und in ihnen Gottes Wort zu vernehmen: »Sinne und Leidenschaften reden und verstehen nichts als Bilder. In Bildern besteht der ganze Schatz menschlicher Erkenntniß und Glückseligkeit« (HSW, II, S. 197). Mit dem Verlust seiner Empfänglichkeit, seiner bildlichen Wahrnehmungsfähigkeit, verliert der Mensch auch die Möglichkeit, Gott, »seine Leutseeligkeit in den Geschöpfen zu sehen und zu schmecken, zu beschauen und mit Händen zu greifen« (HSW, II, S. 207). Denn Gott hat sich nach Hamanns biblisch begründeter Überzeugung zum Menschen herabgelassen und redet zu ihm als der Gekreuzigte in den konkreten Dingen seiner Lebenswelt. Alles, was dem Menschen begegnet, ist also *Wort, Zeichen, Bild* des erniedrigten Gottes, der vom Menschen eben in dieser Form – wegen des Sündenfalls freilich nur bruchstückhaft – *empfangen* und nicht souverän gedacht oder mathematisch in seiner Herrlichkeit konstruiert werden will: »Alle Werke Gottes sind Zeichen und Ausdrücke seiner Eigenschaften; und so scheint es, ist die ganze körperliche Natur ein Ausdruck, ein Gleichnis, der Geisterwelt. Alle endliche Geschöpfe sind nur im Stande, die Wahrheit und das Wesen der Dinge in Gleichnissen zu sehen« (*Biblische Betrachtungen*, HSW, I, S. 112). In diesen Überzeugungen ist Hamanns Kritik an Newton und an jeder mathematisch konstruierenden Naturwissenschaft begründet[45]. Die Natur ist nicht ein durch erkennbare objektive Gesetze geregelter Zusammenhang an sich, sondern ein Wort, eine *für den Menschen* bestimmte Botschaft. Dies führt Hamann zwangsläufig dazu, die Zugangsweise zur Wirklichkeit anders zu bestimmen als mit Begriffen wie Analyse, Experiment, Erklärung. Er spricht vielmehr vom *Lesen, Hören, Verstehen*. Über das gemeinsame Projekt eines Lehrbuches der Physik für Kinder schreibt er im Dezember

---

[44] ›Philosophie‹ umfaßt im Sprachgebrauch des 18. Jahrhunderts auch die Naturwissenschaften; vgl. den Titel von Newtons Hauptwerk: *Philosophiae Naturalis Principia Mathematica*.

[45] HSW, I, S. 9; II, S. 367; III, S. 28, 131, 240, 281; an Herder, 23. Mai 1768, in J. G. Hamann, *Briefwechsel*, hg. von Walther Ziesemer und Arthur Henkel, Bd. II (Wiesbaden, 1976), S. 416.

1759 an Kant: »Die Natur ist ein Buch [...]. Es gehört also mehr dazu als Physik um die Natur auszulegen. Physik ist nichts als das ABC.«[46] Der Poesie kommt in diesem Zusammenhang für Hamann eine besondere Bedeutung zu. Sie kann, als die »Muttersprache des menschlichen Geschlechts«, die bruchstückhafte Rede Gottes in der Wirklichkeit nicht nur nachahmen, sondern auch versuchen, sie »in Geschick zu bringen« (*Aesthetica in nuce* , HSW, II, S. 199), das heißt, sie als sinnvolle Rede zu lesen.

In seiner von ihm selbst nicht veröffentlichten Rezension der *Aesthetica in nuce*, die den Titel trägt *Dithyrambische Rhapsodie über die Rhapsodie kabbalistischer Prose* (1764), erklärt Herder sich zunächst außerstande, diesem Optimismus Hamanns zu folgen: »Alles spricht um mich in Bildern; von denen ich nur leider! den Laut verstehe«.[47] Gott habe sich, so sagt Herder, aus der Wirklichkeit zurückgezogen. Nicht Gott in der *Welt*, sondern in den Tiefen der menschlichen *Seele* zu singen, könnte noch eine Aufgabe für den Dichter dieser Tage sein (*Frühe Schriften*, S. 34). Er kommt damit zu einem ähnlichen Vorschlag, dem Bildverlust zu begegnen, wie später Schiller in seiner Schrift *Über naive und sentimentalische Dichtung*. Überzeugt davon, daß die zunehmende Abstraktion, das Ersterben der Fähigkeiten »der sinnlichen Thierseele« (XXXII, S. 69), das unumgängliche Schicksal der die Wirklichkeit nach dem Vorbild der Naturwissenschaft rational konstruierender Moderne sei, bezweifelt Herder die prinzipielle Möglichkeit einer Wiedererweckung des bildlichen Denkens, und er rät seiner Zeit daher, statt an poetischen Werken sich zu versuchen, vielmehr die *Theorie* der Poesie zu entwickeln und ihre *Geschichte* zu schreiben (XXXII, S. 82).

Diese Skepsis beherrscht jedoch das Denken nur des frühen Herder. Schon im zweiten *Kritischen Wäldchen* weist er den Vorschlag von Klotz, Entdeckungen der neueren Naturforschung mythologisch zu verarbeiten, mit dem Argument zurück, ihnen fehle jede Anschaulichkeit, sie könnten niemals in Handlung umgesetzt werden: »Fabel, Dichtung, Handlungen« aber »sind das Wesen der Dichtkunst« (III, S. 261). Es bedürfe daher, so sagt Herder später, einer eigenen *poetischen Physik* als Grundlage der Poesie, die er in der Abhandlung von 1787 *Über Bild, Dichtung und Fabel* und in den Spinozagesprächen skizziert (XVI, S. 532ff.). Dies sind Gedanken, die eine unübersehbare Nähe zu Goethes Naturwissenschaft, die in dieser Zeit deut-

---

[46] *Briefwechsel* (Anm. 45), Bd. I (Wiesbaden, 1955), S. 450.
[47] J. G. Herder, *Werke*, Bd. I, *Frühe Schriften*, hg. von Ulrich Gaier (Frankfurt am Main, 1985), S. 33.

lichere Umrisse gewinnt, erkennen lassen (XV, S. 523ff.). Was erst in
Weimar theoretisch begründet wird, liegt schon dem *Auszug aus einem
Briefwechsel über Ossian und die Lieder alter Völker* (1773) als Voraussetzung zugrunde. Am Beispiel der für echt gehaltenen Dichtungen Ossians
beschreibt Herder nicht nur in historischer Einstellung die sinnliche Denkweise ›wilder‹ Völker und ihre bildkräftige Ausdrucksweise, er erkennt in
diesen auch eine Möglichkeit für Gegenwart und Zukunft. Erstaunlicher-
weise sieht er gerade in den soeben erschienenen Oden Klopstocks eine Bestätigung seines Glaubens (V, S. 164, 203f.).

Herders Vorbehalte gegenüber dem quantifizierenden und analysierenden, »zergliedernden« Verfahren der Naturwissenschaft zeigen sich naturgemäß dort am deutlichsten, wo es um die Sicherung der Eigenständigkeit
der sinnlichen Wahrnehmung geht, in der *Ästhetik*. Zwar anerkennt Herder
zunächst – im vierten *Kritischen Wäldchen* und in den *Studien zur Plastik* –
die Notwendigkeit der Begründung des Schönen in einer »Naturlehre«
(VIII, S. 99), aber er sieht auch, daß Naturwissenschaft und Ästhetik es
jeweils mit einer ganz verschiedenen Gegenständlichkeit zu tun haben:
»Prismata, Ferngläser, Mathematische Physik, Anatomie usw.« holen die
Farben aus dem Licht, die Sterne aus der Milchstraße, die Vibrationen nach
bestimmten Verhältnissen aus der Musik hervor, zerstören dabei aber das
Schöne, in dem diese Elemente doch auch enthalten sind (VIII, S. 112). Im
vierten *Kritischen Wäldchen* hat Herder – gegen Baumgarten, der die
Ästhetik auch als Kunstlehre des *schönen* Denkens verstanden hat – den Begriff einer analysierenden, auf die »unzergliederlichen« ästhesiologischen
Wahrnehmungsformen zurückführenden »wissenschaftlichen« Ästhetik
nachdrücklich vertreten und begründet[48]. Nahezu gleichzeitig fordert er in
den *Studien zur Plastik* eine »Naturlehre«, die zugleich Ästhetik ist und
demnach das schöne Phänomen als solches zu erfassen in der Lage ist. Wie
diese beschaffen sein und vorgehen soll, kann Herder nur in Andeutungen
sagen: Sie soll Physiologie und Psychologie sein, nicht aber Anatomie
(VIII, S. 112). Das soll doch wohl heißen, sie muß nicht zergliedernd die
toten Elemente aufsuchen, sondern das lebendige Zusammenspiel der
Kräfte im schönen Phänomen erfassen. »Erfassen« in einem wörtlichen
Sinne, denn das Organ der Erkenntnis dieser Ästhetik als Naturlehre ist
nicht mehr »das Messer des Zergliederers etc. etc.«: »Das Prisma sind hier
die tastenden Finger! das neuerfundene Fernglas die Hand« (VIII, S. 112).

---

[48] Vgl. hierzu meinen Beitrag ›Zur Ästhetik des jungen Herder‹, in *J. G. Herder 1744–1803*,
hg. von Gerhard Sauder, Studien zum 18. Jahrhundert, 9 (Hamburg, 1987), S. 43–76.

Das Gefühl, nach Herders Verständnis der Sinn für Körperlichkeit schlechthin, konzentriert in der tastenden Hand, aber auch die Art und Weise, wie der Mensch seine eigene körperliche Existenz erfährt (VIII, S. 96, 104), erfaßt nicht *bloße* Körperlichkeit, sondern »Umriß«, nicht »Materie«, sondern »Form« (VIII, S. 101), Körper – wie Herder sagt – als »Spiegel der Seele«. Er ist »a) Äußerung aller ihrer wesentlichen Kräfte b) fortwürkend c) so zusammenhangend, daß aus jedem Einzelnen das Ganze erkannt werden kann« (VIII, S. 112). Bei aller Unklarheit und Vieldeutigkeit dieser Formulierungen wird doch erkennbar, daß Herder eine Ästhetik vorschwebt, die das Schöne als lebendige Gestalt erfassen könnte.

Diese noch zu erfindende Ästhetik hat Herder auch in seinen Bemerkungen zur Musiktheorie im vierten *Kritischen Wäldchen* vor Augen. Mit Nachdruck besteht er auf dem Unterschied zwischen der physikalischen Akustik – er denkt vermutlich an die Theorie von Jean Philippe Rameau – und einem noch zu entwickelnden wissenschaftlichen Verfahren zur Beschreibung der *Intensität* des musikalischen Phänomens (IV, S. 92ff.). Der Physiker, so sagt er, kann nichts vom »tonartig Schönen« (IV, S. 91) erfassen. »Denn wofür nimmt diesen die Physik? Für einen Schall aus den Schwingungen eines Körpers, den sie äußerlich, als einen körperlichen Effekt in Beziehung auf lauter Körper, auf Saite, auf Luft, auf die Schläge des Tympanum im Ohr, auf lauter Physische Objekte, Physisch erkläret. Weiß ich dadurch etwas vom Tone des Ästhetischen Gefühls selbst? Nichts.« (IV, S. 91f., 97ff.). Eine Wissenschaft, die den Ton in seiner Ausdrucksqualität erfassen könnte, ist für Herder jedoch noch ein »unentdecktes Land«, in das er erste Schritte zu tun versucht (IV, S. 97ff.).

Auf der Grundlage dieser Einsichten und aus wiedergewonnener Nähe zu Hamann erörtert Herder dann in der *Ältesten Urkunde des Menschengeschlechts* (1774) und in den Vorarbeiten zu dieser Schrift die in seiner Zeit vieldiskutierte Frage, ob die biblische Schöpfungsgeschichte mit einer naturwissenschaftlichen Erklärung der Weltentstehung harmonisiert werden könne. Diese solange nicht überholte Frage, als der Bibel wenn nicht Offenbarungscharakter, so doch ein gewisses Maß an Verbindlichkeit zuerkannt wird, war Herder durch zeitgenössische Interpretationen der Genesis (VI, S. 197ff.) nahegelegt. Gleich am Anfang kommt er zu dem Schluß, daß die physikalischen Vorstellungen von der Entstehung der Welt und dieser alte Text, den er als »orientalisches Gedächtnislied« interpretiert, nichts miteinander zu tun haben (VI, S. 31ff., 85, 200ff.). Denn die Schöpfungsgeschichte sei in Wahrheit ein Stück Poesie (VI, S. 41) und also schon von daher ungeeignet, physikalische Erkenntnisse zu vermitteln. Außerdem könne die moderne Physik niemals ein »Probstein« für die biblische Offenbarung sein (VI, S. 204). Umgekehrt könne die Physik ihre Aufgabe, ungehemmt erkennend in die Welt Gottes einzudringen, niemals angemessen erfüllen, wenn sie an das Gängelband einer biblischen Urkunde gelegt würde (VI, S. 89, 206). Wenn dies geschähe, dann bestehe die Gefahr, daß die biblische Urkunde als von Gott selbst inspirierter Text verstanden wird, obwohl sie doch – nach Herders Meinung – ein Werk der freiwirkenden menschlichen Seele ist (VI, S. 207). Damit aber würde ebenso wie durch ihre Interpretation als Dokument physikalischer Erkenntnis der eigentliche Charakter dieser Urkunde verfehlt, die ein Stück Poesie ist und also die Wirklichkeit und in ihr Gottes Offenbarung »im Horizont menschlicher Känntnisse« (VI, S. 209, 211) darbietet. Wie auch die Lieder primitiver Völker, die Volkslieder im weitesten Sinne, so vergegenwärtigt diese »Älteste Urkunde« den »sinnlichen Anschein« (VI, S. 33) der Wirklichkeit und bezeugt ein »freies Ansehen ganzer Geschöpfe« (VI, S. 205). Nur in seiner bildkräftigen Vergegenwärtigung wird der Sonnenaufgang zum Zeichen des Schöpfungsmorgens! »Lasset die Physiker spinnen und die Metaphysiker träumen« (VI, S. 211), die »sich enthüllende Menschliche Seele sieht *Bilder*!« (VI, S. 271) und also eine »anschauliche, lebendige Welt«, die »den großen Röhren der [Physik und der] Metaphysik« (VI, S. 211) stets verborgen bleiben wird. Anschauung oder – wie Herder auch sagt – Gefühl werden der Methode der Zergliederung stets unzugänglich bleiben. Dieses Mal ist es nicht der Ton, sondern das *Licht*, an dem Herder in der bildervollen Diktion dieser Schrift die Unzergliederlichkeit der Wirkung Gottes auf den Menschen zu zeigen versucht. Die Kritik an Newtons *Optik* ist dabei (1774!) unüberhörbar:

Welch Wunder Gottes, ein *Lichtstrahl!* wie er uns so weit ausser uns selbst, bis an die Räume und Enden der Schöpfung, und mit welcher Genauigkeit! hinauswirft, oder vielmehr, wie er alle Dinge, Bilder, die ganze Gestalt der Schöpfung *auf Einmal* in unsre Seele sammlet! Welcher unsrer Allwisser, ders begreife, wie Lichtstral, *Bild, Bild in der Seele* und dies Bild *Idee, Gedanke,* mit dem er doch so nichts gemein hat! und dieser Gedanke *Licht, Heiterkeit, Wärme, Thätigkeit, Entschluß, Wonnegefühl im Herzen, Strom der Göttlichkeit und Schöpferkraft* durch die ganze Natur werde? [...] Wenn je Wunderkraft Gottes, sein Daseyn und sinnlichste, tiefe Würkung zergliedert werden könnte – aber wir werdens nie! Mögen das Licht messen und spalten, in ihm Farben und Zauberkünste finden, damit brennen und zerstören, in Stern und Sonne steigen – grosse Entdeckungen des Menschlichen Forschungsgeistes und *wo* irgend Etwas ein

Göttliches Kreditiv seiner Rechtmäßigkeit und Würde – *Gefühl* ist Etwas anders! Empfindung Gottes in diesem seinem Ersten ungebornen Kinde, dem reinsten Ausfluß seines Wesens, dem entzückenden Strom, der sich durch alle Schöpfung, durch Herzen und Seelen unerforschlich ergeußt, Organ der Gottheit im Weltall![49]

Schon diese Kritik an naturwissenschaftlichen Methoden zeigt in Umrissen den Gedanken eines ganz anderen Erkenntnisverfahrens. Zwar habe Newton – so schreibt Herder in der *Adrastea* – gut daran getan, auf eine Erklärung der »lebendigen Kräfte« selbst zu verzichten, denn er forschte als Geometer, als Mathematiker. Aber Herder selbst neigt statt der »blindmechanischen« Erklärung des Weltalls gerade der Anschauung eines »geist- und lebensvollen Universums« zu (XXIII, S. 520).

Tatsächlich hat er schon in frühen Aufzeichnungen zu einer Philosophie des Gefühls (1769) und in der Abhandlung *Vom Erkennen und Empfinden der menschlichen Seele* (1774, 1776, 1778) den Gedanken entwickelt, ob nicht etwa die Erfahrung der eigenen Leiblichkeit zwar nicht Erkenntnis der das Weltall bewegenden Kräfte, wohl aber jenes innige Verstehen ermöglichen könne, wie es dem Verhältnis des Ich zu seinem eigenen Körper eigentümlich ist. Er skizziert eine universelle »Philosophie des Gefühls« und überlegt, ob nicht auch die Begriffe Anziehung und Zurückstoßung ursprünglich Erfahrungen des Gefühls sind (VIII, S. 96, 99, 104):

> In Allem, was wir todte Natur nennen, kennen wir keinen innern Zustand. Wir sprechen täglich das Wort *Schwere, Stoß, Fall, Bewegung, Ruhe, Kraft*, sogar *Kraft* der *Trägheit* aus, und wer weiß, was es, inwendig der Sache selbst, bedeute? Je mehr wir indeß das große Schauspiel würkender Kräfte in der Natur sinnend ansehen, desto weniger können wir umhin, überall *Ähnlichkeit mit uns* zu fühlen, alles mit unsrer Empfindung zu beleben. Wir sprechen von Würksamkeit und Ruhe, von eigner und empfangener, von bleibender oder sich fortpflanzender, todter oder lebendiger Kraft völlig aus unserer Seele. *Schwere* scheint uns ein Sehnen zum Mittelpunkte, zum Ziel und Ort der Ruhe: *Trägheit* die kleine Theilruhe auf seinem eignen Mittelpunkte, durch Zusammenhang mit sich selbst: *Bewegung* ein fremder Trieb, ein mitgetheiltes fortwürkendes Streben, das die Ruhe überwindet, fremder Dinge Ruhe störet, bis es die Seinige wieder findet (VIII, S. 169).

---

[49] VI, S. 222; vgl. VI, S. 273 und *Newtons Theorie des Lichts und der Farben* (XXIII, S. 535–539), sowie Herders eigenes *Fragment über Licht und Farben, und Schall* (XXIV, S. 435–441). – Vgl. Herders Kritik an Zergliederung und Klassifikation (etwa im Linnéschen System) in der »Einleitung, die von der Kunst redet, die Seele des andern abzubilden« zur Abhandlung *Über Thomas Abbts Schriften* (II, S. 257f.).

Deutlich tritt bei solchen Überlegungen die stillschweigende Voraussetzung hervor: Der Mensch ist *Mittelpunkt* der Welt, die er sich im Gefühl als die seinige, sozusagen als den konzentrisch erweiterten Körper seiner schöpferischen Kraft zueigen macht:

> [...] der empfindende Mensch fühlt sich in Alles, fühlt Alles aus sich heraus, und druckt darauf sein Bild, sein Gepräge. So ward Newton in seinem Weltgebäude wider Willen ein Dichter, wie Buffon in seiner Kosmogonie und Leibnitz in seiner prästabilirten Harmonie und Monadenlehre. Wie unsre ganze Psychologie aus Bildwörtern bestehet, so wars meistens *Ein* neues Bild, *Eine* Analogie, *Ein* auffallendes Gleichniß, das die grösten und kühnsten Theorien geboren (VIII, S. 170).

Der Mensch hat also nach Herders Meinung ein Analogon in sich zu allem, was die Wirklichkeit an ihn heranträgt. Über den Grund dieser »Analogie zum Menschen« macht Herder sich keine Gedanken als *Philosoph*. Er stellt sie vielmehr *im Glauben* Gott anheim:

> Was wir wissen, wissen wir nur aus Analogie, von der Kreatur zu uns und von uns zum Schöpfer. Soll ich also dem nicht trauen, der mich in diesen Kreis von Empfindungen und Ähnlichkeiten setzte, mir keinen andern Schlüssel, in das Innere der Dinge einzudringen, gab, als mein Gepräge oder vielmehr das wiederglänzende Bild seines in meinem Geiste; wem soll ich denn trauen und glauben? (VIII, S. 170).

Neben der Bewunderung für die Entdeckungen der Physik und die Einsicht in die Möglichkeiten ihrer metaphorischen Verwendung finden sich bei Herder auch Ansätze zu einer ganz anderen Zugangsweise zur Wirklichkeit. Sie werden gespeist aus einer Tradition, die älter ist als die der mathematischen Naturwissenschaft: Es ist die Tradition der *Mystik* und der *hermetischen* Philosophie, deren Gedanken sich nicht selten mit den Kategorien der neueren Mechanik verbunden haben[50]. An die Stelle von Zergliederung und Experiment tritt die Anschauung der Wirklichkeit als Buch, das gelesen, als sinnvoller Text, der verstanden, als Gestalt, die angeschaut und erfühlt werden muß[51]. Vor allem in der Zusammenarbeit mit Goethe

---

[50] Vgl. hierzu Rolf Christian Zimmermann, *Das Weltbild des jungen Goethe. Studien zur hermetischen Tradition des deutschen 18. Jahrhunderts,* Bd. I (München, 1969).

[51] Vgl. die Metapher des Buches in *Auch eine Philosophie der Geschichte zur Bildung der Menschheit* (V, S. 559, 562, 584, 585). Dazu Peter Frenz, *Studien zu traditionellen Elementen des Geschichtsdenkens* (Anm. 22), S. 241ff. – Die prinzipielle Differenz von Zergliedern und Lesen bringt G. Chr. Lichtenberg zur Anschauung in seiner Dichtung *Ein Traum*, in LSB, III, S. 108–111. – Zum gesamten Komplex vgl. Hans Blumenberg, *Die Lesbarkeit der Welt* (Frankfurt am Main, 1981).

Anfang der achtziger Jahre hat Herder seine Ideen zu diesem Komplex wenigstens in den Grundzügen zur Methode der *Morphologie* entwickelt. In der Anwendung dieser Methode hatte Goethe 1784 das os intermaxillare beim Menschen entdeckt. Unter Berufung auf Herder erläutert er in seinem Brief an Knebel vom 17. November 1784 die Eigenart dieses Verfahrens:
1. Jedes Phänomen der Wirklichkeit sei als ein individuelles Ganzes zu betrachten.
2. Als dieses Ganze sei es zu vergleichen mit anderen Phänomenen in dem Zusammenhang, in dem es stehe[52].

In den Schriften *Versuch einer allgemeinen Vergleichungslehre* (1790) und *Bildung und Umbildung organischer Naturen* (1807, mit Hinweis auf Herder) hat Goethe diese Methode systematisch dargelegt[53]. Aber schon die naturphilosophischen Partien der ersten Bücher der *Ideen* zeichnen die Umrisse dieser morphologischen Methode als Gemeinschaftswerk beider Freunde. Es kann vermutet werden, daß Herder für das Prinzipielle den Anstoß gegeben hat. Denn schon in seiner *Abhandlung über den Ursprung der Sprache* von 1772 hat er sich des morphologischen Verfahrens bedient, um die besondere Form des menschlichen Daseins als eines *Ganzen* im Vergleich mit der des Tieres zu bestimmen. In dem Aufsatz über Shakespeare (1773) wendet er es dann auf literarische Werke an. Er zeigt am Beispiel der Dramen des Sophokles und Shakespeares, wie sie bedingt durch den jeweiligen historischen Zusammenhang und doch ursprünglich zugleich sind. Herders eigentliche Leistung jedoch ist der Entwurf einer *Morphologie der Geschichte*. Schon der Titel der Frühschrift *Auch eine Philosophie der Geschichte zur Bildung der Menschheit* deutet auf seine Absicht hin, zu zeigen, wie geschichtlicher Fortgang als Prozeß der *Bildung* verstanden werden kann: Kräfte schließen sich in der Auseinandersetzung miteinander zu einer in sich zentrierten Individualität zusammen, die von einer sich neu bildenden anderen Ganzheit wieder aufgelöst und verarbeitet wird. Damit hat Herder ein völlig neues Verfahren der Geschichtsbetrachtung nicht nur gefordert, sondern auch praktiziert: Völker und Begebenheiten werden nicht mehr als Mittel zum verborgenen Zweck der Vorsehung, sondern als sich selbst organisierende Systeme verstanden[54]. Die *Ideen*

---

[52] Goethe, *Gedenkausgabe der Werke, Briefe und Gespräche*, hg. von Ernst Beutler, Bd. XVIII (Zürich, 1951), S. 813.
[53] *Gedenkausgabe*, XVII, S. 226ff.; 11ff. Vgl. Dorothea Kuhn, ›Versuch über Modelle der Natur in der Goethezeit‹, in D. Kuhn, Typus und Metamorphose. *Goethe-Studien*, hg. von Renate Grumach (Marbach, 1988), S. 159–176.
[54] Vgl. hierzu Matthias Schramm, *Natur ohne Sinn?* (Anm. 40), S. 181f.

verfolgen diese Intention weiter und beziehen nun auch die Natur mit ein. Von der Kristallisation bis zur Bildung einer geschichtlichen Individualität sieht Herder nur ein Gesetz befolgt: »*Bildung, bestimmte Gestalt,* eignes *Daseyn*« zu gewinnen (XIII, S. 47).

Betrachtet man Herders Geschichtsphilosophie einmal auch unter diesem methodologischen Aspekt, so tritt ihre historisch begründete Widersprüchlichkeit deutlich hervor. Die dem frühen 18. Jahrhundert vertraute Methode des »Witzes«, die Kategorien der Mechanik zu heuristischen Zwecken auf geschichtliche Phänomene überträgt, verbindet sich in fließenden Übergängen mit einer aus ganz anderen Traditionen entwickelten morphologischen Betrachtungsweise.

Theodore Ziolkowski (Princeton)

Faust and the University:
Pedagogical Ruminations on a Subversive Classic

Dear Hans,

The *Festschrift*, while not a biographical mode, inspires a biographical mood. The contributors, looking for something that will be especially appropriate for the colleague being honoured, review his career and his particular contributions to the field. As I undertook this pleasant exercise, I thought first of the many works through which you have enhanced our understanding of the period to which this volume is dedicated – from your early studies of the political thought of the Romantics by way of your splendid appreciation of Goethe's novels down to such recent pieces as your review of a biography of Varnhagen von Ense. Deliberating further, I recalled particularly your role as a mediator of German letters in England and North America, not only through many essays and reviews written in 'public' language but also through your role as an academic teacher on two continents, head for many years of your department at Bristol, and active participant in university affairs. To address you as a scholar of the Age of Goethe, as a writer in the public mode, as a university man, and as a friend, I would like to share with you the following pedagogical reflections on 'Faust and the University'.

At Princeton from time to time I teach a graduate seminar on the Faust legend. In the seminar we discuss the questions that usually get treated in thematic courses. We examine the contemporary documents concerning the life of the historical Doctor Faust, active in Germany in the early sixteenth century. We read a number of the most important treatments of the story – what E. M. Butler called 'the Fortunes of Faust' – from Marlowe's powerful drama of 1592 down to Robert Nye's irreverent and erotic novel of 1980. We come to grips with the philosophical implications of a theme featuring a hero with such an insatiable desire for forbidden knowledge that he is willing to make a pact with the devil in order to attain it. And we speculate about the peculiar fascination of the figure for so many German writers, philosophers, artists, and musicians, who have often seen in Faust an embodiment of the German character and the destiny of Germany itself.

Whenever I teach any version of *Faust*, I remember my own first exposure to this obsessive legend, which many people regard as Germany's principal contribution to modern myth. I first encountered Faust as an undergraduate when I read – not the whole work by any means! – but snippets of Part I of Goethe's drama. As a graduate student I took two different courses on *Faust*. In the first the professor, an erudite Goethean, read us the entire play aloud from start to finish, interrupting himself from time to time for explanatory comments. (He put Hederich's *Mythologisches Lexikon* into my hands and had me look up all the classical references.) The second was a seminar with a different professor, in which we spent the entire term reading nothing but the fifth act of Part II – and, most relevant for the purposes of the course, all the criticism that had been written on that act since its publication in 1832. (And the Speck Collection at Yale University possessed every word that had ever been printed!) Since that time I have written on *Faust* in various contexts and have inflicted my own views upon undergraduate and graduate students in a number of courses. And why not? After all, *Faust* lies at the very heart of our subject. It is to German literature what *Hamlet* is to English, what *The Divine Comedy* is to Italian, what the Bible is to religion, or – to change the image – what *E. coli* is to biochemistry. At many universities – not at Bristol, I am confident – colleagues cheat, steal, lie, and murder for the privilege of teaching *Faust*.

And yet there is a wonderful paradox here. For we have put at the centre of our curriculum in German Studies – witness the display case in the German Department at 21 Woodland Road in Bristol! – and in a place of honour in most Great Books courses a work that is in the last analysis utterly subversive. If we really knew what we were doing, we would not let our students get anywhere near Goethe's *Faust* or any other Faust. We would lock up the books in those cabinets where librarians, in the good old days, used to keep *The Memoirs of Fanny Hill*, the works of the Marquis de Sade, and the novels of Henry Miller. Here we are – in institutions whose whole function it is to cultivate intellectual achievement. And then we locate at the very core of our curriculum a work that challenges, from the first line on, the value of our entire enterprise. It is as though we were to invite the leader of the most radical student organization and instal him or her with all honour and reverence in the office of the President or Vice-Chancellor – or your own quarters as departmental head.

In a large and precise sense Goethe's *Faust* is an anti-university work, an academic satire so savage that it undermines the essential beliefs upon which the institution is founded. The attack begins with the opening lines of the play. Faust, presented to us as perhaps the most distinguished scholar of his day, is sitting in his study in despair because all his intellectual achievements – his mastery of the four disciplines along with his academic titles – have brought him neither knowledge nor satisfaction nor even money and honour.

> Habe nun, ach! Philosophie,
> Juristerei und Medizin,
> Und leider auch Theologie
> Durchaus studiert, mit heißem Bemühn.
> Da steh ich nun, ich armer Tor,
> Und bin so klug als wie zuvor!
> Heiße Magister, heiße Doktor gar,
> Und ziehe schon an die zehen Jahr'
> Herauf, herab und quer und krumm
> Meine Schüler an der Nase herum –
> Und sehe, daß wir nichts wissen können! (11. 354–64)

In his expression of dissatisfaction he repeatedly questions the very modes of scholarly and scientific investigation: he has become disenchanted with the ability of words to communicate, of books to convey knowledge, and of laboratories to discover any useful information. His rejection of the meaning and value of all learning professed by the university – arts and sciences, law, theology, and medicine – prompts Faust to take the fateful step that leads to his new life and experience outside the university: he turns to magic. (Today, by an analogy that insistently insinuates itself, a modern Faust might turn to his computer.)

If the opening scene reveals the scholar's disenchantment with academic knowledge, the next one shows us pedantry personified in the figure of Faust's research assistant, Wagner. Attracted by the sound of voices when Faust has succeeded in conjuring up the Earth Spirit, Wagner appears in his dressing gown. Incapable of comprehending the existential anxieties that have ravaged Faust, Wagner assumes that his supervisor has merely been reciting poetry:

> Verzeiht! Ich hör' Euch deklamieren;
> Ihr last gewiß ein griechisch Trauerspiel?
> In dieser Kunst möcht' ich was profitieren,
> Denn heutzutage wirkt das viel.
> Ich hab' es öfters rühmen hören,
> Ein Komödiant könnt' einen Pfarrer lehren. (11. 522–27)

Wagner, with his unquestioning faith in language and the academic system, has no appreciation of Faust's craving for a world beyond books. He is obsessed entirely with acquiring the linguistic tools needed for his study of the sources that will enable him to understand not present reality but past history.

> Verzieht! Es ist ein groß Ergetzen,
> Sich in den Geist der Zeiten zu versetzen;
> Zu schauen, wie vor uns ein weiser Mann gedacht,
> Und wie wir's dann zuletzt so herrlich weit gebracht. (11. 570–73)

He finally leaves the weary Faust only when he has been assured that they can continue their discussion the following day.

If Faust exemplifies the great scholar who has advanced so far in his learning that he has come to doubt all academic knowledge, and if Wagner represents the young 'post-doc' who is still all eagerness and ambition, a freshman at the beginning of his studies provides Goethe with the occasion for the most vicious of his assaults on the university as an institution. Following his walk the next day with Wagner, Faust succeeds again in conjuring up a spirit, Mephistopheles, with whom he enters into an agreement. While Faust goes off to prepare for the journey that is to rescue him from his sterile life at the university and expose him to the wide world of experience, Mephisto, disguised in Faust's academic robes, receives a young student who has come to introduce himself to the famous professor. The youth, though he has been at the university for only a short time, is already bored with his studies and discontented with the entire atmosphere of the institution. Mephisto, playing in a quite literal sense the devil's advocate, pretends to reassure and advise the freshman. First he speaks of the arts-and-sciences that constitute the core curriculum in the sixteenth century.

> Mein teurer Freund, ich rat' Euch drum
> Zuerst Collegium Logicum.
> Da wird der Geist Euch wohl dressiert,
> In spanische Stiefeln eingeschnürt,
> Daß er bedächtiger so fortan
> Hinschleiche die Gedankenbahn,
> Und nicht etwa, die Kreuz und Quer,
> Irrlichteliere hin und her.
> Dann lehret man Euch manchen Tag,
> Daß, was Ihr sonst auf einen Schlag
> Getrieben, wie Essen und Trinken frei,
> Eins! Zwei! Drei! dazu nötig sei. (11. 1910–21)

When the student confesses that he is utterly confused, Mephisto recommends philosophy:

> Nachher, vor allen andern Sachen,
> Müßt Ihr Euch an die Metaphysik machen!
> Da seht, daß Ihr tiefsinnig faßt,
> Was in des Menschen Hirn nicht paßt;
> Für was drein geht und nicht drein geht,
> Ein prächtig Wort zu Diensten steht. (11. 1948–53)

Following these attacks on the intellectual rigour that constitutes the basis of all scholarly work and the conventional modes of academic discourse, Mephisto appraises the three professions. Having dismissed jurisprudence as a tedious subject that deals only with laws handed down from generation to generation like hereditary diseases, Mephisto turns to theology, which is so confused and confusing, he says, that the student, having no hope of understanding, should simply memorize. When the student naively objects that there ought to be some thought attached to the words, Mephisto replies:

> Denn eben wo Begriffe fehlen,
> Da stellt ein Wort zur rechten Zeit sich ein.
> Mit Worten läßt sich trefflich streiten,
> Mit Worten ein System bereiten, […] (11. 1995–98)

When they finally turn to medicine, Mephisto, weary of the dry manner he has assumed, displays his true character. Medicine is easy, he says: despite all our supposed knowledge, in the end matters take their course as God wills. Instead of wasting time with study, the aspiring physician should learn how to deal with his patients, especially the female ones:

> Besonders lernt die Weiber führen;
> Es ist ihr ewig Weh und Ach
> So tausendfach
> Aus *einem* Punkte zu kurieren,
> Und wenn Ihr halbweg ehrbar tut,
> Dann habt Ihr sie all' unterm Hut.
> Ein Titel muß sie erst vertraulich machen,
> Daß Eure Kunst viel Künste übersteigt;
> Zum Willkomm tappt Ihr dann nach allen Siebensachen,
> Um die ein andrer viele Jahre streicht,
> Versteht das Pülslein wohl zu drücken,
> Und fasset sie, mit feurig schlauen Blicken,
> Wohl um die schlanke Hüfte frei,
> Zu sehn, wie fest geschnürt sie sei. (11. 2023–36)

When Faust returns, Mephisto dismisses the now eager young medical student with the advice that all theory is gray and only life's golden tree is green – a more poetic way of making the disparaging distinction between what students today call the ivory tower and the 'real' world outside.

If we ask why Goethe builds up such a powerful case against the university as an institution, at least three reasons suggest themselves. In the first place, the puppet plays about Doctor Faustus through which Goethe as a boy became acquainted with the legend traditionally begin with a monologue in which Faust laments the inadequacy of learning – a set piece that goes back to the opening speech of Marlowe's *Doctor Faustus,* upon which all the seventeenth-century and eighteenth-century stage and puppet versions were based:

> Settle thy studies Faustus, and begin
> To sound the depth of that thou wilt profess. (11. 1–2)

But following a critical survey he rejects the four traditional disciplines in favour of 'necromantic books':

> Know that your words have won me at the last
> To practise magic and concealed arts.
> Philosophy is odious and obscure,
> Both law and physic are for petty wits,
> (Divinity is basest of the three –
> Unpleasant, harsh, contemptible, and vile.) (11. 96–101)

Yet for all his dissatisfactions, the Faust of the puppet plays feels no contempt for his faithful assistant Wagner and expresses no hatred of the university as an institution; so we must look further.

A second reason can be found in the reputation of universities during Goethe's youth. At the end of the seventeenth century German universities – for a variety of reasons, including not least the ravages of the Thirty Years' War – had reached the lowest point in their history[1]. The upper classes, contemptuous of their antiquated lore, sent their sons to special academies or finishing schools, where they received training in modern languages, riding, fencing, etiquette, and other useful social skills. In comparison with the learned academies, universities were so trivial as institutions of learning that such scholars as Leibniz refused appointments to them. Students themselves had an unsavoury reputation for drinking, brawling, and general

---

[1] Friedrich Paulsen, *Die deutschen Universitäten und das Universitätsstudium* (1902; reprinted Hildesheim, 1966), pp. 49–50.

depravity. The old chapbook of *Faust* (Widmann's version of 1599 as revised in 1674) has a long note (Chapter 2, note 1) to this effect:

> Es bezeugts leider! die tägliche Erfahrung, wie es öffters so gar übel mit jungen Leuten, so diese auf Universitäten oder an andere fremde Ort, etwas redliches zu lernen und zu erfahren, verschicket werden, gerathe und ausschlage[2]. ...

The seventeenth-century editor (Pfitzer) warns well-intentioned mothers that the generous allowances they send their sons are often used to cultivate the ladies instead of the books ('da sie denn an Statt der Bücher, die Damen aufgeblättert, [...]'). This situation, which characterized most German universities, continued late into the eighteenth century. Thus Jena, lampooned as the training ground for ruffians in Zachariä's *Der Renommist* (1744), was still notoriously disreputable even during the 1790s, when Schiller and Fichte were lecturing there. One of the few exceptions was the university at Göttingen, newly founded in 1737 in reaction against the widespread academic degeneracy.

When Goethe was ready to go to the university in 1765, he wanted to attend Göttingen to study languages with such scholars as Michaelis and Heyne, but his father had other ideas: he insisted that his son enrol instead at the older university at Leipzig and prepare for a useful profession: law. So Goethe's academic experience started badly. At Leipzig, known at the time as the Paris of Germany and populated (according to Zachariä in *Der Renommist*) by a student-body of 'Stutzer' under the protection of 'die Göttin Galanterie', the provincial young Goethe felt socially ill at ease; his letters to his sister and his friends are filled with complaints about the pedantry of his professors; and his chief satisfactions came from such extra-curricular activities as his drawing lessons. Within three years Goethe underwent a spiritual crisis that we would today call a nervous breakdown and was forced to withdraw from the university. Following a two-year interval, during which he recovered from his emotional disorders, he returned to his studies, this time at the University of Straßburg, where his father was eager for him to get his law degree. Being as brilliant as he was undisciplined, Goethe wasted his first year at Straßburg, convinced that when the time came his mental facility would enable him to fulfil the necessary requirements. Instead of applying himself to the pandects and digests of the *corpus juris civilis,* he rode around the countryside on

---

[2] Georg Rudolf Widmann, *Fausts Leben,* edited by Adelbert von Keller (Bibliothek des Litterarischen Vereins in Stuttgart, 146) (Tübingen, 1880), pp. 67–69.

horseback, admired the Gothic architecture, read Shakespeare, fell in love, and wrote a number of magnificent poems. As the deadline approached in 1771, Goethe quickly patched together, almost without research and in a fluent if undisciplined Latin, a dissertation on the relations between church and state, based mainly on his general reading and his own thoughts on the subject. Predictably, the dissertation was rejected. On the basis of an oral exam in which he defended fifty-six theses, Goethe received a licence to practise law, but no doctorate[3]. Immediately after this experience, from 1771 to 1775, he wrote the sections of *Faust* that we have been discussing.

Goethe had absolutely no reason to glorify universities. He had been forced initially to attend a university against his preference; he had suffered a nervous breakdown at one university; and his dissertation was rejected at another. No wonder that Mephisto makes cynical wisecracks to the freshman, that Wagner is portrayed as a pedantic entrepreneur, and that Faust has become disenchanted with scholarly learning despite his titles and degrees! To get matters in the right perspective we should imagine the kind of academic novel that would be written today by a young man or woman who had dropped out of one university with a nervous breakdown and then been sent down from another with his or her dissertation rejected. (In all fairness it should be added that Goethe, as a trustee of the university at Jena twenty years later, was instrumental in attracting a fine faculty and, in particular, in building up the distinguished group of philosophers.)

German scholars have sometimes criticized Goethe for the disrespect toward universities and scholars that is evident in his masterpiece[4]. But as is often the case, Goethe – even the very young Goethe – had an intuitive understanding of the legend that is more valid historically than that of the many specialists. For the original Faust-book of 1587 was among other things also an anti-university tract: an attack upon the search for forbidden knowledge[5]. The historical personage who called himself Doktor Faust had originally nothing to do with universities. When he is first mentioned in a document of 1507 he is characterized as 'a vagabond, a babbler and a rogue

---

[3] Gertrud Schubart-Fikentscher, *Goethes sechsundfünfzig Strassburger Thesen vom 6. August 1771: Ein Beitrag zur Geschichte der deutschen Rechtswissenschaft* (Weimar, 1949).

[4] See Eudo C. Mason, *Goethe's Faust: Its Genesis and Purport* (Berkeley, California, 1967), pp. 181–83, who cites Wilhelm Böhm and Karl Wolff.

[5] While the quest for knowledge is commonly cited as a Faustian characteristic, the university motif is not discussed in the principal studies of the Faust theme: Geneviève Bianquis, *Faust à travers quatre siècles* (Paris, 1935); E. M. Butler, *The Fortunes of Faust* (Cambridge, 1952); C. Dédéyan, *Le Thème de Faust dans la littérature européenne* (Paris, 1954–61); J. W. Smeed, *Faust in Literature* (London, 1975).

(gyrouagus, battologus et circuncellio), who deserves to be thrashed so that he may not henceforth rashly venture to profess in public things so execrable and so hostile to the holy church *(tam nefanda et ecclesiae sanctae contraria)*[6]. This blasphemer, who claimed to be the prince of necromancers, was not content to mystify the peasants in the taverns. When he was appointed schoolmaster at Kreuznach, 'he began to indulge in the most dastardly kind of lewdness *(nefandissimo fornicationis genere)* with the boys and when this was suddenly discovered, he avoided by flight the punishment that awaited him'. Indeed, he seems to have spent most of his life simply avoiding the local police for petty crimes of various sorts.

In the period immediately following his death in 1540, however, two developments took place. First, it began to be rumoured that anyone as heinous as Faust must have been in league with the devil. This assumption was consistent with the medieval belief that great erudition could be acquired only with the aid of fiendish powers: the legends attached to such figures as Pope Silvester II, Roger Bacon, Michael Scot, and many others attest to this association, as does the etymological derivation of our words 'glamour' from 'grammar', or 'charm' from *carmen,* or the identity of the terms for indicating the letters of a word and casting a spell on someone. When Martin Luther talks about Faust, therefore, he takes it for granted that Faust had dealings with the devil. Even a rational humanist like Philipp Melanchthon tells stories about feats that Faust perpetrated with the assistance of the devil, such as devouring alive another magician[7].

Second, during this same period the older universities, being Catholic institutions, began to fall into disrepute in Lutheran Germany, and only the more recently established Protestant universities, such as Wittenberg, enjoyed a certain esteem[8]. Luther himself called for urgent reforms, saying in his address to the Christian nobility *(An den christlichen Adel deutscher Nation,* 1520) that a good Christian needed no Aristotle and secular learning or even scholastic theology, but only the Bible. As a result of these attacks there was a rapid decline in enrolments at German universities during the Reformation, so that by 1530 only 650 students were attending

---

[6] Letter of Johannes Tritheim, quoted in Philip Mason Palmer and Robert Pattison More, *The Sources of the Faust Tradition from Simon Magus to Lessing* (New York, 1936), pp. 83–86.

[7] Palmer and More, pp. 99–100.

[8] Friedrich Schulze and Paul Ssymank, *Das deutsche Studententum von der ältesten Zeit bis zur Gegenwart* (1931; fourth edition, Munich, 1932), pp. 100–102.

all eleven institutions of higher learning in Germany[9]. Given the deterio-
rating reputation of universities, it was natural that a notorious degenerate
like Faust would come to be associated with them – and, ironically, with the
most famous and largest one[10]. (The student body at Wittenberg grew from
a low of 76 in 1526 to over 600 by 1550!) By the end of the century we find
an alumnus of Wittenberg, Augustin Lerchheimer in his *Christlich Bedenk-
ken* (Heidelberg, 1585), lamenting the damage done to his alma mater by its
association with Faust. 'It has vexed and grieved me greatly, as it has many
other honest people, to see the honourable and famous institution together
with Luther, Melanchthon, and others of sainted memory so libelled. I
myself was a student there, once upon a time. At that time the doings of this
magician were still remembered by many there[11].'

Within twenty or thirty years it was commonly assumed that anyone as
evil as Faust must have been consorting with the devil and that the
appropriate place for such wickedness was of course the university. When
the publisher Johann Spies in Frankfurt am Main, who specialized in
Lutheran tracts and religious propaganda, was casting about in 1587 for a
story that would captivate his readers with its plot and, at the same time,
warn them against the evils of pursuing forbidden – that is to say, non-
theological – knowledge, he seized upon the legend of Doktor Faust, which
was circulating around Germany in various forms. Spies spends some sixty
chapters of his chapbook titillating his readers with hints of forbidden
learning as well as the adventures that Faust is empowered to enjoy with the
aid of the devil. But to make sure that his readers get the moral point and
understand clearly what happens to overreachers who go to universities in
search of knowledge they should not possess, he relates in the last chapter
what happened when Faust's twenty-four years had expired. On that
evening Faust gathered his students together and entreated them to be good
Christians and to withstand the temptations of the devil. During the night
the students heard horrible noises and screams from Faust's room.

> But when it was day, the Students that had taken no rest that night, arose and
> went into the hall in which they left Doctor *Faustus*, where notwithstanding they

---

[9] Franz Eulenberg, *Die Frequenz der deutschen Universitäten von ihrer Gründung bis zur
Gegenwart* (Abhandlungen der Philologisch-historischen Klasse der Königlichen Sächsi-
schen Gesellschaft der Wissenschaften, XXIV/11) (Leipzig, 1904).

[10] Despite its title, Robert F. Fleissner, *The Prince and the Professor: The Wittenberg
Connection in Marlowe, Shakespeare, Goethe, and Frost* (Heidelberg, 1986), does not deal
with the university as an institution.

[11] Palmer and More, p. 121.

found no *Faustus*, but all the hall lay besprinckled with blood, his braines cleaving to the wall: for the Diuel had beaten him from one wall against another, in one corner lay his eyes, in another his teeth, a pitifull and fearefull sight to beholde. Then began the Students to bewayle and weepe for him, and sought for his body in many places: lastly they came into the yarde where they found his bodie lying on the horse dung, most monstrously torne, and fearefull to beholde, for his head and all his ioynts were dasht in peeces[12].

In consideration of the association we have established between the Faust theme and the university motif it is no accident that Spies's *Volksbuch* was almost immediately transposed into verse by a student of theology at Tübingen, Magister Johannes Feinaug, and published in 1588 as *Ein warhaffte und erschröckliche Geschicht*[13].

In comparison with the fate of the sixteenth-century Faust the redemption of Goethe's Faust, who is ultimately borne off to heaven by hosts of angels, seems tame indeed – no suitable wages for the sin of knowledge. Accordingly, in one of the most notable twentieth-century treatments of the theme, Thomas Mann's novel *Doktor Faustus* (1947), the author goes back to the original source rather than to Goethe. In Mann's updated version of the legend the hero is not a sixteenth-century scholar but a contemporary composer. And his agreement with the devil is not a pact signed in blood but a vision produced in his fevered mind by the ravages of disease. But the result is the same: Adrian Leverkühn is granted twenty-four years of genius before his syphilis-ridden brain causes his total collapse in the presence of his friends, much like the death of the chapbook Faust among his students.

What is relevant in our context is the fact that Adrian begins his career as a student of theology, and he undertakes these studies at the University of Halle, which since 1815 had been amalgamated with the Lutheran university at Wittenberg. Thomas Mann was fully aware of the original connection of the Faust theme and the university. In his 1939 lecture 'Über Goethes *Faust*' to the students at Princeton University he remarked that it was a particular pleasure to speak to students about Goethe's great drama because it was conceived by one of their kind: it was originally nothing but a brilliant student-work ('ein geniales Studentenstück') in which the author made fun of the faculties and the professors while he portrayed 'Studenten-

---

[12] *The Historie of the damnable life [...] of Doctor Iohn Faustus*, by P. F. Gent (1592); Palmer and More, pp. 229–30.

[13] *Der Tübinger Reim-Faust von 1587/88*, facsimile edited by Günther Mahal (Tübingen, 1977).

Titanismus' as an eternally valid type[14]. Mann never studied at Halle; but in recognition of the importance of the university setting for the theme of his novel and of student life during the period of Adrian's studies (1904–1905) he appealed to Paul Tillich, who had studied at Halle at the beginning of the century and who provided Mann with extensive details regarding the study of theology at Halle at that time[15].

It is at Halle that Adrian encounters two professors who play an important role in his development: Ehrenfried Kumpf, who not only represents Martin Luther's theological position but also looks and talks like the great Reformer; and Eberhard Schleppfuss, whose demonic theology as well as his appearance has something eerily Mephistophelean about it, as he re-enacts Mephisto's role of corrupting the young students. When Adrian gives up theology for music and transfers to Leipzig, the scene of Goethe's first academic debacle, he encounters the prostitute who infects him with the disease that is associated in Mann's mind with his genius. The vision of the devil, who appears in his room to make a contract with Adrian, displays the physical characteristics of his professors at Halle and speaks to him in sixteenth-century German. Again, therefore, the university plays its customary sinister role in the Faust theme; but here a new dimension has been added. Thomas Mann, writing during and immediately after the Second World War and drawing a consistent parallel between the doomed life of Adrian Leverkühn and the destiny of Germany, is implicitly asking the question that has obsessed so many observers. How was it possible for the nation that, in the early twentieth century, had produced the modern world's finest science and technology along with a magnificent cultural heritage which was communicated by world-renowned professors at distinguished universities visited eagerly by students from every country – how was it possible for such a nation to succumb to the temptations of a devil like Hitler and to perpetrate the most horrendous crimes of the century?

During the very years when Mann was coming to terms with Faust as the exemplary myth of modern Germany, a younger American poet was giving a new twist to Faust's career as the embodiment of consciousness without conscience. In 'The Progress of Faust' Karl Shapiro imagines the course of Faust's life from his birth in Germany and his studies in Cracow down

---

[14] Thomas Mann, *Gesammelte Werke in zwölf Bänden* (Frankfurt am Main, 1960), IX, 599–600.

[15] Gunilla Bergsten, *Thomas Manns Doktor Faustus: Untersuchungen zu den Quellen und zur Struktur des Romans* (Studia Litterarum Upsaliensia, 3) (Lund, 1963), pp. 42–55.

through the centuries to the present[16]. Following the period of his early magic and miracles he became quite respectable around the time of the French Revolution, sitting 'on Reason's throne' where he 'called all universities his own'.

> Then back to Germany as the sages' sage
> To preach comparative science to the young
> Who came from every land in a great throng
> And knew they heard the master of the age.

Expelled from the Third Reich in 1939, Faust had his most sinister apparition as the prophet of modern nuclear catastrophe:

> Five years unknown to enemy and friend
> He hid, appearing on the sixth to pose
> In an American desert at war's end
> Where, at his back, a dome of atoms rose.

From the start, then, the Faust theme has been attached to universities in such a manner as to subvert the very basis of the institution. In the sixteenth century it was regarded as a place whose knowledge was sinful; in the eighteenth century, as a place whose knowledge was worthless; and in the twentieth century, as a place whose knowledge is powerless against the forces of evil. And these associations are evident in other more recent works, where Faust seems to need the university as greatly as the university attracts Faust. For instance, in John Hersey's novel *Too Far to Walk* (New York, 1966), which is set at an American university strongly resembling Yale, the Faust theme is updated to accommodate and explain the mood that contributed to the student unrest of the late sixties.

The novel features an undergraduate hero named John Fist, who has an admiring friend named Wagner and is so eager for knowledge that he wants, as he puts it, to major in everything. He meets a classmate named Breed, who drives fast cars, exudes an odour of ozone, and belongs to a secret society that wants to make a deal with Fist. They make a twenty-six week contract according to which Breed will provide Fist with experience – by which these undergraduates seem to mean mainly women and drugs – and in return for which Fist agrees to assign his *id* to them. At the end of Hersey's rather clumsily predictable novel Fist refuses to renew the contract because he realizes that Breed has not given him real experience but only visions and illusions. 'I've come to see that there can't be any shortcuts

---

[16] Karl Shapiro, *The Trial of a Poet and Other Poems* (New York, 1947), pp. 51–52.

to those breakthroughs I yearn for', he concludes. John Hersey's message –
essentially, to give up LSD and go back to class – is consistent with the
views of a writer who during the tumultuous 1960s was master of an
undergraduate college at Yale University: who, in short, was working
within the institution and sympathetic to its goals. His John Fist, for all his
triviality, is a descendant of Goethe's redeemed *Faust* rather than the
tormented scholar of the Reformation *Volksbuch*.

We find a wholly different tone when we turn to the cycle of seventy-
three short poems by D. J. Enright entitled *A Faust Book* (Oxford, 1979).
Enright has established his credentials by producing a commentary on
Goethe's *Faust* for students. At the same time, this poet-critic is also a
sometime lecturer whose attitude toward the academy has been conspi-
cuously peevish. Accordingly Enright uses the Faust theme in a *Sturm und
Drang* manner as an occasion to make jabs at the institution whose *mores* he
detests: professorial humour, the sex-life of the faculty, the ambitions of
junior lecturers, the morals of faculty wives, the gossip in the Senior
Common Room, and the boorish manners of the students. One poem ('The
Professor Reminisces') plays on the traditional Wittenberg connection:

> 'The likeliest pupil I've had for ages
> Was a young fellow called Hamlet,
> Foreign but well connected [...]
>
> Not much of a drinker,
> But popular with the student body,
> And also with the lasses.
>
> An ingenious mind, though always tardy
> With his essays [...]
> I don't see him as a seminal thinker,
>
> More as a clever *vulgarisateur* [...]
> Given the right circumstances,
> He ought to go far.'

Neither Hersey nor Enright attains a level higher than plodding typological
analogy and predictable modernization of the theme. In both of these recent
adaptations, however, the traditional association of Faust and the university
manifests its powerful and central presence. (In two recent novels, by way
of contrast, in which the traditional story of Faust is allegedly narrated by
his famulus Wagner, the university is relegated to a few episodes at the
beginning: Klaus Mampell's *Die Geschichte des berüchtigten Zauberers*

Doktor Faust aufgezeichnet von seinem Famulus Christoph Wagner (Frankfurt am Main, 1962); and Robert Nye's *Faust, being the Historia Von D. Johann Faustus dem weitbeschreyten Zauberer und Schwartzkünstler, or History of Dr. John Faust the notorious Magician and Necromancer, as written by his familiar servant and disciple Christopher Wagner, now for the first time Englished from the Low German* (London, 1980)).

Should we therefore seek to exclude this subversive work from our curriculum and remove it from the centre of European literary studies? By no means. But we should come to grips with that aspect of the theme as frankly as possible in order to incorporate its subversions into our education. We need to repeat constantly the lesson that the sixteenth century knew so well: that the pursuit of knowledge entails great risks and large responsibilities. We need to understand – especially those of us who spend most of our lives within the institution – what Goethe learned: that knowledge may be *an* end in itself but is by no means the only worthwhile end in life. Finally we need to hear Thomas Mann when he reminds us that no human institution is perfect; the universities, while not responsible for the rise of Hitler and the fall of Germany, did not prepare its members to resist. By coopting the legend of Faust along with its subversions, in sum, we can turn this anti-university theme into a vehicle for the cultivation of mind and for the necessary critique of the institution within which that cultivation is practised.

Ultimately all of us at universities constantly reenact the drama of Faust. In a certain sense every teacher aspires to play Mephisto to his students. Each of us has in mind their corruption – the corruption, that is, of their intellectual innocence – and seeks to instil in them that dissatisfaction with accepted knowledge that can be called the Faustian experience. If that has taken place, the process of education has begun. After that you can take the student out of the university; but you can never take the university out of the student.

I offer these thoughts, Hans, in tribute to all that you have contributed during a distinguished career to the universities with which you have been associated and, beyond that, to the institution that embraces us all.

Peter Michelsen (Heidelberg)

Gretchen am Spinnrad:
Zur Szene ›Gretchens Stube‹ in Goethes *Faust I**

Der Gestalt Gretchens hat Goethe den Volkston verliehen. Er trifft diesen Ton weniger durch eine ›realistische‹ als durch eine ›lyrische‹ Darstellungsweise. Das Volk lebt für Goethe im Lied. Immer wieder legt er Gretchen daher Lied- oder liedähnliche Formen in den Mund. So hatte sie sich selbst und ihre Welt mit der Ballade des ›Königs in Thule‹ vorgestellt, obgleich, ›objektiv‹ gesehen, die Welt, von der dort gesprochen wird, von der ihren grundverschieden ist. Das Gemeinsame – und das allein zählt – war die Simplizität der Beziehungen: der König, seine Geliebte und die feste Treue-Bindung zwischen beiden. Diese einfachen Grundverhältnisse menschlichen Zusammenlebens, die von den jeweiligen gesellschaftlichen Gegebenheiten in der Wirklichkeit meist verdeckt und verdunkelt werden, haben für Gretchen selbstverständliche Gültigkeit.

Dem Selbstverständlich-Einfachen ihrer Welt gemäß ist auch Gretchens Sprechen einfach. Freilich: dieses einfache Sprechen ist von Seiten des Dichters eines der Kunst; und es wird unsere Aufgabe sein, ihr nachzugehen, die Fäden – oder wenigstens einige von ihnen –, aus denen dieses zarte Gebilde gewebt ist, nachzuzeichnen. Aber die Tatsache, daß wir es mit großer Kunst (auch – nicht nur, aber auch – im Sinne der Kunstfertigkeit) zu tun haben, darf uns nicht zu der Meinung verführen, daß der »Eindruck größter Schlichtheit«, den der Monolog erweckt, »täuschend« sei[1]. Nein!

---

* Der folgende Beitrag stellt die Ausarbeitung eines Manuskriptes dar, das ich 1986/87 im Rahmen umfänglicher Studien zu Goethes *Faust* schrieb. Diese Studien wurden, wie hier dankbar erwähnt sei, durch ein mir von der Stiftung Volkswagenwerk gewährtes Akademiestipendium ermöglicht.
Ich lege den Text des Monologs in der Weimarer Ausgabe (WA I, 14 (1887), S. 170f.) zugrunde, der seinerseits auf der Oktavausgabe letzter Hand (1829) beruht. An einer Stelle ist dieser Text allerdings nicht ganz unproblematisch: an der des Spatiums zwischen Strophe 9 und 10, sowie, damit im Zusammenhang, der Interpunktion am Ende von V. 3409. Vgl. unten S. 85 und Anm. 7.

[1] So Hans Arens (*Kommentar zu Goethes ›Faust I‹* (Heidelberg, 1982), S. 323). Arens folgt mit seiner Meinung offensichtlich Wilhelm Scherer. Scherer sprach von dem, »am Maßstab der Wirklichkeit gemessen, Unwahren der Scene«; es sei unmöglich, daß »ein naives Mädchen eine so wohlgegliederte Übersicht von dem Zustand ihres Innern geben« könne;

Damit, daß das »naive Gretchen die unnaive [...] Kunst« besitzt, »ihr Inneres zu erschließen« (Scherer, S. 309), findet keine ›Täuschung‹ statt. Der Eindruck der Schlichtheit ist ›wahr‹; er entspricht, heißt das, der Grundbefindlichkeit der Gretchen-Welt. Deren sprachlicher Ausdruck ist daher Einfachheit. Und zwar nicht in einem realistischen Sinne: er stellt nicht einen restringierten Code dar, zeigt nicht eine Reduktion des Menschlichen an, sondern dessen Reinheit.

Daß der »lyrische Monolog«[2], den Gretchen spricht – auch wenn es sich nicht wirklich um ein ›Lied‹ handelt –, liedhaften Charakter trägt, bemerkt man an der Form der vierversigen Strophen, von denen fast jede einen gekreuzten Reim und zwei Waisen aufweist (xaxa); nur die zweite Strophe hat zwei Paarreime (aabb). Nun ist die hier vorliegende Verwendung zweihebiger Verse in Liedstrophen zwar nicht sehr häufig; doch findet sie sich auch unter Goethes Liedern einige Male (z. B. ›Mailied‹, ›Schweizerlied‹, ›Gefunden‹). Zum Liedhaften paßt in Gretchens Monolog auch die zweimalige refrainartige Wiederholung der ersten Strophe (als vierte und achte Strophe)[3], deren kompositionelle Bedeutung noch zu besprechen sein wird.

Von dem Monolog geht eine merkliche Unruhe aus. Das hängt schon mit der Wahl des zweihebigen Verses zusammen. Denn obgleich in allen Strophen ein starker Einschnitt nach dem zweiten Vers vorliegt, so daß sich deutlich zwei gleich große Strophenhälften bilden, darf man diese Zwei-Vers-Einheiten keineswegs als vierhebige Verse lesen und die Strophen damit als versteckte Zweizeiler auffassen[4]. Vielmehr sind die häufigen Einschnitte

---

der Monolog sei »der conventionelle Theaterbehelf, der die Anwesenheit eines Publicums voraussetzt, zu dessen Nutz und Frommen er gehalten wird« (›Betrachtungen über Faust‹, in Wilhelm Scherer, *Aufsätze über Goethe* (Berlin, 1886), S. 307). Doch gebraucht Scherer solch starke Worte nur, um des Dichters Abkehr vom »Naturalismus« seiner Frühzeit zu beschreiben zugunsten der Verwendung »hergebrachter idealistischer Fictionen« (S. 308). Den Folgerungen aus den leicht mißzuverstehenden Schererschen Ausführungen trat schon Georg Witkowski entgegen: »ganz müßig ist die Frage, ob ein Mädchen in so wohlgegliederter Disposition Rechenschaft von ihrem Inneren geben könne. Denn hier wird die Wirkung absoluter Wahrheit durch die Mittel stilisierender Kunst erzielt« (Goethe, *Faust*, hg. von Georg Witkowski, 9. Auflage, Bd. II (Leiden, 1936), S. 258).

[2] So bezeichnet von Erich Schmidt (Goethe, *Sämtliche Werke*, Jubiläumsausgabe, Bd. XIII (Stuttgart – Berlin, o. J.), S. 319).

[3] Wenn einige Literarhistoriker den Monolog irrtümlicherweise direkt als ›Lied‹ oder als ›Volkslied‹ ansahen, so wurden sie dazu durch den Stil des Monologs verführt. Dieser ist keineswegs »unvereinbar mit einem Volkslied« (wie Arens, S. 321, meint).

[4] Heinrich Düntzer scheint in seinem Kommentar zu einer solchen Lesung zu neigen, wenn er für die 5. und 7. Strophe erst eigene Verskorrekturen vorschlägt, dann aber hinzufügt: »will man nicht lieber je zwei Zeilen zu *einem* Vers verbinden« (Düntzer, *Erläuterungen zu*

an den durch die Zweihebigkeit verdoppelten Versenden ein wesentlicher, den unruhigen Rhythmus des Monologs mitbedingender Faktor. Freilich ist der Zweiheber wohl auch als Anpassung an die eintönige Bewegung des von Gretchen gedrehten Spinnrades zu verstehen, so daß sich zugleich mit der Unruhe die ihr entgegenstehende Wirkung der Monotonie verbindet[5]. Diese bildet gewissermaßen den Basso continuo, über dessen Grundlegung sich die dominierenden Töne der Ruhelosigkeit durchsetzen. Die Ruhelosigkeit dominiert aber infolge der Unregelmäßigkeit, mit der die Zweihebigkeit gestaltet wird. An einer Stelle ist sogar – durch Tonbeugung des vorauszusetzenden Metrums ($\cup-\cup-\cup$) – ein dreihebiger Vers entstanden: V. 3408 (»Ách dúrft ich fássen«). Sonst aber ist die Unruhe in den ungleichmäßig verteilten Senkungen begründet: es gibt Verse mit nur einer Senkung (V. 3393, 3399), mit zwei Senkungen (die Grundform [$\cup-\cup-$]; sie findet sich bei 22 Versen), mit drei Senkungen (bei zehn Versen in drei verschiedenen Formen: $\cup\cup-\cup-$, $\cup-\cup-\cup$, $\cup-\cup\cup-$) und mit vier Senkungen (bei fünf Versen in drei verschiedenen Formen: $\cup-\cup\cup-\cup$, $\cup\cup-\cup\cup-$, $\cup\cup-\cup-\cup$). Zudem wird in der zweiten Monologhälfte infolge verschiedener Faktoren noch eine Verstärkung der Unruhe bewirkt. In den Strophen 1 bis 5 – der ersten Hälfte also – fällt (wenn wir den Punkt als Satzabschlußzeichen anerkennen wollen) auf jede Strophe jeweils ein Satz. In der zweiten Hälfte sind die syntaktischen Verhältnisse wesentlich komplizierter. Indem die nicht zu vernachlässigenden Forderungen einer natürlichen Satzbetonung zu der Vers- und Strophenstruktur in eine größere Spannung geraten als in den ersten fünf Strophen, unterliegt der schon vorher bewegte sprachliche Fluß einer merklichen Erschütterung.

Bei der Gliederung des Monologs bietet sich zunächst eine Dreiteilung an (wobei die wiederkehrende Strophe 1 als Anfangsstrophe jedes Teils zu gelten hätte)[6]; doch scheint mir sowohl sinngemäß als auch dem Aufbau-

---

den deutschen Klassikern, I. Abteilung: Erläuterungen zu Goethes Werken. XII. *Faust*. Erster Theil (Wenigen und Jena, 1859), S. 122). Hermann Pongs läßt die von ihm zitierten Strophen 5 und 6 im Druckbild sogar als *eine* vierzeilige Strophe von vierhebigen Versen erscheinen! (Hermann Pongs, *Das Bild in der Dichtung*, 2. Aufl., Bd. I (Marburg, 1960), S. 123)

[5] Vgl. dazu Arens, S. 323, der eine »Verbindung von Unruhe und Monotonie« konstatiert. Die Monotonie wird allerdings von ihm allzu mechanisch verstanden, wenn er das »Spinnradtreten« mit dem »Geratter eines Eisenbahnzuges« vergleicht.

[6] Das ist die üblicherweise akzeptierte Gliederung. Schon Düntzer (S. 122) ging von einer solchen Dreiteilung aus. Georg Witkowskis Gliederung (Witkowski, S. 258) sieht als ersten Teil die ersten *vier* Strophen vor, unterteilt dann aber die restlichen Strophen noch einmal in Strophe 5–8 und 9–10. Die inhaltliche Kennzeichnung der drei Teile – 1. »Schmerz«; 2. »die beseligende Vorstellung des Geliebten«; 3. »das mit Gewalt alle Schranken durchbrechende Liebesverlangen« – erscheint nicht falsch, aber sehr schematisiert.

prinzip nach eine Zweiteilung – und zwar mit dem Einschnitt nicht nach der fünften, sondern nach der vierten Strophe – angemessener zu sein. Der erste Teil wäre demzufolge als von den beiden identischen Strophen 1 und 4 eingerahmt anzusehen; er wird damit durch eine wie in einer Kreisbewegung erfolgende Wiederkehr des Gleichen geprägt. Diese macht sich auch noch in anderer Hinsicht bemerkbar. Es handelt sich nämlich bei den die einzelnen Strophen umfassenden Sätzen um asyndetisch koordinierte Satzreihungen von je zwei oder drei, insgesamt zehn einfachen Aussagesätzen, die jeweils einen oder zwei Verse ganz ausfüllen (nur in einem einzigen Fall – V. 3378f. – wird ein Satz durch einen eine negative Ortsbestimmung anzeigenden adverbialen Nebensatz erweitert), so daß sich eine weitgehende Übereinstimmung der Vers- und Strophen-Einheiten mit den Satzeinheiten – bei fast durchgängig männlichen Versabschlüssen – ergibt. Hinzu kommen die zahlreichen identischen Sprachelemente; außer den Reimen finden sich: variierte Wiederholung (»nimmer«, »nimmermehr« [zweifach]), anaphorische Einsätze (»Meine«, »Mein« [sechsfach], »Ist mir« [vierfach] und »Mein armer« [zweifach]) sowie der gleichartige Satzaufbau, der – von einer Ausnahme abgesehen: V. 3378f. – durch die Anfangsstellung des Subjekts bestimmt ist. All diese Wiederholungsphänomene ergeben ein Muster, mit Hilfe dessen das jeweilig Statuierte auf stets gleiche Weise gesagt wird; sie prägen sich (auch wenn das inhaltlich Mitgeteilte noch ganz unbeachtet bleibt) in ihren staccatohaften, das Surren des Spinnrads begleitenden Rhythmen dem Empfinden mächtig ein.

Der im Formalen anzutreffenden Struktur der Wiederkehr des Gleichen entsprechen die Verhältnisse im Bereich der Aussage; sie sind Ausdruck einer Seele, die – wie man treffend bemerkt hat – »nur dem einen Eindruck« hingegeben ist, »der immer wieder in die Vorstellungen dringt« (Pongs, S. 123). Dieser Eindruck betrifft in den ersten vier Strophen allein die Befindlichkeit der Sprechenden selbst – deren Unruhe –, und daher verwendet die Aussage vorwiegend das Verbum ›sein‹ (achtmal! In den Strophen 5 bis 10 kommt es dagegen nur einmal vor). Bei den dem Verb zugeordneten grammatischen Subjekten handelt es sich, außer in Strophe 2, überall um das Ich, auch wenn es meist metonymisch durch dessen Organe, Vermögen und Zuständlichkeiten vertreten wird, die eine pars-pro-toto-Funktion haben: was vom »Herzen«, vom »Kopf«, vom »Sinn« und von der »Ruhe« mitgeteilt wird, ist in jedem Fall eine Beeinträchtigung oder ein Mangel, der den ganzen Menschen angeht. Nur in Strophe 2 haben wir zwei andere, nicht dem Ich zugehörige, ›gegenständliche‹ Subjekte. Doch wird von diesen durch die Verwendung des Dativus commodi »mir«, nichts Gegenständlich-Wirkliches ausgesagt, sondern nur ihre durch die Beschaffenheit des Ich erfolgende Einfärbung: dem Ich allein dünkt der Ort, an dem dieses sich befindet, ein »Grab«, erscheint die Welt »vergällt«. Die einzige zusätzliche Information, die Strophe 2 tatsächlich enthält, birgt der Adverbialsatz V. 3378; in ihm wird der Grund der Un-Ruhe – die Abwesenheit des im Personalpronomen der dritten Person apostrophierten Faust – genannt. Von diesem Hinweis abgesehen, ist also die Unruhebeschreibung, wie sie in allen Aussagen der ersten vier Strophen des Monologs im Modus vielfach variierter Wiederholungen vorgenommen wird, eine des *Zustands*.

Ganz anders sieht es im zweiten Monologteil, den Strophen 5 bis 10 aus. Schon die Übereinstimmung von Strophen- und Satzeinheit wird hier aufgegeben; nur für Strophe 5 und 8 trifft sie noch zu. Die Strophen 6 und 9 dagegen drängen, infolge ihrer Unabgeschlossenheit, beide in die jeweils nächste Strophe hinüber. Die Verbindung sowohl zwischen den Versen 3397 und 3398 als auch zwischen den Versen 3409 und 3410 ist so eng, daß dadurch die Strophengliederung überspült und fast unkenntlich gemacht wird. (In *Faust. Ein Fragment* sowie in allen *Faust I*-Drucken bis 1817 [*Werke*, Bd. IX, Stuttgart und Tübingen, 1817] – also auch in der vom Dichter revidierten Fassung von 1816! – waren konsequenterweise die Strophen 9 und 10 ohne Spatium, also als eine Strophe gedruckt[7]. Statt dessen befand sich allerdings, sogar noch in der Taschenausgabe der Ausgabe letzter Hand, am Ende des Verses 3409 ein Ausrufungszeichen [WA I, 14, S. 276], das aber in diesem Fall – der syntaktische Anschluß in V. 3410 ist ja evident – nicht als Satzabschlußzeichen verstanden werden darf.) Dafür ist die Strophe 9 – als einzige! – durch Abschluß eines Satzes nach dem zweiten Vers (V. 3407) dergestalt halbiert, daß die Trennung in der Strophenmitte schwerer ins Gewicht fällt als die des Strophenendes.

Nur mit Strophe 8 – oder besser: der Wiederholung von Strophe 1 und 4 in Strophe 8 – ragt der erste Teil des Monologs in den zweiten hinein, innerhalb dessen sie eine asymmetrische Mittelstellung (nicht genau die Mitte) einnimmt. Indem Gretchen hier – zum dritten Mal – ihren Zustand in einer Strophe auf wörtlich genau die gleiche Weise zum Ausdruck bringt, gibt sie dem zweiten Monologteil ein straffes Innengerüst, eine mit der

---

[7] Ob man auch bei der *Urfaust*-Abschrift des Fräuleins Luise von Göchhausen nach Strophe 9 »kein Spatium« annehmen soll – wie es Erich Schmidt in der WA I, 39 zwar nicht im Druckbild (S. 289), wohl aber in den Lesarten (S. 446) verzeichnet –, scheint mir nach Konsultation des Faksimiles (in der Akademie-Ausgabe: Goethe, *Faust I. Urfaust. Faust. Ein Fragment*, hg. von Ernst Grumach (Berlin, 1954)) zumindest fraglich. Grumach druckt im *Urfaust*-Text (S. 111) die beiden Strophen mit Spatium.

ersten Hälfte identische Sinnmitte, die von den anderen und andersartigen, gleichwohl an sie gebundenen Strophen umbrandet wird. Diese anderen Strophen – Strophe 5 bis 7, 9 und 10 – versetzen das inhaltlich in Strophe 1 schon ganz Gesagte und in den folgenden Strophen nur auf verschiedene Weise Wiederholte in eine neue Ausdrucksdimension. An die Stelle des ›Seins‹ treten Verben einer sich steigernden Aktivität; zunächst solche, die mit einer zielgerichteten Präposition versehen sind: ›schauen nach‹ (V. 3390), ›gehen nach‹ (V. 3392), ›drängen nach‹ (V. 3406f.); dann transitive Verben des Nehmens und Habens (›fassen‹, ›halten‹, ›küssen‹), die alle, in Abhängigkeit von den in der Präteritalform des Konjunktivs stehenden Hilfsverben ›dürfen‹ (V. 3408: »dürft ich«) und ›wollen‹ (V. 3411: »So wie ich wollt'«), den Modus eines aus der Wirklichkeit wegdrängenden Optativs einnehmen; und schließlich das Intransitivum ›vergehen‹ (V. 3413), das, in ähnlich konjunktivischer Verbindung mit ›sollen‹ (»[daß ich …] sollt'!«), gleichfalls einer heftigen Wunschvorstellung Raum gibt. Alle diese Verben lassen das Subjekt der Sätze – es ist überall, wie in den ersten vier Strophen, das Ich oder ein als Synekdoche dieses mitbeinhaltender Teil (der freilich als ein die Gefühlssphäre ansprechender Bereich (»Mein Busen«, V. 3406) besondere Bedeutung erhält) – aus sich selbst hinaus verlangen. Artikuliert also in der ersten Monologhälfte das Ich den Verlust seiner Ruhe noch als Zustand, so erfährt es ihn in der zweiten in der Dynamik des Verlustig-Gehens, in der Bewegung des Außer-sich-Geratens.

Der Faktor, der das Ich aus seiner Mitte herausreißt, wurde in der ersten Monologhälfte nur ein einziges Mal – in V. 3378 – genannt (und das gewissermaßen nur als Angabe der Ursache für den Zustand des Ich); von Strophe 5 an dagegen wird er in jedem Satz – von der Refrainstrophe 8 abgesehen – in Form des Personal- oder Possesivpronomens als Zentrifugalkraft präsent gemacht. Insbesondere im elliptischen Satz der Strophen 6 und 7 findet eine solche Vergegenwärtigung statt. Wenn die Erscheinung Fausts, wie Gretchen sie sich ausmalt, im bloßen Nennen von sieben verschiedenen Teilphänomenen dargeboten wird[8], so wirkt durch die Weg-

---

[8] Man hat in dieser Methode einer preisenden Beschreibung des Geliebten mittels der Aufreihung von Einzelphänomenen den Einfluß des Hohen Liedes wahrscheinlich gemacht (Otto Pniower, ›Goethes Faust und das Hohe Lied‹, in *Goethe-Jahrbuch*, 13 (1892), S. 181–198). Doch macht Hans Arens mit Recht darauf aufmerksam, daß die Parallele fast nur in den »Einzelheiten, nicht im Ausdruck« liegt (Arens, S. 323). Das trifft gerade auch für des jungen Goethe eigene Übersetzung des Hohen Liedes (1775) zu; der Stilunterschied etwa zwischen »Sein hoher Gang« und »Seine Beine wie Marmorsäulen auf güldenen Sockeln« (WA I, 37, S. 307) ist unüberhörbar (ähnlich bei allen anderen Entsprechungen). Daß »Zug für Zug […] das Urbild durch ihre [Gretchens] Schilderung« dringe – wie Paul

lassung jeglichen Prädikats, verbunden mit dem den Ausdruck einer starken
Emotion vermittelnden Ausrufungszeichen, die Intensität des Imaginierten
um so kräftiger. Man kann das Ausmaß, in welchem die Prädikatlosigkeit
den Ausdruck verstärkt, durch ein kleines (zugegebenermaßen etwas bar-
barisches) Experiment leicht feststellen. Wenn man nämlich die in V. 3394ff.
eingesetzten attributiven Verhältnisse in prädikative verwandelt, also sagt:
›Sein Gang ist hoch‹, ›Seine Gestalt ist edel‹, usw., dann wird evident, daß
(außer dem eintretenden ›Poesie‹-Verlust) sich dadurch der Grad der Emp-
findungsenergie erheblich vermindert. Wie kommt das eigentlich? Inhaltlich bietet die prädikative Ausdrucksweise ja nicht weniger als die attribu-
tive! Offenbar hat die Prädikation etwas vom Gestus einer – wenn auch nur
konstatierenden – ›Begründung‹ an sich, die erkältend wirkt gegenüber dem
prädikatlosen Nennen, das das Phänomen in der Selbstverständlichkeit
seines In-Erscheinung-Tretens festhält.

Diese Präsentation geschieht hier – obgleich die ›Erscheinung‹ bloß eine
der Einbildungskraft ist – höchst eindrucksvoll in einer Stufenfolge, die von
dem »hohen« und »edlen« Äußeren der Gestalt und des Gesichts (in
Strophe 6) ausgeht und zu den Modi des Sich-Mitteilens (in Strophe 7)
voranschreitet. Die letzteren erfahren in sich wiederum eine Steigerung,
indem von der über eine Distanz hinweg erfolgenden sprachlichen Vermittlung durch den Logos – der freilich mit der Charakterisierung als »Zauber-
fluß« schon ein irrationaler, beinahe ›magischer‹ Zug innewohnt – auf die
einer intimeren Nähe hinübergeleitet wird. Dabei bleiben »Händedruck«
und »Kuß« ohne qualifizierendes Attribut: es wäre für die beiden letzten
Glieder einer zur Klimax führenden Enumeratio nicht nur überflüssig,
sondern der intensiven, in der Brevitas liegenden Wirkung schädlich gewesen. Nur der schon durch den syndetischen Anschluß als letztes Glied
hervorgehobene »Kuß« wird durch die vor- und eingeschobene Interjektion »ach« ein wenig retardiert und dadurch – sowie durch die Verstärkung
der im puren Empfindungslaut zum Ausdruck kommenden Gemütsbe-
wegung – als End- und Höhepunkt der Reihung besonders akzentuiert. In
diesem imaginierten »Kuß« kulminiert das Bild des draußen – irgendwo
draußen – befindlichen Attraktionspoles, der eine geradezu saugende Wir-

---

Requadt meint (*Goethes ›Faust I‹. Leitmotivik und Architektur* (München, 1972), S. 274) –,
leuchtet mir nicht ein; und daß »für die bibelkundigeren Zeitgenossen Goethes« die Hohen
Lied-Bezüge »auf den ersten Blick erkennbar« gewesen seien (ebda.), halte ich für ausgeschlossen. So erliegt Requadt in seinem sonst so verdienstvollen Buch mit seiner Folgerung
einer ›leitmotivischen‹ Bedeutung der Hohe Lied-Anspielungen im *Faust I* m. E. der Gefahr
einer Überinterpretation.

kung auf das Ich ausübt, es aus sich herausreißt und mit magnetischer Gewalt in sein Kräftefeld zieht.

Diesem Gezogenwerden korrespondiert von Innen ein Drängen und Streben. Was in der ersten Monologhälfte, vor allem in Strophe 3, als passiver Leidens-Zustand geschildert wird – eine andere Macht hat »Kopf« und »Sinn« »verrückt« und »zerstückt« (V. 3382ff.) –, das manifestiert sich von Strophe 5 an als aktiver Wille des Ich. Nicht zufällig wird das Fenster – als die Stelle, an der der Innenraum sich zum Außenraum öffnet – zum Umschlagsort vom ersten Monologteil zum zweiten. An sich bewahrt ja der ganze Monolog die Haltung der ›Sorgenden‹, derjenigen, die in der Fürsorge für ihren kleinen Haushalt aufgeht – wie sie es Faust geschildert hatte (V. 3109ff.) –: Gretchen sitzt bei der Arbeit am Spinnrad. Aber das Zentrum ihres Daseins liegt nicht mehr im Kreise ihrer Tätigkeit. Daher ist ihr die Welt – und der Umkreis ihres Wirkens, so klein und gering er war, war ein in sich geschlossener, war für sie die »ganze Welt«! – zu nichts geworden (»vergällt«, ein »Grab«): ein Vorgang, dem eine Zerrüttung der Aufnahme- und Verstandesorgane (›Verrückung‹ des Kopfes, ›Zerstückung‹ des Sinnes) und damit eine fast vollständige, fast auf den Nullpunkt zurückgeführte Reduktion des Weltbezuges entspricht. An dessen Stelle tritt etwas anderes, eine Beziehung nach außen, die sich im Blick aus dem »Fenster« und im Verlassen des »Hauses« offenbart. Der Mensch an der Grenze seiner Behausung, der in eine – hier personifizierte – Ferne schaut, erfährt die Spannung zwischen Innen und Außen als Sehnsucht, als Nicht-Erfülltsein seiner gegenwärtigen Existenz im begrenzten Bereich seiner Lebenswelt. Bei Gretchen hat sich dieser Zustand zur Ex-Zentrik radikalisiert, zu einer Ausgerichtetheit ihres ganzen Wesens aus sich heraus, nach einem außerhalb ihrer liegenden Bezugspunkt. Nicht das, was sie – wie es die Refrainstrophe in ihrer Wiederholungsformel einprägsam formuliert – »nimmer und nimmermehr« findet, wird von ihr gesucht. Und von dem, was von ihr gesucht wird: dem Gegenstand ihrer Liebe, vermag sie sich offenbar die verlorene »Ruhe« gerade nicht zu versprechen.

Besonders der Begehrungssatz der beiden letzten Strophen vermittelt eindringlich die Unruhe ihres Triebes. Während zunächst der Aussagesatz V. 3406f. – der gegenüber der *Urfaust*-Fassung (»Mein Schoos! Gott! drängt / Sich nach ihm hin«) sowohl im Inhalt wie im Ausdruck auf nicht sehr glückliche Weise gemildert wurde[9] – die Heftigkeit der inneren Bewegung

---

[9] Die *Urfaust*-Fassung des Verses 3406 (*Urfaust*, V. 1098; WA I, 39, S. 289) ist aus mehreren Gründen der *Faust I*-Fassung vorzuziehen. Daß mit dem ›drängenden‹ »Schoos« der

bloß konstatiert, stellt der folgende (letzte), die Strophengrenze überflutende Satz des Monologs diese Bewegung in ihrem eigenen Ablauf dar. Eingeleitet von der einer puren inneren Leid-Empfindung Laut gebenden Interjektion »ach« breitet sich der irreale Wunschsatz[10] als ein Polysyndeton aus, das sich in der Verbfolge (»fassen«, »halten«, »küssen«) in deutlicher Klimax darbietet. Diese steigert sich am Schluß noch: allein schon durch die Wiederholung des Objekts (»ihn«), insbesondere aber durch die dem letzten Glied der Gradation angefügten Nebensätze. Wenn der vergleichende Modalsatz (»So wie ich wollt'«) das Ausmaß des Begehrten ganz der Willkür des eigenen Wollens anheimstellt, so wirkt der sich daran schließende Konsekutivsatz (V.3412f.) fast wie ein Aufschrei schmerzlichen Lust-Verlangens. Der exklamationsähnliche Eindruck ergibt sich vor allem infolge der den syntaktischen Anschluß verunklärenden Verkürzung: die Auslassung der Konklusionskonjunktion ›daß‹ und des Subjekts ›ich‹ bringt den Rest eines in der subordinierenden Satzverknüpfung noch enthaltenen argumentativ-logischen Charakters zum Verschwinden. So schwelgt die Schlußstrophe in der polyptoton-artigen Wiederholung des ›Küssens‹[11], die den im »Kuß« mündenden Höhepunkt in der Beschreibung des Geliebten in V.3401 wieder aufnimmt; und nach all den in den transitiven Verben sich verratenden aktiven, objekt-gerichteten Verhaltenswünschen findet das Begehren seinen Gipfel in dem Intransitivum des ›Vergehens‹, in welchem der sich aus sich heraustreibende Wille zur Selbstaufgabe vollendet wird. Denn

---

sinnliche Trieb Gretchens auf höchst eindringliche Weise sprachliche Gewalt gewinnt, ist sofort einsichtig. Noch gewichtiger fast ist aber die Dreihebigkeit des Verses, die durch die Tonbeugung, infolge der starken Betonung des Ausrufs »Gott!« in der Senkung, entsteht, so daß die Iktenfülle dieses Verses völlig aus der relativen ›Regel‹-mäßigkeit der anderen Verse herausfällt. Dabei gibt die Juxtaposition »Schoos! Gott!« in äußerster Knappheit auch gehaltlich heftiger Spannung Ausdruck. »Der Schrei zu Gott«, schreibt Albert Daur (*Faust und der Teufel. Eine Darstellung nach Goethes dichterischem Wort* (Heidelberg, 1950), S. 99) »entreißt sich ihrer Brust im Schrecken vor dem Unerhörten, das sie in sich selbst bestürmt und dem sie nicht zu wehren weiß, nicht wehren will«. Daur weist mit Recht darauf hin, daß mit der Änderung, der »Besänftigung des ersten Verses [i. e. V.3406] auch dem Rhythmus des im Wortlaut gleichgebliebenen zweiten [i. e. V.3407] seine jähe Kraft genommen und das Unhemmbare nun in regelhaft hinfließende Bewegung, die im Bann des Stiles auch die Sitte schont, gehüllt« wird (ebd.).

[10] Hans Arens' Auffassung (Arens, S. 322), dieser augenscheinliche Optativ sei als Konditionalsatz zu lesen (»Wenn ich ihn umfangen und so küssen dürfte [...]«), erscheint mir angesichts des Gesamt-Sprachduktus des Monologs unhaltbar. Bei einer solchen ›logischen‹ Konstruktion müßten die beiden letzten Verse als Hauptsatz gelesen werden. Demgemäß schlägt Arens vor: »[dann] sollte ich an seinen Küssen sterben!« Es sei also »in der letzten [recte: vorletzten] Zeile nur ›ich‹ ausgelassen«. Eine ganz unmögliche Annahme!

[11] Wie schwierig es ist, einen Text zu lesen, zeigt Hans Arens, der behauptet, die letzten acht Verse enthielten »nicht mehr die geringste Wortwiederholung« (Arens, S.323).

nicht nur – das spürt man – auf die petite mort der Liebeserfüllung ist dieses
Verlangen gerichtet, sondern, weiter und tiefer, auf ein Sich-Verlieren,
Hinuntersinken, Untergehen.

Wie kommt es, daß in diesem Monolog von dem Glück des Liebens, dem
»Glück, geliebt zu werden«[12], kaum etwas aufscheint? Der Text des Monologs selbst läßt dafür nur einen einzigen Grund erkennen: die Abwesenheit
des Geliebten. Doch erklärt diese wirklich alles? Ist die in die Tiefe gehende
Beunruhigung Gretchens allein daraus abzuleiten? Diese Frage würde sich
auch dann stellen, wenn wir ohne Kenntnis des dramatischen Zusammenhangs wären, in welchem der Monolog steht. Doch wäre sie dann wesentlich schwieriger – nur durch ›Supplieren‹ von seiten des Lesers – zu
beantworten. Und so verhält es sich tatsächlich in den ersten uns bekannten, noch fragmentarischen und vorläufigen *Faust*-Fassungen, in denen der
Monolog in einen anderen Kontext eingebunden war. Im *Urfaust* nämlich
und noch in *Faust. Ein Fragment* fand er seinen Platz unmittelbar nach der
Gartenhäuschen-Szene; und an dieser Stelle konnte die bedrängende Trauer
Gretchens ohne ergänzende Annahmen nicht ganz verständlich erscheinen.
Durch die ›Wald und Höhle‹-Szene aber und insbesondere deren neue
Position in *Faust I* wird der Monolog vom Dichter bewußt in kompositio-
nelle Bezüge gesetzt, die eine Antwort auf die oben formulierte Frage erlau-
ben. Relativ unwichtig ist dabei das Moment der äußeren Motivierung, die
dadurch hergestellt wird, daß jetzt wirklich eine Entfernung Fausts aus der
Stadt erfolgt ist. Ja, in der ›Wald und Höhle‹-Szene selbst findet schon ein
›Vorblick‹ auf Gretchens Situation in der folgenden Monolog-Szene statt;
und es ist ausgerechnet Mephisto, der ihre betrübte Gemütsverfassung
infolge der Flucht Fausts in die »Öde« (V. 3279) zwar nicht in ihrer ganzen
Schwere, doch erstaunlich einfühlsam beschreibt. Dabei nimmt er das
Fenster-Motiv vorweg und zitiert sogar ein – Goethe aus Herders *Volkslie-
dern* (1778) bekanntes – Volkslied, ein Lied der Sehnsucht nach dem fernen
Geliebten:

> Dein Liebchen sitzt dadrinne,
> Und alles wird ihr eng und trüb.
> Du kommst ihr gar nicht aus dem Sinne,
> Sie hat dich übermächtig lieb.
> Erst kam deine Liebeswuth übergeflossen,
> Wie vom geschmolznen Schnee ein Bächlein übersteigt;
> Du hast sie ihr in's Herz gegossen;

---

[12] ›Willkomm und Abschied‹, V. 31.

Nun ist dein Bächlein wieder seicht.
Mich dünkt, anstatt in Wäldern zu thronen,
Ließ' es dem großen Herren gut,
Das arme affenjunge Blut
Für seine Liebe zu belohnen.
Die Zeit wird ihr erbärmlich lang;
Sie steht am Fenster, sieht die Wolken ziehn
Über die alte Stadtmauer hin.
Wenn ich ein Vöglein wär'! so geht ihr Gesang
Tagelang, halbe Nächte lang.
Einmal ist sie munter, meist betrübt,
Einmal recht ausgeweint,
Dann wieder ruhig, wie's scheint,
Und immer verliebt.

                                  (V. 3303–3323)

Ohne Zweifel erscheinen diese Verse vor der Szene ›Gretchens Stube‹ angebrachter als nach der Brunnen-Szene, wo sie in *Faust. Ein Fragment* zu finden sind. Denn dort war Gretchen schon derart von der Qual des Sündenbewußtseins beherrscht (man vergleiche den kurzen Schlußmonolog der Szene ›Am Brunnen‹ und die unmittelbar nach der ›Wald und Höhle‹-Szene placierte ›Zwinger‹-Szene), daß Mephistos Schilderung nur als eine arge Verharmlosung aufgefaßt werden konnte. In *Faust I* dagegen spricht Mephisto seine Worte *vor* der vollendeten Verführung Gretchens (die erst in der Szene ›Marthens Garten‹, V. 3502ff., eingeleitet wird) und wird daher ihrem Zustand – jedenfalls oberflächlich gesehen – sehr viel gerechter. Auch kann man in dem neuen Zusammenhang diese Worte schwerlich so verstehen (wie es in *Faust. Ein Fragment* kaum von der Hand zu weisen ist), als ob Faust von Mephisto aufgefordert würde, zu der von ihm Verlassenen zurückzukehren, um ihr die Treue zu halten. Vielmehr drängt Mephisto in der endgültigen Fassung Faust, indem er »die Begier zu ihrem süßen Leib« ihm »vor die halb verrückten Sinnen« bringt (V. 3328f.), dazu, das Verführungswerk fortzusetzen. Freilich: daß dieses Unternehmen als solches – die Verführung zu sinnlicher Liebeshingabe – schon ein Zerstörungswerk sein müsse, ist unter dem Aspekt gerade auch der Faustschen Liebesbeteuerungen (vor und nach der ›Wald und Höhle‹-Szene: V. 3188ff. und, im Zusammenhang mit dem Religionsgespräch, V. 3446ff.!), eigentlich gar nicht einzusehen. Eben dieses Widersprüchliche indes – eine das »Ewige« beschwörende Liebesbereitschaft einerseits (V. 3192f.) und das (in der ›Wald und Höhle‹-Szene extrem sich offenbarende) Bewußtsein der eigenen Unfähigkeit zu einer in der Zeit dauernden menschlichen Bindung andererseits

(V. 3348ff.) – ist die in der Charakterdisposition der Faust-Figur oder, was dasselbe besagt, in ihrer untrennbaren Verkoppelung mit Mephistopheles liegende Voraussetzung für die Beziehung Fausts zu Gretchen. Faust, wie gesagt, weiß das. Gretchen ›weiß‹ es zwar nicht, aber ihr Monolog am Spinnrad läßt, in der unverhältnismäßigen Dominanz der Trauer, merken, daß sie es spürt.

Was Gretchen spürt, ist im Lichte der ›Wald und Höhle‹-Szene noch etwas genauer zu formulieren. Zunächst bemerkt man, wenn man an das von Mephisto dort angeführte, von Gretchen gesungene Volkslied ›Wenn ich ein Vöglein wär‹ denkt, in ihrem Monolog den Ausdruck gesteigerten Leids. Im Volkslied herrscht wohl eine schmerzliche Wehmut über die Trennung von dem Geliebten, aber zugleich die Gewißheit der Verbundenheit (»Daß du mir viel tausendmal / Dein Herz geschenkt«)[13]. Gretchens Monolog läßt, trotz leidenschaftlichen Sehnens, von solcher Gewißheit nichts erkennen. Zudem spricht Mephisto von Gretchens Betrübnis unter Zuhilfenahme einer ganz bestimmten Kategorie: der der *Enge*. »Alles wird ihr eng« (V. 3304). Es ist daran zu erinnern, daß es eben dieses ihre Welt charakterisierende Merkmal war, bei dessen Erfahrung Faust seine über das Erotische hinausgehende Liebe entdeckte. Ihr »kleines reinliches Zimmer« (vor V. 2678) – das gleiche, das nunmehr Zeuge ihres Schmerzes ist – erschien ihm als »Heiligthum« (V. 2688), als eine Stätte der »Seligkeit« (V. 2694), die »Hütte« als »Himmelreich« (V. 2708). Was Fausts Liebe bei Gretchen bewirkt hat, ist – Mephisto deutet es schon an – das Empfinden der Enge und das Ungenügen daran. Eben das, was Faust zu so hoher, schwärmerischer Begeisterung hinriß – »Einfalt« (V. 3102), »Demut« (V. 3104) und »Zufriedenheit« (V. 2692) – ist nun gerade »hin«: das ist das dreifach sich wiederholende Grundmotiv ihres Monologs. Und es ist wichtig zu bemerken, daß sie im Beschreiben der neuen Wegrichtung nach außen, die ihre Existenz genommen hat, ein Wiederfinden der Ruhe überhaupt nicht zu erwarten, ja nicht einmal zu erhoffen wagt.

Daß Gretchens »Lebensrhythmus ins Stocken geraten« ist – wie Paul Requadt sehr treffend formuliert (Requadt, S. 273) –, hat seinen Grund nicht etwa in ihrer Unfähigkeit, eine richtige »›Mischung‹ des Lebens« – im Sinne der »zwei Gnaden« des Ein- und Ausatmens, der Einschränkung und Ausbreitung – zustande zu bringen! Nicht »an dem Widerspruch dieser

---

[13] *Herders Sämmtliche Werke*, hg. von Bernhard Suphan, 33 Bde. (Berlin, 1877–1913), XXV, S. 163.

Bewegungen« als solchem leidet sie[14], sondern daran, daß ihrem Nach-außen-drängen, wie es in ihrem Monolog mächtig Ausdruck gewinnt, kein Glück verbürgt ist. Nicht weil sie »sich hinzugeben« bereit ist, hat sie »sich [...] verloren«, wie man gemeint hat[15]. Daß sie verloren geht, ist nicht ihr Werk. Und schon hier ahnt sie im Innersten, daß der Geliebte, auf den ihr Verlangen sich richtet, kein lebensverbindliches Versprechen zu leisten gewillt oder vermögend ist. Von ihm könnte sie nicht, wie die Braut des Hohen Liedes von ihrem Freunde, sagen: »Ich bin meinem Freunde, bin auch sein ganzes Begehren«[16]. Fausts Begehren transzendiert von vornher-ein die Geliebte, reißt sie in ein Nirgendwo, schließt die ›Untergrabung‹ ihres »Friedens« in sich (V. 3360). Daher bleibt Gretchens Liebe ohne Zukunftsglanz und -vertrauen; ja, sie bereitet, in der Zerrüttung von »Kopf« und »Sinn«, die Selbstzerstörung des Gemütes vor. So spricht sich in ihrem Monolog nicht nur ein Gefühl der Liebesunruhe aus. Das »Nim-mermehr«-Finden der Ruhe ist das Ergebnis einer Liebe ohne Hoffnung oder mit der einzigen Hoffnung, an ihr zu »vergehen«. Gretchen fühlt, daß derjenige, den allein ihre Sehnsucht sucht, auf den sich all ihr Sinnen und all ihre Sinne richten, sie wie ihrem Haus, so ihrem Dasein entfremdet und ihr – ein »Flüchtling«, ein »Unbehauster« (V. 3348) – keinen Ort und kein Glück zu bieten bereit oder in der Lage ist.

---

[14] So sieht es Requadt (S. 273). Demgegenüber sei Faust in dem »kontemplativen Ausnahme-zustand« der ›Wald und Höhle‹-Szene, in der er »noch mehr außerhalb des Lebens« stand als Gretchen, doch des »Gleichgewichts zwischen Ausbreitung und Einschränkung« fähig gewesen. Bei solcher Auffassung – die nur bei einer isolierten Betrachtung des Faust-Monologs, ohne Berücksichtigung des szenischen Gesamtzusammenhangs, vertretbar wäre – müßte man Gretchen den größeren Schuld-Anteil an ihrem Schicksal zuweisen.

[15] Ernst Beutler in seinen *Erläuterungen zu Goethe, Faust und Urfaust*, Sammlung Dieterich, 25 (Leipzig, 1939), S. 552.

[16] Aus Goethes Übersetzung des Hohen Liedes von 1775 (WA I, 37, S. 309).

T. J. Reed (Oxford)

Tasso und die Besserwisser*

Besser wissen, oder besser wissen wollen, wäre fast eine Definition vom Amt des Kritikers. Indem man sich mit neuen Vorschlägen zu Wort meldet, erhebt man bereits den Anspruch, es besser zu wissen, erhebt (wenn nur im übertragenen Sinn) den didaktischen Zeigefinger. Folgende Argumentation richtet sich allerdings kritisch gegen die Besserwisserei, sowohl der Tasso umringenden Personen in Goethes Drama als auch einer bestimmten Orthodoxie unter den Kritikern. Damit kommt man unvermeidlich selber in die Lage, es besser wissen zu wollen, darf sich jedoch vielleicht auf ein Meta-Besserwissen hinausreden, zumal das Anzweifeln einer Orthodoxie dem Geist des *Torquato Tasso* selber entspricht. Denn es geht dort um ein Anrennen gegen eingebürgertes Besserwissen, dem die Hauptfigur ausgesetzt ist. Das hat weitreichende soziale Folgen, in erster Linie für die Gesellschaft Ferraras im Stück selbst, aber auch in subtiler Weise für die Gesellschaft, welche das Drama rezipiert.

Goethes *Torquato Tasso* handelt im Grunde von Gesellschaftlichem – von der Dialektik zwischen dem Einzelnen und dem Kollektiv, das nicht bereit ist, Eigentümlichkeit und Wert des Einzelmenschen anzuerkennen, seinen Input aufzunehmen und zu integrieren. Es handelt also von einer verfehlten Dialektik, oder (anders herum gesehen) von einer erfolgreichen Abwehr neuer Seh- und Fühlweisen, letztlich also von einer Abwehr der Neuerung und Erneuerung.

In dieser Zusammenfassung wird man Goethes *Tasso* vielleicht nicht sofort wiedererkennen, man wird vielleicht meinen, das liege weitab von der ins Auge springenden Künstlerthematik des Dramas, wie sie in der kritischen Diskussion von jeher an erster Stelle steht. Daß Tasso ein Künstler ist, läßt sich freilich nicht in Abrede stellen. Nur wird das Werk nicht gleich deswegen ausschließlich zum ›Künstlerdrama‹ im seitdem landläufig gewordenen Sinn. Goethes *Tasso* war das erste Werk, das einen

* Dem Aufsatz liegt ein Vortrag zugrunde, der 1986 auf freundliche Einladung von Herrn Professor Werner Welzig an der Universität Wien gehalten wurde.

Künstler zum Helden hatte, konnte und durfte also durch diese Figur ebensogut wie durch eine andere Allgemeines über das Leben in der Gesellschaft aussagen. Jeder dramatische Held muß doch irgendetwas sein. Die Künstlerfigur hat nahegelegen, nicht so sehr als einzigartiger Typus, sondern eher weil Goethe in den frühen Weimarer Jahren – wir dürfen ruhig soweit auf Biographisches zurückgreifen – gesellschaftliche Konflikte eben als Künstler durchleben mußte. Dem heutigen Leser erscheint das Werk nur darum so ausschließlich als ein Künstlerdrama, weil wir auf eine solche Menge späterer Künstlerromane und -novellen aus Romantik, Biedermeier und Moderne zurückblicken, in denen es sich immer stärker um kunstinterne Fragen und existenzielle Probleme des Künstlers als solchen handelt. (Dem *Faust* wäre es wohl ähnlich ergangen, wenn ihm unwahrscheinlicherweise eine Reihe von Professorendramen und -romanen gefolgt wäre.) Das alles verstellt den Blick für die generell sozialen Fragen, die der Künstlerproblematik zutiefst zugrunde liegen. Selbst das bekannte, von Caroline Herder überlieferte Goethewort, das Thema des Dramas sei »die Disproportion des Talents mit dem Leben« weist nicht eindeutig auf die Künstlerpsychologie hin, eher wohl auf die Wechselwirkung mit dem gesellschaftlichen Ganzen, im breitesten Sinn als ›das Leben‹ verstanden. So sollte man bereit sein, das dichterische Talent Tassos nebst psychologischem Zubehör als einen gesellschaftlich repräsentativen Fall, als Beispiel für die Herausforderung des Einzelnen an die ›normale‹ Gesellschaft zu verstehen.

Dabei muß das Wort ›normal‹ in Gänsefüßchen stehen. Denn bei der Auseinandersetzung des Einzelnen mit dem Kollektiv handelt es sich letztlich um die Frage, welche Normen zu gelten haben und woher man diese nehmen soll. Diese Frage überspringen kann man nur um den Preis einer *petitio principii*. Allzuviele *Tasso*-Interpretationen scheinen mir daran zu kranken, daß gerade das geschieht, daß eine konformistische Antwort als selbstverständlich vorausgesetzt wird: die Gesellschaft müsse mit ihren bereits feststehenden Regeln und Maßstäben unbedingt recht behalten, der Einzelne müsse im Irrtum sein und sich eben bequemen[1]. Zur Unterstützung dieser These wird mitunter in höchst dubioser Weise argumentiert. Erstens wird der Außenseiter Tasso gern schlechter gemacht, als ihn der Text eigentlich zeigt. Bei H. A. Korff z. B. tritt er als ein »eigenwilliger Künstler« auf, der »auf seine Genialität pochend, sich gegen die Gesetzlich-

---

[1] H. A. Korff, *Geist der Goethezeit. Versuch einer ideellen Entwicklung der klassisch-romantischen Literaturgeschichte*, 2. Auflage (Leipzig, 1955), Bd. II, S. 168ff. Dieselbe Einstellung vertritt in der englischsprachigen Kritik Ronald Peacock, *Goethe's Major Plays* (Manchester, 1959), S. 101ff.

keit der Welt verschließt und die Menschen mit den Launen seines Gefühls und den Grillen seines Geistes tyrannisieren zu können glaubt« (Korff, II, S. 174). In diesem Sturm-und-Drang-Popanz erkennen wir den Tasso des Goetheschen Textes gar nicht wieder, der sich gegenüber der Prinzessin so fügsam und bildbar gibt, der den Hofkreis als Quelle seiner Inspiration preist und als kritische Instanz anerkennt, der bei der Annäherung an Antonio so demütig um Rat und Hilfe des erfahrenen Mannes bittet. Bei Korff ist dann weiter von einer »*künstlerischen Weltfremdheit*« die Rede, »auf die sich Künstler dieser Art so gern etwas zugute tun«, von einem »wenig angebrachten Überlegenheitsgefühl gegen die Gesellschaft«, von einem »typischen *Mangel an gutem Willen, sich durch die Welt erziehen zu lassen*«[2] – immer genereller werdende Anklagepunkte, die der Text im Hinblick auf Tasso, auch nur bei flüchtiger Lektüre, entkräftigt. Man kann nicht umhin, sich zu fragen, welche Künstler Korff gekannt hat, die ihn so erbittern konnten.

Als zweites Hilfsmittel, den Einzelnen ins Unrecht zu setzen, wird das gesellschaftliche Kollektiv, das ihm gegenübersteht – werden die Hofpersonen also – eher nach den Prinzipien, die sie äußern, als nach ihren dramatisch sichtbaren Handlungen beurteilt. Sie sind etwa für Korff »eine edle Gesellschaft«, deren »höchste Humanität« den Tasso auf die Probe stellt, eine Probe, die er natürlich nicht besteht[3]. Der Kritiker ergreift für die eine Seite im dramatischen Konflikt unkritisch Partei, glaubt dieser alles aufs Wort (der »schlechte« Tasso ist tatsächlich mit Not aus einer späten Rede Antonios – seines Gegners! – konstruierbar) und macht ihre Einstellung unbesehen zur Grundlage des ethischen Urteils. Damit aber wird gegen die elementarsten Prinzipien aller Dramenrezeption verstoßen. Diese läßt nämlich keine verfrühte Bevorzugung der einen Seite zu; die wesentliche Zwei- oder Mehrstimmigkeit des Dramas erfordert, daß man abwartet, welches Ergebnis aus der dramatischen Dialektik hervorgeht. Tut man das nicht, so wird Tragik leicht zu Didaktik, Goethe zum Sittenrichter, sein *Torquato Tasso* gleichsam zum Handbuch über gute Lebensart im Stil des *Cortegiano* von Castiglione, nur daß hier das gesellschaftlich Angebrachte in fast satirischer Weise anhand von Tassos Fehltritten *ex negativo* nachgewiesen würde.

Hört man stattdessen genauer hin, so ist die soeben angesprochene

---

[2] Korff, II, S. 174; Hervorhebungen im Original.
[3] Korff, II, S. 172. Vgl. auch S. 169 zum Thema »Erlaubt ist, was gefällt / was sich ziemt«: »Die Prinzessin aber spricht die Meinung des Dichters und den Sinn der Dichtung aus, wenn sie ihm erwidert [...]«.

dramatische Zweistimmigkeit – ganz abgesehen von bewußten Stellung-
nahmen der verschiedenen Personen – schon im Detail des Dialogs verwirk-
licht. Zum Beispiel: Im zweiten Auftritt des ersten Aktes sehen wir den
Herzog Alfons auf der Suche nach seinem Dichter, den er nicht einmal –
wie er es erwartet hatte – bei den Damen vorfindet. Tassos zufällige
Abwesenheit quittiert er mit den Worten: »Es ist ein alter Fehler, daß er
mehr / Die Einsamkeit als die Gesellschaft sucht« (243f.). Dazu der
Kommentar Stuart Atkins' in der neubearbeiteten Hamburger Ausgabe
(1981): »Erster Hinweis auf das Pathologische bei Tasso, dessen Melancholie in jeder Lebensbeschreibung ein Hauptthema bildet« (HA V, S. 526).
Hier wird die Äußerung *einer* Person gleich für absolut gehalten, *eine*
Meinung innerhalb des dramatischen Rahmens soll den gedanklichen Rahmen des ganzen Dramas abgeben, einer von vielen Gesichtspunkten wird
zum Evangelium erhoben. Obendrein wird dem nicht besonders schwer-
wiegenden Wort »Fehler« aufgrund textexternen Wissens ein in Goethes
Text nicht eindeutig vorhandener psychoanalytischer Sinn unterschoben.
Das alles, ehe noch die besprochene Person auftreten und sich zu Wort
melden konnte – im buchstäblichen Sinne also ein Vor-Urteil[4].

Das Wort vom »alten Fehler« Tassos läßt sich aber ebensogut als Charakterisierung des Sprechenden verstehen – eben als eines nicht sehr sensiblen,
von Zweifeln unangefochtenen Beobachters, der sicher weiß, was ein Fehler
ist und in längerem Umgang (man könnte auch sagen, trotz längeren
Umgangs) mit Tasso dieser festen Ansicht (man könnte auch sagen: dieser
dogmatisch festen Ansicht) treu geblieben ist. Der »alte Fehler« impliziert
ein ebenso »altes« Urteil, wiederum also ein Vorurteil, das allerdings auch
eine überpersönliche Dimension hat als Ausdruck eines gesellschaftlichen
Konsenses. Für den Hof als Kollektiv stellt Tassos Lebensweise eine Abweichung dar, deren innere Berechtigung man nie in Betracht zu ziehen sich
bemüßigt gefühlt hat.

Nun, das Pathologische an Tasso läßt nicht lange auf sich warten – oder,

---

[4] Man mag einwenden, es gehöre seit jeher zur dramatischen Praxis, bereits vor dem ersten
Auftreten der Hauptfigur den Zuschauer interpretativ zu orientieren. Gerade an den
bekanntesten Beispielen aber wird deutlich, wie wenig diese Praxis auf ein eindeutiges
Informieren zielt. Die Palette etwa der Reaktionen Cascas, Cassius' und Brutus' auf die
vermeintlich bevorstehende Tyrannei Julius Cäsars stellt die Frage nach Rechtfertigung und
ethischer Motivierung dieses und jedweden Umsturzes, die erst am Dramenschluß beant-
wortet wird. In ähnlicher Weise rühren die Soldatengespräche in *Wallensteins Lager* an die
dramatischen Motive Charisma, Treue und Verrat, und Teufelspakt, durch welche die
Darstellung einer schwer festlegbaren Figur gespeist werden soll: hier wie dort wird dem
Verlauf des Dramas und dem Urteil des Zuschauers nicht vorgegriffen.

besser gesagt, ein Bericht über angeblich Pathologisches bei ihm. Aber selbst wenn man den Bericht substanziell für voll zu nehmen bereit ist, gehört er nicht unbedingt und nicht nur zur pauschalen Aburteilung des noch immer nicht aufgetretenen Titelhelden. Im selben Auftritt erzählt Alfons von Tassos Argwohn und den Symptomen eines Verfolgungswahns, die er – der Herzog – mit vernünftigem Zureden zu beheben versucht habe. Denn er »weiß es sicher«, daß die von Tasso Verdächtigen »nicht seine Feinde« sind (316). Er gehe immer auf Tassos Klagen sorgfältig ein; und »läßt sich nichts entdecken, / So zeig ich ihm gelassen, wie ich's sehe« (342). Wer in diesem Bericht nicht einspurig eine Information des Lesers sondern die subtile Einzeichnung *eines* Gesichtspunktes sucht, horcht beim Wort »gelassen« auf. Zwar ist Gelassenheit beim Räsonnieren mit psychisch für krank Gehaltenen gewiß ratsam; das Adverb klingt aber an andere Goethe-Kontexte an – an *Werther* etwa, wo die »sittlichen Menschen« der philiströsen Umwelt in Werthers leidenschaftlichem Plädoyer Albert gegenüber angeprangert werden, weil sie »so gelassen, so ohne Teilnehmung dastehen« (1. Buch, 12. August; HA VI, S. 47); auch an den Auftritt ›Trüber Tag. Feld‹ im *Faust,* wo Faust gegen die zynischen Worte Mephistos, Gretchen sei »die erste nicht!« seine Anklage erhebt: »Mir wühlt es Mark und Leben durch, das Elend dieser einzigen; du grinsest gelassen über das Schicksal von tausenden hin!« Natürlich wird Alfons nicht deswegen gleich zum Provinzphilister oder zum Teufel; der Begriff der »Gelassenheit« bei Goethe liegt aber offensichtlich manchmal nahe bei Vorurteil, Engstirnigkeit, fehlender Offenheit und mangelndem Verständnis für menschliches Leiden und Anderssein. Auch im *Tasso*-Text selbst fällt das Wort wieder, vielleicht ohne zum aufdringlichen Leitmotiv zu werden, aber immerhin in deutlicher Charakterisierung der Gegenseite: »Du findest mich, O Fürst, gelassen stehen«, sagt der seine Aversion gegen Tasso nur kümmerlich verbergende Diplomat Antonio (1409); »Gelassen, kalt, hat er mich ausgehalten, / Aufs höchste mich getrieben« klagt Tasso (1473). Man tut zumindest gut daran, die auf den ersten Blick vernünftig-plausible Einstellung des Alfons zu Tasso nicht für der Weisheit letzten Schluß zu halten.

Auch gegenüber den für dieses Stück so charakteristischen, sich scheinbar als Weisheitsschlüsse offerierenden Sentenzen ist eine gewisse Skepsis am Platz. Alfons leitet seinen schon zitierten Bericht über Tassos vermeintliche Abnormität gleich mit zwei Sentenzen ein, die sogar die Prämissen eines Syllogismus bilden sollen:

Die Menschen fürchtet nur, wer sie nicht kennt,
Und wer sie meidet, wird sie bald verkennen (310f.)

Folglich dürfe Tasso die Menschen nicht meiden – wiederum eine feste Position, teils persönliche Meinung, teils gesellschaftliches Produkt, so oder so ein Stück Orthodoxie, ein Vorwissen oder Besserwissen. Aber trifft die gewichtige Verallgemeinerung zu – trifft sie auf das zu, was wir sehen und verstehen? Hat Tasso wirklich nichts von Antonio etwa, oder von der Sanvitale, zu fürchten? Die Reizbarkeit und der Neid des einen, das Intrigenspiel des andern, weisen diese Figuren doch nicht als harmlos aus. Tassos Erfahrung mit ihnen müßte ihn – und uns – vom Gegenteil des Sentenzinhalts überzeugen; wie auch generell die Lieblingssentenzen, die aus diesem Drama gern zitiert werden, eher *cum grano salis* zu nehmen sind.

Bei der kritischen Betrachtung von Tassos Gegenspielern melden sich zweierlei Zweifel: einmal, ob diese so selbstsicheren Personen in bezug auf Tasso immer recht handeln; zum anderen, ob ihre Handlungen dem eigenen höfischen Ethos auch nur treu sind? Das heißt: hinter der Frage nach der Relativität der Gesichtspunkte lauert die Frage nach der letztendlichen Motivierung der Hofleute: ob diese nicht persönlichen Interessen und Impulsen folgen, welche durch die höfische Sitte nur getarnt werden? Man überfliege die entscheidenden Ansätze und Handlungen der Reihe nach. Die Prinzessin führt die erste Katastrophe mit Antonio geradezu herbei, sie setzt Tasso (vielleicht aus nicht ganz durchsichtigen Gründen) unter emotionalen Druck, damit er eine Annäherung an den erfahrenen Staatsdiener versucht. Später sieht sie ein, wie riskant ihr Vorschlag war, sie glaubt sogar geahnt zu haben, daß die Sache schlimm ausgehen könne, »Doch überredete die Hoffnung« sie, sie »verließ auf Sitte [sich] und Höflichkeit« (1682, 1692), sie »befürchtete / Von dem geprüften Manne diese Jähe / Der raschen Jugend nicht« (1694ff.). Stärker aber als alle Ahnungen war der Drang, Tasso bilden zu wollen, der Glaube, ihn bilden zu dürfen, und zwar aus einem mit dem Programm des Herzogs übereinstimmenden besseren Wissen heraus, was für Tasso das Beste sei. Tasso seinerseits tut willig, was ihm nahegelegt wird: »Ihr bin ich; bildend soll sie mich besitzen« (1159). Er ist – wohlgemerkt – dem Hofkreis und vor allem der Prinzessin gegenüber alles andere als störrisch.

Ähnliches und Schlimmeres ist bei Antonio zu beobachten, der später zugibt, er habe Tasso eigentlich aus Neid und Groll absichtlich gereizt. Der Leser oder Zuschauer mag allerdings diesem kaltblütigen Vorgehen sofort auf die Spur gekommen sein, das Antonios Verhalten zu einer stärkeren Herausforderung macht als die Tassos zum Duell. Hinter dem Schutzwall von Status, höfischer Lebensart und Regeldenken hervor attackiert Antonio den arglosen Jüngeren mit Sticheleien; nur im äußerlichen Sinne zieht er nicht, wie Tasso, vom Leder. Der Kodex, nach dem ein Duell an diesem Ort verpönt ist, wird unzulässigerweise selber zur Waffe in einem mit Formalitäten geführten Duell. Wie viel böser Wille sich dahinter verbarg, geht aus Antonios Beichte, der Sanvitale gegenüber, hervor, er habe sich »so ohne Maß verlor[en]«, und zwar bezeichnenderweise, weil man sich nach langer Anstrengung und Selbstbeherrschung im diplomatischen Dienst unter Freunden eben gehen lasse. Seine Reaktion auf die seiner Absicht nach allzu leichten Erfolge Tassos sei eine natürliche Regung gewesen – man dürfe doch einmal »Auch etwas Menschlichs in dem Busen fühlen«, man »erlaube sich eine Laune« (1985ff.). Der ganze Anspruch auf Sitte wird implizit zu nichts, wenn diese so nach Belieben aussetzen kann und darf – wenn »höfisches« Verhalten nur eine Fassade bedeutet, hinter der man sich menschlich-allzumenschlich benimmt. Ja Antonio dringt in der Kritik seiner selbst und der höfischen Selbstbeherrschung zu einer geradezu primitiven psychologischen Schicht vor. Er habe soeben als Diplomat unter schwerem Druck gearbeitet, und es sei

> gefährlich, wenn man allzulang
> Sich klug und mäßig zeigen muß. Es lauert
> Der böse Genius dir an der Seite
> Und will gewaltsam auch von Zeit zu Zeit
> Ein Opfer haben.   (1976ff.)

Das klingt in seiner Radikalität an Nietzsches Darstellung »vornehmer« Gesellschaften an, deren Mitglieder »im Verhalten zueinander so erfinderisch in Rücksicht, Selbstbeherrschung, Zartsinn, Treue, Stolz und Freundschaft sich beweisen«, aber »nach außen hin, dort, wo das Fremde [...] beginnt, nicht viel besser als Raubtiere« seien, es bedürfe »von Zeit zu Zeit der Entladung, das Tier muß wieder heraus [...]«[5].

Was Leonore Sanvitale angeht, so ist sie hinter der höfischen Fassade eine Intrigantin, die Tasso den Ferraresen, vor allem der Prinzessin, ausspannen und sein Talent zu ihrem eigenen Ruhm ausbeuten will. Bezeichnend ist dabei, daß Tasso sie längst durchschaut hat. Gegen die Verallgemeinerung des Herzogs »Und wer sie [d. h. die Menschen] meidet wird sie bald verkennen« müssen wir die Tatsache setzen, daß Tasso die Hofdame meidet, weil er sie intuitiv erkannt hat (969). Aber über Leonore Sanvitale müssen wir

---

[5] Nietzsche, *Zur Genealogie der Moral*, Erste Abhandlung, § 11, in *Werke in drei Bänden*, hg. von Karl Schlechta, zweite Auflage (München, 1960), II, 785f. Es handelt sich um die berühmte »Blonde-Bestie«-Passage.

uns nicht lange aufhalten, weil sie selbst für die Hofsympathisanten unter
den Kritikern offen genug eigene Interessen verfolgt und nicht erst entlarvt
werden muß.

Herzog Alfons schließlich ist moralisch wohl am wenigsten vorzuwerfen
– d. h. innerhalb der engen Grenzen, die seinem Verständnis für den von
ihm geförderten Dichter gesetzt sind. Seine Einstellung ist die des feudalen
Mäzens, der das Verhältnis zu Tasso auf Leistung und Gegenleistung
reduziert, das lange versprochene Werk möglichst bald in Händen halten
will, um es nicht wieder herauszugeben, und der mit Sentenzen wie »der
Mensch gewinnt, was der Poet verliert« nur so am Rande an der Bildung
seines Dieners herumbastelt. Am gravierendsten an Alfons' Verhalten ist
das Versäumnis, den Streit zwischen Tasso und Antonio in sichtlich unpar-
teiischer Weise zu untersuchen. Ein eigentliches Gericht, wie es sich Tasso
wünscht, findet nie statt; Tasso wird auf sein Zimmer geschickt – hat also
praktisch Hausarrest – während Antonio, trotzdem er die andere Partei im
Streit ist, als Geschäftsmann und Menschenkenner weiterhin konsultiert
wird, mithin fast als *judex in causa sui* fungieren darf: ein (man kann wohl
sagen) für das Establishment-Denken typischer Fehler. Auch dringt die
Untersuchung, soweit eine solche überhaupt statthat, gar nicht zur Frage
vor, wer »den Streit zuerst begonnen«, also »wer es sei, der unrecht hat«;
das weiß der in Formalitäten bewanderte Antonio zu hintertreiben, zur fast
komischen Verblüffung Tassos, dem das eigentlich Wichtige selbstverständlich erscheint:

> Wie das? Mich dünkt, das ist die erste Frage,
> Wer von uns beiden recht und unrecht hat. (1444ff.)

Nimmt man alle Handlungen der anderen Personen zusammen, die entweder bewußt oder unbewußt gegen die Interessen Tassos gerichtet sind;
nimmt man noch dazu das mangelnde Verständnis, das seinem Temperament und dem notwendigen Zusammenhang zwischen dichterischem
Schaffen und sonstigen Charaktereigentümlichkeiten entgegengebracht
wird; und rechnet man noch dazu, wie wenig das von allen so ausgiebig
angesprochene höfische Ethos in die Tat umgesetzt wird: so mag nicht nur
die Annahme zweifelhaft erscheinen, das Drama gebe Hof und Höflingen
gegen Tasso ohne Frage in allem recht, sondern es mag sogar aussehen, als
wäre eine umgekehrte Anklage Tassos gegen seine Gönner durchaus gerechtfertigt. Was »Gesellschaft« und »Sitte« bedeuten, ist praktisch ein seine
Interessen durchkreuzendes System, eine stillschweigende Verschwörung.
Hier handelt es sich aber nicht in erster Linie um einen Wiedergutma-

chungsversuch zugunsten des beleidigten Tasso; auch nicht bloß darum, einen maßgeblichen Gesichtspunkt zu unterminieren, bloß um ihn durch einen anderen zu ersetzen; sondern es handelt sich um den Nachweis, daß Goethes *Torquato Tasso* gesellschaftliche Prozesse veranschaulicht und ein Modell gesellschaftlicher Interaktion praktisch durchprobiert. Anstatt also mit dem verbitterten Tasso des letzten Aufzugs gegen Hof und Höflinge zu wettern, wollen wir zunächst einmal Tassos Gegenwerte, seine mit denjenigen des Hofs konkurrierenden Normen, zu klären suchen; um dann schließlich das im Drama umrissene Interaktionsmodell genauer namhaft zu machen, es historiographisch zu etikettieren, und einen vielleicht ungewöhnlichen Vorschlag zu machen, wes Geistes Kind dieses Drama letztlich und eigentlich ist.

Mit dem zuletzt zitierten Wort Tassos – »Wer von uns beiden recht und unrecht hat« – wird die Frage nach alternativen Normen bereits angeschnitten, die dieser Außenseiter in zwischenmenschlichen Beziehungen vorausgesetzt wissen möchte. Sein Blick richtet sich auf die Sache selbst: was ist passiert, und wer trägt die Schuld daran? Wenn er selber gegen ein Gesetz verstoßen habe, so hätten klar erkennbare entlastende Gründe vorgelegen: »dieser / Hat alle Schuld, wenn ich mich schuldig machte. / Er hat die Glut gewaltsam angefacht« (1427ff.). Weit davon, ein Gesetzloser zu sein, fordert Tasso eine Gerechtigkeit, die den Vorgang aufs genaueste rekonstruieren würde. Dieser Blick Tassos auf und für das Wesentliche steht in denkbar deutlichem Kontrast zu Antonio, der geschickt mit Prozeduren und Formalitäten hantiert – Tasso sei durch sein technisches Verbrechen kein freier Mann mehr, Antonio könne ihn daher weder verklagen noch sich vor ihm verteidigen, die Schuldsache sei »eine weite Frage, / Die wohl zuvörderst noch auf sich beruht« (1445f.) – typische ausweichende Beamtensprache! Der unmittelbare Impuls, der naive Glaube Tassos, werden der Konventionalität der Sitte gegenübergestellt, die jetzt übrigens entschieden in der Defensive ist. Diese Konstellation wiederholt die Stimmenverteilung im frühen Gespräch über die Goldene Zeit. Auch dort der Kontrast zwischen dem Spontaneitätsprinzip Tassos, »Erlaubt ist, was gefällt« (994), der den schieren Gedanken der Erlaubnis, und damit jeder sittlichen Autorität, in Gefühl und Gutdünken des Einzelnen auflöst; und dem Gegenspruch der Prinzessin, »Erlaubt ist, was sich ziemt« (1006), der die Autorität einer sittlichen Konvention wieder einsetzt, um den Preis, daß der Mythos vom ursprünglich harmonischen menschlichen Instinkt buchstäblich denaturiert wird. Hier wie dort sind Tassos Normen deutlich erkennbar.

Mit dem Gegensatzpaar Spontaneität/Konvention nah verwandt ist ein zweiter Gegensatz zwischen Jugend und Reife. Tasso wird wiederholt als ›Jüngling‹ bezeichnet, versteht sich zunächst selber auch als solchen, Antonio hingegen ist der Reife, Erfahrene. Das ist sozusagen die individualisierte Ausprägung des ersten Gegensatzes, weil auch der Vorrang der Konvention vor der Spontaneität an ihrer Reife liegt, die Sitte war eben länger da als der jeweilige persönliche Impuls, ist ehrwürdig geworden. Nur läßt sich der Spieß auch umkehren, der Prioritätsanspruch der Sitte durch den der Spontaneität überbieten, sobald sich der Einzelne als *Natur* versteht; denn so erhält das unkonventionelle Wollen jeder neuen Generation, weit davon, eine wurzellose Velleität zu sein, paradoxerweise den absoluten Vorrang des Ursprünglichen, das vor allen ethisch-gesellschaftlichen Systemen da war. Darum ist in Goethes Drama der Begriff der Goldenen Zeit so wichtig, zumal der aus Renaissancetexten zitierte, auf klassische Legenden zurückgehende Gedanke inzwischen – d. h. zwischen der Zeit des historischen Tasso und Goethes eigener Zeit – in Rousseaus Verherrlichung des Naturzustands erneuert und zur revolutionären Kraft geworden war. Dies bedeutete, daß jede sich als dauerhaft verstehende Gesellschaft nicht bloß dem geschichtlichen Zufall und Verfall ausgesetzt sondern auch prinzipiell als vorübergehend und mitsamt ihrem Ethos als relativ zu verstehen war. Statt von »Reife« konnte man weniger positiv von »Alter« sprechen; aus dem Feststehenden drohte das Überholte zu werden. Wo man früher das vergebliche Anrennen des unerfahrenen Nachwuchses gegen das Bestehende mit Octavio Piccolominis Machtspruch abfertigen konnte, schnell fertig sei die Jugend mit dem Wort, ließ sich jetzt die Formel umkehren, um die Verständnislosigkeit zu kennzeichnen, mit der ein starres System allem Neuen gegenübersteht: es konnte jetzt lauten, schnell fertig sei das Alter mit dem Wort[6].

Zu einer solchen neuen Wertorientierung findet Goethes Tasso eher zufällig und als Reaktion auf eine von außen kommende Provokation. Anfangs ist Tasso friedlich, passiv, alles andere als aufbegehrend. Er weist den Gedanken ausdrücklich von sich, eine irgendwie politische Freiheit erstreben zu wollen; er akzeptiert die feudale Abhängigkeit, er versteht die Welt von Hof, Diplomatie und Kriegskunst als die maßgebliche Wirklichkeit und ist bereit, sie als Dichter bloß abbildend wiederzugeben (wobei er allerdings von vornherein das ungute Gefühl hat, er laufe Gefahr, wie

---

6 Vgl. Ernst Blochs Umformulierung im Aufsatz ›Die Kunst, Schiller zu sprechen‹ (1932): »Schiller wurde der Dichter der *Jugend,* vor allem in Zeiten, wo nicht sie, sondern das Alter rasch fertig ist mit dem Wort.« Jetzt in Bloch, *Literarische Aufsätze* (Frankfurt a. M., 1965), S. 98.

»Echo an den Felsen zu verschwinden« (800)). Gesellschaftlich ändernd einzugreifen gedenkt er in dieser Phase höchstens durch den dichterischen Aufruf zu einem neuen Kreuzzug – ein im 16. Jahrhundert bereits reichlich anachronistischer Einfall!

Gleichwohl ist der Kern eines alternativen Wertsystems bereits vorhanden, wennschon nur latent, in Tassos Talent und seinem Bewußtsein vom eigenen Talent. Wie Wolfdietrich Rasch sagt, ist »ein schöpferisches Vermögen [...] ein Stück reiner Natur, [...] ein Fremdes in den Ordnungen des Lebens, die nicht mehr reine Natur sind, sondern vom Ursprung entfernt«[7]. Insoweit ist Tasso – das hat wohl Goethes Wort von der »Disproportion des Talents mit dem Leben« mitgemeint – bereits ein Störfaktor (für Antonio ein regelrechter *Zerstörfaktor*) im gesellschaftlichen Kreis (2108f.). Wird dann Tassos Talent gar mißachtet und verschmäht, wie von Antonio, so wird für Tasso das früher als fraglos akzeptierte Verhältnis zwischen Dichter und Hofmäzenat zum Ärgernis. In der Streitszene fallen Tasso die Schuppen von den Augen, er fühlt, wie rücksichtslos die feudalen Konventionen auf sein innerstes Lebensgefühl übergreifen. Er hat bislang im äußerlich-sozialen Sinn nie nach Freiheit gestrebt, der Mensch sei »nicht geboren, frei zu sein«, es gebe »für den Edeln [...] kein schöner Glück, / Als einem Fürsten, den er ehrt, zu dienen« (928ff.). Jetzt aber erfährt er, wie sehr er tatsächlich eingeengt ist. Bereits im Gespräch über die Goldene Zeit hat er vorwegnehmend bemerkt, »daß jeder glaubt, / Es sei auch schicklich, was ihm nützlich ist. / Wir sehn ja, dem Gewaltigen, dem Klugen / Steht alles wohl, und er erlaubt sich alles« (1009ff.). Als gerade dies in der Streitszene eintrifft, wird er angestachelt, eigene Werte aktiv aufzustellen, wobei er bezeichnenderweise wieder von den Schlüsselbegriffen ›erlauben‹ und ›sich ziemen‹ ausgeht:

Was du [d. i. Antonio] dir hier erlaubst, das ziemt auch mir.
Und ist die Wahrheit wohl von hier verbannt?
Ist im Palast der freie Geist gekerkert?
Hat hier ein edler Mensch nur Druck zu dulden?
Mich dünkt, hier ist die Hoheit erst an ihrem Platz.
Der Seele Hoheit! Darf sie sich der Nähe
Der Großen dieser Erde nicht erfreun?
Sie darf's und soll's. Wir nahen uns dem Fürsten
Durch Adel nur, der uns von Vätern kam;

---

[7] Wolfdietrich Rasch, *Goethes ›Torquato Tasso‹. Die Tragödie des Dichters* (Stuttgart, 1954), S. 44.

Warum nicht durchs Gemüt, das die Natur
Nicht jedem groß verlieh, wie sie nicht jedem
Die Reihe großer Ahnherrn geben konnte[8]. (1346ff.)

Wahrheit, Geistesfreiheit, Anerkennung des Naturadels, also des Talents,
als gleichrangig mit dem Geburtsadel – das sind nicht bloß Werte, es sind
bereits Forderungen[9]. Die Hitze des Streits hat aus der Latenz hervor-
gelockt, was anscheinend früher nur im vertraulichen Gespräch mit den
Damen angedeutet worden war[10].

Es gibt also durchaus Prinzipien, die für Tasso absoluter sind als das
Gesetz Ferraras. »Hab ich des Gesetzes«, erklärt er Alfons gegenüber in der
Urteilsszene, »Und dieses Orts vergessen, so verzeih. / Auf keinem Boden
darf ich niedrig sein, / Erniedrigung auf keinem Boden dulden« (1480ff.).
Und indem er diese Prinzipien ins Bewußtsein hebt, beginnt Tasso selber
mit der Terminologie der Lebensalter zu arbeiten – und im eigenen Selbst-
gefühl über die Jugend hinauszuwachsen. Auf Antonios höhnisches Wort
»Du bist noch jung genug, daß gute Zucht / Dich eines bessern Wegs
belehren kann«, erwidert er nämlich mit einer eindrucksvollen Formulierung der geistigen Freiheit und Streitbarkeit:

Nicht jung genug, vor Götzen mich zu neigen,
Und Trotz mit Trotz zu bändgen, alt genug. (1368ff.)

Und gleich darauf:

Daß ich erwachsen bin, das fühl ich nun! (1378)

Dem »erfahrnen Manne« tritt der frühere »Jüngling« als selbständig und
volljährig gegenüber. Zwar muß er sich, da er mit der Nacherzählung des
Vorfalls beim Herzog nichts auszurichten vermag, gehorsam unterwerfen,

---

[8] Denselben Gedanken formuliert – nur in satirischer Abtönung – das Gedicht, »dessen
Verfasser man nicht kannte« in *Wilhelm Meisters theatralischer Sendung,* 5. Buch, 8. Kapitel. Dort der naheliegende allegorische Kontrast von »Vater« (Geburtsadel) und »Mutter«
(Naturadel). Vgl. auch *Theatralische Sendung,* 5. Buch, 13. Kapitel, zum »Begriff des Wertes
einer von der Natur allein ausgestatteten Menschheit«, welchen der »mit allem Beiwesen
der Menschheit bequem und reichlich versehene« Adel verloren habe. In der von Harry
Maync betreuten Erstausgabe (Stuttgart und Berlin, 1911), S. 318f., 337.

[9] Insoweit wird die Kritik Arnold Ruges entkräftet, nach der Tasso für eine ganze politisch
passive Überbescheidenheit der Deutschen stellvertretend wäre. Vgl. Ruge an Karl Marx,
Brief vom März 1843, der von den Zeilen 928ff. (»der Mensch ist nicht geboren, frei zu
sein«) ausgeht. In Karl Marx, *Die Frühschriften,* hg. von Siegfried Landshut (Stuttgart,
1964), S. 158.

[10] Vgl. die Zeilen 165f.: »Oft adelt er, was uns gemein erschien, / Und das Geschätzte wird vor
ihm zu nichts«.

und zwar mit Worten – »Gehorchen ist mein Los, und nicht zu denken«
(1568) – die dem Selbstverständnis als freier Geist stracks zuwiderlaufen.
Die Notwendigkeit, ja Selbstverständlichkeit der Unterwerfung betont
auch die traditionelle kleinstaatliche Metaphorik, mit der Antonio den Ur-
teilsspruch auslegt: »Erkennest du des Vaters Milde nicht?« (1534). Tassos
Einlenken ist aber rein äußerlich und gilt nur dem Herzog als seinem ver-
traglichen Herrn: »Einen Herrn / Erkenn ich nur, den Herrn, der mich er-
nährt« – so im vierten Aufzug zu Leonore Sanvitale – »Dem folg ich gern,
sonst will ich keinen Meister. / Frei will ich sein im Denken und im
Dichten, / Im Handeln schränkt die Welt genug uns ein« (2302ff.). Wichtig
ist hier die Verbindung freies Denken – freies Dichten, die, auch später
wiederholt (3081), gewiß nicht bloß tautologisch das zur technischen
Komposition notwendige Denken, sondern einen mit dem Dichten verbundenen Prozeß freier Reflexion angesichts der Wirklichkeit bedeuten soll.

Auch an der geistigen Unabhängigkeit hält Tasso fest, am nachdrücklich-
sten da, wo er die frühere Art des Antonio, mit ihm umzugehen, heraufbeschwört. Er beklagt sich (IV.2) gerade nicht über den »heutigen Verdruß«,
sondern über Antonio »wie er war und wie er blieb«. Das heißt: nicht erst
mit der Streitszene wurde ihm Antonio zum Ärgernis, es gibt eine richtige
Vorgeschichte, die Tasso schon früh aufs diskreteste andeutet (941ff., vgl.
auch 958), die aber in der kritischen Diskussion kaum beachtet wurde. Jetzt
spricht er frei von der Leber weg:

Verdrießlich fiel mir stets die steife Klugheit
Und daß er immer nur den Meister spielt.
Anstatt zu forschen, ob des Horchers Geist
Nicht schon für sich auf guten Spuren wandle,
Belehrt er dich von manchem, das du besser
Und tiefer fühltest, und vernimmt kein Wort,
Das du ihm sagst, und wird dich stets verkennen. (2289ff.)

Hier handelt es sich offenbar nicht um eine bloße Unverträglichkeit der
Charaktere Tassos und Antonios, sondern um das Von-oben-herab einer
autoritativ-bis-autoritären Persönlichkeit gegenüber dem jüngeren, ohne
weiteres für unterlegen gehaltenen Menschen. Wir hören zwar da die
Stimme eines schwer Gereizten, einen Gesichtspunkt nur im dramatischen
Komplex. Vieles aber spricht dafür, daß wir diesem Bericht Glauben
schenken sollen. Erstens scheut sich Tasso nicht, dem später halbwegs mit
ihm versöhnten Antonio die gleiche Anklage ins Gesicht zu sagen. Dieser
rät ihm in der vierten Szene des vierten Aufzugs auf seine gewohnte klug-

erfahrene Weise von der Romreise ab, Tassos eigene Wünsche im Namen
einer Freundschaft, die es doch besser weiß, übertönend. Worauf Tasso:

> Schon lange kenn ich diese Tyrannei
> Der Freundschaft, die von allen Tyranneien
> Die unerträglichste mir scheint. Du denkst
> Nur anders, und du glaubst deswegen
> Schon recht zu denken.   (2681ff.)

Auch hören wir aus Antonios eigenem Mund Äußerungen gerade einer
solchen Selbstsicherheit, welche die Dinge unzulässigerweise zu vereinfa-
chen scheint und sich dadurch selber in Frage stellt. Über Tassos doch
einigermaßen komplizierte Seele sagt er zu Leonore Sanvitale: »Ich kenn
ihn lang, er ist so leicht zu kennen« (2117). Was es aber mit dieser »leichten«
Kenntnis auf sich hat, sieht man gleich danach als Antonio – jetzt angeblich
der freundliche Zwischenhändler des Dichters beim Herzog – der Befür-
wortung von Tassos Romreise mit einem Verriß seines Charakters präludiert (2884ff.)[11]. Hier spricht der reife Mann vom Jüngeren ebenso ver-
ständnislos wie im ersten Aufzug, wo er den anders Arbeitenden glattweg
als »Müßiggänger« abqualifiziert. Und noch einmal, wie bereits in der
Streitszene, bringt er Tassos Art auf den typisch groben Begriff des verzo-
genen Kindes (2887, vgl. 1368), auf die abschätzigste Etikette also aus jener
Jugend/Alter-Metaphorik, die dem Konflikt der beiden Männer, und dem
Konflikt des Jüngeren mit dieser »klugen« alten Gesellschaft, zugrundeliegt.

Gleichsam als hätte Tasso dieses Stichwort vorausgehört, antwortet sein
letzter Monolog des vierten Akts mit einem weiteren Begriff, der einerseits
die Einstellung Antonios zu ihm genau charakterisiert, andererseits über die
dramatische Handlung hinaus- und auf dessen übergreifenden geistesge-
schichtlichen Kontext hinweist.

Tasso sagt nämlich, Antonio »Bestellet sich zum Vormund, daß er mich /
Zum Kind erniedrige, den er zum Knecht / Nicht zwingen konnte«
(2754f.). Man muß in der philosophischen Publizistik des 18. Jahrhunderts
nicht sehr bewandert sein, um beim Wort ›Vormund‹ aufzuhorchen. Imma-

---

[11] Ingeniös aber doch etwas konstruiert scheint mir die Interpretation Sigurd Burckhardts,
nach der die neue Gereiztheitsanwandlung Antonios eine bewußte Taktik wäre, um den
Herzog paradoxerweise *für* Tassos Reiseplan zu gewinnen (S. B., ›The Consistency of
Goethe's *Tasso*‹, Journal of English and Germanic Philology, 57 (1958), 394–402). Burckhardts These wäre glaubhafter, wenn die neue Kritik an Tasso, die eine bloß vorgespiegelte
sein soll, nicht in allen Punkten substanziell wie metaphorisch mit der früheren, »wirklich
gemeinten« konsistent wäre.

nuel Kants Aufsatz aus dem Jahr 1784, *Was ist Aufklärung?* macht bekanntlich von den Bildern ›Vormund‹ und ›Mündigkeit‹ Gebrauch, greift sie auch nicht einfach aus der Luft, sondern übernimmt implizit das Bild vom Kind, das bislang zum – politisch wie religiös – konservativen Metaphernbestand gehört hatte. Ging es in diesen beiden Bereichen darum, dem Menschen bzw. dem Bürger ein Selbstverständnis als Kind der gottes- oder landesväterlichen Liebe und Autorität gegenüber einzureden, so nimmt Kant es als erster mit den dynamischen Implikationen des Bildes ernst, die ein unabänderlich statisches Kind-Vater-Verhältnis zum Unding machen. Ein Kind wachse nämlich und werde schließlich volljährig; dementsprechend müsse der Mensch im Lauf der Zeit den Ausgang aus der Unmündigkeit finden. Ihn über die Entwicklungsphase intellektueller Unreife hinaus noch bevormunden zu wollen, würde gegen die Logik des zugrundegelegten Bildes, mithin letztlich gegen die Natur verstoßen. Dieses Argument wird von Kant mit weiteren Bildvariationen untermauert – mit Gängelwagen und Leitbändern, die für Erwachsene lächerlich unpassend sind, und mit notwendigen Gehversuchen und Vom-Fallen-Lernen. Die Forderung, der Mensch müsse mündig werden und für sich selbst denken lernen, wird organisch-anschaulich begründet. Darin ist fast schon eine ganze Bildungs- oder Erziehungstheorie mit enthalten: Bildung müßte kein Prägen des Einzelnen von außen sein, wie es der Hofkreis in Goethes Drama betreibt, sondern (mit Goethe zu reden) eine Entwicklung »von innen heraus«. Das alles klingt an den Konflikt zwischen jung und alt, Natur und Konvention, an, von dem sozusagen als dem Urphänomen hinter dem konkreten Konflikt Tassos mit Antonio früher die Rede war.

Wie sollen wir nun das Verhältnis von Kants Thesen und Motiven zu Goethes *Tasso* verstehen bzw. formell beschreiben? Doch wohl nicht auf positivistische Weise. Kants Aufsatz ist 1784 erschienen, sechs Jahre vor der Fertigstellung des endgültigen *Tasso*-Textes, drei Jahre aber nach der ersten Konzeption des Dramas und der frühen Arbeit daran. Der Aufsatz kann also keine eigentliche ›Quelle‹ gewesen sein. Höchstens könnte der kompositionell nicht unbedingt naheliegende Schlüsselbegriff ›Vormund‹ aus dem seinerzeit viel diskutierten Aufsatz übernommen worden sein, um Art und Weise von Tassos unfreiwilliger Abhängigkeit zu rubrizieren. (Man könnte tatsächlich statt ›Tasso und die Besserwisser‹ ebensogut ›Tasso und die Vormünder‹ setzen.)

Wichtiger aber als der Nachweis eines eventuellen begrifflichen Echos ist die Möglichkeit, beide Texte, den dramatischen wie den popularphilosophischen, als Äußerungen eines gemeinsamen Geistes – etwas altmodisch ausgedrückt: eines Zeitgeistes – nämlich des spätaufklärerischen zu verstehen. Das mag auf den ersten Blick befremden. Für den periodisierenden Litera- turhistoriker ist die Aufklärung 1790 längst kalter Kaffee, Goethe sowieso unmöglich als Aufklärer einzuordnen – erst recht, wenn man allgemeine oder persönliche Entwicklungsphasen als aneinandergefügte Einheiten ver- steht. Aber in Wirklichkeit laufen sie nebeneinander her und überlappen sich. Konnte Kants Aufsatz noch 1784 in spätem Rückblick das tiefste Anliegen der Aufklärung definieren, so war diese geistige Bewegung immer noch recht lebendig, ihre Bestrebungen praktisch noch immer an der Tagesordnung, weil größtenteils noch unerfüllt. Es war ja laut Kant noch kein aufgeklärtes Zeitalter, sondern nur ein in der Aufklärung begriffenes. Es läßt sich durchaus denken, daß auch ein in der Jahrhundertmitte ge- borener Dichter, dessen Leben jahrzehntelang mit diesem Prozeß Schritt gehalten hatte, gewiß nicht ohne die damit verbundenen Werte in sich aufzunehmen, zum gleichen Zeitpunkt wie der Philosoph die noch nicht erledigten Geschäfte der Aufklärung, ob bewußt oder unbewußt oder unterschwellig-intuitiv, als dramatische Konflikte gestalten konnte und wollte. Das ist zumindest ebenso plausibel – ja, es ist textlich weitaus plausibler, wie wir gesehen haben – als etwa der Versuch, Tasso als wildes Sturm-und-Drang-Genie abzustempeln, was allein schon wegen der Asso- ziationen des Terminus notwendigerweise dem Bestehenden gewonnen Spiel geben mußte. Und zwar nicht nur im Stück. Denn jede konservative Deutung[12] neuer gesellschaftlicher Impulse gehört praktisch zur Geschichte der mißlungenen Aufklärungsrezeption in Deutschland (übrigens auch zur Inthronisierung Goethes als eines stockkonservativen Vertreters der ›Ord- nung‹).

Als weiterer Indizienbeweis für die Relevanz der Aufklärung zur *Tasso*- Problematik bietet sich das andere ›klassische‹ Drama Goethes, *Iphigenie auf Tauris*, das in der kritischen Diskussion jetzt immer deutlicher als Aufklärungsdrama gesehen wird. Denn es handelt sich darin um das Mündigwerden des Einzelnen – oder vielmehr *der* Einzelnen, was noch schwieriger zu erringen ist – den sie drückenden Formen der Autorität, den

---

[12] Es wird natürlich nicht behauptet, daß alle *Tasso*-Deutungen in diesem Sinn ›konservativ‹ seien. Aber die durch Korffs und Peacocks ältere Arbeiten vertretene Interpretationslinie bleibt im HA-Kommentar von Atkins an recht sichtbarer, ›autoritativer‹ Stelle lebendig. Wo wäre dann die gesellschaftliche Neudeutung, die es mit ihr aufnähme? Es sei denn etwa in der Bremer Inszenierung Peter Steins (1969), die davon ausging, die Hofnormen als eine Art Tyrannei in Frage zu stellen, Natur gegen Sitte zu setzen, und die Lage Tassos über Dichterprobleme hinaus zu verallgemeinern.

männlichen wie der göttlichen, gegenüber[13]. Beide Dramen wurden in derselben frühen Schaffensepoche konzipiert, beide wurden in derselben späteren Phase überarbeitet und abgeschlossen; sie wurden immer gleichsam als Zwillinge gesehen. Das dürfte auch für die Aufklärungsthematik gelten, die beide gestalten.

Zwar sind sie im Endergebnis jeweils entschieden anders. Am Schluß hat Iphigenie ihre Werte, die Werte nämlich des einzelnen Moralgewissens, erfolgreich durchgesetzt; Tasso nicht. Trotz der Schlußworte – »scheitern sollte« – ist Tasso tatsächlich in sozialer Hinsicht gescheitert, und zwar weil er sich wieder, die Ebenen von Natur und Konvention verwechselnd, allzu spontan benommen hat. Die Gesellschaft hat ihn abgewehrt und aufgegeben, sie bleibt von seinen Werten, von seinem Sein und Wesen unberührt. Nur ein kleiner Sieg ist vielleicht zu buchen: Als im letzten Auftritt Antonio anscheinend ohne Neid und Groll Tasso gegenübersteht und ihn mit den Worten ermutigt: »Vergleiche dich! Erkenne was du bist!«, mag dieser nicht ganz durchsichtige Rat auf die Erkenntnis hinweisen, daß man Tasso endlich in seinem Anderssein belassen, ihn sogar darin bestärken muß, anstatt an ihm vormundhaft-besserwisserisch zu bilden. Insoweit mag sich dieser Künstler, der die Natur vertritt, einer Gesellschaft gegenüber, die im weiteren Sinn des Wortes, der dem 18. Jahrhundert geläufig war, die Kunst vertritt – das sind nun einmal die Paradoxien dieses Schauspiels – durchgesetzt haben. Viel ist es nicht, aber etwas. Von nun an muß sich Tasso durchschlagen so gut (oder schlecht) er kann und als Dichter die Katastrophen, die er sich durch eigene Schwäche zuzieht, aus eigener schöpferischer Kraft bewältigen.

Gerade in seiner Schwäche steht er kaum als Vorbild da: labil, überempfindlich, gekränkt und ausgestoßen, nur in der Welt der Phantasie zu Hause und seiner Situation Meister, kann er schwerlich als emblematische Figur für die Aufklärung stehen, wie man diese gemeinhin versteht. Aber vom leichten Triumph der Vernunft muß ein Aufklärungsdrama nicht handeln. Lieber soll es die Hindernisse zeigen, die der Entfaltung des Menschen in der Gesellschaft und seinem Beitrag zur gesellschaftlichen Entwicklung im Wege stehen. Beim Zusammenstoß, der sich notwendig daraus ergibt, wird der Einzelne im konkreten Fall mit seinen Leiden ganz anders verwundbar und ausgesetzt dastehen, als ihn das abstrakte Schema des Philosophen

---

[13] Vgl. hierzu Verf., ›Iphigenies Unmündigkeit: Zur weiblichen Aufklärung‹, in *Germanistik. Forschungsstand und Perspektiven. Vorträge des Deutschen Germanistentages 1984,* hg. von Georg Stötzel (Berlin und New York, 1985), Band II, S. 505–524.

zeigen kann. Dazu ist am Ende die Dichtung da. Oder, wie Goethe einmal bemerkt, indem er dem scheinbar nur negativen Beiwort einen tolerant positiven Sinn gibt, der uns alle umfaßt: »Die Poesie ist doch eigentlich auf die Darstellung des empirisch pathologischen Zustandes des Menschen gegründet.«[14]

---

[14] Goethe an Schiller, 25. November 1797.

Friedrich Sengle (München)

Zum Problem der Goethewertung: Ein Versuch

Hier geht es nicht um die historische Frage der Goetherezeption, die in
erster Linie zur Geschichte der folgenden Epochen gehört, sondern um
Goethes Leben und Werk selbst; denn der Verfasser hat den Eindruck, daß
die Goetherezeption in der Regel von einem einseitigen Bilde Goethes
ausgeht, daß der in der heutigen Goetheforschung erreichte Kenntnisstand
öfters fehlt und daß es sich, vor allem bei modernen Dichtern, stellenweise
sogar um eine ganz bewußte Beschimpfung einer Autorität handelt, die der
sogenannten ›modernen Klassik‹, an der man sich orientiert, oder der
jüngsten literarischen Richtung *im Wege steht*, – obwohl es doch historisch
wenig Sinn hat, so weit voneinander entfernte Größen wie die Literatur der
BRD (oder DDR) und die Dichtung der Klassik (oder Romantik) gegenein-
ander auszuspielen. Nur wenn man dem historischen Goethe und seiner
Dichtung gerecht zu werden versucht, ist die Frage sinnvoll, was er uns in
einer veränderten Welt noch bedeuten kann. Die Antwort muß notwendigerweise ziemlich abstrakt, ziemlich formal bleiben, weil manche Sorgen
und Lebensinhalte nicht mehr die gleichen sind. Dies bedeutet, daß ich auch
jede positive Identifikation mit Goethe, das was ich seit Jahrzehnten den
›Goethekult‹ nenne, ablehne. Sowohl der Begriff ›Weimarer Republik‹ wie
z. B. Friedrich Meineckes Idee, mit Hilfe von ›Goethegemeinden‹ dem
geistig verarmten Deutschland aufhelfen zu können, entsprach diesem
unhistorischen Identitätsdenken. Die Zeit der ›vielen kleinen Goethe‹ sollte
ebenso vorüber sein wie die nicht ungern auf dies Phänomen reagierenden
Goethebeschimpfer. Auch die Frage nach dem ›größten deutschen Dichter‹
ist nach dem Auftreten so vieler bedeutender Romanciers, Lyriker und
Dramatiker in zwei Jahrhunderten ganz irrational geworden – eine Frage
nach dem richtigen Glauben.

Sinnvoll ist vielleicht die Frage, warum Goethe ein so berühmter Dichter
wurde. Wie Grillparzer, zu seinem Ärger, der Dichter der erfolgreichen
Schauertragödie *Die Ahnfrau* blieb, so blieb Goethe für die sentimentale
Majorität des Publikums der Verfasser von *Werthers Leiden,* obwohl er
ausdrücklich vor der Werther-Nachfolge warnte. Wichtiger für die Beru-

fung nach Weimar war wohl der *Götz von Berlichingen,* der nach Goethes Zeugnis vom deutschen Adel begeistert begrüßt wurde, vielleicht als Rechtfertigung seines bereits umstrittenen Standes. Ein früher Ruhm und, wie Benn meint, ein langes Leben sind stets eine gute Voraussetzung für die ›Unsterblichkeit‹. Noch wichtiger freilich war wohl Goethes hohe Stellung als nobilitierter Hofmann und Freund eines jungen Fürsten, und zwar gerade an dem durch die musische Herzogin Anna Amalia und den berühmten Wieland zum ersten deutschen Musensitz aufgestiegenen Hofe von Sachsen-Weimar. Die beliebte Annahme der marxistischen Geschichtsschreibung, mit der französischen Revolution beginne das bürgerliche Zeitalter auch in Deutschland, ist eine grobe Vereinfachung der tatsächlichen Lage. Richtig ist nur, daß der bürgerliche Klassenkampf, der auch bei uns Deutschen in der *Aufklärung* begann, in der nach Napoleons Niederwerfung beginnenden politischen und kirchlichen Restauration fortgesetzt und durch die nationale Bewegung, die bereits von der deutschen Einheit träumte, verstärkt wurde.

Auf welcher Seite Goethe stand, verrät schon die vernichtende Kritik fast der gesamten bürgerlichen Literatur in den *Xenien* Goethes und Schillers (1796). Als zwanzig Jahre später sein Herzog, mit einem vergrößerten Gebiet und mit dem Titel Großherzog, unter dem Einfluß des jungen Freiherrn von Gersdorff, seinem Lande nicht nur eine Verfassung, sondern zugleich die Pressefreiheit gab (ohne ein Gesetz gegen den Mißbrauch der Presse!), warnte Goethe *vergeblich* in einem ausführlichen Schreiben an den Fürsten vor der auf diese Weise entstandenen »Press-Anarchie« (5. Oktober 1816). So wurde aus Carl Augusts Land ein Zentrum Aufsehen erregender Zeitungen, aus Jena, nach der Bücherverbrennung auf der Wartburg, der Sitz der nationalliberalen Burschenschaft; und weiterhin kam es zu der peinlichen Tatsache, daß ein Jenenser Burschenschafter dem österreichischen Staatskanzler Metternich, durch die Ermordung Kotzebues, den besten Vorwand zur Vollendung des von ihm geplanten restaurativen Systems in ganz Deutschland gab.

In diesen Jahren blickte das deutsche Publikum auf das *politische* Weimar, und da es schließlich enttäuschte, klagte man nicht nur Metternich, sondern auch Goethe an. So werden mir heute die derben Angriffe Börnes, Menzels und anderer Liberaler oder Nationalliberaler aus der Situation heraus verständlich. Weil Goethe trotz der Reaktion ein Hofmann blieb, wurde er in den Augen bürgerlicher Klassenkämpfer zum Inbegriff der unzeitgemäßen deutschen Schriftsteller. Er war abgefallen von den Idealen seiner Sturm-und-Drang-Jugend, ein zweiter Weislingen, ein Verräter, ein Schöngeist, der für das Lächeln einer Fürstin die Freiheit verriet. Man kann, im Gegensatz zu heutigen Anfeindungen, wie gesagt, verstehen, daß die progressive Jugend für den schon sehr alten und konservativen Dichter kein Verständnis hatte. Er wurde für sie zum *Repräsentanten der Unfreiheit, weil er nicht nur dichterischen Ruhm, sondern auch eine herausragende gesellschaftliche Stellung besaß.*

Die gleiche Stellung als Hofmann machte ihn in der großen Welt zu einer unverdächtigen Geistesgröße. Wenn man Cottas Briefe an Goethe kennt, fragt man sich, ob der Verleger ihm so großzügig entgegengekommen wäre, wenn ihm der gesellschaftliche Glanz gefehlt hätte, wenn er z. B. ein bloßer Bürger in Frankfurt gewesen wäre. Für einen Staatsmann wie Metternich war er als ehemaliger Bürger und nobilitierter Geheimrat eine ideale Integrationsfigur[1], und da im Grunde die deutsche Verfassung während des ganzen 19. Jahrhunderts noch ein Kompromiß zwischen dem Feudalismus und der aufsteigenden Bürgerkultur war, konnte man dann im Zeitalter der ›Sophienausgabe‹ den enormen Gegensatz zwischen Goethe und Bismarck harmonisieren[2]. Es lag nahe, den Weimarer Minister Goethe wie den Reichsgründer zum Fürsten – zum ›Dichterfürsten‹ – zum nationalen Symbol zu erhöhen. Goethes Ruhm überstand diese nationalpolitische Stilisierung, während es um den Grafen Platen, dem sein Stand ebenso zugute kam und der noch im neoaristokratischen Georgekreis fast wie Goethe gefeiert wurde, inzwischen still geworden ist. Goethes höfischer Glanz ist demnach nur *eine* Stufe auf dem Weg der Erhebung zum ›größten deutschen Dichter‹ gewesen.

Wenn man einem gebildeten Laien verrät, daß man über Goethe arbeitet[3], erscheint normalerweise heutzutage ein Grinsen auf seinem Gesicht. Er hält das Genie für einen Pionier der modernen Sexkultur. Vielleicht hat dieser Zeitgenosse gerade in einer bibliophilen Schrift gelesen, daß Eckermann seine Braut lange nicht heiraten konnte, weil das Genie ein Verhältnis mit ihr hatte. Diese legendenumwobene Seite von Goethes Leben hat zweifellos zu seiner heutigen Popularität beigetragen. Sie interessiert *uns* nicht weiter,

---

[1] Vgl. den Briefwechsel zwischen Goethe und Metternich in *Goethe und Österreich*, hg. von August Sauer, Bd. 1 Schriften der Goethe-Gesellschaft, 17 (Weimar, 1902), S. 191–208.

[2] Vgl. Adalbert Wichert, ›Bismarck und Goethe. Klassikrezeption in der deutschen Geschichtswissenschaft zwischen Kaiserreich und Drittem Reich‹, in *Klassik und Moderne,* hg. von Karl Richter und Jörg Schönert (Stuttgart, 1983), S. 321–339; besonders wichtig erscheint dabei Erich Marcks, S. 326–330.

[3] In den folgenden Ausführungen benütze ich manches Ergebnis meiner mehrjährigen Studien zur Lebensgemeinschaft zwischen Goethe und dem Herzog Carl August (noch nicht abgeschlossen).

weil Goethe ein arbeitsreiches Leben führte und die Rokokoreste im damaligen Hofleben noch zu keinem Verfall der allgemeinen sittlich-religiösen Maßstäbe ausarteten. Eher hat Goethes Ruhm, über seine soziale Stellung hinaus, mit seinem gewaltigen Selbstbewußtsein zu tun, vor allem mit seinem *Anspruch, ein Universalgenie zu sein.* Richtig ist, daß Goethe sich fast für alles interessierte, sogar für politische und militärische Fragen, besonders dann natürlich, wenn sie das Schicksal Weimars und sein eigenes betrafen, wie wir bereits an einem Beispiel zeigten. Ein Hofmann mußte nach alter Tradition ›alles wissen‹; und wenn ihm ein Heerführer seine militärischen Memoiren schenkte, so las er gehorsam auch diese[4]. Solche überraschende Beschäftigungen lassen sich leicht aus Goethes Biographie ableiten. Da Goethe der ›Diener‹ eines Fürsten war, der preußischer, zeitweise auch russischer General war und sich wenig für literarische Werke, auch für die Goethes, interessierte, da überhaupt in den langwierigen Kriegen die Residenz Weimar, die an einer Etappenstraße Napoleons lag, von hohen Offizieren öfters besucht wurde, mußte das Genie auch taktischen und strategischen Gesprächen gewachsen sein.

Daß Goethe als *Verwaltungsbeamter* beträchtliche Kenntnisse und Funktionen besaß, ist seinen Amtlichen Schriften, besonders aber dem Briefwechsel mit seinem Vorgesetzten, Beschützer und Freunde Christian Gottlob Voigt zu entnehmen. Wer ein ernstzunehmendes Wort über sein soziales Verhalten aussprechen will, muß diese Bände mit ihren gründlichen und nicht selten fürsorglichen Berichten gelesen haben. Das von Goethe-verehrern gern benützte Wort vom ›Staatsmann Goethe‹ gilt höchstens für die Jahre um 1780. Nach der italienischen Zeit ordnete er sich gerne dem von ihm empfohlenen älteren und als Verwaltungsbeamter stärker spezialisierten Kollegen Voigt unter. Auch der Verkehr mit ›Durchlaucht‹ ging immer mehr über den verläßlichen, wenn später auch so ziemlich entmachteten Präsidenten der Regierung von Sachsen-Weimar-Eisenach.

Noch mehr Einfluß als die, gemeinsam mit Voigt ausgeübte, ›Oberaufsicht‹ über die Verwaltung der Museen, Bibliotheken, Institute und – mit Einschränkung – der ›Akademie‹ (Universität) Jena verlieh dem Genie die alte repräsentative Funktion eines *Hoftheaterdirektors;* denn alle hohen Besuche pflegte Goethe in seine Loge zu führen, sofern sich nicht ›Serenissimus‹ selbst des Gastes annahm. Es war eine schwere Aufgabe, Schiller am Hoftheater von Weimar durchzusetzen, da der Fürst dem seinem Landesva-

---

[4] Vgl. z. B. Ernst Weniger, *Goethe und die Generale* (Leipzig, 1943). Das Buch erschien im Inselverlag und ist, trotz des verdächtigen Datums, relativ sorgfältig gearbeitet.

ter undankbaren Räuberdichter mißtraute und an seinen Stücken stets etwas auszusetzen fand. Ohne die Hilfe des neuen Intendanten am Berliner ›Nationaltheater‹, Iffland, wäre der in seiner dichterischen Arbeit sich verzehrende Dramatiker kaum so rasch zu Ruhm in der gesamten deutschen Sprachwelt gelangt. Natürlich versuchten auch jüngere Theaterdichter diese Bahn zum Ruhm zu beschreiten. Die ›Moderne‹ verweist mit gestrengem Tadel auf das problematische Verhältnis Goethes zu Heinrich von Kleist. Aber gerade in Spielplanfragen war der Theaterdirektor vom Hofe stark abhängig. Konnte er der hochmoralischen Herzogin Luise, die eine seiner höfischen Stützen war, die perverse *Penthesilea* servieren oder dem General Carl August den undisziplinierten Prinzen von Homburg? Tadelnswerter als solche Unterlassungen sind die Aufführungen von zwei mittelmäßigen Dramen der Brüder Schlegel, die ihm (für kurze Zeit!) die vernichtende Kritik ersparten, die die andern Dichter Weimars, Wieland und Schiller, traf.

Wie schwer es war, eine solche *Weltrolle* an einem angesehenen Hofe zu spielen, wissen die wenigsten Goethekritiker. Dabei habe ich der Mätresse Carl Augusts, der begabten Schauspielerin und Sängerin Karoline Jagemann, einer Schülerin Ifflands, die im Theater alles besser zu wissen glaubte, noch gar nicht gedacht. Auch Genast, der Regisseur, mit dem Goethe im allgemeinen freundschaftlich verkehren konnte, mußte diesen Star vorsichtig behandeln. Wieder stieß Goethe auf das Problem spezialistischen Könnens und Wissens. Man muß auch bedenken, daß er oft wochenlang *wenig Zeit* auf das Theater verwenden konnte, weil er Besuche hatte oder dichtete oder in Jena Kontrollfunktionen ausüben mußte, also abwesend war. Schiller, ein konzentrierter Arbeiter am Werk, entsetzte sich immer erneut über die unglaubliche Zerstreuung, in der Goethe zu leben genötigt war. Ohne die angeborene fränkische Neigung zur Geselligkeit und ohne seine große Neugier, wahrscheinlich auch ohne den erwähnten universalen *Ehrgeiz* hätte Goethe sein zersplittertes Leben nicht ertragen.

Es ist bekannt, daß die Klassiker den Dilettantismus bekämpften, in den *Xenien*, in ihren brieflichen Gesprächen, in Aufsätzen. Aus diesem strengen Kunstdenken ist bei Heine der polemische Begriff einer ›Kunstperiode‹ entstanden, und viele Germanisten haben dies irreführende Wort nachgesprochen, ohne freilich überall im Fach Zustimmung zu finden. Es ging Goethe immer um das ›Ganze‹, und das bedeutete, daß er *gezwungen war, auf vielen Gebieten selber Zugeständnisse an den Dilettantismus zu machen.* Es war ein Glück für ihn, daß er sich in Italien mit bedeutenden bildenden Künstlern, z. B. mit Tischbein, messen mußte. Goethe hatte eine gewisse Begabung für das Zeichnen und einen lebenslangen Drang zum Festhalten beobachteter Landschaften und bestimmter Gegenstände, die ihn, wie man damals sagte, ›anmuteten‹. Aber in Italien erkannte er mit bemerkenswerter Klarheit, daß er mit den Genies der bildenden Kunst, besonders mit den Malern, nicht konkurrieren konnte. Dies war eine bittere aber nützliche Erkenntnis; denn so blieb ihm der hoffnungslose, oft tödlich endende Wettkampf vieler mittelmäßiger oder pathologischer Künstler mit den Meistern ihres Fachs erspart. Als bildender Künstler durfte er dilettieren und seine gewonnenen Kenntnisse für die Gesellschaft, für die Kunstkritik, ja für die Kunstpolitik, z. B. (mit Heinrich Meyer) zur Bekämpfung der von der geistlichen Restauration geförderten Nazarener, verwenden. Die ›Weimarer Kunstfreunde‹ erhoben einen hohen Anspruch, veranstalteten auch Ausstellungen, ohne freilich mit ihrem Klassizismus vor der heraufkommenden genuinen Romantik eines Friedrich und Runge bestehen zu können. Hinter die Kunsttheorie und Kunstorganisation Meyers und Goethes muß man wohl, wie hinter Goethes Theaterdirektion, nach strengen zünftigen Maßstäben, ein Fragezeichen setzen. So erklärt sich vielleicht Goethes Bemühung um ein Verständnis von Runges tiefsinniger Kunst und der Nekrolog für Iffland, den ersten Meister des Theaters, wenn man dieses als eine Einheit von Organisation, Text und Mimik verstehen will (*Nachspiel zu Ifflands Hagestolzen*, 1815).

Der kühnste Anspruch, den Goethe als Universalgenie erhob, lag auf dem Gebiet der Naturwissenschaft, der Physik. In seinen Forschungen *Zur Farbenlehre* (1810) wollte er Newtons Erklärung der Farben widerlegen, die von den meisten Physikern schon anerkannt wurde. Goethes heftige Angriffe auf Newton, schon in den *Xenien* 1796, lassen sich psychologisch leicht aus der Tatsache erklären, daß nicht zuletzt die eigene, mit bewundernswerter Hingabe ans Werk erarbeitete Farbenlehre dazu bestimmt war, seinen Anspruch als Universalgenie auch in der Naturwissenschaft nachzuweisen. In den *Materialien zur Geschichte der Farbenlehre*, wo er sich im Abschnitt über ›Newtons Persönlichkeit‹ vornimmt, »so billig als möglich zu sein [...] und dadurch unsere mitunter gewissermaßen heftige Polemik auszusöhnen«[5], erscheint Newton lediglich »als Mann von Charakter, als Sektenhaupt, [der] seine Beharrlichkeit eben dadurch am kräftigsten betätigt, daß er diesen Irrtum trotz allen äußern und innern [!] Warnungen bis an sein Ende fest behauptet [...]« (HA, XIV, 173f.). Von der Rezeptionsge-

---

[5] *Goethes Werke*, Hamburger Ausgabe (HA), hg. von Erich Trunz, Bd. XIV (Hamburg, 1960), S. 170.

schichte aus gesehen erscheint eher Goethe, bis ins 20. Jahrhundert hinein, als ein Sektenhaupt derer, die mystisch die exakte Naturwissenschaft bekämpften und sich dabei Goethes als eines berühmten Universalgenies bedienten. Die Physiker nehmen nach wie vor für Newton Partei und sagen höchstens, daß Goethe im Recht war, wenn er die Gefahren bei der Anwendung der Naturwissenschaft ahnte. Doch geraten sie damit aus dem wissenschaftlichen in den moralischen und kulturpolitischen Bereich! Selbst Müller-Seidel, der sich große Mühe gibt, Goethes Naturforschung und die deutsche Klassik miteinander zu verbinden und über diesem Eifer in gefährliche dilettantische Bereiche gerät, etwa durch die Feststellung, daß im Weimarer Hofkreise »alles mineralogisierte«, muß am Ende den Physikern, in einem spezialistischen Sinne, ihren wissenschaftlichen Vorrang zubilligen:

> Der Fortgang der Wissenschaft gibt denen Recht, die auf Analyse, Empirie und mathematisierbare Beweise insistierten. Aber die ›Dichter‹ unter den Naturforschern werden deshalb nicht eindeutig und ein für allemal ins Unrecht gesetzt. Analyse, Detail und Spezialistentum sind so unerläßlich wie das vielfach nicht beweisbare Denken auf Zusammenhänge und Synthesen hin[6].

Goethe wäre mit dieser Rechtfertigung nicht zufrieden gewesen, da er auf *seinem* Wege durchaus empirisch arbeitete. Man hat ja in C. F. von Weizsäckers Schule sogar versucht, Goethes Methode für die moderne Wissenschaft anwendbar zu machen[7]. Auch in eine ältere Schule der Naturwissenschaft hätte er, der erfolgreiche Neuerer auf manchem Gebiet der Dichtung, sich kaum verweisen lassen, wie dies H. B. Nisbet, mit Hilfe langwieriger Forschungen, überzeugend tut[8]. Für nüchterne Goetheforscher aber wird so das Komische, ja gelegentlich Manische im Kampf des Dichters gegen Newton und seine Schüler entschieden gemildert. Es leuchtet uns ein, daß Goethe Francis Bacons, Charles Bonnets, Leibnizens und Herders Nachdenken über die Natur weiterführte und dabei auch eine gewisse Originalität entwickelte, mit Erfolg in Teilen der Fachwelt; denn die mathematische Naturwissenschaft feierte ja erst im 19. Jahrhundert ihre höchsten Triumphe. Als Siebziger berichtet Goethe bewundernswert souverän über sein

---

[6] Walter Müller-Seidel, *Die Geschichtlichkeit der deutschen Klassik* (Stuttgart, 1983), S. 115 und 118.

[7] Vgl. Christoph Gögelein, *Zu Goethes Begriff von Wissenschaft, auf dem Wege der Methodik seiner Farbstudien* (München, 1972).

[8] H. B. Nisbet, ›Goethe und die naturwissenschaftliche Tradition‹, in *Goethe und die Tradition*, hg. von Hans Reiss (Frankfurt am Main, 1972), S. 212–241; dort Titel früherer Arbeiten.

Gespräch mit dem Schwager Schlosser, der in Heidelberg einen »Vortrag«
seiner Farbenlehre »aushalten« mußte und gegen ihn den Newtonianer
Euler ins Feld führte:

> Ich mußte leider bekennen, daß auf meinem Wege [!] hiernach gar nicht gefragt
> werde, sondern nur, daß darum zu tun sei, unzählige Erfahrungen [!] ins Enge zu
> bringen, sie zu ordnen, ihre Verwandtschaft, Stellung gegeneinander und neben-
> einander aufzufinden, sich selbst und andern faßlich zu machen[9].

In dieser Spätzeit spricht er demnach über die *Farbenlehre* fast so gelassen
wie in den Briefen über seine mineralogischen Sammlungen, an die er viel
Mühe und Nachdenken wandte. Wäre Goethe so bescheiden gewesen, den
Nachdruck z. B. auf seine anatomischen und morphologischen Forschungen zu legen, so hätte er als Naturwissenschaftler keine so große Enttäuschung erlebt. Freilich: Goethe hätte die ›Entsagung‹ nicht so hochgestellt,
wenn sie ihm so leicht gefallen wäre wie einem heutigen Spezialisten. So viel
nur als (höchst ergänzungsbedürftiger) Hinweis darauf, daß Goethe unglaublich wißbegierig und vielseitig war, daß es aber um 1800 keine Universalgenies mehr geben konnte. Vielleicht hat es sie, genau besehen, nie gegeben.

Auch Goethes andere Schriften sind *ungleichwertig*. Ich möchte sogar
behaupten, daß seinen *Briefen* ein höherer Wert zukommt als vielen seiner
höfischen Dichtungen und *publizistischen Arbeiten*. Besonders im Alter
drängte es ihn, nach vielfachen Bekenntnissen, zum Schreiben an die
Freunde. Dagegen sind die öfters vornehm gedruckten Hofdichtungen und
die von Cotta gehorsam veröffentlichten publizistischen Arbeiten Goethes
in der Mehrzahl Pflichtleistungen zur Wahrung seiner keineswegs unum-
strittenen höfischen Geltung und Stärkung seines Ruhmes in einer Öffent-
lichkeit, in der seine Freunde und Feinde heftig miteinander stritten. Der
am Hofe zu diplomatischem Verhalten erzogene Geheimrat war auch in der
weiteren Gesellschaft stets bereit, als Kämpfer für seine Sache und immer
mehr auch als Erzieher des Publikums seine Feder zur Verfügung zu stellen.
Doch nahm er den Anteil an dem, was er den ›Tag‹ nannte, nicht allzu ernst,
weil er spätestens seit dem Bund mit Schiller seiner Bedeutung und seiner
Dauer in der Geschichte sicher war. Trotzdem ist davor zu warnen, den
leichter zugänglichen *Gesprächen* Goethes den Vorzug vor seiner Publizistik zu geben; denn seit Julius Petersens Untersuchungen zu Eckermanns
Gesprächen hat, so viel ich sehe, die hier unbedingt nötige *Quellenkritik* in

---

[9] In der *Belagerung von Mainz,* durchgesehen 1822 (HA, X, S. 398).

der neueren Germanistik eher Rückschritte als Fortschritte gemacht. Goethe ließ sich nicht nur im Gespräch, sondern auch beim Diktieren oft gehen. Die vielgetadelte Perfektion der ›Kunstperiode‹ ist eher bei den von der Moderne entdeckten ›Klassikern‹ zu finden als bei Goethe! Sein Werk ist durch und durch offen. Und in dieser Perspektive sind auch die Gespräche ein bezeichnender, wenn auch philologisch zu prüfender Teil seiner literarischen Welt.

Unter den *autobiographischen Schriften* sind die *Tagebücher* (in der Weimarer Ausgabe fünfzehn Bände) bei unsern Jubiläumsgermanisten sehr wenig beliebt, weil sie eine spröde und mühevolle Lektüre bilden. Man hält sich lieber an die *Tag- und Jahreshefte,* da sie eine angenehme Zusammenfassung des Wissenswerten in Kurzform zu sein scheinen. Dabei übersieht man, daß sie spät geschrieben und an vielen Stellen schon spürbar von der Restauration beeinflußt sind. Es muß daher auf den historischen Vorrang des fast täglich geschriebenen Tagebuchs wieder mit Nachdruck hingewiesen werden. Auch die zusammenhängende Lektüre *ganzer Jahre* ist durch nichts anderes zu ersetzen, obwohl der Kommentar der Weimarer Ausgabe uns oft im Stich läßt und obwohl auch hier Anpassungen an Goethes höfische Existenz festzustellen sind. Die Tagebücher sind kein Ort für Bekenntnisse, wie z. B. die Briefwechsel mit Frau von Stein und Knebel, sondern sie sind einerseits stets vorweisbare Leistungsnachweise des Hofbeamten bei seinem mißtrauischen Fürsten, andererseits, besonders in Reisezeiten, die Grundlage für Reiseberichte in Goethes höfischer Heimat. Den offiziellen Charakter der Tagebücher bezeugt u. a. die Tatsache, daß, auch bei Freunden, stets die Titel mitgenannt werden. Trotzdem erlaubt der höfische Stil, daß auch Schlittenfahrten, der Besuch von Bällen und besonders die in der ›guten Jahreszeit‹ sehr häufigen Spaziergänge Goethes, allein und in Gesellschaft, erwähnt werden. Insgesamt geben die Tagebücher das vollständigste Bild von Goethes amtlichem, höfischem, wissenschaftlichem und literarischem *Leben* von 1775 bis 1832.

Die beiden Kriegsberichte *(Campagne in Frankreich* und *Belagerung von Mainz)* sind *späte* Erinnerungen an die Feldzüge, auf denen er seinen Herzog, mit wenig Lust, begleitet hat. Was ihn interessierte, waren in dieser Umbruchszeit weniger taktische oder strategische Fragen als das Phänomen des Krieges und der französischen Revolution. Dies gilt besonders für die unglückliche preußisch-österreichische Intervention im revolutionären Frankreich (1792). Die persönliche Ruhe, die zum Tagebuchschreiben gehört, fehlte dem Dichter hier fast ganz, weshalb er die Details den umfangreichen Aufzeichnungen von Carl Augusts Kammerdiener Wagner entnehmen mußte. Man darf diese beiden autobiographischen Werke als späte Freundschaftsbezeugung für den Großherzog nach den persönlichen und politischen Krisenjahren von 1816 bis 1819 betrachten. Nicht als ob Goethe die bescheidene Rolle des Generals Carl August sonderlich verherrlicht hätte. Das wäre nicht im Sinne des rauhen, aber ehrlichen Fürsten gewesen. Doch lag es im Interesse des damals umstrittenen Fürsten wie auch seines umstrittenen Dichters, das deutsche Publikum an diese frühe militärische Schicksalsgemeinschaft während der Revolutionsjahre zu erinnern. Heute, da es eine Aufgabe der eigentlichen Goetheforschung ist, Heines polemische, in Deutschland allzu gläubig wiederholte Legende von der klassisch-romantischen ›Kunstperiode‹ zu widerlegen, fanden diese Werke eine gesteigerte Aufmerksamkeit, nicht zuletzt bei unserm Jubilar Hans Reiss.

Auf Goethes tagebuchartigen Briefen an Charlotte von Stein beruht die zunächst als Teil von *Aus meinem Leben* veröffentlichte und erst in der Ausgabe letzter Hand so genannte *Italienische Reise* (HA, XI, S. 570f.). Auf Grund dieser Quellenlage und als Wegführer zur ›Klassik‹, ja selbst als Reisebegleiter für beflissene Goetheverehrer in Italien, genießt dies Werk einen alten, wohlbegründeten Ruhm. Dagegen habe ich bestimmte Gründe zu der Annahme, daß Goethes autobiographisches Hauptwerk *Aus meinem Leben. Dichtung und Wahrheit* mindestens im Ausland nicht so leicht lesbar erscheint und nicht das gleiche Ansehen genießt. Man denkt wohl, man kenne Goethes Jugendjahre zur Genüge und benötige eine durch ›Dichtung‹ verklärte Nacherzählung nicht mehr. Demgegenüber ist zu betonen, daß *Wahrheit und Dichtung* – so der ursprünglich geplante Titel – nicht nur eine Autobiographie, sondern zugleich ein absolut unentbehrliches Werk zur Literatur- und Kulturgeschichte des 18. Jahrhunderts ist. Goethe hatte als junger Mann den Überblick, der hier geboten wird, noch keineswegs; er mußte, um ihn vermitteln zu können, nach dem Zeugnis der Tagebücher, ausgedehnte Studien treiben. Indem er aber selbst diese Zeit nicht nur miterlebt, sondern produktiv mitgestaltet hatte, schuf er ein einzigartiges Dokument für alle, die sich für seine *geistige Herkunft* interessieren, und diese ist für die *Goetheforschung selbst* weit wichtiger als sein Nachleben im 19. oder gar 20. Jahrhundert.

Es ist kein Zufall, daß *der* Goetheforscher, der in unserer Zeit am kräftigsten an die in der heutigen Germanistik vernachlässigte *Traditionsforschung* erinnert hat, zwar deutschen Ursprungs ist, aber im englischen Kulturkreis geprägt wurde und noch immer in England wirkt: Hans Reiss. Das von ihm herausgegebene Sammelwerk *Goethe und die Tradition*

(Frankfurt am Main, 1972) hat manche Lücke, wie der Herausgeber selbst im Vorwort bemerkt; ein zweiter ergänzender Band wäre in der derzeitigen Situation der Germanistik sehr wünschenswert. Doch weist Hans Reiss schon in der Einleitung zu diesem Buch nach, wie wichtig für Goethe die Tradition war und wie oft er sich über die Originalitätssucht der Jüngeren, an der er nicht unschuldig war, *lustig machte.* Man kann natürlich fragen, ob der Einfluß der Renaissancelyrik, z. B. in Form der neulateinischen Poesie, für Goethe wirklich so wichtig war, wie dies Atkins, unter Berufung auf andere nordamerikanische Forscher, nachzuweisen versucht[10]. Aber die Argumente, die er anführt, sind erstaunlich präzis und vielfältig. Gerade auch die Subjektivität, die man als ›Erlebnislyrik‹ verstehen wollte, und der Formenreichtum, der den Dichter, im Zusammenhang damit, charakterisiert, widersprechen der Renaissancetradition keineswegs. Man wird auch kaum widersprechen können, wenn Alewyn bemerkt: »Dramen- und theatergeschichtlich [sind] der *Faust I* von 1808 und noch mehr der *Faust II* und die *Pandora* ein Rückschritt gegenüber dem *Urfaust* oder der *Iphigenie,* ein Rückschritt in die Epoche des Fest- oder des Welttheaters«[11]. Das Wort ›Rückschritt‹ ist natürlich ironisch gemeint. Alewyn will sagen, daß das Wort ›progressiv‹ als günstiges Wertkriterium in dieser Zeit noch nicht so selbstverständlich war wie in der heutigen Durchschnittspublizistik. Im Gegenteil: der alte Goethe bedauerte in seinen Briefen immer wieder, daß *begabte* jüngere Dichter um der Originalität willen auf Abwege geraten und so alle Vernunft und die eingebürgerte humane Norm mißachten.

Es geht für Goethe gar nicht um das Problem *Klassik und Moderne,* ein Titel, unter dem zwei von mir geschätzte Schüler Müller-Seidels, Karl Richter und Jörg Schönert, ein für ihre Generation möglicherweise repräsentatives Werk herausgegeben haben (s. Anm. 2). *Ihm geht es um die Frage, welche Traditionen sinnvoll, ›fruchtbar‹ – ein Lieblingswort Goethes! – weitergeführt werden können.* Das typisch deutsche, unübersetzbare Wort ›Klassik‹ ist m. E. ebenso anfechtbar wie das in der Einleitung des stattlichen Bandes ausdrücklich bestätigte Wort ›Goethezeit‹, das aus dem (von den Verfassern des Bandes selbst abgelehnten) *Goethekult* stammt und verständlicherweise im Rheinland eine Heine-Zeit, in Österreich eine Grillparzer-Zeit nach sich zog. Das Wort Klassik wurde gebildet, weil man sah, daß mit dem europäischen Wort Klassizismus nur ein kleiner Teil von Goethes Werk und Bedeutung erfaßt werden kann.

---

[10] Stuart Atkins, ›Goethe und die Renaissancelyrik‹, in *Goethe und die Tradition,* S. 102–129.
[11] Richard Alewyn, ›Goethe und das Barock‹, in *Goethe und die Tradition,* S. 136.

Das junge Genie Goethe war ein lernbegieriger Schüler Herders; so erfaßte er die Fruchtbarkeit der Shakespearetradition. Von ihr steckt noch im *Egmont* manches (Volksszenen z. B.), obwohl die großen Dialoge des Trauerspiels den am Hofe Anna Amalias verbindlichen Klassizismus bereits ankündigen. Die *Iphigenie* ist ein humanes Lehrstück für den jungen Fürsten, den Goethe 1779 noch, im Bunde mit der Mutter, zu einem Musterfürsten erziehen wollte; die klassizistische Form ist zu diesem Zeitpunkt noch nicht ausgereift. Die Anfänge des *Tasso,* lange vor dem Ausbruch nach Italien, verraten schon das Scheitern des Erziehungsplans: Der fünfundzwanzigjährige Carl August unterscheidet sich kaum von andern Fürsten. Dies ›Schauspiel‹ soll wohl eine Kontrafaktur zu dem eher larmoyanten und lächerlichen als überzeugend genialen Helden von Goldonis *Tasso* sein[12]. Das heute für Interpreten ungewöhnlich attraktive Drama war in Weimar lange Zeit nicht aufführbar, weil nicht nur die Hauptfigur, der Dichter, nach höfischen Maßstäben ›unmöglich‹ erscheint, sondern auch andere Personen des Hofes von Ferrara, darunter der Herzog selbst, belastet werden. Mißglückte Hofdichtung, aber ein Stück Weltliteratur und, trotz des Klassizismus, eine neue Tradition für viele spätere Poeten! Nach dem Willen seines Fürsten übersetzte Goethe sogar Dramen des Neoklassizisten Voltaire. Aber nach dem ersten Stück der *Natürlichen Tochter,* erkennt er, *daß die klassizistische Dramenform für ihn zu eng ist.* So kommt es, nach Schillers Tod, endlich wieder zur energischen Arbeit am *Faust,* noch ohne die Sicherheit, den ersten Teil aufführen und die ganze Dichtung vollenden zu können.

Nach dem erfolgreichen Vorbild von Vossens idyllischer *Luise,* verfaßt Goethe mit einem größeren Anspruch, als ihn sich der klassische Philologe damals erlauben durfte, *Hermann und Dorothea,* in der, nach gängiger Lehre (›Heldengedicht‹), unmöglichen Form eines idyllischen oder bürgerlichen Epos, schämte sich aber zunächst des Erfolges, der ihm, wie dem Vorgänger, bei den ›Deutschen‹ zuteil wurde. So unternahm er sein kühnstes Wagestück, nämlich, im Wettstreit mit Homer, die *Achilleis* zu dichten. Klassische Philologen unseres Jahrhunderts haben diesen hyperklassizistischen Ansatz ernstgenommen und Schadewaldt beschrieb genau, wie die fertige Dichtung ausgesehen hätte. Goethe dagegen, von Schiller beraten, erkannte rechtzeitig, daß man um 1800 nicht mit Homer gleichziehen kann. Doch verrät gerade dies Fragment *Achilleis* dem Germanisten am besten, wieviel die Tradition dem Dichter bedeutete. Hinzuzufügen ist jedoch, daß

---

[12] Vgl. Karlheinz Schulz, *Goethes und Goldonis Tasso* (Frankfurt am Main, 1986).

diese Einsicht *nicht nur die klassizistische Tradition* betraf. Das belegt wenig später sein Interesse für den von A. W. Schlegel, dann von J. D. Gries übersetzten *Calderon*. Das belegen die Calderon-Aufführungen im Weimarer Hoftheater und seine zeitweilige Toleranz für Zacharias Werner, der von dem großen Spanier zu lernen versuchte.

Gemeinsam ist der Orientierung an Shakespeare, Racine, Homer und Calderon die Hochachtung vor den Großen der Weltliteratur, und so wird auch *das* verständlich, was für die Zeitgenossen eine Sensation oder eine Torheit war, nämlich die Überschreitung des europäischen Horizonts und das Wetteifern mit dem persischen Lyriker Hafis. In dem Divan-Gedicht *Lied und Gebilde* rechtfertigt Goethe seine Entfernung vom Vorbild der Griechen und damit vom Klassizismus unmißverständlich. Auch in Aufsätzen (z. B. in *Antik und Modern*) erhob er sich ausdrücklich über den alten Streit zwischen antiken und ›modernen‹, d. h. nachantiken Vorbildern. Doch hat er deshalb *die* Art von Moderne, die in Kleists vaterländischer Polemik oder in der *Penthesilea* eröffnet und im 20. Jahrhundert nachgeahmt wurde, nicht gut geheißen.

Seine produktive Unabhängigkeit vom Klassizismus verrät schließlich die schlichte Tatsache, daß er zwischen Vers und Prosa nicht den scharfen Unterschied machte, den die überlieferte Literarästhetik lehrte und an dem z. B. Grillparzer und der politisch so progressive Gervinus noch festhielten. Auf diesem Gebiet hatte der Weimaraner freilich keine traditionellen Schranken zu überspringen wie im Drama und Epos, da ja schon der gefeierte Kollege Wieland sich sowohl in der Versdichtung wie im Roman ausgezeichnet hatte. Doch beweist auch diese oft erwähnte Beziehung zwischen der *Geschichte Agathons* und *Wilhelm Meisters Lehrjahren*, daß Goethe sich an Vorbildern orientierte, daß er ein großer Nehmer war und nur in der vortrefflichen Weiterführung des von allen Seiten Genommenen seine Originalität bewies. Er hat diese seine Abhängigkeit im Alter gelegentlich sogar in bewußt übertriebener Weise ausgesprochen: »Wenn ich sagen könnte, was ich alles großen [!] Vorgängern und Mitlebenden schuldig geworden bin, so bliebe nicht viel übrig[13].«

Goethes Traditionsbewußtsein beruht letzten Endes auf dem ausgeprägten Willen zur *Kontinuität*, den auch seine Ablehnung der Revolution und seine Unbeirrbarkeit als Hofmann belegt. Diesem festen Sinn für Kontinuität verdanken wir schließlich die einzigartige Treue innerhalb seines Lebenswerks. Werke mit beinahe lebenslanger Entstehungszeit wie *Wilhelm*

---

[13] Nach Hans Reiss in der Einleitung zu *Goethe und die Tradition*, S. 20.

Meister und *Faust* sind sehr selten und können nur einer Persönlichkeit mit großer vitaler und sittlicher Kraft gelingen. Mit dieser Feststellung kommen wir zwanglos zu der Frage, ob der historisch gesehene Goethe heute noch etwas bedeuten kann.

Ländern mit einer ungebrochenen Tradition der humanistisch-bürgerlichen Aufklärung fällt eine Bejahung dieser Frage leicht. Aber Deutschland ist seit dem späten 19. Jahrhundert *das Land der Diskontinuität:* Es schwankt von einem Extrem zum andern. In dem Sammelband *Klassik und Moderne* fällt mir auf, daß in einer Reihe von Beiträgen vor allem der deutsche ›Bildungsbürger‹ kritisiert wird. Ist er ein so schlimmer Teil der Gesellschaft im 18., 19. und 20. Jahrhundert? Ich finde: es sind ganz andere Gruppen, die Deutschland in die neue Barbarei hineingeführt haben. ›Bildungsbürger‹ erinnert an den ›Bildungsphilister‹, den Nietzsche so heftig angreift. Das Wiederauftauchen Nietzsches, zuerst wohl im Frankreich de Gaulles, ist ein bedenkliches Symptom. Schon im ersten Beitrag des erwähnten Bandes (*Klassik und Moderne,* S. 20) wird der humanistische Wieland – ausgerechnet unter Berufung auf Nietzsche – kaltblütig beiseitegeschoben (wie in der frühen antibürgerlichen Romantik!), während in den USA im Lauf der letzten Jahrzehnte eine reiche Wielandforschung entstanden ist. Zum 250. Geburtstag Wielands (1983) machte sich diese amerikanische Wieland-Verehrung auch in der Bundesrepublik Deutschland durch einen monumentalen Sammelband bemerkbar[14]. Nun, es ist nicht zu bestreiten: Wieland ist ein Bildungsbürger, ein sehr *bewußter,* trotz seiner Freundschaft mit der Herzogin Anna Amalia, die ihm gewiß den Adelstitel verschafft hätte, wenn dies sein Wunsch gewesen wäre. Doch sind auch Lessing und Schiller und Grillparzer und Heine und Hebbel (und viele andere) Bildungsbürger. Erst Nietzsche eröffnet den Kampf gegen diese deutsch-bürgerliche Kultur, halbwegs besonnen in den *Unzeitgemäßen Betrachtungen* und dann mit dem Radikalismus seines späteren Wahnsinns. Bedenklicher noch als diese individuelle Erscheinung ist Nietzsches gigantischer Erfolg in Deutschland: bei den Jüngern Stefan Georges, in der Jugendbewegung, bei den Expressionisten und schließlich, am furchtbar-

---

[14] *Christoph Martin Wieland. Nordamerikanische Forschungsbeiträge zur 250. Wiederkehr seines Geburtstags,* hg. von Hansjörg Schelle (Tübingen, 1984). Vgl. auch meine Rezension im *Arbitrium* (1986), welche die scheinbare Wieland-Renaissance in Deutschland, mit Hilfe der Reemtsma-Stiftung u. a., sogleich skeptisch beleuchtet. Ein überzeugendes Beispiel hingebender nordamerikanischer Wielandforschung ist neuerdings das Werk von Thomas C. Starnes, *Christoph M. Wieland. Leben und Werk. Aus zeitgenössischen Quellen dargestellt,* 3 Bde. (Sigmaringen, 1987).

sten, im Faschismus; dessen Zusammenhang mit der radikalen futuristischen und expressionistischen *Kritik der gesamten bürgerlichen Zivilisation* läßt sich nachweisen. Der gewaltige Anspruch, die Unversöhnlichkeit der expressionistischen Tradition erscheint heute vor allem in dem Begriff der ›Modernen Klassik‹, der noch kurioser ist als die Vorstellung einer einsamen deutschen Klassik um 1800. Hinzugefügt werden muß, zu unserer Beschämung, daß der nietzscheanische, expressionistische und faschistische Kampf gegen den bürgerlichen Humanismus – ›jenseits von Gut und Böse‹! – noch radikaler war als der marxistische; denn der Erbebegriff Lenins gab der Tradition des bürgerlichen Humanismus einen gewissen, wenn auch begrenzten Wert.

Wenn diese historische Argumentation richtig ist – ich weiß, daß sie gegen fixe Tabus der Kritik und mächtige Interessen verstößt! –, hat die Anfeindung Goethes und der Goetherezeption in der BRD und neuerdings auch in der DDR wenig Sinn. Ich meine, wir könnten auch auf dieses nationale Erbstück verzichten – unter europäischen Gesichtspunkten. *Die Geschichte ist kein progressiver Prozeß,* sondern sie vollzieht sich in ständigen Zukunftsutopien und in ebenso gesetzmäßigen Rückgriffen. Wenn ein Forscher oder Leser lieber mit Wieland, Goethe und Schiller verkehrt als mit Benn, Trakl oder Kafka, so ist dies legitim, ebenso legitim, *womöglich ebenso revolutionär* wie der Rückgriff auf die Bibel im 16. Jahrhundert oder die Shakespeare-Renaissance mit der gesamten Englandverehrung im fridericianischen 18. Jahrhundert. In Goethes *Maximen und Reflexionen* lesen wir: »Jede Revolution geht auf Naturzustand hinaus, Gesetz- und Schamlosigkeit. (Picarden, Wiedertäufer, Sansculotten.)« (HA, XII, S. 380). Wenn Goethe die Zukunft ins Auge faßt, dann sieht dies so aus:

> Die gegenwärtige Welt ist nicht wert, daß wir etwas für sie tun; denn die bestehende kann in dem Augenblick abscheiden. Für die vergangene und künftige müssen wir arbeiten: für jene, daß wir ihr Verdienst anerkennen, für diese, daß wir ihren Wert zu erhöhen suchen. (HA, XII, S. 378).

Man erkennt auch in solchen Äußerungen das Bekenntnis zur humanistischen *Kulturkontinuität;* denn die Zivilisation ist immer erneut – auch heute! – vom Rückfall in den ›Naturzustand‹, in die Barbarei bedroht. Wenn man alles auf die Normen der Gegenwart bezieht, wie dies die Rezeptionsgeschichte mit Vorliebe tut, arbeitet man nicht historisch:

> Ein historisches Menschengefühl heißt ein dergestalt gebildetes, daß es bei Schätzung gleichzeitiger Verdienste und Verdienstlichkeiten auch die Vergangenheit mit in Anschlag bringt. (HA, XII, S. 393).

Überlieferung fremder Erfahrung, fremden Urteils sind bei so großen Bedürfnissen der eingeschränkten Menschheit höchst willkommen, besonders wenn von hohen Dingen, von allgemeinen Anstalten die Rede ist. (HA, XII, S. 392)

Walter Müller-Seidel hat im letzten Teil seiner Studien zur *Geschichtlichkeit der deutschen Klassik* auf Goethes *Maximen und Reflexionen* wieder mit besonderem Nachdruck aufmerksam gemacht. Ich habe, von ihm angeregt, aus gattungsgeschichtlichen Gründen wie auch um das *großräumige* Denken Goethes anzudeuten, aus diesem Dichtung und Leben verbindenden Schatze geschöpft. Goethes Wissenschaft ist umstritten, Goethes Weisheit kaum. Er hat sich oft über den deutschen Professor geärgert; man kann es im Briefwechsel mit Voigt nachlesen. Darin lag gewiß auch das Überlegenheitsgefühl des Hof- und Weltmanns gegenüber den durch ihr Fach und ihr oft unzulängliches Einkommen beschränkten Akademikern. Der Hauptgrund dürfte aber ihre Kritiklust und die sich daraus ergebenden *Streitereien* gewesen sein; in dem erwähnten Briefwechsel werden sie von Goethe und Voigt wiederholt bedauert. Die intellektuelle *Grundhaltung* der Negation – erst recht natürlich in der Presse – war dem Dichter und Weisen zuwider. Sie erschien ihm unproduktiv.

Ob nicht an dieser Stelle die moderne Literatur und Literaturwissenschaft in Deutschland von Goethe lernen könnte und sollte? Er ist ja kein ahnungsloser Optimist, sondern in kräftiger Jugend der Wertherdichter gewesen. Damit war er einer der *Väter* der Weltschmerzgeneration im frühen 19. Jahrhundert. Wenn der alte Goethe immer erneut die ›Heiterkeit‹ und die heitere Tätigkeit betonte, so waren diese keine angeborene Charaktereigenschaften des Genies, sondern schwer errungene und immer neu zu erringende *geistige Leistungen*. Es gibt immer wieder Weltschmerzperioden, und ich meine, wir stehen wieder, wenigstens in der Bundesrepublik Deutschland, in einer solchen. Ist es da sinnvoll, die historischen Abgründe zwischen uns und der Zeit Goethes hochzuspielen, besonders wenn man selbst, ob man es sein will oder nicht, ein Bildungsbürger ist? Hat eine Zeit, die unter dem Übergewicht der Technik leidet und von der Atomtechnik tödlich bedroht wird, das Recht, zu verzweifeln? Was der menschliche Geist schuf, kann allein der aktive menschliche Geist in Schranken halten, keine fatalistischen oder anarchischen oder neorousseauistischen Stimmungen.

Gerade der Bildungsbürger, der Geisteswissenschaftler ist heute gefordert, weil er sich nicht im gleichen Maße zur Spezialisierung gezwungen sieht wie der Naturwissenschaftler und Techniker, sondern das ›Ganze‹

festhalten kann. Goethe hat sich am Ende seines Lebens, besonders in den *Wanderjahren*, zu einer klaren Anerkennung des speziellen nützlichen Tuns durchgerungen. Wenn wir umgekehrt uns nicht in der Zerstreuung und im Nützlichkeitsdenken des modernen Lebens verlieren, sondern uns wieder den übergeordneten Aufgaben der Menschheit energisch zuwenden, begegnen wir Goethe. Der Zeitraum, der uns von ihm trennt, ist doch nicht *so* groß, wie man in jüngeren Jahren glaubt. Goethe ist auch nicht so genießerisch und vornehm, wie die Legende von dem Erotiker Goethe und von der ›Kunstperiode‹ manche glauben gemacht hat, – sobald es ihm um die Wahrheit, um das Ganze geht: »Wer das Falsche verteidigen will, hat alle Ursache, leise aufzutreten und sich zu einer feinen Lebensart zu bekennen. Wer das Recht auf seiner Seite fühlt, muß derb auftreten« (HA, XII, S. 410). Das sagt nicht ein Priester, sondern ein Weltmann mit großer gesellschaftlicher Erfahrung und ein Dichter, der von Anfang an viele Feinde hatte, weil er aufrichtiger als die optimistischen Rationalisten und die Empfindsamen war und in späteren Jahren niemals einen Massenerfolg anstrebte: »Gehen wir in die Geschichte zurück, so finden wir überall Persönlichkeiten, mit denen wir uns vertrügen, andere, mit denen wir uns gewiß in Widerstreit befänden« (HA, XII, S. 390). Diese anthropologische Reflexion transzendiert die letzten Endes klassizistische Dogmatik, daß es nicht nur bei den Griechen, sondern auch bei andern Völkern Europas an *bestimmten* Stellen ihrer Geschichte Klassik gegeben habe, vor allem natürlich bei den Deutschen, die die Griechen am tiefsten begriffen. Indirekt stellt Goethe mit dieser Betonung der historischen Persönlichkeit auch sich selbst dem Leser und Forscher zur *Wahl*. Daß bei Entscheidungen jeder Art auch biologische Faktoren eine große Rolle spielen, übersieht der aufs Ganze blickende alte Weise keineswegs: »Alle Gesetze sind von Alten und Männern gemacht. Junge und Weiber wollen die Ausnahme, Alte die Regel« (HA, XII, S. 379).

Roger Paulin (Manchester)

Schiller's *Macbeth* Reconsidered*

I

How much is lost in the process of translation? Is such a process quantifiable in the first place, the question in itself not impertinent? Would it not suggest that the great translators (in our context, German) – Wieland, Voss, Schlegel, Baudissin, Dingelstedt, George – were somehow inadequate, did not try hard enough, capitulated even? Given the great relative importance of translations in the development of German literary language and theatrical taste, I believe the question is legitimate, and it does neither disserve nor dishonour to the great names to raise it. In the case of translations from Shakespeare, it is crucial[1]. It has a particular pertinence in cases where acknowledged great dramatists, like Schiller or Brecht, have turned their attention to Shakespeare with an intent going far beyond mere textual rendition, producing something which is radically different from notions of Shakespeare nurtured by the language and approach of 'standard' translations, Wieland's or Eschenburg's, or the so-called 'Schlegel-Tieck'. Yet there are clearly individual differences. Whereas Brecht wanted his *Coriolan* of 1950–51 to break with Dorothea Tieck's version of the play, deferential-

---

* This essay is an attempt to integrate Schiller's *Macbeth* into the discussion on Shakespeare and translation around 1800. For an account of the background and for the relevance of Shakespeare for Schiller's œuvre see Hans Heinrich Borcherdt's apparatus to his edition of the text in *Schillers Werke. Nationalausgabe,* edited by Julius Petersen and other hands (Weimar, 1943– in progress), XIII, 306–15, 362–405 (all subsequent quotations from Schiller are, where possible, from this edition, referred to in the text as *NA,* followed by volume number). More recent studies on Schiller and Shakespeare include Hans Heinrich Borcherdt, 'Schillers Bühnenbearbeitungen Shakespearescher Werke', *Shakespeare-Jahrbuch,* 91 (1955), 52–64; Paul Steck, 'Der Einfluß Shakespeares auf die Technik der Meisterdramen Schillers', *Shakespeare-Jahrbuch,* 96 (1960), 106–33; Peter André Bloch, 'Schillers Shakespeare-Verständnis', in *Festschrift Rudolf Stamm,* edited by Eduard Kolb and Jörg Hasler (Berne and Munich, 1969), pp. 81–101; Paul Steck, *Schiller und Shakespeare: Idee und Wirklichkeit* (Europäische Hochschulschriften, Series XVIII, 14) (Frankfurt am Main, 1977).

[1] See especially Ulrich Suerbaum, 'Der deutsche Shakespeare: Übersetzungsgeschichte und Übersetzungstheorie', in *Festschrift Rudolf Stamm,* pp. 61–80.

ly accepted for well over a century, Schiller was compelled by no such considerations in producing his *Macbeth* in 1800.

Let us remind ourselves of a few pertinent facts, perhaps not often enough rehearsed in the discussion of this part of Schiller's œuvre. There were in 1800 at least six major versions of *Macbeth* in German, all in prose. Johann Joachim Eschenburg, who produced one of them, lists them in his useful compendium, *Ueber W. Shakespeare*, of 1787: they are those by Wieland, Fischer, Stephanie, Wagner, and Bürger, and Eschenburg's own[2]. Older Schiller scholarship has long since established to which versions Schiller was largely indebted when he came to tackle *Macbeth*: Wieland's and Eschenburg's. It emerges that Eschenburg's prose version of 1777 – in the unauthorized Mannheim reprint that caused Eschenburg much heartache and rage – is the dominant linguistic and stylistic influence on Schiller's verse rendition. When Schiller in 1796 referred in superior terms to the 'Erzphilister' Eschenburg (*NA*, XXVIII, 199), a victim of the recent *Xenien*, his disdain might seem understandable. He was not interested in Shakespearean scholarship as such, had as yet no reason to respect Eschenburg's Shakespeare translation (although, unlike Wieland's, it was complete and remarkably accurate) and was not likely to be deferential to the author of the *Dramatische Bibliothek* of 1793 that had accorded him talent but had not singled him out from the company of a Christian Felix Weisse or a Friedrich Leopold Stolberg. He might share Goethe's mild displeasure at Eschenburg's quotation, in the section dealing with *Werther* in his *Beispielsammlung*, of Lessing's outraged reaction to the novel in 1774[3]. Eschenburg's decision of 1798 to reissue his Shakespeare translation over twenty years after its first appearance, in the teeth of Schlegel's competition, might appear to Schiller as a further indication of the mediocrity and lack of fastidiousness – 'das elende' (*NA*, XXIX, 23) – that Eschenburg and his like represented.

Goethe, on the other hand, saw the situation more clearly. While – perhaps perversely – preferring Wieland's to any other version of Shakespeare, he knew that the Brunswick professor had a good touch as a translator from the French, going so far as to single out Eschenburg's *Zayre* of 1776 as an important predecessor of his own blank-verse rendition of Voltaire's *Mahomet*. Anyone examining Eschenburg's *Zayre*, but even

---

[2] Johann Joachim Eschenburg, *Ueber W. Shakspeare* (Zürich, 1787), pp. 453f.

[3] See Roger Paulin, 'Johann Joachim Eschenburg und die europäische Gelehrtenrepublik am Übergang vom 18. zum 19. Jahrhundert', *Internationales Archiv für Sozialgeschichte der deutschen Literatur*, 11 (1986), 51–72.

more his blank-verse translation of *Richard III* of 1776, will recognize that these two plays represent, in terms of German accomplishment in blank verse, an important basis for Schiller's mature style of dramatic versification. For Wieland's *Alceste,* or Goethe's *Iphigenie* or *Tasso,* lack in terms of dramatic language the energy and vigour that we always associate with Schiller's verse. Not that German blank verse is in any way 'Shakespearean'; rather it owes much more to the neo-classical English blank verse of James Thomson or Aaron Hill or Edward Young; it reminds us, too, that, in turning to the verse drama with a will in the 1780s, the Germans were aligning themselves with a European tradition of verse drama that took in Maffei and Alfieri, Voltaire and Crébillon, the English neo-classicists, and Wieland or Weisse. To call any of this English or German verse 'Shakespearean' is to misunderstand the great gap between Elizabethan or Jacobean practice and that of the Augustans, to forget that, while Shakespeare's versification could be subsumed under the spontaneity and irregularity of genius, there were indeed rules and *bienséances* in English Augustan blank verse. Such were these that Joseph Warton's *Essay on the Genius and Writings of Pope* of 1756 calls for more 'faults', more 'interest', as opposed to modern 'emasculation' and 'effeminacy'[4].

Goethe, sharing Schiller's concern to see Shakespeare staged in Weimar, was aware that not any version of *Macbeth* would do. He would not countenance Bürger's, especially the witch scenes (*NA*, XVIII, 199), their translator's especial pride. For a large part, Bürger was still dependent on Wieland's or Eschenburg's prose translations. One might therefore look to August Wilhelm Schlegel, still very much *persona grata* in Weimar. But even Schlegel's Shakespeare, announced with some programmatical panache in Schiller's *Horen* of 1796[5], was being produced according to principles that suggested that the translator had no urgent need to present the reading public or the theatre audience with some of its greatest favourites: *Othello, Lear,* or *Macbeth.* These Schlegel never attempted himself; when, much later, they appeared in the 'Schlegel-Tieck' edition, they were from the hands of Dorothea Tieck, and Baudissin. Caroline Schlegel's reminder to her husband that, in order to capture the field of Shakespearean translation, he would need to produce what others actually wanted, not merely what he

---

[4] Joseph Warton, *An Essay on the Genius and Writings of Pope,* 2 vols (London, 1806), I, 198, 260.
[5] In the essay 'Etwas über William Shakespeare bey Gelegenheit Wilhelm Meisters', *Die Horen,* 12 vols (Tübingen, 1795–97), VI (= 2. Jg., 4. Stück), 57–112.

found interesting or significant[6], is a useful indication of the real state of Shakespeare reception around 1800. Of the eighteenth century's favourite Shakespeare plays, Schlegel was to do only *Hamlet, Romeo and Juliet, Julius Caesar, A Midsummer Night's Dream,* and *The Tempest. Richard III* appeared as late as 1810, as Schlegel was abandoning the whole project. The remaining plays translated by Schlegel, especially the Histories, seem to represent a view of Shakespeare more in line with later Romantic notions of national awareness, than that of an 'Erzpoet' in Friedrich Schlegel's sense. Nor was the field of translation (or interpretation) in any way dominated by the Schlegel brothers. Eschenburg was able to convince his Zurich publishers, Orell and Füssli, that they had nothing to lose from a reissue of his *Shakspear's Schauspiele;* Johann Heinrich Voss was not prepared to accept that the 'weimarische Sofa- und die jenaische Philistersprache'[7] (a typically ungenerous formulation of 1818) of Schlegel and his protectors was adequate to its great original, and to Voss and his sons goes the honour of the first complete verse translation into German of Shakespeare. Schiller and Voss were even to find common ground as Romantic-haters in their collaboration in a stage version of *Othello,* using Voss's translation. The 'Schlegel-Tieck' version did not have a smooth transition to fame and acceptance: Ludwig Tieck, as 'Dramaturg' in Dresden, already enraged by the audience's refusal to part with his old adversary Heinrich Beck's adaptation, *Die Quälgeister,* in preference to the new *Much Ado About Nothing,* was to tax his young friend Karl Immermann in Düsseldorf with using Schiller's *Macbeth* and not that version superintended by himself and translated by his daughter Dorothea[8].

Schiller's *Macbeth* version represents one of two important strands in the eighteenth century's reception of Shakespeare, that of creative adaptation as opposed to complete textual rendition. In terms of the reception of *Macbeth,* Wagner, Bürger and Schiller stand for the one, Wieland, Eschenburg, Voss and 'Schlegel-Tieck' for the other. Even where Wieland had recourse to paraphrase, or even finally capitulated, his concern was, as much as possible, a 'whole', 'unified' Shakespeare, not one reduced to mere dramatic essentials. But there was a further problem: the actual mode of expression,

---

[6] *Caroline: Briefe aus der Frühromantik,* edited by Erich Schmidt, 2 vols (Leipzig, 1913), II, 150, 152.

[7] *Shakspeare's Schauspiele von Johann Heinrich Voß und dessen Söhnen Heinrich Voß und Abraham Voß,* 9 vols (Leipzig and Stuttgart, 1818–29), IX, ii, 222 (all subsequent references in text as Voss).

[8] See Roger Paulin, *Ludwig Tieck: A Literary Biography* (Oxford, 1985), pp. 254, 281.

Shakespeare's mixture of verse and prose. We know what a liberating factor his prose was in the German dramatic language of the 'Geniezeit'; not for them Houdar de la Motte's scruples of 1754 that tragedy and prose are mutually exclusive[9], or Hénault's disclaimer in the preface of 1768 to his *François II, roi de France*, an attempt at Shakespearean historical drama in prose, that this work could ever properly be called a tragedy[10]. In formal terms, German practice is to concentrate on Shakespeare's 'wholeness' rather than on the variety of his style and expression. That 'wholeness' might look different to various eyes: Wieland knows that he has no hope of rendering either Shakespeare's lower registers or his rhetorical verse and concentrates his efforts on a unifying prose that can at least cope with the prodigal wealth of imagery; Eschenburg's principle is the same, and when he extends the canon of verse translations of Shakespeare with his *Richard III*, it is significantly with a play more uniformly rhetorical than most. Wagner and Bürger, on the other hand, proceed from the dramatic variety of the original, shortening for effect (Wagner), or embellishing through stage direction (Bürger); indeed Bürger originally came via the most 'theatrical' scenes in *Macbeth,* the witch sequences, to a presentation of the whole play in translation. Paradoxically, it is a renegade from among this stormy generation, Friedrich Wilhelm Gotter, who, from his security as a court poet in Gotha, can plead for a middle position as a counter to the Shakespearean frenzies of his contemporaries:

> durch glückliche Einflechtung kleiner, oft unbeträchtlich scheinender oder mit dem Haupttone gewissermaßen kontrastirender Nebenumstände mehr Wärme, Abwechselung und Wahrscheinlichkeit mitzutheilen[11].

Schiller's formal indebtedness to Shakespeare would manifest itself formally in such 'glückliche Einflechtung', even of a section like *Wallensteins Lager* or in significant parts of *Die Jungfrau von Orleans* or *Wilhelm Tell*. That would break down a too uniform classical rigidity of form and language, in the same way as the stage directions (especially in *Wallenstein*) make the poetic text into something more than just a rhetorical artefact. That would be in Schiller's own dramatic practice. In his translations or adaptations, however, there is a more uniform tone, doubtless determined by the choice of playwrights and of plays: Euripides, Racine, and Shakespeare.

---

9 *Œuvres de Monsieur Houdar de la Motte*, 10 vols (Paris, 1754), IV, 439.
10 Charles Jean François Hénault, *Nouveau théâtre françois* (s.l., 1768), preface p.[11].
11 Friedrich Wilhelm Gotter, *Gedichte*, 2 vols (Gotha, 1787–8; reprinted Berne, 1971), II, p. xii. My attention was drawn to this passage by Friedrich Sengle, *Biedermeierzeit*, 3 vols (Stuttgart, 1971–80), I, 642.

It is manifest that Schiller as a translator followed principles different from, say, Johann Heinrich Voss or August Wilhelm Schlegel[12]. It would, however, be appropriate to see in his approach a perpetuation of the classical concern to reproduce 'genus omne verborum vimque' in 'verbis ad nostram consuetudinem aptis' (Cicero), that 'maintaining the *Character* of an *Author*' (Dryden), even the 'certamen atque aemulatio' which in Quintilian's phrase sums up the struggle to achieve a felicitousness appropriate to the original. Goethe's 'Neigung nach dem Original', Humboldt's 'Farbe der Fremdheit', seem here less appropriate. For Voss, it might force German too far into the alienness, 'otherness', of the original. For Schlegel as a translator, with the hope of eventual stage performance ever present in his mind, it might mean a Shakespeare very much attuned to the lexis and patterns of Weimar classicism. Schlegel's assiduous cultivation of Goethe and Schiller (but also of Eschenburg) around 1796 makes this rapprochement apparent. Yet his notion of 'alles im deutschen Thunliche'[13], expressed in the *Horen* essay of 1796, was more extensive and more exclusive than anything Schiller contemplated. In effect, it meant for Shakespearean translation establishing the principle of matching line for line, phrase for phrase, which actually might bring out more of the original's 'otherness' than anything else.

Quite clearly then, there could be for Schiller none of Klopstock's virtuoso demonstration, as in his *Grammatische Gespräche,* of the German hexameter's capacities to match Greek or Latin, nor was he concerned with reproducing the 'antique' qualities of a classical original. This, in its turn, would set him apart from Friedrich Leopold Stolberg or even the Goethe of *Achilleis* or the 'Helena' scenes. The reference in the notes to his version of Euripides's *Iphigenia in Aulis* to 'unsere griechischen Zeloten', the *captatio benevolentiae* on behalf of his un-Greek rhymed chorus, show that Schiller is above all a dramatist, not a purist, in matters of translation or adaptation[14]. Nor is the author of *Über naive und sentimentalische Dichtung* as puritanically severe on Euripides, and his closest follower, Racine, as are later the editors of *Athenaeum*. The words from the notes to *Iphigenia* –

---

[12] On this whole subject see Walter Fränzel, *Geschichte des Übersetzens im 18. Jahrhundert* (Beiträge zur Kultur- und Universalgeschichte, 25) (Leipzig, 1914), and especially Hugo Friedrich, 'Zur Frage der Übersetzungskunst', *Sitzungsberichte der Heidelberger Akademie der Wissenschaften*, Phil.-hist. Klasse (1965), 3. Abh., esp. pp. 8–11.
[13] *Die Horen*, VI, 110.
[14] Schiller, *Sämtliche Werke*, edited by Gerhard Fricke and Herbert G. Göpfert, 5 vols (Munich, 1960), III, 351.

'Die Gesinnungen in diesem Stücke sind groß und edel, die Handlung wichtig und erhaben, die Mittel dazu glücklich gewählt und geordnet'[15] – might also refer equally to *Phèdre*. Where those qualities are present in translation or adaptation, the actual means, the formal devices, will be of lesser moment. There is accordingly little of the philologist's scruples in his approach: the notes to *Iphigenia*, for instance, have more to do with dramatic function and appropriateness than with the minutiae of the original text. The choice of blank verse for rendering Euripides or Racine is not the act of sacrilege it may seem. It follows very practical considerations observed by an older generation of translators. Thus, whereas Eschenburg, at the outset of his remarkable career, in 1767 saw fit to cast Racine's *Esther* in German alexandrines, in 1776 he chose blank verse for Voltaire's *Zayre*. This is Goethe's practice twenty years later with *Mahomet* and *Tancred*. If Eschenburg's Voltaire of 1776 is sparer, leaner, more urgent, less sentimental than the original, then this reflects not merely a new sophistication in German versification and not only demonstrates that Wieland is not the only model for the mature style of Weimar. It is the awareness that the translator may substitute for the original form one more appropriate to the rhythms of his own language or dramatic practice. The Schiller of 1788 might choose for *Iphigenia* a non-Greek verse for the simple reason that the trimeter was not yet part of the repertoire of German dramatic versification; later, Goethe's 'Helena' scenes or Schlegel's *Ion*, with their vastly differing quality, would merely demonstrate that this verse, even in Goethe's masterly hands, is esoteric and difficult. Not every translator around this time is as confident of his native language's capacities as Voss, as Bürger's refusal to use classical verse for the *Iliad* shows. The same could be said, for different reasons, and with different associations, of the French alexandrine. Speaking of Schiller's blank-verse *Iphigenia*, Wilhelm von Humboldt was generous enough to say 'Der antike Geist blickt, wie ein Schatten, durch das ihm geliehene Gewand'[16]. Yet, as commentator after commentator has noted, his version of Racine's *Phèdre*, despite its rhetorical insistence and power of expression, lacks the subtleties and *bienséances* of its French original[17]. This is in large measure due to Schiller's conscious

---

[15] *Sämtliche Werke*, III, 350.
[16] *Sämtliche Werke*, III, 969.
[17] See Karl August Ott, 'Die Rede als dramatische Handlung: Racines "Phèdre" in der Übersetzung Schillers', in *Formenwandel: Festschrift zum 65. Geburtstag von Paul Böckmann*, edited by Walter Müller-Seidel and Wolfgang Preisendanz (Hamburg, 1964), pp. 319–50.

abandonment of the 'zweischenklicht' alexandrine. Can the same be claimed of *Macbeth?* It may be said that *Macbeth* is a stage version based largely
on the efforts of earlier translators, rather as *Iphigenia* relates to Barnes and
Brumoy. This was certainly August Wilhelm Schlegel's totally mischievous
and malicious view:

> Nur wenig Englisch weiß ich zwar,
> Und Shakespeare ist mir gar nicht klar:
> Doch hilft der treue Eschenburg
> Wohl bei dem 'Macbeth' mir hindurch.
> Ohn' alles Griechisch hab ich ja
> Verdeutscht die Iphigenia;
> Lateinisch wußt' ich auch nicht viel,
> Und zwängt in Stanzen den Virgil[18].

The malice is, however, not without foundation, coming as it does from
such a formidably competent source. As the most recent commentator on
Schiller's *Macbeth* has demonstrated, it will always be possible to 'fault'
him on crucial areas of Shakespearean practice, notably rhetoric[19]. Yet, in
his intensive study of Shakespeare that accompanied the composition-
process of his mature dramas[20], Schiller's eye lighted on zones of agreement
and coincidence between ancients and moderns, as with Shakespeare's
ability, 'mehr ein poetisches Abstractum als Individuum im Auge zu haben'
(*NA*, XXIX, 59), or 'die Kunst Symbole zu gebrauchen, wo die Natur nicht
kann dargestellt werden' (*NA*, XXIX, 162); Shakespeare's concentration on
the essence of reality, not its mere appearance, could thus easily be
reconciled with Schiller's own perception of dramatic characters as 'idealische Masken' (*NA*, XXIX, 56). Oné might nevertheless say that little real
defence is possible of a text that takes such liberties with the original, that
never saw itself as a translation proper, that proceeded from a set of
dramatic and psychological congruities at variance with Shakespeare's own,
to the extent of altering radically such central features as the character of
Lady Macbeth and the aspect of the witches. Yet if there is too much of
Clytaemnestra (or Gräfin Terzky) or of the Greek chorus in this stage
version, we could nevertheless see it as representing a last, admittedly

---

[18] *Schiller und die Romantiker: Briefe und Dokumente,* edited by Hans Heinrich Borcherdt
(Stuttgart, 1948), p. 499.
[19] William H. McClain, 'Schillers *Macbeth:* Sprache und Rhetorik', in *Goethezeit: Studien
zur Erkenntnis und Rezeption Goethes und seiner Zeitgenossen. Festschrift für Stuart
Atkins,* edited by Gerhart Hoffmeister (Berne and Munich, 1981), pp. 217–30.
[20] See Peter André Bloch, 'Schillers Shakespeare-Verständnis' (footnote * to title above).

unhistorical, attempt at reconciling ancient and modern, before Schlegel's Vienna lectures and Goethe's *Shakespeare und kein Ende,* from different standpoints and with divergent conclusions, force these two traditions into irreconcilably opposite positions. There is, however, a less theoretical side to this seeming miscegenation of traditions on Schiller's part. An adaptation which bears the subtitle 'zur Vorstellung auf dem Hoftheater zu Weimar eingerichtet' might not be totally indifferent to the actual theatrical practice on that stage. Friedrich Wilhelm Gotter, whose concern to reconcile Shakespeare's 'lebendige Darstellung' and the 'hohe Simplicität der Griechen'[21] had set him apart from his 'Geniezeit' contemporaries, was not merely content with uttering theoretical locutions. His free adaptation of *The Tempest, Die Geisterinsel,* which Schiller published – without enthusiasm – in *Die Horen* and which was performed in Weimar in the spring of 1798, showed that 'ein so klassischer Schriftsteller' (Schiller's own words on Gotter, see *NA,* XXIX, 120, 235, 428, 580) could accommodate Shakespeare's faery, elemental, 'hag-born' world with the myths of the Greeks. For Prospero, Ariel, Caliban (and a visible Sycorax) are to be attired in Grecian costume, while the shipwrecked party is clothed in the Spanish style[22]. Seen thus, Schiller's translation of Delphi to Scotland might not appear that Birnam to Dunsinane which critics continue to find it.

II

Does Schiller's actual version of Shakespeare's text stand the test of close analysis? If we are to enter into what is surely the true spirit of his adaptation, we do well to concentrate on features other than shortenings, omissions, and imprecise renderings. It is fairer perhaps to seize on what is there, and above all to weigh the respective merits of adaptation and line-by-line translation. As Schlegel did not translate *Macbeth,* we cannot measure his performance against Schiller's. We can, however, compare Schiller with two other translators for whom blank verse also represents a kind of 'ideal' formal structure: Voss and Dorothea Tieck.

A major test encounters the translator already in the sixth scene of Act One (in Schiller's scheme, the twelfth scene):

---

[21] Gotter, *Gedichte,* II, p. ix.
[22] *Die Horen,* XI (= 3. Jg., 8. Stück), 1–26, (9. Stück), 1–78. This free adaptation of Shakespeare appeared in the issue for 1797 with August Wilhelm Schlegel's extracts from *Julius Caesar,* produced under vastly different circumstances (X, 17–42). It may reflect Schiller's need for copy, but it also illustrates the eclecticism in attitudes to Shakespeare at the time.

Duncan.   This castle hath a pleasant seat; the air
             Nimbly and sweetly recommends itself
             Unto our gentle senses.
Banquo.   This guest of summer,
             The temple-haunting martlet, does approve,
             By his loved mansionry, that the heaven's breath
             Smells wooingly here: no jutty, frieze,
             Buttress, nor coign of vantage, but this bird
             Hath made his pendent bed and procreant cradle:
             Where they most breed and haunt, I have observed,
             The air is delicate.

In nine and a half verses, Shakespeare succeeds, through mainly asyndetic devices, in making out of a commonplace greeting an atmosphere; the air becoming almost an active agent, not merely what we breathe, but what welcomes, 'recommends' and draws the martin, 'temple-loving', but favouring too this place of already 'fatal entrance'. The compounds, 'Nimbly and sweetly', 'jutty, frieze, / Buttress, nor coign of vantage', 'pendent bed and procreant cradle', add intensity to lines already charged with meaning and irony. The older prose translators – Wieland, Eschenburg, Wagner, and Bürger[23] – could take the passage as it came, Wieland, Eschenburg, and Bürger simplifying the fourfold nesting-place to three, the 'breed and haunt' to one, Wagner making do with 'viele Betten' for three lines in the original (*W*, 31). Bürger omits 'temple-haunting' altogether, Wieland's and Eschenburg's 'Tempel-bewohnend' (*S*, 83; *E*, 308f.) and Wagner's 'Tempel-besuchend'. The first three-quarter verse comes out in Wagner as 'Dieß Schloß hat eine angenehme Lage'; it is as such a blank-verse line on which neither Schiller nor Dorothea can improve (nor any later translator, for that matter)[24]. Voss needs an extra verse to match Shakespeare's, whereas

---

[23] Wieland's translation (referred to in text as *S*) quoted from *Wielands Gesammelte Schriften*, herausgegeben von der Deutschen Kommission der Königlich Preußischen Akademie der Wissenschaften (Berlin, 1909–), 2. Abt., III = *Shakespeares theatralische Werke*, 6., 7., und 8. Teil, edited by Ernst Stadler (Berlin, 1911). Eschenburg's translation (referred to in text as *E*) quoted from *William Shakspear's Schauspiele. Neue Ausgabe. Von Joh. Joach. Eschenburg*, 13 vols (Zürich, 1775–77, 1782), V. Wagner's (referred to in text as *W*) from *Macbeth ein Trauerspiel nach Schakespear* (s. d., s. l. = Frankfurt am Main, 1779). Dorothea Tieck's (referred to in text as *ST*) from *Shakspeare's dramatische Werke. Uebersetzt von August Wilhelm von Schlegel, ergänzt und erläutert von Ludwig Tieck*, 9 vols (Berlin, 1825–33), IX. It is worth repeating that only this edition contains the original versions of the translations done by Baudissin and Dorothea, later ones, especially those superintended by the Shakespeare-Gesellschaft, often altering the text beyond recognition.

[24] Notably Rudolf Alexander Schröder and Gundolf.

Dorothea, true to the principles of the 'Schlegel-Tieck' edition, manages it in exactly nine and a half. Schiller, bound by no such constraints, allows himself thirteen. Matching line for line – a principle set up by Eschenburg and an axiom for Voss – can be a mixed blessing. We see this by juxtaposing Schiller's and Dorothea's versions:

Schiller

König. Dies Schloß hat eine angenehme Lage,
Leicht und erquicklich atmet sich die Luft,
Und ihre Milde schmeichelt unsern Sinnen.
Banquo. Und dieser Sommergast, die Mauerschwalbe,
Die gern der Kirchen heil'ges Dach bewohnt,
Beweist durch ihre Liebe zu dem Ort,
Daß hier des Himmels Atem lieblich schmeckt.
Ich sehe keine Friesen, sehe keine
Verzahnung, kein vorspringendes Gebälk,
Wo dieser Vogel nicht sein hangend Bette
Zur Wiege für die Jungen angebaut,
Und immer fand ich eine mildre Luft,
Wo dieses fromme Tier zu nisten pflegt. (*NA*, XIII, 90f.)

Dorothea Tieck

Duncan. Dies Schloß hat eine angenehme Lage;
Gastlich umfängt die leichte milde Luft
Die heitern Sinne.
Banquo.   Dieser Sommergast
Die Schwalbe, die an Tempeln nistet, zeigt
Durch ihren fleiß'gen Bau, daß Himmelsathem
Hier lieblich haucht; kein Vorsprung, Fries noch Pfeiler,
Kein Winkel, wo der Vogel nicht gebaut
Sein hängend Bett und Wiege für die Brut:
Wo er am liebsten heckt und wohnt, da fand ich
Am reinsten stets die Luft.   (*ST*, 291)

That the air not only is sweet but comes 'nimbly' to recommend its qualities to the senses, in their turn refined and made gentle by it, presents the main difficulty of the opening. Where all the prose versions had had 'empfiehlt', Schiller (and Voss) have 'schmeichelt', and Dorothea 'umfängt'. Dorothea misses the active quality of the original verb, which Schiller has surely appreciated. Schiller has simplified, and slightly expanded ('atmet sich'), but his rhetorical transference of 'gentle' from adjective to noun gives him the right sense – and a better poetical line. For if August Wilhelm Schlegel was right in claiming that even great actors of Fleck's or Iffland's standing found speaking blank verse a problem[25], how might they have coped with Voss's

> Des Schlosses Lag' ist angenehm; die Luft
> So leicht und lieblich, o wie schmeichelt sie
> In Ruh die Sinn' uns!   (Voss, 21)

which achieves its doubtful linear coincidence with the original only by means of apocopation and disjunction.

In Banquo's continuation we identify 'temple-haunting' and 'loved mansionry' as especial difficulties. Dorothea, and Voss ('Tempelfreundin') keep the literalness of the older prose versions, whereas Schiller alone sees that the same house-martin that builds in churches has also favoured this 'pleasant seat'. True, he needs a whole line for two English words; but he makes the essential point in meaning. He requires a full line, too, for Dorothea's 'fleiß'gen Bau' and Voss's awkward 'trauliche Ansiedelung'; but he also gets it right, enabling him to place strategically at the end of his next line the sensuous 'schmeckt' for 'smells', achieved less well by Dorothea's 'haucht' and Voss's 'Hauch'. If Voss and Dorothea score all four of Shakespeare's nesting-places, Schiller has avoided the potential awkwardness of rendering literally 'no […] nor […] but', by his more straightforward 'Ich sehe keine […] sehe keine'. The others cannot improve on Schiller's syllable-saving device, 'fand', for 'have observed'. They do, however, preserve the order and main emphasis of the speech's end. This order Schiller changes, allowing himself in the process a freedom that shows him as more than the 'mere' translator. The 'most' of 'breed and haunt' is simply transferred to the adjective 'delicate' (his 'mild' is better than the others' 'rein') and the verb 'pflegt', a rhetorical intensification. Through reversal of the last two lines, Banquo's speech becomes encapsulated between 'Sommergast' and 'frommes Tier', where Shakespeare links Macbeth's two victims, Duncan and Banquo, in their common praise of the air. Yet the 'frommes Tier' is a master-stroke that atones for any change in emphasis; for 'fromm', its main association in the eighteenth century still that of beneficence, goodness, and kindness, equally applicable to any living creature, is perhaps not 'correct', but it surely is 'right'.

---

[25] *August Wilhelm von Schlegel's Sämmtliche Werke*, edited by Eduard Böcking, 12 vols (Leipzig, 1846–47), VII, 67.

Such freedom can on other occasions be problematic. An example is Macbeth's brief soliloquy from the seventh scene of Act One:

> If it were done when 'tis done, then 'twere well
> It were done quickly: if the assassination
> Could trammel up the consequence, and catch
> With his surcease success; that but this blow
> Might be the be-all and the end-all here,
> But here, upon this bank and shoal of time,
> We'ld jump the life to come. But in these cases
> We still have judgment here; that we but teach
> Bloody instructions, which, being taught, return
> To plague the inventor: this even-handed justice
> Commends the ingredients of our poison'd chalice
> To our own lips.

Schiller

> Wär' es auch abgetan, wenn es getan ist,
> Dann wär' es gut, es würde rasch getan!
> Wenn uns der Meuchelmord auch aller Folgen
> Entledigte, wenn mit dem Toten alles ruhte,
> Wenn dieser Mordstreich auch das Ende wäre,
> Das Ende nur für diese Zeitlichkeit –
> Wegspringen wollt' ich übers künft'ge Leben!
> Doch solche Taten richten sich schon hier,
> Die blut'ge Lehre, die wir andern geben,
> Fällt gern zurück auf des Erfinders Haupt,
> Und die gleichmessende Gerechtigkeit
> Zwingt uns, den eignen Giftkelch auszutrinken. (*NA*, XIII, 92)

Dorothea Tieck

> – – Wär's abgethan, so wie's gethan ist, dann wär's gut,
> Man thät' es eilig: – Wenn der Meuchelmord
> Aussperren könnt' aus seinem Netz die Folgen,
> Und nur Gelingen aus der Tiefe zöge:
> Daß mit dem Stoß, einmal für immer, Alles
> Sich abgeschlossen hätte; – Hier, nur hier, –
> Auf dieser Schülerbank der Gegenwart, –
> So setzt' ich weg mich über's künft'ge Leben. –
> Doch immer wird bei solcher That uns schon
> Vergeltung hier: daß, wie wir ihn gegeben
> Den blut'gen Unterricht, er, kaum gelernt,

Zurück schlägt, zu bestrafen den Erfinder:
Dies Recht, mit unabweislich fester Hand
Setzt unsern selbstgemischten, gift'gen Kelch
An unsre eignen Lippen. –   (ST, 292)

The older translators all avoid the threefold 'done' through 'wenn alles vorbei [wäre]' (S, 84; E, 310; W, 33); the three verse translators identify the rhythmical need for completeness, Voss and Dorothea preserving the original line structure and all three matching verse for verse. Shakespeare's metrically irregular line becomes correct blank verse in Voss's

Wär's, wenn gethan, auch abgethan, gut wär's,
Man thät' es schleunig.   (Voss, 23)

This is not such a good line for actor or audience and weakens the emphasis of the first 'done'. Dorothea permits herself an extra strong beat for the first line; the sequence of 'abgethan', 'gethan' and 'thät'' seems unexceptionable until one sees what Schiller makes of it. Here are two full verses, roughly equally divided into four sections, with the stress falling heavily on 'abgetan', 'getan', and 'rasch getan'. It is absolutely right in rhythmic and rhetorical terms. Schiller then proceeds to side-step the metaphorical traps and reefs of 'trammel up' and 'bank and shoal of time' which so ensnare the other translators. Dorothea, following the First Folio – and her father – is aberrant, needing to render 'trawl' and 'school', Wagner before her having chosen this reading in his 'die Folgen auffischen' and 'Lehrbank der Zeitlichkeit'. 'Be-all and end-all' provides difficulties for everybody, only Wagner's 'Ende gut, alles gut' (W, 33) or Voss's 'das Eins-und-Alles' (Voss, 23) standing out for commendation. Schiller, in his own dramatic practice more given to argument and debate than rhetorical *amplificatio,* follows the sense of the text and 'jumps' the metaphor, to bring the weight on to the polysyndetic 'Ende' and the antithesis of 'Zeitlichkeit' and 'künft'ge Leben'. The speech has a more clearly-marked rhetorical – almost forensic – progression from 'Wär' [...] Dann [...] Wenn [...] Doch', without the unruliness, the mid-line arrests and resumptions, of Shakespeare. Images become *sententiae*; hence Schiller succeeds only in preserving the length of the original by cutting through a thicket of metaphors and stating in measured progression the 'Lehre' of 'Gerechtigkeit' and 'eignen Giftkelch'. Only Wagner is bolder and more vivid with his prose sentence: 'Kaum haben wir andern den Weg zu morden gezeiget, so setzen sie den Wermuth unsers bereiteten Giftbechers uns selbst an den Mund. –' (W, 33).

If Schiller in this passage slips too easily into the style of *Wallenstein* or

Maria Stuart, what of one further severe test, from the opening scene of Act
Two:

> Is this a dagger which I see before me,
> The handle toward my hand? Come, let me clutch thee: –
> I have thee not, and yet I see thee still.
> Art thou not, fatal vision, sensible
> To feeling as to sight? or art thou but
> A dagger of the mind, a false creation,
> Proceeding from the heat-oppressed brain?
> I see thee yet, in form as palpable
> As this which now I draw.
> Thou marshall'st me the way that I was going;
> And such an instrument I was to use.
> Mine eyes are made the fools o' the other senses,
> Or else worth all the rest; I see thee still,
> And on thy blade and dudgeon gouts of blood,
> Which was not so before. There's no such thing:
> It is the bloody business which informs
> Thus to mine eyes. Now o'er the one half-world
> Nature seems dead, and wicked dreams abuse
> The curtain'd sleep; witchcraft celebrates
> Pale Hecate's offerings, and wither'd murder,
> Alarum'd by his sentinel, the wolf,
> Whose howl's his watch, thus with his stealthy pace,
> With Tarquin's ravishing strides, towards his design
> Moves like a ghost. Thou sure and firm-set earth,
> Hear not my steps, which way they walk, for fear
> Thy very stones prate of my whereabout,
> And take the present horror from the time,
> Which now suits with it. Whiles I threat, he lives:
> Words to the heat of deeds too cold breath gives.
> *(A bell rings.)*
>
> I go, and it is done; the bell invites me.
> Hear it not, Duncan; for it is a knell
> That summons thee to heaven or to hell.
> *(Exit.)*

Schiller

> Ist dies ein Dolch, was ich da vor mir sehe?
> Den Griff mir zugewendet? Komm! Laß mich dich fassen.
> Ich hab' dich nicht und sehe dich doch immer.
> Furchtbares Bild! Bist du so fühlbar nicht der Hand,

Als du dem Auge sichtbar bist? Bist du
Nur ein Gedankendolch, ein Wahngebilde
Des fieberhaft entzündeten Gehirns?
Ich seh' dich immer, so leibhaftig wie
Den Dolch, den ich in meiner Hand hier zücke.
Du weisest mir den Weg, den ich will gehn,
Solch ein Gerät, wie du bist, wollt' ich brauchen.
Entweder ist mein Auge nur der Narr
Der andern Sinne, oder mehr wert als sie alle.
– Noch immer seh' ich dich und Tropfen Bluts
Auf deiner Klinge, die erst nicht da waren.
– Es ist nichts Wirkliches. Mein blutiger
Gedanke ist's, der so heraustritt vor das Auge!
   Jetzt scheint die eine Erdenhälfte tot,
Und böse Träume schrecken hinterm Vorhang
Den unbeschützten Schlaf! Die Zauberei beginnt
Den furchtbarn Dienst der bleichen Hekate,
Und aufgeschreckt von seinem heulenden Wächter,
Dem Wolf, gleich einem Nachtgespenste, geht
Mit groß – weit – ausgeholten Räuberschritten
Der Mord an sein entsetzliches Geschäft.
Du sichre, unbeweglich feste Erde,
Hör meine Tritte nicht, wohin sie gehn,
Damit nicht deine stummen Steine selbst
Mein Werk ausschreien und zusammenklingend
Dies tiefe Totenschweigen unterbrechen,
Das meinem Mordgeschäft so günstig ist.
Ich drohe hier, und drinnen lebt er noch! –
              Man hört die Glocke
Rasch vorwärts, Macbeth, und es ist getan!
Die Glocke ruft mir – Höre sie nicht, Dunkan!
Es ist die Glocke, die dich augenblicks
Zum Himmel fördert, oder zu der Hölle.
              Er geht ab.   (*NA*, XIII, 98)

              Dorothea Tieck

Ist das ein Dolch, was ich vor mir erblicke,
Der Griff mir zugekehrt? Komm, laß dich packen: –
Ich fass' dich nicht, und doch seh' ich dich immer.
Bist du, Unglücksgebild, so fühlbar nicht
Der Hand, gleich wie dem Aug'? oder bist du nur
Ein Dolch der Einbildung, nichtig Phantom,

Das aus dem heiß gequälten Hirn erwächst?
Ich seh' dich noch, so greifbar von Gestalt
Wie der, den jetzt ich zücke:
Du gehst mir vor, den Weg, den ich will schreiten,
Und solch ein Werkzeug wollt' ich auch gebrauchen.
Mein Auge ward der Narr der andern Sinne,
Oder mehr als alle werth: – Ich seh' dich stets,
Und dir an Griff und Klinge Tropfen Bluts,
Was erst nicht war. – Es ist nicht wirklich da:
Es ist die blut'ge Arbeit, die mein Auge
So in die Lehre nimmt. – Jetzt auf der halben Erde
Scheint todt Natur, und den verhangnen Schlaf
Quälen Versucherträume. Hexenkunst
Begeht den Dienst der bleichen Hecate;
Und dürrer Mord,
Durch seine Schildwach aufgeschreckt, den Wolf,
Der ihm das Wachtwort heult, – so dieb'schen Schrittes,
Mit wilder Brunst Tarquins, dem Ziel entgegen,
Schreitet gespenstisch. –
O du verwundbar, fest gefügte Erde,
Hör' meine Schritte nicht, was sie auch wandeln,
Daß nicht ausschwatzen selber deine Steine
Mein Wohinaus, und von der Stunde nehmen
Den jetz'gen stummen Graus, der so ihr ziemt. –
Hier droh' ich, er lebt dort;
Für heiße That zu kalt das müß'ge Wort!
            (die Glocke wird angeschlagen.)
Ich geh', und 's ist gethan; die Glocke mahnt.
Hör' sie nicht, Duncan, 's ist ein Grabgeläut,
Das dich zu Himmel oder Höll' entbeut.
            (er steigt hinauf.)   *(ST, 296f.)*

Shakespeare's thirty-two verses produce thirty-six in Schiller, but also thirty-five from Dorothea, an indication of the passage's complexity and density. The occasionally irregular lines of the original lead Schiller into metrical liberties, while Dorothea needs the extra half-lines 'Und dürrer Mord' and 'Schreitet gespenstisch' to catch in 'wither'd murder' at outset and close of its hypotactically striding pace. Not without stiffness, literalness, and the occasional infelicity (the highly unfortunate rhyming couplet), Dorothea actually renders nearly all that is there, down to the 'blade and dudgeon' and the fourfold association of Hecate, murder, wolf, and Tarquin, completing the arc of 'Now [...] moves like a ghost'. Schiller again simplifies, yet the accentuation of the pronouns 'dich', 'bist du' and 'du bist' does serve to make the passage 'in form as palpable'. Where in Shakespeare's great invocation of the terrors of the night, 'Now [...] murder' holds the sentence together on its way to 'ghost', Schiller brackets wolf and ghost to make the sentence stride towards the main stress of 'Geschäft'. Tarquin, whose mention adds another dimension of lustful horror to the anticipation of murder, Schiller, like Bürger before him, simply omits. 'Design' may take precedence over atmosphere, yet the one-line antithesis of the close seems to lack nothing of the original's ominous finality.

Perhaps little heeded by Schiller and his contemporaries, Herder had translated this very passage for intended inclusion in his Shakespeare essay of 1773[26], eventually adopting it in the *Alte Volkslieder* of 1774 (*H*, XXV, 35). The conflicting demands of rendering adequately the 'physiognomy' of other poetic cultures, the empathetic entering into the soul of alien poetry, the call for 'das Herzrührende' – all these place insuperable claims on Herder's scruples as a translator; a fragment only can represent the humanly possible in 'Einfühlung', in 'U e b e r s e t z e n', as his later essay of 1799 distinguishes it (*H*, XX, 345). The dramatic, interjectory, nervous, atmospheric rendering of this speech from *Macbeth* remains nevertheless to this day an unrivalled *tour de force* – although even Herder cannot find room for Tarquin. Its purpose – to make the text speak where the most enthusiastic and empathetic criticism fails ('und doch würde ich mit Allem nichts sagen'; *H*, V, 224) – is illustrative and demonstrative. It has in its disjections and enjambements something of the *Sturm und Drang* style of the essay into which it was to be set. There is a quality of the 'Geniezeit' prose Shakespeare recast in poetic lines, the tone and tenor resting on the heaping of rhetorical questions and the parallelism of images of midnight. It is doubtful if any actor in Herder's day could have spoken these lines – nor was it the intention.

Schiller, constantly bearing in mind his brief, 'Zur Vorstellung [...] eingerichtet', substitutes for the atmospheric, almost neuraesthenic, tone of Herder and his contemporaries, a Shakespeare of rhetorical emphasis and dramatic clarity. He distils what for him is the essence of a speech or situation, without too anxious concern for the occasional semantic complexity of the original. This process uncovers much of the 'essential' Shakespeare that empathy or literalness, both inimical to Schiller, may not.

---

[26] *Herders Sämmtliche Werke* (referred to in text as *H*), edited by Bernhard Suphan, 33 vols (Berlin, 1877–1913), V, 253–55.

It is perhaps the admission from the very start that the process of translation, its very act, implies loss. Schiller's mature dramatic style could countenance loss of poetic embellishment; yet it would never abandon what Hebbel called 'Relation'[27], through which dramatic representation refers constantly to the processes of which it is part or to the eventual outcome to which it ultimately leads. Otto Ludwig's less than charitable distinction between Shakespeare and Schiller – 'Darstellung des Gegenstandes' versus 'Sentiments über den Gegenstand'[28] – while reflecting a nineteenth-century view of individual character, can all the same point us to a proper historical appreciation of Schiller's inerrant sense of the essentially referential and rhetorical quality of dramatic and theatrical utterance. It remains the key to Schiller's 'certamen et aemulatio' with Shakespeare's *Macbeth*.

---

[27] 'Über den Stil des Dramas', in Friedrich Hebbel, *Werke*, edited by Gerhard Fricke, Werner Keller, and Karl Pörnbacher, 5 vols (Munich, 1963–67), III, 583.

[28] Otto Ludwig, *Werke*, edited by Arthur Eloesser, 4 parts (Berlin-Leipzig-Wien-Stuttgart, n. d.), IV, 193.

John Hibberd (Bristol)

Das Vorspiel zu Schillers *Wilhelm Tell* und die »hervorzubringende Einheit«

Wie vor einigen Jahren Oskar Seidlin in der Festschrift für Benno von Wiese[1] befasse ich mich hier mit dem sogenannten Vorspiel zu Schillers *Wilhelm Tell*, d. h. mit den drei Liedern am Anfang der ersten Szene und ihrer Funktion in der Architektonik des Werks, wobei eine Interpretation des ganzen Dramas im Spiel ist. Es liegt auf der Hand, daß es in diesem Stück um Natur und Freiheit geht. Wie sind nun die Lieder in diese Thematik einzureihen? Seidlins Antwort auf diese Frage ist im wesentlichen sicher richtig: das Vorspiel enthält symbolisch und im Keim das eigentliche Thema des Werks. So vielversprechend sein Ansatz und so erfreulich und ergiebig seine genaue Textauslegung, ist doch seine Interpretation dann anfechtbar, wenn das Thema anders gedeutet wird. Seidlin will vom Fischerknaben des ersten Liedes zum Schützen des dritten Liedes eine Zunahme an Bewußtsein und Erkenntnis feststellen. Er identifiziert den Schützen mit dem Helden Tell und beide mit einer Überlegenheit oder einem Sieg über die physische Natur. Er geht implizit von Schiller als dem Kantianer und dem Dramatiker der Erhabenheit aus, um dann die Freiheit mit dem Widernatürlichen zu verbinden und schließlich die Erkenntnis als Agonie des Bewußtseins und schreckliche Isoliertheit bloßzulegen. Diese Deutung ist meines Erachtens mit dem eigentlichen Hauptthema des Werkes unvereinbar, das – wie unten ausgeführt werden soll – in der Bejahung der Einheit von Mensch und Natur zu finden ist. Hier versuche ich eine Interpretation des Vorspiels, die dem so verstandenen Hauptthema gerecht wird, und worin nicht alle Schweizer des Stücks außer Tell, wie in Seidlins Aufsatz, zu kurz kommen. Er sieht auch über einige Unklarheiten in den Liedern selbst hinweg. Denn in ihnen bleibt tatsächlich manches keimhaft, unausgesprochen oder bloß angedeutet und daher problematisch. Das Problematische an den Eröffnungsliedern soll unten erörtert und mit Schillers Worten über

---

[1] Oskar Seidlin, ›Das Vorspiel zu Wilhelm Tell‹, in *Untersuchungen zur Literatur als Geschichte: Festschrift für Benno von Wiese*, hg. von Vincent J. Günther, Helmut Koopmann, Peter Pütz, Hans Joachim Schrimpf (Berlin, 1973), S. 112–128.

›Musik‹ und ›Idee‹ einer Dichtung in Beziehung gebracht werden. Dadurch
tritt eine Dimension der Gesamtstruktur des Werks ans Licht. Die Symbolik der Lieder ist aber kaum gerechtfertigt, wenn sie auf den moralisch-
politischen Inhalt des Schauspiels keinen Bezug hat. Sicher würde es sich
lohnen, für die Deutung des Vorspiels das zu verwerten, was Untersuchungen über dieses Drama und Schillers Theorien der ästhetischen Freiheit und
der Idylle sowie über die Beziehungen zur französischen Revolution und
zum politischen Denken der Zeit ausführen[2]. Dem Stoff gleich nahe – wenn
nicht sogar näher – sind aber Äußerungen Schillers und Goethes über Natur
und Dichtung, ja sogar Schillers Gedanken über naturwissenschaftliche
Methode. Denn auch dort ist von Freiheit die Rede. Schiller brachte ein
›Naturvolk‹ auf die Bühne und benutzte J. J. Scheuchzers *Naturgeschichte
des Schweizerlandes* als Quelle. Sollte es denn verwundern, wenn ihm der
Naturidealismus Herders und Goethes für den Stoff relevant schien? Oder
wenn insbesondere Analogien, die der Naturphilosophie und Naturwissenschaft Goethescher Prägung zugrundeliegen, in diesem Werk eine große
Rolle spielen? Da ist die Gleichsetzung von Natur und Freiheit nicht zu
überhören. Die poetische Struktur im Drama, auf welche die Musik des
Vorspiels hinweist, ist mit einer Analogie von Natur und Dichtung verbunden. Die dreifache Analogie Natur-Freiheit-Dichtung – so meine These –
war eine wichtige Komponente in der Konzeption des Werks und liefert
den Schlüssel zur Funktion und Bedeutung des Vorspiels, so wie die
Analogie Natur-Freiheit für die Interpretation des ganzen Dramas zentral
bleiben muß. Mit anderen Worten: *Wilhelm Tell* und dessen Vorspiel sind
von einem weltanschaulichen Hintergrund aus zu verstehen, worin die
Auffassung der Natur mit dem in den theoretischen Schriften Schillers oft
angewandten Kantischen Naturbegriff nicht identisch ist; da sind Naturgesetz und Vernunftfreiheit Gegensätze; hier im Drama findet der Mensch
seine Freiheit nicht im Gegensatz zur Natur, sondern in und dank der
Natur.

Bevor wir das Vorspiel unter die Lupe nehmen, soll im weiteren einiges
kurz berichtet werden über den breiten Themenkreis Natur-Freiheit-Dichtung, wie er an bekannten und von der Kritik öfters in einem anderen

---

[2] Vgl. Fritz Martini, ›Wilhelm Tell: Der ästhetische Staat und der ästhetische Mensch‹, in *Der
Deutschunterricht* (12), 1960, Heft 2, S. 91–118; Gert Sautermeister, *Idyllik und Dramatik
im Werk Friedrich Schillers* (Stuttgart, 1971); Gerhard Kaiser, ›Idylle und Revolution in
Wilhelm Tell‹, in Kaiser, *Von Arkadien nach Elysium. Schiller-Studien* (Göttingen, 1978),
S. 167–205; Gert Ueding, ›Wilhelm Tell‹, in *Schillers Dramen, Neue Interpretationen*, hg.
von Walter Hinderer (Stuttgart, 1979), S. 271–293.

interpretativen Zusammenhang zitierten Stellen aus Briefen Schillers und
Goethes zum Vorschein kommt. Da stellt sich der Glaube an die Einheit
von Mensch und Natur als konstitutiv heraus. Ist die überwiegende Präsenz
dieses Einheitsgedankens auch im Drama festzustellen, so dürfen wir wohl
in *Wilhelm Tell* das Hauptmerkmal der deutschen Hochklassik erkennen,
wie es Korff in seiner Darstellung der Goethezeit definierte: das Streben
nach einer Synthese von Naturidealismus und Vernunftidealismus[3]. (Trotzdem reihte Korff dieses Drama in sein Kapitel ›Vernunftidealismus‹ ein!)
Auch ist damit zu rechnen, daß man vielleicht der Frage der dramatischen
Einheit dieses Werks näher kommt, wenn anerkannt wird: hier war dem
Dichter Einheit ein weltanschauliches und kein ausschließlich ästhetisches
Desideratum. Die Einheit sollte nicht auf Kosten der Mannigfaltigkeit
aufgestellt, sie sollte aber im Ganzen der Natur vorausgesetzt werden:
dieser Leitgedanke bestimmte Schillers Aussage über naturwissenschaftli-
che Methodologie, und er ließ sich auf eine Menschengesellschaft – das
Schweizervolk – anwenden, die als Teil der Natur vorgestellt wurde.

Zunächst sind auch einige Worte über die allgemeine Goethe-Nähe des
Wilhelm Tell hier am Platz. Schiller wußte, daß Goethe im Jahre 1797 ein
Tell-Epos geplant hatte. Er hatte daher besonderen Grund, bei der Arbeit
an diesem Werk ständig an den großen Zeitgenossen, das gemeinsame
Streben und den Wettstreit mit ihm zu denken. Eine Auswirkung davon ist
wohl darin zu sehen, daß dieses Geschichts- und Freiheitsdrama mit seinen
Volksszenen, opernhaften Zügen und seinem Helden, der als Einzelgänger
von dem Volk absteht, das ihn doch als Inspiration feiert, dem *Egmont*
nahesteht. Ein anderes Zeichen der Goethe-Nähe liegt darin, daß das Werk
sich als Reaktion auf die französische Revolution *Hermann und Dorothea*
an die Seite stellen läßt (Kaiser, S. 167f., 202f.). Bedeutsam in diesem
Zusammenhang ist auch, daß der Dramatiker sich bewußt an den »fast
homerischen Geist«[4] seiner Hauptquelle Tschudi hielt, also eine Naivität
und damit eine gewisse Annäherung an die Dichtungsart und Geisteshal-
tung Goethes anstrebte. Hier ist zur Kenntnis zu nehmen, daß naive
Dichtung, wie sie Schiller definiert, die Einheit von Mensch und Natur als
Selbstverständliches voraussetzt. Ebenso bedeutend war die Wahl des Stoffes selbst, denn die durch den Tell-Stoff praktisch festgelegte Thematik von
Natur und Freiheit brachte Schiller auf ein Gebiet, das der Gedankenwelt

---

[3] H. A. Korff, *Geist der Goethezeit*, 2. Teil: *Klassik*, 2. Auflage (Leipzig, 1954), S. 12.
[4] Schiller an Körner, 9. September 1802. Zitiert nach *Dichter über ihre Dichtungen. Friedrich
Schiller. 1795–1805*, hg. von Bodo Lecke (München, 1970), S. 495 (künftig: D).

Goethes zentral war. Dabei ist zu bedenken, daß Schillers Begriff der
Freiheit, die er mit dem Willen und der Herrschaft über die Natur verband,
Goethe höchst suspekt war[5]; aber auch daß Schillers Schauspiel trotzdem
den Eindruck hinterläßt, hier werde ein Naturglaube ausgedrückt, worin
Spuren des Kantianers und des Dualismus von Naturgesetz und Vernunftfreiheit kaum zu merken sind. Genau die von der Kritik öfters erwähnten
›Schwächen‹ des Stücks in Betreff dramatischer Einheit und geschichtsphi-
losophischer Beweisführung (dreisträngige Handlung, Rolle des Zufalls)
lassen ja auf einen vertrauensvollen Glauben an eine Mutter-Natur schließen, die gütig-geheimnisvoll den naturverbundenen Menschen dem Glück
und der Freiheit zuführt – genau das Vertrauen auf die Natur, das die
Schweizer des Stücks zu Worte bringen.

Gab denn Schiller bei seiner Behandlung des Tell-Stoffs die eigene
Auffassung von der Überlegenheit des Menschen über die physische Natur
preis? Sicher nicht ganz, denn Tell wird uns vorgeführt als einer, der die
Natur in der Gestalt des stürmenden Sees überwindet. Dazu kommt, daß in
der Ursprungslegende (1166ff.; auch 1258ff.) von der Zähmung und Wohn-
barmachung der wilden Natur erzählt wird. Schließlich fordern auch eben
die erwähnten ›Schwächen‹ des Stücks zu einem kritischen Reflektieren
über den Naturglauben auf. Sie provozieren die Fragen: was hat diese
Legende mit Wirklichkeit und Geschichte zu tun, und was kann eine
Geschehensfolge, worin der Zufall eine bemerkenswerte Rolle spielt, über
Gesetzmäßigkeit in der Natur oder der Geschichte aussagen? Denn durch
Zufall koinzidieren die Ermordung Geßlers durch Tell, der Aufstand der
Eidgenossen und der Tod des Kaisers: die Ereignisse, die zusammen die
politische Befreiung ermöglichen. Trotzdem kommt man nicht von der
Überzeugung weg, hier werden Natur und Geschichtsprozeß laut bejaht.
Allerdings ist Schillers Schweiz kein Naturparadies. Hier kann der unacht-
same, verwegene oder unglückliche Mensch den wilden Elementen erliegen
und vorzeitig ums Leben kommen. Auch wird die Gleichsetzung von
Natur und Gerechtigkeit in Frage gestellt. Denn so sehr sich Schillers
Schweizer auf die Natur als moralische Instanz berufen, stellt sich heraus –
eben als der Fischer Ruodi pathetisch die rächende Natur heraufbeschwört
– daß der Sturm den Helden Tell und nicht nur den Bösewicht Geßler zum
Opfer nehmen könnte (IV.1). Zwar rettet sich Tell, aber auch Geßler kommt
heil davon. Eines sehen Schillers Schweizer nicht ein: die Natur, die sie be-

---

[5] Vgl. Emil Staiger, ›Fruchtbare Mißverständnisse Goethes und Schillers‹, in Staiger, *Spätzeit.
Studien zur deutschen Literatur* (Zürich und München, 1973), S. 31–54.

jahen, ist eine Idee, wie sie Schiller seinem Bild der alten Griechen zugrundegelegt hatte. Aber eben in *Wilhelm Tell* scheint der Unterschied zwischen Idee und Erfahrung, auf den Schiller 1794 bei der ersten Unterredung mit Goethe gepocht hatte, verwischt und kaum wesentlich. Gehörte er nicht zu den Antinomien wie Naturgesetz und Vernunftfreiheit, die als Werkzeuge der Analyse hier abgelehnt werden sollten, wo es um ein einheitliches Welt- und Naturbild ging? Die Überbrückung des Dualismus forderte eine solche Ablehnung des analytischen Denkens und bedeutete eine Idealisierung, die sowieso der Dichtungstheorie Schillers entsprach, welche auch anhand der Idee der Natur aufgebaut wurde. Hier in der Dichtung *Wilhelm Tell* ging es darum, Ideen anschaulich zu machen. Die idyllische Harmonie von Natur und Mensch sollte als poetische Wirklichkeit dargestellt werden; ihr Wert sollte um so mehr hervorleuchten, als sie vor der Gefahr gerettet wird und als Errungenschaft erscheint. Schiller wollte nicht die ganze kantische Philosophie desavouieren: die bejahte Natur ist eine regulative Idee. Er wollte auch keine schroffe Konfrontation mit den Überzeugungen Goethes. Vielmehr strebte er nach einer Synthese. Das Naturideal sollte nicht nur als Idee, sondern auch als Erfahrung zur Geltung kommen.

Die Basis für eine Annäherung an die Goethische Denkweise war seit langem da, und nicht nur in Schillers Bewunderung für die geniale Begabung seines Zeitgenossen. Auch Schiller legte, schon vor der Bekanntschaft mit Goethe, Nachdruck auf die Natur als Ganzes, wollte sie nicht auf zerstückelte Weise behandelt sehen und verband die Begriffe Freiheit, Schönheit und Vollendung mit der Autonomie organischer Gebilde. Schon in seinen frühen medizinischen Schriften scheint der Glaube durch, daß die gesunde Natur für die harmonische Wechselwirkung der Kräfte im menschlichen Körper sorgt[6]. Ihm ging es später auch um eine Bildung, die alle Wissenschaftsgebiete und alle Formen der Praxis umfassen und vereinen, den ganzen Menschen in Anspruch nehmen und Einseitigkeiten aufheben sollte. Nach der französischen Revolution war beiden Klassikern die Natur, wo es sich um Ganzheit und Evolution handelte und gewaltsame Veränderungen vermieden waren, Anhaltspunkt und Leitbild. Totalität und Synthese waren ihnen wichtig[7]. Die Bedeutung des Begriffs Einheit für diese Zeit ist daran zu messen, daß Herder, Goethe, Knebel, Schelling und Stef-

---

[6] Vgl. Kenneth Dewhurst and Nigel Reeves, *Friedrich Schiller. Medicine, Psychology and Literature* (Oxford, 1978).

[7] Walter Müller-Seidel, ›Naturforschung und deutsche Klassik. Die Jenaer Gespräche im Jahre 1794‹, in *Untersuchungen zur Literatur als Geschichte*. S. 61–78.

fens alle, kurz bevor Schiller sich für die Bearbeitung des Tell-Stoffs ent-
schied, den Plan eines neuen Gedichts nach Lukrez überlegten, das die Einheit der Wissenschaften und der Welt gezeigt hätte[8]. Für Schiller war eine
ideale Synthese die Vereinigung seiner sentimentalischen Dichtungsweise
mit der naiven Goethes – auch gewissermaßen eine Vereinigung der alten
Wahrheit mit moderner Erkenntnis. Vor allem sobald von Dichtung die
Rede war, war er bereit, dem Einheits- und Harmoniegedanken vor den
Antithesen der Analyse den Vorzug zu geben. Den Weg zum gegenseitigen
Verständnis und gemeinsamen Wirken fanden Schiller und Goethe im Jahre
1794 zunächst eher über Kunst und Dichtung als über Philosophie und
Wissenschaft der Natur[9]. Dies sei hier erwähnt, weil im folgenden zunächst
die Auffassung des dichterischen Schaffens, die mit dem Hauptthema des
Wilhelm Tell – Natur und Freiheit – verschränkt ist, in den Vordergrund
treten soll. Eben Schillers Einbeziehung von Gedanken über das Verfahren
des Dichters war für die Überbrückung des Gegensatzes Natur und Freiheit
und für die Gestaltung seines Dramas von maßgebender Bedeutung. Sie gab
dessen Vorspiel eine besondere Rechtfertigung.

Es sei zuerst zur Kenntnis genommen, daß, so wie das Wort ›Harmonie‹ im
Schillerschen Wortschatz musikalische, ästhetische, psychologische, politische und soziale Konnotationen besaß[10], Freiheit für Goethe und Schiller
keineswegs eine ausschließlich politische oder eng moralische Bedeutung
hatte. Man denke zum Beispiel an Schillers Begriff der ästhetischen Freiheit.
Das Wort Freiheit gehörte auch in den Kontext von Wissen und Wissenschaft und in den Rahmen der Diskussion über naturwissenschaftliche
Methodologie, die Goethe besonders am Herzen lag. Er war davon überzeugt, daß die Naturwissenschaft nach Newton, welche die Natur mechanisch statt organisch erklären wollte, die Einheit der Natur verleugnete.
Schiller aber bestand auf der Freiheit des Wissenschaftlers, und zwar im
Briefwechsel mit Goethe. Er ging von Goethes Aufsätzen ›Der Versuch als
Vermittler‹ und ›Erfahrung und Wissenschaft‹ aus. Zur Erörterung stand
das Verhältnis zwischen Erfahrung (Beobachtung, Analyse) auf der einen
Seite und Idee (Hypothese, Theorie) auf der anderen. Die reine Beobach-

---

[8] Vgl. H. B. Nisbet, ›Herder und Lukrez‹, in *Johann Gottfried Herder 1744–1803*, hg. von
     Gerhard Sauder (Hamburg, 1987), S. 85.
[9] Vgl. Müller-Seidel, ›Naturforschung …‹; Melitta Gerhard, ›Wahrheit und Dichtung in der
     Überlieferung des Zusammentreffens von Goethe und Schiller im Juli 1794. Eine Klarstel-
     lung‹, in Gerhard, *Auf dem Wege zu neuer Weltsicht. Aufsätze zum deutschen Schrifttum
     vom 18. bis 20. Jahrhundert* (Bern und München, 1976), S. 84–89.
[10] Vgl. Margaret C. Ives, *The Analogue of Harmony. Some Reflections on Schiller's Philoso-
     phical Essays* (Pittsburgh, 1970).

tung (»der gemeine Empiricism«) und die reine Theorie (»der Rationalism«) hatten beide, so schrieb Schiller an Goethe am 12. Januar 1798, Schwächen und Gefahren. Der eine kam nicht über das Partikulare hinaus, der andere konnte leicht Tatsachen vernachlässigen oder mit ihnen willkürlich umgehen. Beide zeigten krasse Einseitigkeiten, wie sie für die zeitgenössische Kultur typisch waren, und Goethe hatte recht, wenn er diese Einseitigkeiten in der Naturwissenschaft heftig bekämpfen wollte. Empirizismus und Rationalismus sollten zu einer Synthese in der »rationalen Empirie« geleitet werden. In dem Rationalismus kam die Freiheit der »Denkkräfte« oder der »theoretischen Vermögen« zur Geltung. Diese Freiheit konnte mißbraucht werden, aber ohne sie gab es keine Wissenschaft. Der richtige Gebrauch dieser Freiheit bestand darin, daß man der Beobachtung der individuellen Phänomene gerecht blieb und doch der »hervorzubringenden Einheit« in der Mannigfaltigkeit der Natur nachforschte. Goethe begrüßte diesen Gedanken als sein »eigenes Glaubensbekenntnis« und schrieb am 20. Januar, daß er zur »edlen Freiheit des Denkens« über seine Beobachtungen im Bereich der Optik zu gelangen gedachte. Er widersprach nicht, als Schiller ihn von der Nützlichkeit vom »regulativen Gebrauch der Philosophie« in dieser Sache der naturwissenschaftlichen Methode überzeugen wollte[11]. Selbstverständlich war eine ideale Synthese in Wirklichkeit keineswegs leicht zu finden. Selbst Goethe fühlte sich gelegentlich veranlaßt, vor dem »unaufgelösten Widerstreit zwischen Aufgefaßtem und Ideiertem« zu flüchten und »Befriedigung in der Sphäre der Dichtkunst« zu suchen[12]. Wenn aber in *Wilhelm Tell* der Gegensatz zwischen Idee und Erfahrung kaum an der Tagesordnung zu sein scheint, dann wohl weil Schiller dem Ideal der Harmonie und der Synthese im Bereich der Naturwissenschaft oder Naturphilosophie sowie in dem der Dichtungstheorie huldigte und es in diesem Werk um Naturharmonie ging.

Die »hervorzubringende Einheit« war das Ziel der Naturwissenschaft und der Dichtung. Hier handelte es sich aber nicht nur um das, was in der Dichtung erreicht werden sollte, sondern auch darum, wie das Erreichte zustandekam. Schiller und Goethe waren beide davon überzeugt, daß die Dichtung wie die Natur nicht mechanisch zu verstehen war. In der neuplatonischen Tradition, aus der beide ihren Glauben an die Natur als einheitli-

---

[11] Schiller an Goethe, 12., 19. Januar 1798; Goethe an Schiller 13., 20. Januar 1798; zitiert nach Goethe, *Gedenkausgabe der Werke, Briefe und Gespräche*, hg. von Ernst Beutler (Zürich, 1950), XX, S. 491–3, 494, 497–501 (künftig: GA).

[12] Goethe, *Die Schriften zur Naturwissenschaft*, 1. Abt., Bd. I, *Schriften zur Geologie und Mineralogie 1770–1810* (Weimar, 1947), S. 98.

ches Ganzes schöpften, war der Vergleich zwischen schaffender Natur und schaffendem Dichter ein Gemeingut[13]. Das Wachstum eines Gedichts war mit Entwicklungen in der organischen Natur vergleichbar. Dies konstatierte Goethe in einem Brief an Schiller vom 5. Juli 1803, worin er über seine Arbeit an seinem *Faust* berichtete. Ob die Analogie die Steinwelt wie die Pflanzenwelt betraf, ließ er als unwesentlich dahingestellt sein, obgleich er auch im anorganischen Reich Metamorphosen bemerken wollte, »wenn beim Entstehen das Amorphe sich ins Gestaltete verwandelt« (GA, XVII, S. 630). Bezeichnend ist, daß Goethe von diesem Gedanken unmittelbar zum Fragenkomplex Natur und Freiheit überging. Er subsumierte die Freiheit unter der Natur, indem er voraussetzte, in der Natur wie in der Dichtung erfolgte jede Entwicklung frei nach eigenen inneren Gesetzen:

> Das altdeutsche wiedererstandene Drama [*Faust*] bildet sich mit einiger Bequemlichkeit um. Ich wüßte nicht zu sagen, ob sichs organisiert oder kristallisiert? welches denn doch zuletzt [...] auf eins hinauslaufen könnte.
>
> Übrigens bekömmt es uns ganz wohl, daß wir mehr an Natur als an Freiheit glauben und die Freiheit, wenn sie sich ja einmal aufdringt, geschwind als Natur traktieren [...] (GA, XX, S. 935f.)

Der letzte Satz, der auf Goethes Reaktion auf die Revolution hindeutet, könnte als Motto zum *Wilhelm Tell* stehen. Als Schiller diesen Brief las, hatte er die Vorstudien zu seinem Drama größtenteils hinter sich. Aber erst nach Erhalt des Briefes versprach er am 12. Juli dem Theaterdirektor Iffland, das Schauspiel werde bis zum nächsten Winter vorliegen. Die Vermutung liegt nahe, dieser Brief Goethes half ihm über einen letzten Zweifel über die Ausführbarkeit seines Vorhabens hinweg. Hier bestätigte Goethe die potentielle Allgemeingültigkeit eines Stoffes, worin Natur und Freiheit eng verbunden sein sollten. Damit war der Weg befürwortet, auf dem Schiller das für ihn Problematische lösen wollte oder sollte. Denn die große Schwierigkeit lag darin, »ein ganz örtliches und beinahe individuelles und einziges Phänomen« so zu gestalten, daß es »mit dem Charakter der höchsten Nothwendigkeit und Wahrheit« ausgezeichnet wäre[14]. Die Verallgemeinerung von dichterischem Verfassen auf das breite Phänomen Freiheit ließ die Vorstellung von der Identität von Natur und Freiheit an Überzeugungskraft gewinnen. Goethes Ansichten über Natur und Freiheit waren

---

[13] Vgl. Ernst Moritz Manasse, ›Goethe und die griechische Philosophie‹, in *Goethe und die Tradition*, hg. von Hans S. Reiss (Frankfurt am Main, 1972), S. 43.

[14] Schiller an Körner, 9. September 1802 (D, S. 495).

eine Sache des tiefen Gefühls; in Schillers Augen ermangelten sie wohl der philosophischen Grundierung. Aber er war zur Anerkennung bereit, »daß die Empfindung der meisten Menschen richtiger ist als ihr Raisonnement« (GA, XX, S.733). Das galt speziell in dem Fall Goethe, dem Schiller 1794 geschrieben hatte: »In Ihrer richtigen Intuition liegt alles und weit vollständiger, was die Analysis mühsam sucht, und nur weil es als ein Ganzes in Ihnen liegt, ist Ihnen Ihr eigener Reichtum verborgen« (GA, XX, S.13).

Die Verschränkung der Begriffe Natur, Dichtung und Freiheit war Schiller keineswegs fremd. Seine Äußerungen, die auf ein Mißachten der Natur hindeuteten und darum Goethe mißfielen, waren mit der für den Theoretiker vor der Zusammenarbeit mit Goethe charakteristischen Unterscheidung zwischen Natur als Idee und Natur als Erfahrung verbunden. In den *Ästhetischen Briefen* heißt es, »*die Freyheit selbst*« ist »eine *Wirkung* der Natur (dieses Wort in seinem weitesten Sinne genommen)«[15]. Der Unterschied zwischen Idee und Erfahrung trat aber 1801 in einem Brief an Goethe bezeichnenderweise da zurück, wo Schiller nach Gesprächen mit Schelling über Naturphilosophie in einem Hauptpunkt Schelling widersprach und für die unmittelbare Analogie zwischen Naturprozeß und Genese eines Dichtwerks einstand. In beiden war ein Aufstieg vom Bewußtlosen zum Bewußten zu konstatieren:

> in der Erfahrung fängt auch der Dichter nur mit dem Bewußtlosen an, ja er hat sich glücklich zu schätzen, wenn er durch das klarste Bewußtsein seiner Operationen nur so weit kommt, um die erste dunkle Total-Idee seines Werks in der vollendeten Arbeit ungeschwächt wieder zu finden. Ohne eine solche dunkle, aber mächtige Totalidee, die allem Technischen vorhergeht, kann kein poetisches Werk entstehen. (GA, XX, S.852)

Diese Worte erhielten die volle Zustimmung Goethes in seinem Antwortschreiben vom 3. April 1801 (GA, XX, S.854f.). Sie hätten sich auf den *Faust* beziehen können. Aber laut einigen Berichten schwebte schon zu dieser Zeit eine Dramatisierung des Tell-Stoffs Schiller vor (D, S.492f.). Wie dem auch sei, über die Entstehung einer Dichtung sprach er aus eigener Erfahrung. Neun Jahre früher hatte er sich in einem Brief an Körner vom 11. Mai 1792 ähnlich über die Entstehung seiner Gedichte geäußert:

> Das Musikalische eines Gedichts schwebt mir weit öfter vor der Seele, wenn ich mich hinsetze es zu machen, als der klare Begriff vom Inhalt, über den ich oft kaum mit mir einig bin. (D, S.714)

---

[15] *Schillers Werke. Nationalausgabe*, Bd. XX (Weimar, 1962), S.373 (künftig: NA).

Dieselbe Erfahrung findet in bezug auf die Genese des *Wallenstein* im Brief
an Goethe vom 18. März 1796 Ausdruck:

> Bei mir ist die Empfindung anfangs ohne bestimmten und klaren Gegenstand;
> dieser bildet sich erst später. Eine gewisse musikalische Gemütsstimmung geht
> vorher, und auf diese folgt bei mir erst die poetische Idee. (GA, XX, S. 164f.)

Aus dem Brief aus dem Jahr 1801 geht auch hervor, daß Schiller im
Dichtungsprozeß dem Glück oder dem Zufall eine Rolle zugestand. Im
Leben war es auch nicht anders; die Bekanntschaft mit Goethe zum Beispiel
war durch Glück entstanden:

> Unsere späte, aber mir manche schöne Hoffnung erweckende Bekanntschaft ist
> mir abermals ein Beweis, wie viel besser man oft tut, den Zufall machen zu lassen,
> als ihm durch zu viele Geschäftigkeit vorzugreifen. (GA, XX, S. 18f.)

Diese Anerkennung des glücklichen Zufalls ließ sich auf die Legende von
Tell und den Eidgenossen anwenden; die Ablehnung der Haltung derer, die
die Zukunft im voraus rechnen und bestimmen wollten, auf die neuere
Geschichte Frankreichs. Für unsere Deutung des *Wilhelm Tell* ist es von
Belang, daß diese Bejahung des Zufalls der Anerkennung eines für den
Menschen letzthin unverständlichen Weltplans gleichkommt.

Das Musikalische, das Bewußtlose: damit bezeichnete Schiller die seeli-
sche Anregung, die sich ins Gedicht gestalten sollte. Nicht viel mehr als ein
vages Gefühl, schloß es doch in sich gewissermaßen den ganzen Inhalt des
Gedichts und durfte deshalb eine dunkle Total-Idee genannt werden. Im
Unterschied zu Goethe räumte er im dichterischen Schaffensprozeß dem
Bewußtsein des Dichters (wie in der Naturwissenschaft dem »Rationalism«) eine entscheidendere Rolle ein. Die Total-Idee war eine Gabe der
Natur, zugleich aber eine Aufgabe für das Bewußtsein. Bei der bewußten
Ausarbeitung könnte ihre Totalität verloren gehen. Aber durch das Be-
wußtsein könnte sie auch zur Vollendung im fertigen Werk gebracht
werden. So war es auch seiner Meinung nach mit der Freiheit des Menschen
überhaupt: auch sie wurde erst dadurch realisiert, daß man den rechten
Gebrauch davon machte. So schrieb er in den *Ästhetischen Briefen* über »die
Natur (unsere ursprüngliche Schöpferin)«, daß sie »nichts weiter als das
Vermögen zur Menschheit erteilte, den Gebrauch desselben aber auf unsere
eigene Willensbestimmung ankommen läßt« (NA, XX, S. 378). Es fiel dem
Menschen anheim, die potentielle Menschheit zu verwirklichen; dem Wis-
senschaftler, die Einheit der Natur erkennbar zu machen; dem Dichter, die
Inspiration in Poesie zu verwandeln. Die Natur und die empirische Beob-

achtung sollten nicht geleugnet, die Total-Idee nicht abgeschwächt werden, wenn echte Menschheit, »rationale Empirie« oder Poesie entstehen sollte. In jedem Fall kam es auf ein Festhalten an dem Gegebenen und eine Steigerung des Bewußtseins an: auf das Hervorbringen einer Ganzheit, die potenziell vorhanden war. Hervorzuheben ist, daß in diesem Gedankengang kein Platz ist für die Vernunft oder den Willen als Überwinder der Natur; vielmehr soll die Vernunft die Absicht der Natur erkennen und ausführen.

Mit den Schlagwörtern des Musikalischen, des Bewußtlosen und der dunklen Total-Idee dürfen wir uns jetzt dem Vorspiel des *Wilhelm Tell* zuwenden und zunächst eine Entwicklung würdigen, die da ansetzt und in der letzten Szene des Dramas zum Abschluß kommt. Sie ist als eine Metamorphose des (fast) Amorphen ins Gestaltete oder als Hervorbringung einer Einheit zu erkennen: entsprechend der Analogie Natur-Dichtung-Freiheit ist diese Entwicklung zugleich als natürlicher dichterischer und als natürlicher politischer Prozeß aufzufassen, worin unentschieden und schließlich unwesentlich bleibt, ob Glück oder Menschenwille die entscheidende Rolle spielt.

Ganz am Anfang des Stücks, bevor der Vorhang aufgeht, ertönen Kuhreigenmusik und Herdenglocken. Sie beschwören eine idyllische Harmonie von Mensch und Natur herauf. Diese musikalische Stimmung – wir dürfen sagen: die dunkle Total-Idee des Werks – wird dann visuell durch das großartige Bühnenbild unterstützt und leicht und fast unbemerkbar ins Ehrfurchtgebietende modifiziert: hier schließen sich Naturharmonie und Erhabenes nicht aus! Es folgen sogleich die drei Lieder, worin der Stimmung Worte gegeben werden. Danach, mit dem Anzug des Sturms, verwandelt sich die Szene, und die Harmonie wird durch eine Problematik ersetzt, die in der Situation Baumgartens zum Vorschein kommt und heldenhaftes menschliches Eingreifen erfordert. Zuallererst aber geht das Tableau in Dialog über. Die drei Sänger des Vorspiels bekommen Namen und Rollen in der ersten Szene. Im Vorspiel standen sie getrennt, jetzt nehmen sie aufeinander Bezug. Mit dem Auftreten von Baumgarten und Tell kommt eine dramatische Steigerung: dramatischer Bericht und der Anfang der eigentlichen Handlung. Die Entwicklungslinie Stimmung – Veranschaulichung – Wort – Spannung – Handlung entspricht wohl dem Prozeß, durch den eine dramatische Szene entstehen kann. Beispielhaft in diesem Sinne ist auch, wie Exposition schnell in Handlung umkippt. Nach dieser ersten Szene treten andere Charaktere auf und andere verwandte Probleme, die eine Lösung benötigen. Aus dem Gefühl der Zugehörigkeit von Mensch und Natur erwächst in verschiedenen einzelnen eine moralische Gesinnung, eine zum mutigen Handeln treibende Auffassung der Würde und Freiheit des Menschen. Es stellt sich heraus, daß die Harmonie, die anfangs etwas Gegebenes schien, eine Aufgabe verkörpert. Die Aufgabe wird erfüllt, indem (wohl wie beim Dichten) in erster Linie naturhaftes Gefühl die geeigneten Mittel bestimmt. Die Harmonie muß verteidigt, wiederhergestellt oder neu geschaffen werden. Sie wird bewußt mit Freiheit identifiziert und dadurch zu einem Werk von Menschen, die fest daran glauben, daß sie die Natur als Vorbild nehmen und ihre Stärke aus der Natur schöpfen; diese Überzeugung der Agierenden wirkt auf die Zuschauer ein. Die Schweizer, die sich, selbst im Bewußtsein, daß sie zusammenhalten und einig handeln müssen, öfters individualistisch verhalten, finden sich erst im Schlußbild zu einer echten Einheit. Da heißt es in der Bühnenanweisung, sie gruppieren sich »zu einem Ganzen«. Am Ende bildet das Mannigfaltige ein Ganzes. Auch Tell, der große Einzelgänger, wird in dieses Ganze feierlich aufgenommen und weiß, daß er mit hinein gehört. Hier wird sichtbar, was am Anfang bloß als Stimmung herrschte. Die Musik, die am Anfang hinter der Bühne spielte und in der ersten Szene schwieg, kehrt am Schluß zurück und tritt auf die Bretter, um triumphal-feierlich zu verkünden, daß die mächtige Total-Idee, die sie verkörpert, keineswegs abgeschwächt, vielmehr zur Vollendung gebracht worden ist. Sie tönt über das Ende des Stücks hinaus, um das Geleistete zu unterstreichen. Die Leistung ist auf der einen Ebene die des Dichters, auf der anderen die der Schweizer des Dramas; in beiden Fällen aber sollen wir fühlen, daß sie ohne das Vertrauen auf die Natur nicht zustandegekommen wäre.

Die Mannigfaltigkeit der Schweizer – das Vorhandensein von verschiedenen männlichen und weiblichen Typen aus verschiedenen Altersgruppen und Klassen – soll hier nicht aufgezählt werden. Zu bemerken ist jedoch, daß im Text die Einzelmenschen in der Gemeinschaft mit den Teilen eines Menschenkörpers verglichen werden:

> Der Mund der Wahrheit
> Ist stumm, das sehnde Auge ist geblendet,
> Der Arm, der retten sollte, ist gefesselt. (2125ff.)

Das Volk ist ein organisches Gebilde, worin jeder einzelne seine besondere Funktion hat. Diese Analogie ist auch in einem Brief Schillers an Goethe vom 27. Februar 1798 zu finden, wo von Erkenntnis der Natur die Rede ist:

> In Ihrem letzten Brief frappierte mich der Gedanke, daß die Natur, obgleich von keinem einzelnen gefaßt, von der Summe aller Individuen gefaßt werden könnte. Man kann wirklich, deucht mir, jedes Individuum als einen eigenen *Sinn* betrach-

ten, der die Natur im ganzen ebenso eigentümlich auffaßt als ein einzelnes Sinnenorgan des Menschen und ebensowenig durch einen andern sich ersetzen läßt, als das Ohr durch das Auge und so weiter. (GA, XX, S. 540f.)

Hier im Brief ist die Ganzheit nicht eine Nation, sondern die Menschheit. Man sollte aber nicht darüber hinwegsehen, daß Schillers Schweizer sich als »drei Völker« (1150) gefühlt haben und doch »*ein* Volk« (1204) bilden: dieses so oft patriotisch-nationalistisch gedeutete Stück ist auch mit weltbürgerlicher Gesinnung zu vereinbaren.

Der Begriff des Organischen ist auch auf Tell zu beziehen: seine Würde besteht schließlich auch darin, daß er sich als Teil eines Ganzen versteht. Er ist aber auch eine selbständige Einheit. Der Mensch, der zugleich unabhängig und Teil eines größeren Ganzen ist, ist kein Unikum in der Natur: im sechsten der *Ästhetischen Briefe* schreibt Schiller von »jener Polypennatur der griechischen Staaten, wo jedes Individuum eines unabhängigen Lebens genoß, und wenn es Noth that, zum ganzen werden konnte«[16]. Diese Reaktion im Notfall ist in den Schweizern der Rütliszene zu finden. Die Auffassung der Selbständigkeit erklärt aber, warum dem Einzelgänger und Selbsthelfer Tell die große symbolische Bedeutung als Repräsentanten des Volks und sogar der Menschheit zugeteilt werden kann. Denn allein der Mensch, der den Beistand oder das Mitwirken anderer nicht braucht und autonom besteht, verdient schließlich als Ganzheit Achtung. (Aber auch er ist sterblich; deshalb die thematische Bedeutung von Familie und Kind, denn ohne sie würde der Mensch aus der Ökonomie der Natur verschwinden.)

Was haben diese aus der Auffassung vom Menschen und von der Menschheit als Naturwesen erfolgenden Gedanken mit den Eröffnungsliedern zu tun? Was die Idee der Harmonie von Mensch und Natur für die Menschengesellschaft verspricht, bleibt in den Liedern unausgesprochen. Da geht es um das Verhältnis des einzelnen zur Natur, genauer gesagt: es werden drei Haltungen der Natur gegenüber vorgezeigt. Die erste, die vom Knaben des ersten Liedes, ist im Rahmen der musikalischen Analogie, die Schiller benutzt, als Thema anzusehen, denn das zweite und dritte Lied nennt er Variationen. Nun ist zu erwägen, daß im musikalischen Bereich Variationen nicht unbedingt einen eindeutigen Fortschritt bringen müssen, daß aber Grundmotive aus dem Ausgangsthema in ihnen weiterklingen. Auch im Naturbereich kann Variation einfach Mannigfaltigkeit bedeuten. So darf

---

[16] NA, XX, S. 323. Für eine ähnliche Definition eines Organismus bei Goethe s. Nisbet, ›Goethe und die naturwissenschaftliche Tradition‹, in *Goethe und die Tradition*, S. 218.

gefragt werden, ob die Situation und Haltung des Schützen im dritten Lied, die sicher als eine Leistung zu würdigen ist, doch nicht auch eine vorübergehende sei und ob sie dann ein Endziel bilde. Sollten wir nicht, eben in der Sache der Harmonie und Einheit von Mensch und Natur, im Vorspiel und im ersten Lied insbesondere die dunkle Totalidee erkennen, aber eben als etwas bis auf weiteres Dunkles, Verborgenes oder Problematisches? Dank der musikalischen Stimmung herrscht da das Gefühl der Harmonie. Diese Harmonie ist aber für den analytischen Verstand zunächst schwer verständlich: die Totalidee soll erst später im Laufe der dramatischen Handlung oder sogar erst in der Schlußszene in größerer Klarheit hervortreten. Tatsächlich betont, wie wir gleich sehen werden, das erste Lied die Zugehörigkeit des Menschen zur Natur; aber diese Zugehörigkeit läßt sich hier leicht als Hörigkeit mißverstehen. Erst wenn dies Mißverständnis überwunden ist, dürfen wir einsehen, daß der Generalnenner der drei Lieder, den Seidlin ableugnet (Seidlin, S. 113), gerade die Einheit von Mensch und Natur ist.

Ein Aspekt der Dunkelheit des Vorspiels für den Verstand besteht darin, daß es nicht gleich einleuchtet, daß wir das Naturwesen Mensch als organisches Gebilde zu denken haben, der als solches aus verschiedenen Teilen oder Sinnen besteht, wovon jedes seine eigene Funktion hat und jeweils nach Umständen oder Bedarf in Tätigkeit treten kann. Demgemäß kann der Einzelmensch verschiedene Verhaltensweisen vorzeigen. Das tut der Held Tell, der mit den Figuren aller drei Lieder, und nicht nur, wie Seidlin vorführt, mit dem Schützen etwas Gemeinsames hat. Allerdings gelten die Analogien mit den Figuren der beiden ersten Lieder hauptsächlich für den Tell vor seinen großen Taten, und auf einer wichtigen Bedeutungsebene müssen wir im Schützen Tell den Höherstehenden erkennen. Es soll im weiteren im Laufe eines Kommentars zu den drei Liedern ausgeführt werden, wie die schon in ihnen angedeutete Steigerung des Bewußtseins, die Seidlin erkannt hat, mit dem Grundthema der Einheit von Mensch und Natur in Einklang steht.

Da das erste Lied die Melodie des Kuhreigens aufnimmt und das zweite und dritte diese Melodie variieren, ist kaum zu erwarten, daß diese Texte der musikalischen Stimmung, welche die Einheit und Harmonie von Mensch und Natur beschwört, direkt widersprechen. Trotzdem ist im ersten Lied der Traum von einem Paradies in der Natur mit Todesgefahr verbunden. Der Knabe wacht auf; damit ist ihm die Möglichkeit gegeben, dem steigenden Wasser zu entkommen. Ob er aber entkommt, ist nicht gesagt. Vielmehr besagt das Lied, daß selbst die schöne Natur in der Gestalt des sommerlichen Sees nicht ohne Drohung für den Menschen ist. Es deutet auf das Unwirkliche des Traums, die bedenkliche Lockung des Elementaren und den entscheidenden Wert des Bewußtwerdens. Anders gesehen wäre aber das Aufwachen des Knaben eine instinktive Reaktion, eine Wirkung der Natur in ihm, die dafür sorgt, daß er sich rechtzeitig retten kann. Die Stimme »aus den Tiefen«, die wir als eine Stimme der Natur verstehen, muß also keine Drohung verkörpern, vielmehr kann sie eine mütterlich-gütige sein, wenn sie ruft, »Lieb Knabe, bist *mein*!« So gedeutet paßt das Lied in die Harmonie- und Einheits*stimmung*; auf intellektueller Ebene aber ist diese Deutung nur mit Hilfe von der ›poetischen Idee‹, dem Harmonie- und Einheits*gedanken*, zu bestätigen, der eigentlich erst in der Schlußszene klar heraustreten soll. Im Rückblick soll dann auch klar sein, daß die Traummusik, die der Knabe hört (»Da hört er ein Klingen […]«), wie überhaupt die Musik des Vorspiels einem Naturideal – Einheit von Mensch und Natur – entsprechen kann, das positiv als ermutigende Idee zu bewerten ist. Erst wenn der Traum der paradiesischen Natur zur Idee der Natur wird, wenn das instinktive Gefühl eine Metamorphose durch das Bewußtsein erfährt und damit im wesentlichen bejaht wird, kommt die Symbolik des Liedes zur vollen Geltung.

In seinem Monolog sagt Tell von Geßler: »*Du* hast aus meinem Frieden mich heraus / Geschreckt« (2572f.); damit ist eine Verbindung des Helden mit dem Knaben des ersten Lieds angeführt, auf die schon die Worte Geßlers in der Apfelschußszene hinweisen:

Ei, Tell, du bist ja plötzlich so besonnen!
Man sagte mir, daß du ein Träumer seist
Und dich entfernst von andrer Menschen Weise. (1903ff.)

Die Analogie mit dem Knaben besteht darin, daß Tell bis zur Apfelschußszene der Gefahr der Tyrannei nicht gewahr wird, obgleich sie in der kaiserlichen Politik und in der Person Geßlers nicht zu übersehen ist. Er verschmäht den Rat seiner Frau, vermeidet nicht behutsam eine Begegnung mit Geßler, und scheint die Bedeutung des Kaiserhuts einfach nicht einzusehen. Im dritten Akt wird er gewaltsam aufgeweckt und erscheint momentan als unheldenmäßiges Opfer der Unbesonnenheit, wie wir uns wohl den Knaben im Augenblick seines Erwachens vorstellen dürfen. Zu bemerken ist, daß der Träumer Tell sich vor einer Gefahr retten soll, die nicht ihn allein sondern auch Familie und Mitmenschen bedroht; daß diese Gefahr im menschlichen Bösen, nicht in der außermenschlichen Natur ihren Ursprung hat; und daß es nicht um eigene Lebensgefahr (der setzt sich Tell täglich und zweimal auf dem stürmenden See aus), sondern um Verlust der Freiheit und der Würde geht. Diese werden mit der harmonischen und verläßlichen Tätigkeit seiner Sinne gleichgesetzt, die Geßler sarkastisch im Meisterschützen voraussetzt:

> *der* ist mir der Meister,
> Der seiner Kunst gewiß ist überall,
> Dem's Herz nicht in die Hand tritt, noch ins Auge. (1940ff.)

Tell aber »schwimmt es vor den Augen«, er »steht in fürchterlichem Kampf«, mit zuckenden Händen und rollenden Augen (1985, 1990). Was den Vergleich mit dem Knaben betrifft, so darf auch zur Kenntnis genommen werden, daß Tells ›Erwachen‹ keine Wirkung des bewußten Wollens ist. Als natürliche Reaktion ist es etwa dem komplementären Gegenteil in dem Werk Goethes, dem In-Ohmacht-Fallen als Heilprozeß, an die Seite zu stellen. Nun ist Tells träumerischer Zustand, seine Unbesonnenheit, offenbar keineswegs einfach negativ zu beurteilen. Vielmehr ist diese Unbesonnenheit mit der Selbstverständlichkeit des frischen Muts und der frischen Tat verbunden, mit einer bewundernswerten Naturzugehörigkeit, deren möglichen Verlust der Held selbst im vierten Akt zu bemerken scheint. Er spricht da von einem Übergang von »der Freude Spielen« zum »furchtbaren Ernst« (2604f.), von einer Erfahrung, die nicht eindeutig einen Gewinn an Erkenntnis, gewiß aber auch einen Verlust an Spontaneität bedeutet: im Monolog ist Tell nicht mehr ganz der, der früher sagte: »Das schwere Herz wird nicht durch Worte leicht« (418). Andererseits schöpft er seine Kraft immer noch aus dem Glauben, daß er in Übereinstimmung mit der Natur handelt, nur mit dem Unterschied, daß er jetzt einsieht, der Wille Gottes oder der Natur könnte von seinem Eingreifen abhängen. Als Agent der Natur fühlt er sich um so mehr Teil der Natur. Schon aus diesem Vergleich des Helden mit dem Knaben des ersten Lieds ist einzusehen, wie irreführend es ist, Naturtrieb und menschlichen Willen als Gegensätze zu verstehen, da dieser, das Bewußte, sich aus dem Unbewußten entwickelt. Mit unserer Auslegung des ersten Liedes stimmt es überein, daß Tell selbst die eigene Kraft und Geschicklichkeit von der Macht der Natur oder der göttlichen Vorsehung nicht unterscheidet. Seine Selbstrettung im vierten Akt schreibt er der Gnade Gottes zu (2212), nimmt aber damit seine früheren Worte:

> Wer frisch herumspäht mit gesunden Sinnen,
> Auf Gott vertraut und die gelenke Kraft,
> Der ringt sich leicht aus jeder Fahr und Not (1509ff.)

implizit nur insofern zurück, als jetzt nicht von Leichtigkeit die Rede ist.

Im zweiten Lied (Hirtenlied) ist die Harmonie von Mensch und Natur nicht zu übersehen. In dieser Hinsicht stört es nicht, daß der Ton ebenso stark elegisch wie idyllisch ist. Das Gedicht handelt von einem bewußten Sich-Anpassen an den Rhythmus der Natur. Mit Hinblick auf das dritte Lied und besonders – wie wir sehen werden – auf die Haltung des Helden Tell fällt aber auf, daß im Präsens des Hirtenlieds, das das Futurum einschließt (»Der Senne muß scheiden, / Der Sommer ist hin. / Wir fahren zu Berg, wir kommen wieder«), der kommende Winter einfach übersprungen wird. In den beiden ersten Liedern herrscht der Eindruck der Harmonie von Mensch und Natur dadurch, daß etwas verschwiegen wird: das Schrecken des Knaben beim Aufwachen und das Unangenehme der Winterzeit. Dem Hirten gleicht Tell darin, daß er dem natürlichen Lauf der Dinge traut und den Rhythmus der Natur abwarten will. Er weiß, daß Geßler und die anderen Vögte Böses vorhaben. So wie der Hirte des Lieds den Winter praktisch ausklammert, vergleicht er die Tyrannei mit einem Unwetter, das schnell vorübergeht:

> Die einz'ge Tat ist jetzt Geduld und Schweigen.
> Die schnellen Herrscher sind's, die kurz regieren.
> – Wenn sich der Föhn erhebt aus seinen Schlünden,
> Löscht man die Feuer aus, die Schiffe suchen
> Eilends den Hafen, und der mächt'ge Geist
> Geht ohne Schaden, spurlos, über die Erde. (420ff.)

Selbstverständlich trivialisiert er dabei das Ausmaß der Drohung. Seine Worte erinnern an Pfeifers Rat an Stauffacher im ersten Aufzug, der als Rat des Bürgers einer Stadt (Luzern), die in den unmittelbaren Besitz Österreichs übergegangen ist, schon fraglich ist:

> Tragt's in Geduld! Es kann sich ändern, schnell,
> Ein andrer Kaiser kann ans Reich gelangen. (192f.)

Die Verbindung mit dem Hirten des Lieds scheint auf den ersten Blick wie die mit dem Knaben auf ein Negatives im Charakter Tells zu weisen. Eine solche Deutung wird dadurch bekräftigt, daß er sich nicht als friedfertigen Hirten ansieht, sondern als Jäger, der das Abenteuerliche genießt (1487ff.). Ist denn Tell nicht als Repräsentant des Volkes zu verstehen, das sich ein Volk der Hirten nennt? Ist die grundlegende Friedfertigkeit des Helden, die mit seinem Vertrauen auf die Natur verbunden ist, etwas Verwerfliches? Selbst wenn Geßler und Parricida die einzigen Personen des Stücks sind, die sich mit ihrem Los im Prinzip nicht zufrieden geben (sie leiden an Neid und

Habsucht)? Soll der Retter Tell nicht irgendwie an die Hirten- und Erretter-
figur Christus erinnern (vgl. Kaiser, S. 182f.; Ueding, S. 276f.)? Und auch
wenn das Hirtenlied solches nicht erwähnt, gehört es nicht zur Rolle eines
Hirten, daß er im Notfall seine Herde beschützt? Wir ahnen es schon: der
Schütze Tell ist im Hirten Tell schon potenziell vorhanden, und er darf
nicht als dessen Gegensatz und als Überwinder der Natur verstanden werden.

Das, was uns erlaubt, die Situation des Schützen des dritten Lieds mit
dem Harmoniegedanken in Übereinstimmung zu bringen, ist nur angedeutet. Diesmal befindet sich der Mensch in gefährlicher Lage auf ödem winter-
lichem Gebirg, wo seine Gegenwart »verwegen« ist. Tatsächlich scheint
seine Sicherheit fast ein Mirakel zu sein: er schreitet über den Wolken, als
ginge er auf dem Wasser (»Und unter den Füßen ein nebligtes Meer«). Im
Unterschied zum schlafenden Knaben weiß er um die Gefahr; im Unterschied zum Hirten will er sich nicht vor ihr behutsam zurückziehen. Hier
haben wir, wie Seidlin gesehen hat, das Beispiel eines Menschen, der der
Naturgewalt überlegen scheint. Seidlin sieht im Schützen einen klar und
weit Sehenden. Der Text sagt aber, daß die Wolken seine Sicht hemmen:

> Erkennt er die Städte der Menschen nicht mehr,
> Durch den Riß nur der Wolken
> Erblickt er die Welt,
> Tief unter den Wassern
> Das grünende Feld.

Der Grad der Erkenntnis, den der Schütze erreicht hat, darf also nicht überschätzt werden. Er ist in zweifacher Weise ausgesetzt und einsam: dadurch,
daß er der Naturgewalt trotzt, und dadurch, daß er von seinem Zuhause
weit weg ist. Das Tal, wo eine andere Art Leben in der Natur (»die Städte
der Menschen«) und eine Hoffnung (»das grünende Feld«) liegen und
wohin er zurückkehren muß, ist unter den Wassern in der Tiefe halb
versteckt wie die lockend-ermutigende Stimme der Natur im ersten Lied.
Die Harmonie von Mensch und Natur dürfte in der Möglichkeit der
Rückkehr zur bewohnbaren Natur und zu den Mitmenschen bestehen.

Offenbar ist das dritte Lied auf den Helden Tell zu beziehen, der in der
ersten Szene mit seiner Armbrust erscheint und bei seinen entscheidenden
Taten, dem Apfelschuß und dem Mord an Geßler, als Schütze vortritt.
Mehrmals und an hervorgehobener Stelle wird er als solcher bezeichnet
(1937, 2793, 3282). Zu der obigen Deutung des dritten Liedes paßt, daß Tell
nach seinen Heldentaten die Armbrust niederlegt (3137ff.) und ins heimatli-
che Tal zurückkehrt. Die Einsamkeit und Ausgesetztheit des Helden kurz

vor dem Mord an Geßler wären wohl stärker ans Licht getreten, wenn Schiller dem Plan gefolgt wäre, nach dem der Monolog Tells nicht in der hohlen Gasse, sondern vorher auf hohem Gebirg stattfinden sollte[17]. Im Monolog selbst weiß aber Tell sich mit dem Jäger zu vergleichen, der »in des Winters Strenge« herumstreift, und bemerkt, daß die Schlucht »keine Heimat« bietet (2638, 2612). Im Unterschied zum Schützen des Lieds kämpft aber Tell nicht gegen die physische Natur, sondern höchstens mit dem Gedanken, daß er zum Mörder wird. Der Mord wird gerechtfertigt in der Überzeugung, daß er Kinder und Frau beschützen muß. Später erklärt er, daß er »die heilige Natur« gerächt hat (3183). Diese Interpretation des Mords an Geßler überrascht kaum. Bemerkenswert aber ist, daß sie offenbar unsere Deutung seiner Tat bestimmen soll und daß darin die Natur als Idee entscheidend ist: hier im fünften Akt kommt ›die poetische Idee‹ zum Bewußtsein, die schon im Traum von der paradiesischen Natur im Lied des Fischerknaben keimhaft vorhanden war. Ja, ohne das absolute Vertrauen auf die Natur, das beim Knaben so gefährlich schien, wäre der Schütze Tell nicht denkbar. Auch ist damit zu rechnen, daß auch die Anpassung an das Naturgesetz, die im Hirtenlied evoziert wird und da als etwas Selbstverständliches, etwa als ›zweite Natur‹ zu kennzeichnen ist, auf ein Ideal von der bewußt-automatischen Befolgung des moralischen Gesetzes weisen könnte. Mit dieser Funktion des Hirtenliedes hängt es wohl zusammen, daß dieses in der Disposition seiner Lang- und Kurzzeilen formell abgerundetste und ausgeglichenste der Lieder das einzige ist, das eine gesicherte glückliche Zukunft voraussieht, den Frühling, der zugleich Wiederkehr des ewig Selben und Erneuerung bringt.

Die drei Verhaltensweisen, die Knabe, Hirte und Schütze exemplifizieren, passen alle in eine höhere Auffassung der harmonischen Einheit von Mensch und Natur. Die Entwicklung vom Knaben zum Schützen ist als eine Steigerung des Bewußtseinszustandes zu verstehen, die erst ihre eigentliche Bedeutung erhält, wenn sie von der Lage des Menschen in der Natur auf sein Verhältnis zur Idee der Natur ausgedehnt und auf die Geschichte des Helden Tell übertragen wird. Der Schütze Tell will den Gang der Natur als eine vom Menschen postulierte, die zwischenmenschlichen Beziehungen betreffende moralische Instanz selbst aufrechterhalten und bestimmen. Er tut dies aber in der Überzeugung, daß die Natur es erfordert. Seine Haltung leugnet nicht die Macht der Natur, ja sie liefert ein Beispiel für ihre Macht als Idee. Damit ist die Zugehörigkeit des Menschen zur Natur, die das erste

---

[17] Schiller an Iffland, 5. Dezember 1803: D, S. 504.

Lied proklamiert, auf einer anderen Ebene des Bewußtseins bejaht und zwar so, daß sie keine Einschränkung der menschlichen Freiheit bedeutet: ein Verstoß gegen die Natur ist ein Mißbrauch der Freiheit. Einerseits ist gerade der Aufstieg zur Erkenntnis und zur Überlegenheit über die Natur eine natürliche Entwicklung, insbesondere als Reaktion auf die Gefährdung der Harmonie und Naturverbundenheit. Andererseits bringt er aber mit sich das Risiko des Verlustes der Sicherheit der natürlichen Spontaneität und ein peinlich-schreckliches Gefühl der Unnatürlichkeit, wie es Tell in der Apfelschußszene erleidet – die einzige Szene, wo Trieb und Wille, Naturgesetz und Vernunftfreiheit bei ihm nicht mit ein und derselben klaren Stimme reden. Diese ratlose Unsicherheit verschwindet, sobald er die Unnatur Geßlers und die Notwendigkeit seines Todes klar erkennt. Es ist eine schwerwiegende und vielleicht auf lange Sicht nicht zu tragende Verantwortung für die Erhaltung der Naturordnung, die er übernimmt, auch wenn er der Meinung ist, sie sei ihm von der Natur selbst aufgebürdet. Die Rückkehr in den mütterlichen Schoß der Natur nach dem Mord ist daher zu begrüßen. Die Geschichte Tells weist auf ein Ideal der inneren Harmonie des Menschen sowie auf ein entwicklungsgeschichtliches Ideal, worin der Aufstieg vom Unbewußten zum Bewußten letzten Endes über die Disharmonie auf die Harmonie mit der Natur hinausgeht.

Tells Überzeugung, daß er die Natur rächt oder das Natürliche wiederherstellt, ist mehr Sache des Instinkts als der Vernunft. In seinem Denken geht er kaum über das Intuitive hinaus. Er unternimmt keine klare Definition der Naturidee. Auch die Argumente, mit denen er den Kaisermord des Parricida verdammt, gelten zunächst auf dem Niveau des Gefühls und werden am stärksten dadurch bekräftigt, daß Parricida selbst ihm gefühlsmäßig rechtgeben muß. Die Stufe der Erkenntnis, die Tell erreicht, darf nicht überschätzt werden; metaphorisch gesprochen sieht er nicht klarer als der Schütze des Liedes, und man ist geneigt, dem sterbenden Attinghausen mit seinen Worten über die erforderliche Einigkeit des Volkes einen höheren Bewußtseinsgrad zuzuschreiben. Jedenfalls soll deutlich sein, daß das Bewußtsein nur von Wert ist, soweit es mit Gefühl, Trieb oder Intuition übereinstimmt und sich daraus entwickelt. Denn ein Gegensatz von Vernunft und Natur würde der Einheit der Natur widersprechen. So ist es von Bedeutung, daß die Schweizer Modelle für Vorkehrungen gegen Gefahr und aktive Selbstwehr bei Gemsen, Hirschen und Ochsen finden wollen und damit die Vernunft im Tierreich behaupten (57ff., 645ff.). Zu solchen Glaubensäußerungen oder Versuchen, an Einzelheiten die Naturidee in der Erfahrung zu beweisen, tritt dann als Bestätigung der Naturidee die Berufung auf Gott, die ewigen Rechte und die ewige Natur durch die Eidgenossen auf dem Rütli, und dann schließlich und noch wirkungsvoller der Ausgang des Stücks, die Einkehr von Einheit und Freiheit, die aus Tells Rettungstat, dem allgemeinen Aufstand und dem Tod des Kaisers erfolgt. Der Zusammenfall dieser verschiedenen Momente deutet darauf hin, daß der Erfolg des einzelnen sowie der Gemeinschaft vom Glück abhängig ist oder vom Mitwirken der Vorsehung bzw. der Natur.

Schon sind Teile der dramatischen Handlung, worin Tell keine direkte Rolle spielt, erwähnt worden. Über sie soll hier nur genug gesagt werden, um ihre Verschränktheit mit der Geschichte Tells, mit dem Einheitsgedanken und der Idee der Natur anzudeuten. Daß die Eidgenossen auf die Tyrannei anders als Tell reagieren, bezeugt nur die Mannigfaltigkeit in der Menschennatur. Einig aber sind die Schweizer in dem Glauben, daß die Natur die Freiheit erfordert und gewährleistet; damit hängt zusammen, daß die Musik, die die Idee der Natur ausdrücken soll, auch am Ende der Rütliszene ertönt (vgl. Sautermeister, S. 223). Im allgemeinen darf man von einem Aufwachen des Volkes sprechen, das im ersten Akt mit Stauffacher beginnt. In den Rahmen dieses Aufwachens gehört die Bekehrung von Rudenz. Da fällt es auf, daß auch hier das Gefühl – seine Liebe für Berta – das Entscheidende ist. Rudenz erkennt schließlich den Wert des natürlichen Lebens an, das er früher verachtete, indem er es bezeichnenderweise mit dem Symbol des Kuhreigens identifizierte (837). Rudenz und der junge Melchtal, die im Aufstand die führende Rolle spielen, drücken die Überzeugung aus, sie und die anderen Schweizer müssen die Verantwortlichkeit des Handelns auf sich nehmen und die Art und Zeit der Befreiung bestimmen: das »Fest des Herrn« (1400, s. auch 2515) oder der Tag der Erlösung soll durch die Menschen selbst herbeigeführt werden. Die älteren Schweizer, die lieber auf einen von außen, durch den Kirchenkalender bestimmten Zeitpunkt warten und Gewaltsamkeit möglichst vermeiden wollen, müssen wie Tell die Notwendigkeit des unmittelbaren Eingreifens schweigend zugeben. Zuletzt paßt es in die uns vertraute Auffassung von der Entwicklung des Bewußten aus dem Unbewußten und vom Primat des letzteren in dem Naturprozeß, daß auf dem Rütli darauf bestanden wird, man wolle bloß das Alte wiederherstellen, daß aber in Wirklichkeit, ohne daß anscheinend einer daran gedacht hat, etwas Neues entsteht. Der Bund ist nach dem Aufstand nicht das, was er vorher war. Die Einheit der drei Völker wird als Einheit eines Volks verstanden. Auch die Verschiebung der politischen Führung vom Adel auf das Bürgertum, die die Schweizer im Prinzip nicht planen, vom sterbenden Attinghausen aber vorausgesehen wird, ist ein ›zufälliges‹

Ergebnis der Geschichte. Eine weitere Änderung, die anscheinend spontan aus dem Gefühl der Dankbarkeit für die Solidarität des Volkes im Herzen des Rudenz erfolgt, wird in den letzten Worten des Dramas bekanntgemacht: die Befreiung der Knechte, die einer nicht artikulierten Anerkennung der Gleichberechtigung vor dem Gesetz gleichkommt. Wie die Auffassung der Einheit des Volkes ist sie der Idee der Natur an die Seite zu stellen und schließlich als eine ihrer Variationen anzusehen.

Tell und die Schweizer üben ihre Freiheit, ihre Veranlagung zur Selbstbestimmung aus. Wie die Durchführung des musikalischen Themas dem Komponisten oder der dunklen Total-Idee dem Dichter, so ist die Durchführung der Idee der Natur im menschlichen Bereich dem Menschen überlassen. Daß die Freiheit, die in der Idee der Natur implizit vorhanden ist, Wirklichkeit wird, und wie und wann das geschieht, hängt von dem Willen des Einzelmenschen und von dem der Gemeinschaft ab – aber nicht von ihnen allein. Art und Zeit des Ausgangs wird in *Wilhelm Tell* auch vom Zufall oder vom Glück bestimmt. Wenn wir im ganzen nicht die Herrschaft der planlosen Willkür sehen wollen (und dann müßten wir uns von dem Jubel der Schlußszene entschieden distanzieren und dürften die Willkür der Tyrannei nicht als grundsätzlich widernatürlich verurteilen), so müssen wir einen Sinn in diesem Ganzen voraussetzen. Wie die Schweizer des Stücks müssen wir ihn etwa mit dem Willen Gottes oder der Natur gleichsetzen. Wir müssen eine Wechsel- oder Zusammenwirkung von Kräften annehmen, die, wie die Kräfte in einem Einzelmenschen, so auch in diesem Ganzen je nach Umstand und Bedarf in Funktion treten, ohne daß sie über das Endziel ihrer Tätigkeit klar sein müssen. Der Geschichte einen solchen Sinn zu geben, liegt um so näher, als er den Begriff des Organischen konsequent weiterführt, auf dem die Analogien zwischen Dichtung, Natur und Freiheit sowie die Auffassung von der Entwicklung der Idee der Natur und der Freiheit, vom Verhältnis des Teils zum Ganzen, und von der Mannigfaltigkeit in der Einheit fußen. Auf das Ganze angewandt überbrückt der Organismusbegriff den Gegensatz von Natur und Freiheit, Unbewußtem und Bewußtem. Insbesondere ist auch der klare Unterschied zwischen Idee und Erfahrung kaum haltbar, da man das Mitwirken der Natur als Idee oder als Ganzheit in den Einzelheiten der Erfahrung annehmen muß. Das bedeutet auch die Präsenz der Naturidee in der Geschichte, was kaum verwunderlich scheint, wenn Entwicklung und Wachstum schon zur Idee der Natur gehören[18].

---

[18] Vgl. Ueding, S. 284: »im gesamten Drama [...] bilden Natur und Geschichte eine Einheit.«

In einer so verstandenen Welt des harmonischen Wechselwirkens der Kräfte ist kein Platz für die Kantische Moral, die den Dualismus von Natur und Freiheit voraussetzt. Damit hängt zusammen, daß Tell offenbar nicht nach strengen moralischen Kategorien beurteilt werden soll, nach denen zum Beispiel ein Mord nie zu rechtfertigen ist; daß die Schweizer über die Zulässigkeit der Rache kaum konsequent denken; und daß die Gültigkeit der Worte Stauffachers über den Egoismus, »Denn Raub begeht am allgemeinen Gut, / Wer selbst sich hilft in seiner eignen Sache« (1464f.), angesichts der Handlungen vom Helden und von Rudenz fraglich werden. Der Unterschied zwischen den Taten von Geßler und Parricida, Baumgarten und Tell dürfte doch darin liegen, daß die letzteren als Familienmitglieder und damit als Teile eines Ganzen handeln. Auch Rudenz denkt nicht an sich selbst allein: er identifiziert sein Glück und sein Interesse mit dem seiner Geliebten. Aber nur die Rettung Baumgartens ist eine rein selbstlose Tat, und Parricidas Versuch der Selbsthilfe deutet in seiner Folge für die Sache der Schweizer darauf hin, daß der Egoismus vielleicht nicht nur aus dem Haushalt der Natur nicht wegzudenken, sondern auch in seiner Auswirkung nicht immer zu verwerfen ist. Über solche heiklen Fragen machen sich die Schweizer keine Gedanken: »nur wenn sich das Sinnliche und das Moralische feindlich entgegenstreben, muß bei der reinen Vernunft Hülfe gesucht werden«, schrieb Schiller: »Die gesunde und schöne Natur [...] braucht keine Moral« (GA, XX, S. 213); denn die harmonische Wechselwirkung gehört zugleich zur Idee der Natur und zur Idee der Menschheit oder des »Ideal-Menschen«; und das Harmonieideal bedeutete die Überwindung des Gegensatzes zwischen dem »Sklaven der Natur« und dem »Gesetzgeber« der Natur, der aus den Eröffnungsliedern als Mißklang schließlich wegzudenken ist (NA, XX, S. 347f., 352f., 395). Hier, im Idealfall des *Wilhelm Tell,* der als eine der Wirklichkeit und der Geschichte immanente Möglichkeit vorgeführt wird, deckt sich der Mensch, welcher der Natur das Gesetz gibt, mit dem, der ihr das Gesetz entnimmt oder abliest.

Schiller soll auch gesagt haben, die Schweizer des Mittelalters hätten auf derselben entwicklungsgeschichtlichen Stufe gestanden wie die Hebräer des Alten Testaments (D, S. 514): bei ihnen durfte man also kein hohes Niveau an analytischem Denken erwarten. In unserem Drama scheint Schiller aber auch zu sagen, in der Sache des moralischen Urteils sei der analytische Verstand nicht immer zuverlässig, was in Zusammenhang zu bringen ist damit, daß das menschliche Bewußtsein unsicher wird, sobald es über das Instinktive hinausgeht. Am unsichersten ist es, wenn es um den Wahrheitsanspruch der Idee der Natur und den Sinn des Ganzen geht. Schiller gab ja

zu, daß die Natur unbegreiflich ist (GA, XX, S. 185). Für die Annahme
dieser Idee der Natur spricht aber, auch wenn die Evidenz der Erfahrung sie
nicht eindeutig erhärtet, erstens, daß die Menschen instinktiv einen solchen
Sinn voraussetzen, und zweitens, daß ihre Wirkung auf die Menschheit zu
begrüßen ist. Denn dank ihr fühlt sich der Mensch in der Welt zuhause,
insbesondere wenn er glauben darf, er selbst kann die Welt bewohnbar
machen. So erinnert Stauffacher in der Rütliszene an die Geschichte des
Volks:

> Wir haben diesen Boden uns *erschaffen*
> Durch unsrer Hände Fleiß, den alten Wald [...]
> Zu einem Sitz für Menschen umgewandelt [...]
> Die Nebeldecke haben wir zerrissen,
> Die ewig grau um diese Wildnis hing,
> Den harten Fels gesprengt, über den Abgrund
> Dem Wandersmann den sichern Steg geleitet.   (1258ff.)

In der ersten Szene verschwindet der helle Sonnenschein des Vorspiels,
»Schatten von Wolken laufen über die Gegend«. In der Schlußszene ist fast
die ganze Landschaft »mit Landleuten besetzt«, einige von ihnen »kommen
über einen hohen Steg, der über den Schächen führt, gezogen«. Diese
Bühnenanweisungen, mit der Nebeldecke und dem Steg der eben zitierten
Verse in Verbindung gesetzt, deuten darauf hin, daß die Heimat nochmals
zur Heimat erschaffen worden ist. Diesmal aber ist die Leistung kein Sieg
über die physische Natur, sondern ein Sieg der Natur als Idee. Dank seines
Glaubens an eine Natur, die das Gute und Rechte unterstützt, fühlt sich der
Mensch in der Welt geborgen; er sieht auch ein, daß ihm die Möglichkeit
und sogar die Aufgabe gegeben ist, bei der Aufrechterhaltung und Entwicklung des Ganzen eine entscheidende und würdige Rolle zu spielen.

Zur Totalität der Total-Idee des *Wilhelm Tell,* die in der musikalischen
Stimmung des Vorspiels verborgen liegt und die Einheit des Werks bestimmt, gehört es, daß sie eine Auffassung vom Verhältnis der Einzelperson
zum Volk (oder zur Menschheit) und des Menschen zur Ganzheit der
Natur enthält. Sie hat auch etwas über die Rolle des Menschen in der
Geschichte zu sagen. Die Freiheit, die dem Menschen gegeben ist, den Sinn
der Natur und der Geschichte zu interpretieren, bedeutet zugleich die
Freiheit, im Rahmen dieser Interpretation zu handeln und damit den Gang
der Geschichte zu beeinflussen. Denn wenn die Menschen als einzelne oder
als Gemeinschaft nur einen Teil des großen Ganzen bilden, so wirkt doch
ein jeder Teil einer organischen Ganzheit auf die Entwicklung dieser

Ganzheit ein. (Vielleicht sollten wir Stauffachers Behauptung, daß die ersten Schweizer durch ihre Taten auf das Klima des Landes gewirkt hätten (1266f.), wörtlich nehmen.) So durfte Schiller hoffen, auf die Menschen und sogar auf die Geschichte einen Einfluß zu haben, indem er zeigte, nicht nur wie eine Legende sich bildet, indem Tatsachen gedeutet werden[19], sondern auch wie eine Legende eine sinnvolle Darstellung der Lage des Menschen in der Geschichte bringen und sein Denken und Handeln bestimmen kann. Allerdings sollten wir uns nicht einbilden, daß Schiller Einsicht in die volle Tragweite seiner Total-Idee beim durchschnittlichen Zuschauer oder Leser erwartete. Aber wenn er Goethe an den »Würdigen« unter den Lesern des *Wilhelm Meister* erinnerte, für den der Autor zu sorgen hatte, daß »die Momente, worauf es ankommt« klar heraustraten (GA, XX, S. 211), so dachte er wohl beim Schreiben von *Wilhelm Tell,* das als »Volksstück Herz und Sinne interessieren« sollte (D, S. 496), auch an einen solchen »würdigen« Zeitgenossen, der den »Ideen-Inhalt« (GA, XX, S. 205) des Werks verstehen würde. Dieser dürfte etwa den Schluß ziehen, er könnte wie die Schweizer des Stücks ein Rächer oder Bewahrer der Natur sein. Er dürfte erkennen, daß er sein Denken und Handeln richten könnte nach der Überzeugung, daß das, was in der Tell-Legende im Gegensatz zur politischen Wirklichkeit der Zeit stand, das Unnatürliche an dieser aufdeckte: so etwa die Ausfuhr der Revolution ins Ausland und die damit verbundene Verneinung des Selbstbestimmungsrechts der Völker; und daß andererseits, wo Parallelen zwischen Revolution und Legende bestanden, diese eben auf eine natürliche geschichtliche und politische Entwicklung deuteten. Immerhin unterstützt die Legende nicht den Versuch, auf Neuerungen auszugehen oder unbewährte Theorien in die Praxis einzuführen. Um aber auf die Überbrückung von Gegensätzen und die Synthese zurückzukommen, so sei bemerkt, daß das Drama die Vorstellung bekräftigt, die Idee der Geschichte wirke teils durch das Ganze der Umstände und Ereignisse, teils durch die Gesinnung der Menschen auf den wirklichen Gang der Geschichte. Die Idee hätte dann objektive und subjektive Realität. In ihrer Subjektivität liegt die Möglichkeit des Irrtums, aber auch des Fortschritts. Die Menschengeschichte machen die Menschen, und auf lange Sicht kann eine Idee der Geschichte nicht gegen überwiegend widersprechende Tatsachen standhalten. Auch die Wahrheit der ›Erfahrung‹ ist in unsere Legende eingebaut. Als topographisch festgelegte, auf gutbekannter volksgeschichtlicher Überliefe-

---

[19] Vgl. Lesley Sharpe, *Schiller and the Historical Character. Presentation and Interpretation in the Historical Works and in the Historical Dramas* (Oxford, 1982), S. 142–173.

rung basierte Handlung erhebt sie Anspruch auf Wirklichkeitstreue. In ihr ist der Freiheitsbegriff der Schweizer auf ihre Erfahrung der Freiheit gegründet, und er wird durch neue Erfahrung gefestigt und modifiziert. Überhaupt geht das Streben nach Synthese in diesem Werk so weit, daß man sich wohl nicht irrt in der Schlußfolgerung, die Interpretationen, die unter den meist als Antonyme verstandenen Rubriken Idylle, Geschichte, Ästhetik oder Politik vorgeführt werden, dürfen in dem Maße überzeugen, wie sie als Variationen über ein Grundthema den Eröffnungsliedern darin ähneln, daß sie zusammen eine Einheit bilden können.

Karl S. Guthke (Harvard)

Kunst und Konvention des ›letzten Worts‹ im Drama der Goethezeit: Notizen zu einem Thema

> »O, but they say the tongues of dying men
> Enforce attention like deep harmony:
> [...]
> More are men's ends mark'd than their lives before ...«
> Shakespeare, *Richard II*

Eindrucksvoller fast noch als der Tod, den der Klassiker der Sterbeszene in der *Emilia Galotti* auf offener Bühne geschehen läßt, ist der, den er nur durch den Augen- und Ohrenzeugenbericht einer dramatis persona vergegenwärtigt: der von Marinelli arrangierte Tod Appianis, die Ermordung Appianis vielmehr bei dem als gewöhnlicher Straßenraub getarnten Überfall auf die Kutsche der Hochzeitsgesellschaft der Galottis in der nächsten Nähe des Lustschlosses des Prinzen von Guastalla. Dieser Tod gibt Lessing Gelegenheit, eine konventionelle, ja: toposartige Denkform zu thematisieren und aktualisieren, die, zwar in der Antike geläufig, gerade in der Aufklärungszeit, im Gefolge der Emanzipation des Denkens von kirchlich vorgeschriebenen Verhaltensmustern, eine besondere Aktualität gewann, die sie bis heute nicht verloren hat, wenn sie auch selten ins Bewußtsein gerückt wird.

Der einzig wichtige Umstand dieses hinter die Szene verlegten Todes kommt zur Sprache, als Claudia Galotti, Emilias Mutter, kurz nach dem Überfall auf der Suche nach ihrer Tochter im Vorsaal des prinzlichen Schlosses Marinelli über den Weg läuft – man kann es nicht anders formulieren, denn diese Begegnung ist offenbar einer jener zahlreichen Zufälle, ohne die die Handlung nicht zustandekäme und wichtige Stichworte der Interpretation nicht ausgesprochen würden. Claudia erkennt in Marinelli den Mann, mit dem Appiani an eben diesem Morgen »Streit bekam«: »Und Marinelli heißen Sie?« Der Kammerherr und Handlanger des Prinzen, der im Falle Appiani auch seine eigenen Rachemotive hatte, bestätigt es[1]:

> *Claudia.* So ist es richtig. – Hören Sie doch, Herr Marchese. – Marinelli war – der Name Marinelli war – begleitet mit einer Verwünschung – Nein, daß ich den edeln Mann nicht verleumde! – begleitet mit keiner Verwünschung – Die Verwünschung denk' ich hinzu – Der Name Marinelli war das letzte Wort des sterbenden Grafen. (III. 8)

Marinelli gibt vor, den Sinn der rhetorisch raffiniert auf den Höhepunkt gebrachten Aussage nicht zu verstehen. »Was Sie [...] sagen wollen, versteh' ich nicht.«

> *Claudia. (bitter und langsam):* Der Name Marinelli war das letzte Wort des sterbenden Grafen! – Verstehen Sie nun? – Ich verstand es erst auch nicht: ob schon mit einem Tone gesprochen – mit einem Tone! – Ich höre ihn noch! Wo waren meine Sinne, daß sie diesen Ton nicht sogleich verstanden?

Nur zu gut versteht Marinelli nicht nur die Anklage, die Claudia hier ausspricht – das ist selbstverständlich –, sondern auch die Denkkonvention, die sich diese Anklage zunutze macht: daß nämlich das letzte Wort eines Sterbenden unbezweifelbar als ein Wort endgültiger Wahrheit gilt und daher Beachtung verlangt. So kommt es ihm denn auch gar nicht erst in den Sinn, das Gewicht eines solchen Wortes zu bagatellisieren; mit der Höflingslist des auf frischer Tat Ertappten versucht er statt dessen lediglich, die Bedeutung jenes einen letzten Wortes anders zu interpretieren: »Nun, gnädige Frau? – Ich war von je her des Grafen Freund; sein vertrautester Freund. Also, wenn er mich noch im Sterben nannte –.« Und wenig später treibt er dieses Spiel mit der Konvention, der Konvention des Ernstnehmens des letzten Wortes, auf die Spitze, wenn er sich gegenüber Odoardo, dessen Verdacht die Orsina mittlerweile mit Geschick geschürt hat, ins beste Licht zu setzen versucht: er, Marinelli, sei von Appiani »selbst zu seinem Rächer bestellet –«:

> Fragen Sie nur Ihre Gemahlin. Marinelli, der Name Marinelli war das letzte Wort des sterbenden Grafen: und in einem Tone! – Daß er mir nie aus dem Gehöre komme dieser schreckliche Ton, wenn ich nicht alles anwende, daß seine Mörder entdeckt und bestraft werden! (V. 6)

---

[1] Zitate nach der von H. G. Göpfert herausgegebenen Hanser-Ausgabe in acht Bänden, I, II (München, 1971).

Claudia akzeptiert diese Deutung von Appianis letztem Wort natürlich nicht. Im Gegenteil, sie stilisiert das letzte Wort des Ermordeten zu einer Zeugenaussage vor Gericht, der definitionsgemäß Beweiskraft zuerkannt werden müsse:

> *Claudia.* Mit dem Tone? – Ich kann ihn nicht nachahmen; ich kann ihn nicht beschreiben: aber er enthielt alles! alles! – Was? Räuber wären es gewesen, die uns anfielen? – Mörder waren es; erkaufte Mörder! – Und Marinelli, Marinelli war das letzte Wort des sterbenden Grafen! Mit einem Tone! –
>
> *Marinelli.* Mit einem Tone? – Ist es erhört, auf einen Ton, in einem Augenblick des Schreckens vernommen, die Anklage eines rechtschaffnen Mannes zu gründen?
>
> *Claudia.* Ha, könnt' ich ihn nur vor Gerichte stellen, diesen Ton! – (III. 8)

Der *Ton* des letzten Wortes überführt Martinelli des Mordes: »Ha, Mörder! feiger elender Mörder!« – feige, weil er nicht mit eigener Hand gemordet hat, sondern durch einen gedungenen Helfershelfer ermorden ließ. Wenn Emilias Mutter dann aber Marinelli ihre ganze »Galle« und ihren ganzen »Geifer« mit dem einen Wort »Kuppler!« »ins Gesicht speit«, ist die Anklage damit zugleich ausgedehnt auf den Prinzen selbst, dessen Werkzeug Marinelli seinerseits war: »Der Prinz ist ein Mörder!«, wie die Orsina bald darauf Marinelli ins Ohr flüstert oder vielmehr schreit (IV. 5). Und damit ist weiterhin nichts Geringeres als die ganze absolutistische politische Welt des Dramas unter Anklage gestellt, nicht so sehr zwar von der ihrerseits zwielichtig motivierten Ex-Mätresse selbst als durch das letzte Wort des Opfers, das der Ohrenzeugin bereits vorher dasselbe Wort – »Mörder!« – auf die Zunge gezwungen hatte. Das letzte Wort des Sterbenden, das seinerseits effektvoll thematisiert wird, wirkt wie ein Pfeil, der ins thematische Zentrum des Dramas trifft.

Die signifikante, geradezu insistente Art und Weise, auf die Lessing das ›letzte Wort‹ hier einführt, läßt darauf schließen, daß er bei seinem Publikum mit einem kongenialen Vorverständnis der Bedeutungsimplikationen des Begriffs rechnen konnte, mit einer gewissen Vertrautheit mit der ›Institution‹ des letzten Worts in der westlichen Welt[2]. Die westliche Kultur (und anscheinend nicht nur sie) verleiht dem letzten Wort ja in der Tat einen einzigartigen Status. Wenn Lessing an der zitierten Stelle Claudia Galotti

---

[2] Vgl. *Minna von Barnhelm*, I. 6, die Witwe Marloff zu Tellheim: »Sie würden sein letzter Gedanke, Ihr Name der letzte Ton seiner sterbenden Lippen gewesen sein, hätte nicht die stärkere Natur dieses traurige Vorrecht für seinen unglücklichen Sohn, für seine unglückliche Gattin gefordert –«.

dem Sterbewort Appianis eine besondere Beweiskraft vor Gericht zuspre-
chen läßt, scheint er zu wissen, daß die Aussage eines Sterbenden in
manchen westlichen Ländern Zulässigkeit vor Gericht und einen Evidenz-
charakter besitzt, der sie qualitativ unterscheidet vom bloßen Hörensagen.
Aber was hier im Spiel ist, ist nicht allein Juristisches. Dieses reflektiert
vielmehr nur den Status des letzten Wortes in der betreffenden Gesellschaft
überhaupt. Letzte Worte werden in einer solchen ernster genommen als alle
anderen, abgesehen von Aussagen unter Eid; sie werden im kollektiven
Bewußtsein aufbewahrt, werden manchmal sogar sprichwörtlich: kollektive
Lebensweisheit, die von Generation zu Generation tradiert wird[3].

> Dying words have a better than usual chance to survive. There are reasons,
> reasons rooted very deep in human nature, why men pay particular attention to
> them and preserve them. They answer an expectation. The interest, because so
> natural, is older than anyone can say. It is and has been for uncounted centuries
> the daily stuff of legends and biographies and histories and ballads, has pointed
> many a moral and adorned many a tale. Peoples far distant in time, place and
> customs have joined in the feeling that the utterance which is never to be followed
> by any other is by that very fact significant. Sometimes we remember nothing
> else, nothing of Nathan Hale or Captain Lawrence except their last words. Those
> who have never read Goethe in prose or verse can still tell you that he said on his
> death-bed, "More light!"[4].

Dieses kulturgeschichtliche Phänomen reicht bis in die Antike zurück.
Griechische und römische Biographen und Historiker liebten es, ein Leben
mit einem in der Regel zwar nicht authentischen oder als authentisch zu
erweisenden letzten Wort enden zu lassen, das dieses Leben, seine Signatur,
konzis zusammenfaßt, wie ein Motto, könnte man sagen[5]. Die *artes moriendi,* die seit dem 15. Jahrhundert aufkommen und noch im 18. Jahrhundert ein verbreiteter Gebrauchsartikel sind, lassen keinen Zweifel daran,
daß es wichtig ist, ein letztes Wort zu sprechen, und zwar das richtige,
nämlich das, das den Zugang der Seele zum Himmel garantiert: Reue,
Sündenbekenntnis und das Befehlen der Seele in die Hände des Herrn[6]. Das
letzte Wort entscheidet buchstäblich, ob der Seele Seligkeit oder Höllenqual
bestimmt ist. (Daher die Angst vor dem plötzlichen Tode, der kein letztes

---

[3] In den folgenden Absätzen über die Rolle des letzten Worts in der westlichen Zivilisation
greife ich vor auf ein im Entstehen begriffenes Buch. Es sei daher erlaubt, die spezielle
Dokumentation auf ein Minimum zu beschränken.
[4] Edward Le Comte, *Dictionary of Last Words* (New York, 1955), S. VII.
[5] Willibald Schmidt, *De ultimis morientium verbis* (Diss. Marburg, 1914).
[6] Nancy Lee Beaty, *The Craft of Dying* (New Haven, Conn., 1970).

Wort zuläßt.) Verwandt ist die Denkform der puritanischen ›conduct books‹, die bis ins 18. Jahrhundert hinein kein Blatt vor den Mund nehmen, wenn es darum geht, dem Sterbenden seine Pflicht klarzumachen, mit Worten aus dem Leben zu scheiden, die den Überlebenden Trost und Zuspruch und Vorbild sein können[7]. Im gleichen Zeitraum war es vor allem in den englischsprachigen Ländern üblich, einem Verbrecher kurz vor der Hinrichtung die Chance zu geben, ein ›letztes Wort‹ zu sprechen: eine kurze Rede zu halten, die dann in der Regel als Flugblatt gedruckt wurde, zu erbaulichen Zwecken in erster Linie[8]. Seit dem späten 17. Jahrhundert, später auch in Deutschland, gibt es in den westlichen Ländern, besonders England und Frankreich, dann auch schon ganze Anthologien von solchen letzten Worten von mehr oder weniger bekannten Gestalten des öffentlichen Lebens. Zunächst sind sie spezialisierter Art (Heilige, Märtyrer, Verbrecher, Hochverräter, aber auch Kinder und – in Neu-England – Indianer); doch seit dem ausgehenden 19. Jahrhundert und vor allem in unserer Zeit gibt es allumfassende Anthologien, die die letzten Äußerungen von Berühmten und weniger Berühmten katalogisieren – alphabetisch, chronologisch, nach Berufen, Todesumständen oder Thema des letzten Worts. Die Hauptfunktion solcher Bestandsaufnahmen besteht darin, kollektive Lebenserfahrung verfügbar zu machen im Horizont einer säkularisierten Welt, d. h. Maximen an die Hand zu geben, die die Aufgaben übernehmen, die herkömmlich dem Bibelvers für die Gestaltung des Lebens und Denkens zukamen[9]. Denn ihr Gewicht und ihren Anspruch auf Beachtung bekamen solche Worte von ihrer ebenso einzigartigen wie banalen Endgültigkeit: sie ließen sich nicht zurücknehmen. So erwarten wir schließlich noch heute von bedeutenden Menschen, daß sie mit einer bedeutenden Äußerung sterben – sonst würden ihre letzten Worte nicht so auffällig häufig in den Zeitungen berichtet, seien sie nun in unseren Augen bedeutend oder nicht. Ähnlich legen Biographen ihre Darstellung oft so an, daß das Leben mehr oder weniger gradlinig auf das letzte Wort zuläuft, das sie sozusagen von Anfang an als Zielpunkt im Auge haben, wenn sie die Lebensgeschichte nicht sogar explizit mit der Sterbeszene einsetzen lassen. Solche letzten Worte runden ein vorbildliches oder auch ein verwerfliches Leben sinnvoll und instruktiv ab, durch Bekenntnis oder Widerruf, weswegen nicht selten mindestens der Verdacht besteht, daß ein Tod von dem

---

[7] L. L. Schücking, *Die Familie im Puritanismus* (Leipzig und Berlin, 1929), S. 184.

[8] Lincoln B. Faller, *Turned to Account* (Cambridge, 1987).

[9] Karl S. Guthke, ›Anthologies of Last Words‹, in *Harvard Library Bulletin*, 35 (1988), S. 311–346.

Sterbenden ›inszeniert‹ wurde; bis ins 19. Jahrhundert war das Sterben bekanntlich ein öffentlicher oder doch quasi-öffentlicher Akt. Gelegentlich wird letzten Worten sogar die Qualität, die *mystique* zugesprochen, aus der Grenzerfahrung des Todes einen Blick ins Jenseits und die dort beheimatete Wahrheit zu vermitteln. Vor allem aber schreibt man ihnen – das entnimmt man nicht zuletzt den Einführungen zu den Anthologien letzter Worte – die Fähigkeit zu, das wahre Gesicht des Sterbenden zu erkennen zu geben: die Maske fällt, das Lebensmotto wird lesbar; das Wort, mit dem wir sterben, sagt uns und anderen, wer wir waren oder in unseren besten Momenten waren, selbst und besonders wenn es nur *einen* solchen Moment gab, den des Sterbens: »the most supremely interesting moment in life, the only one in fact, when living seems life« (Alice James)[10].

Dieser Moment und mit ihm das letzte Wort, das Schlußwort des Lebensschauspiels, ist folglich unter dem Vorzeichen der Säkularisation noch ähnlich wichtig wie in den christlichen *artes moriendi,* ja: vielleicht noch wichtiger, sofern in christlichen Zeiten – die Jedermann-Spiele erinnern daran – nur die Wahl zwischen dem richtigen und dem falschen letzten Wort bestand (Hinwendung zum Schöpfer bzw. seinem Sohn oder aber die Verstocktheit des Sünders). Seit der Aufklärung spätestens jedoch stirbt man mit weniger präskriptiv geprägten, vielmehr mit sozusagen originellen letzten Worten; das je individuelle Lebensdrama endet mit seinem je eigenen Schlußwort, seiner je eigenen Wahrheit oder Erkenntnis. Und nicht zuletzt deswegen werden letzte Worte denn auch erst seit damals gesammelt. (Montaigne, der sich wünschte, beim Kohlpflanzen zu sterben, hatte auf solche Anthologien letzter Worte nur gehofft[11].)

Mit einem solchen individuellen letzten Wort, dem mehr als alle anderen beachteten, erinnerten und weitergegebenen, anthologisierten und ›geflügelt‹ werdenden, kann in der Tat eine Art säkularer Unsterblichkeit erreicht werden: Selbsttranszendenz im verbalen Artefakt, das überlebt. Indem letzte Worte dank der »allmächtigen Kraft dessen, was ein Mann zuletzt gesagt hat« (Botho Strauss, *Paare, Passanten*[12]) wirken und weiterwirken, wird die Spur der Erdentage unverwischbar. Letzte Worte gehören in diesem Sinne zum Inbegriff der Kultur als Tradition. Als ›goldene Worte‹, nach denen gelebt wird, zählen sie zu jenen Zeugnissen, die eine Kultur sich

---

[10] An William James, 30. Juli 1891, nach Garrett Stewart, *Death Sentences* (Cambridge, Mass., 1984), S. 367f.

[11] *Essais,* II, 20.

[12] (München, 1981), S. 55.

selbst hinterläßt, oder pompös formuliert: zu den Vermächtnissen der Menschheit an sich selbst.

Dem widerspricht nicht, daß nicht alle letzten Worte, die wir kennen und in Sammelwerken verschiedener Art nachschlagen können, authentisch sind. Im Gegenteil: sie haben eher den Status des Mythischen, Legendenhaften, Literarischen. Dadurch, daß sich der menschliche Überlieferungsinstinkt ihrer bemächtigt hat, werden sie sozusagen zu einer *literarischen* statt strikt historiographischen Gattung – die, scheint es, ihre Geschichte hat.

Nicht zuletzt aus dieser Affinität erklärt sich auch der Reiz, den letzte Worte für literarische Autoren besitzen (von Parodisten – Burns, Ionesco, Orton u. a. – nicht erst zu reden). Manche literarische Formen sind fast undenkbar ohne signifikante letzte Worte. Zu ihnen gehört neben dem viktorianischen Roman in erster Linie das Drama, vor allem auch das bürgerliche des 18. Jahrhunderts, das begründet oder doch mitbegründet wurde durch Lessing. Kein Zufall, sollte man meinen, daß gerade er den bloßen Bericht von einem letzten Wort so prononciert und dramatisch in den Vordergrund spielt: das vom Publikum nicht vernommene eine letzte Wort des sterbenden Appiani dürfte das eindringlichste des ganzen Dramas sein.

Doch wie verfährt Lessing, wenn es darum geht, ein letztes Wort auf offener Bühne sprechen zu lassen? Das auf die Zukunft gerichtete, der Handlungstechnik und -strategie dienliche dramatische Spannungspotential, das das Sterbewort des Grafen Appiani hatte, fällt dann, wenn es sich um den Tod der Heldin oder des Helden handelt, naturgemäß aus. Doch die Zuspitzung auf das Thema oder ein Thema des Dramas, das das eine Wort ›Marinelli‹ mit seiner Zielrichtung auf den politischen Mißstand bezeugte, kann auch dem letzten Wort einer breit ausgespielten Sterbeszene eigen sein, mit dem Unterschied, daß der thematische Vektor zurück- statt vorausweist. Das letzte Wort Emilia Galottis hat diese Funktion. Als Odoardo dem Drängen seiner Tochter nachgibt und sie mit dem Dolch der Orsina »durchsticht«, ihm zugleich aber mit Entsetzen zum Bewußtsein kommt: »Gott, was hab' ich getan!«, antwortet Emilia, zu Boden sinkend, mit den berühmten Worten: »Eine Rose gebrochen, ehe der Sturm sie entblättert.« Und weiter: »Lassen Sie mich sie küssen, diese väterliche Hand« (V. 7). Lessing hat dafür Sorge getragen (nicht zuletzt dramaturgisch durch Emilias Apostrophe an die Rose, die sie sich aus dem Haar nimmt), daß das Publikum an dieser Stelle genau weiß, welchen symbolischen Sinn Rose und Sturm haben; es begreift also sofort, daß diese Sentenz, das typische, konventionelle ›abrundende‹ letzte Wort nicht nur mit Präzision, sondern auch mit der Eindringlichkeit, die dem letzten Wort als letztem zukommt, endgültig zusammenfaßt, welche Bedeutung das Geschehene für Emilia selbst besitzt: Signatur und Motto der inneren und äußeren Handlung, von der Protagonistin aus gesehen. Zugleich aber begreift das Publikum den darin eingeschlossenen Verweis auf die kontrovers artikulierte Problematik der (nur um den Preis des Lebens zu bewahrenden) ›Tugend‹, die das unentbehrliche Komplement bildet zur Problematik der feudalen Herrschaft, die jenes andere letzte Wort signalisierte.

Das liegt auf der Hand. Aber Emilias letzte Worte sagen noch mehr und anderes durch Suggestion als durch direkte Formulierung. In Lessings früherer Tragödie *Philotas* hatte es mit einer solchen zusammenfassenden Sentenz sein Bewenden gehabt. Der junge Königssohn, der sich durch seinen theatralisch hochgespielten Selbstmord – »er durchsticht sich«, wie ja auch Emilia im Grunde den Dolch selbst führt – dem Vaterland in kindlich verblendeter Hochgesinnung zum Opfer bringt, stirbt mit den – wieder mottohaft seine Haltung zusammenfassenden, abrundenden – Worten: »O so empfangt meine triumphierende Seele, ihr Götter; und dein Opfer, Göttin des Friedens!« (8. Szene). Eine solche Besiegelung der Wertwelt des Helden dürfte der Konvention des letzten Worts in der klassizistischen Tragödie konform sein; man denke etwa an die sententiösen Sterbeworte Catos in Gottscheds Mustertragödie. Allerdings, das Besondere an Lessings klassizistischem *Philotas* ist, daß spätestens in den Kommentaren zu dem letzten Wort des Königssohns eben dessen heroische Gesinnung und große patriotische Geste kritisch beleuchtet werden, und zwar von den Werten und Denkformen des Bürgertums her. Dieses stellt die konkrete Tugend der menschlichen Beziehungen höher als die abstrakte Helden-Tugend jener großen Gesten der Uneigennützigkeit, die das klassizistische Drama zu feiern pflegte. So weist Aridäus in den Schlußmomenten des Dramas die Heroik von Philotas' letztem Wort zumindest indirekt zurück: Philotas' letztes Wort, seine heroische Geste, erzielt eben die Wirkung, die Philotas *nicht* beabsichtigt hatte – Aridäus will hinfort nicht mehr der ländereroberde »König« sein, sondern der in der Liebe zu seinem Sohn aufgehende Vater. »Komm! Schaffe mir meinen Sohn! Und wenn ich ihn habe, will ich nicht mehr König sein« (8. Szene). Die Optik des bürgerlichen Dramas kündigt sich an in der Negierung des letzten Worts des unverständigen ›Helden‹, und auf jene Negierung – letztlich also der Wertwelt des klassizistischen Dramas, ist das ganze Stück angelegt. (Ähnlich wird Lessing in der *Hamburgischen Dramaturgie* sagen: mit Königen hätten wir Mitleid nur, sofern sie Väter seien (14. Stück).)

Kehren wir nach diesem Exkurs zu Emilia Galottis letztem Wort zurück, so verwundert es nicht, daß die zitierte Sentenz, die so sehr nach klassizistischen Abrundung klingt, genau genommen, nicht das letzte Wort der Sterbenden ist, oder richtiger: nicht ihr *ganzes* letztes Wort. Sie bringt vielmehr nur ihre ›Gesinnung‹ auf eine Formel, während das, was als letztes Wort im allerwörtlichsten Sinne folgt, auf eine andere Dimension deutet. Und das ist wiederum die der menschlichen Beziehungen, wie sie das bürgerliche Drama damals verstand und hochschätzte. Zunächst: zu der für den ›bürgerlichen‹ Zuschauer un-›väterlichen‹ Handlung (nicht zufällig kam der Dolch aus der Hand der unbürgerlichen Orsina) hatte Emilia ihren Vater bestimmt durch die Erinnerung an einen anderen Vater, an Virginius, der seine Tochter einer abstrakten Tugendidee geopfert hatte: »Ehedem wohl gab es einen Vater, der seine Tochter von der Schande zu retten, ihr den ersten den besten Stahl in das Herz senkte [...]. Aber alle solche Taten sind von ehedem! Solcher Väter gibt es keinen mehr!« (V. 7). Indem Odoardo sich dadurch zum Beweis des Gegenteils herausfordern läßt, zu einer aus der Antike sanktionierten Haltung und Tat, wird er aber zugleich der Antiquiertheit seiner tragisch-heroischen Geste überführt. Und als neues Verhaltensideal deutet sich das an, das damals als bürgerlich gilt und bezeichnet wird: das der menschlichen Beziehungen, für die das Stichwort wiederum ›Vater‹ lautet. Und dies geschieht signifikanterweise in erster – und eindrucksvollster – Linie durch Emilias allerletztes Wort. Als Wort kann man dies allerdings nur dann gelten lassen, wenn man ein an sich nicht schlüssiges Gestammel dafür gelten lassen will:

> *Der Prinz.* Grausamer Vater, was haben Sie getan!
> *Odoardo.* Eine Rose gebrochen, ehe der Sturm sie entblättert. – War es nicht so, meine Tochter?
> *Emilia.* Ah – mein Vater – (*sie stirbt, und er legt sie sanft auf den Boden.*) (V. 8)

Was Emilias *aller*letztem Wort sein Gewicht verleiht, ist – im Gegensatz zur Sentenzenhaftigkeit des klassizistischen Trauerspiels, der der markante Schlußstrich der Äußerung über die gebrochene Rose noch entsprach – nicht nur der ›Realismus‹ der Diktion mit ihrem ans Unartikulierte grenzenden Stammeln und ihrem Abbruch der Konstruktion im kaum begonnenen Satz, so sehr dies natürlich dem Stil des bürgerlichen Dramas und besonders der Konvention *seiner* Sterbeszene gemäß ist. Wichtiger noch ist die Benennung jener – im bürgerlichen Drama prominenten – menschlichen Beziehung, die hier in einer Art Kritik am vorbürgerlichen Drama insgeheim thematisiert wird. Das Wort ›Vater‹, mehrfach präludiert und repetiert in der ganzen Sterbeszene, ist buchstäblich Emilias letztes Wort, an dem das Bedeutsamste dies ist, daß es einen Satz einleitet, der nicht mehr ausgesprochen wird. Hat ›Vater‹ hier noch den Sinn, den das Wort nur Minuten vorher besaß, als Emilia von dem republikanischen Tochtermörder in römischer Zeit sprach – *bevor* jene Tat geschah, die in bürgerlicher Zeit denn doch ein anderes Gesicht bekommen hatte und selbst für den Feudalherrn unfaßbar ist, der Emilia mit »Grausamer Vater, was haben Sie getan!« das Stichwort gibt? Ist ›Vater‹ hier noch synonym mit der Vorstellung von der unanfechtbaren Autorität dessen, der die abstrakte Ehre und abstrakte Tugend seiner Tochter bewahrt?

Wäre das der Fall, so hätte die zitierte Stelle, in der die Tragödie gipfelt, keinen Sinn. Ihr Sinn ist vielmehr dem ähnlich, den Lessing am Schluß des *Philotas* signalisierte: aus dem Vater als abstrakter Rollenfigur oder Tugendhelden wird in diesen letzten Momenten die Person, zu der Emilia in eine menschliche Beziehung tritt, wie sie unter dem Vorzeichen des Verweises auf den ›Vater‹ Virginius einfach nicht vorgesehen war. Und es ist Emilias *letztes Wort*, das unsere Gedanken in diese Richtung lenkt, in die Richtung einer Wahrheit, die bewußt oder ahnbar wird erst in der Grenzerfahrung des Sterbens. Mit ihrem wortwörtlich letzten Wort und seiner emotionalen Aura nimmt Emilia (bestätigt durch die entsetzte Reaktion des Prinzen: »grausamer Vater«) zurück, was sie noch kurz vorher, im Hinweis auf den Vater Virginius, für die Summe ihrer Lebenserkenntnis gehalten hatte. Emilias Sterbemomente bezeugen und illustrieren, wenn man so will, die Einsicht heutiger Psychiater, die den psycho-physischen Vorgängen des allerletzten Lebensstadiums die Möglichkeit eines einzigartigen Erkenntnis- und Existenzzuwachses, eines anthropologischen qualitativen ›Sprungs‹ zuerkennen[13]. Bei Lessing müssen wir dies natürlich noch im Kontext der Geistesgeschichte seines historischen Augenblicks sehen: in ihren letzten bewußten Momenten gelangt Emilia in dieser Sicht weniger zu einem neuen existentiellen Niveau als zur Ahnung der Unzulänglichkeit des bisherigen Verhaltensmusters, das der Welt der klassizistischen Tragödie angemessen war. Angedeutet, wenn auch nicht ausgesprochen wird im letzten Wort die Frage, ob der ›bürgerlich‹-private Mensch, dessen Welt die familiären Beziehungen sind, nicht anderen Sinndimensionen den Vorzug zu geben habe.

»Mein Vater« ist auch das Wort, mit dem die Hauptgestalt des Trauerspiels stirbt, das Lessing im Untertitel als »bürgerliches« ausgewiesen hat,

---

[13] K. R. Eissler, *The Psychiatrist and the Dying Patient* (New York, 1955).

Miss Sara Sampson. Und hier ist dieses letzte Wort denn auch unverkennbar stilrein der Schlußpunkt einer lang ausgespielten Sterbeszene, deren Denkformen nichts anderes als bürgerlich sind im Sinne des 18. Jahrhunderts. Sara thematisiert auf dem Sterbebett die menschlichen Beziehungen des bürgerlichen Menschen der Zeit: ihre letzten Gedanken gelten den familiären Verhältnissen, indem sie, versöhnt mit ihrem Vater, bittet, daß dieser Mellefont als »Sohn« und Arabella als »Tochter« annehme, ja selbst ihre Zofe Betty in familiäre Obhut nehme. »Der Augenblick ist da! Mellefont – mein Vater –« (V. 10).

Mit ähnlichen Worten stirbt Mellefont, der sich aus Reue über seine unbürgerlichen Verfehlungen den Tod gibt und schon durch diesen Akt die bürgerliche Wertwelt Saras bestätigt. Auch er bittet Sampson um väterliche Fürsorge für Arabella. Mit seinen buchstäblich letzten Worten jedoch greift er ein anderes Motiv auf, das in Saras Sterberede ebenfalls eine Rolle spielte. Die bürgerliche Welt – auch Odoardos Hinweis auf den Jüngsten Tag in der letzten Szene der *Emilia Galotti* erinnert daran – ist als Welt des Privaten, Familiären zugleich die Welt des christlichen Gottes, eines Gottes, der nicht unnahbar und menschlichem Verständnis unzugänglich ist, sondern eher der Gottvater, dessen Gesinnung und Handlungsweise sowohl Odoardo wie Sara zuversichtlich zu verstehen glauben: »Die bewährte Tugend muß Gott der Welt lange zum Beispiele lassen, und nur die schwache Tugend [...] hebt er plötzlich aus den gefährlichen Schranken« usw. Mit seinem letzten Wort – »Gnade! O Schöpfer, Gnade!« (V. 10) – das in einer klassizistischen Heldentragödie kaum denkbar wäre, ordnet auch Mellefont sich diesem Vatergott zu und damit auf seine Weise der bürgerlichen Welt. Zugleich aber schimmert in dieser Hinwendung zum Schöpfer im Sterbemoment noch die jahrhundertealte Konvention durch, die die *artes moriendi* kanonisiert hatten.

Andere dramatische Möglichkeiten des letzten Wortes exploriert Schiller. Wie vertraut auch er mit der Konvention des Ernstnehmens des ›Sterbensworts‹ war, zeigt sich sehr schön in den *Räubern*, II.2, wo Hermann, von Franz Moor veranlaßt, dem alten Moor in Gegenwart von Amalia den angeblichen Tod Karls berichtet. Der Betrug endet mit dem – für den Zweck der Ermordung des Vaters ›vom Geiste aus‹ ganz überflüssigen, aber seine Glaubwürdigkeit der Intention nach bekräftigenden – sentimentalen Klischee (das heute selbst der Unterhaltungsfilm – ›Broadcast News‹ – ironisiert), daß der letzte Gedanke der Geliebten gelte: »Sein letzter Seufzer war Amalia!« Nicht nur das: Amalia selbst wiederholt den Satz und fragt dann am Ende der Szene noch einmal: »Was waren seine letzten Worte?«, worauf Hermann »zurückruft«: »Sein letzter Seufzer war Amalia!«[14] Doch das ist nichts weiter als sozusagen zitatives Aufrufen einer Konvention. Interessanter ist zu sehen, was Schiller, der Dramatiker, daraus zu machen imstande ist.

In den »Räubern« schließt Pfarrer Moser eine regelrechte Wette mit dem atheistischen Materialisten Franz Moor: werde Franz sterben, wie er gelebt habe, sich in seinem letzten Stündlein also nicht Gott zuwenden, sondern »feste« auf seinen philosophischen »Grundsätzen« beharren, so solle er »gewonnen« haben (V. 1). Was auch hier noch nachwirkt, ist die Überzeugung der *artes moriendi* von der einzigartigen Bedeutung und Wichtigkeit des allerletzten Moments, der über Heil oder Unheil der Seele entscheidet kraft des Wortes, das als letztes gesprochen wird. »Wenn Euch das Wasser an die Seele geht, Ihr werdet alle Schätze der Welt um ein christliches Seufzerlein geben«, meint der Hausknecht Daniel im Anschluß an das Gespräch mit Moser. Aber hat er recht mit dieser Voraussage, die auf die konventionelle Denkform anspielt, daß der Sünder – der Graf Rochester war das berühmteste Beispiel[15] – auf dem Totenbett zu Kreuze krieche oder aber gottlos sterbe und zur Hölle fahre? Schiller zieht nun alle Register, um die Wette um den christlichen Tod dramatisch spannend zu machen. Franz zu Daniel: »So bet doch [...] ins T-ls Namen!« Franz selbst betet, aber »das ist ja gottlos gebetet«; »auch seine Gebete werden zu Sünden.« Dann expressis verbis die furchtgeschüttelte Abkehr von Gott, an dessen Erbarmen er verzweifelt. »Ha! so erbarm du dich meiner! *(Er reißt seine goldene Hutschnur ab und erdrosselt sich)*«. Die Wette endet im Kontrapunkt zu Mellefonts christlichem Tod mit den »hellen Trillern« der Hölle und dem Zischen der »Nattern des Abgrunds«, die Franz zu vernehmen glaubt.

Über das ganze Drama ausgedehnt ist die Spannung der Wette um das letzte Wort bekanntlich im *Faust*. Ihre Bedingung ist:

> Werd' ich zum Augenblicke sagen:
> Verweile doch! du bist so schön!
> Dann magst du mich in Fesseln schlagen,
> Dann will ich gern zugrunde gehn!
> Dann mag die Totenglocke schallen,
> Dann bist du deines Dienstes frei,

---

[14] Zitate nach der von G. Fricke und H. G. Göpfert herausgegebenen Hanser-Ausgabe in fünf Bänden, 2. Auflage, I, II (München, 1960).

[15] Vgl. Robert G. Walker, ›Rochester and the Issue of Deathbed Repentance in Restoration and Eighteenth-Century England‹, in *South Atlantic Review*, 47 (1982), S. 21–37.

Die Uhr mag stehn, der Zeiger fallen,
Es sei die Zeit für mich vorbei! (V. 1699–1706)[16]

Der große Sterbemonolog des erblindeten Faust kommt mit wörtlicher
Anspielung darauf zurück – in jenem Modus des Hypothetischen allerdings, der es im dunkeln läßt, ob Faust die Wette mit Mephisto gewonnen
habe oder nicht: Faust artikuliert seine Zukunftsvision von der Ansiedlung
einer ganzen »Völkerschaft« auf dem Neuland, das er Meer und Sumpf
abgezwungen haben wird, mit den Worten:

Solch ein Gewimmel möcht' ich sehn,
Auf freiem Grund mit freiem Volke stehn.
Zum Augenblicke dürft' ich sagen:
Verweile doch, du bist so schön!
Es kann die Spur von meinen Erdetagen
Nicht in Äonen untergehn. –
Im Vorgefühl von solchem hohen Glück
Genieß' ich jetzt den höchsten Augenblick. (V. 11579–11586)

Faust »sinkt zurück« mit diesen Worten, »die Lemuren fassen ihn und legen
ihn auf den Boden.« »Die Uhr steht still«, wiederholt Mephisto in Anspielung auf die Bedingung der Wette und ebenso der Chor: »Der Zeiger fällt.«
Die nächste Szene ist ›Grablegung‹ betitelt. So macht sich auch Goethe, mit
unvergleichlich mehr Raffinement als Schiller in den *Räubern*, die Konvention des letzten Worts zunutze, die in seiner Zeit, als das Erlebnis des
Sterbebetts noch zu den selbstverständlichen Lebenserfahrungen gehörte,
eine lebendige Präsenz besaß. (Eine komische Variante, die ihrerseits auf
Vertrautheit mit der Konvention deutet, ist Mephistos Gespräch mit
Marthe in der Szene ›Der Nachbarin Haus‹ mit dem beziehungsvollen
Ausruf Marthes: »Was! am Rand des Grabs zu lügen!«, V. 2961. Aber auch
sonst gibt es natürlich Hinweise darauf, daß Goethe die Konvention
geläufig war, etwa *Maximen und Reflexionen*, Nr. 370 in der Zählung der
Hamburger Ausgabe: »Madame Roland, auf dem Blutgerüste, verlangte
Schreibzeug, um die ganz besonderen Gedanken aufzuschreiben, die ihr auf
dem letzten Wege vorgeschwebt. Schade, daß man ihr's versagte; denn am
Ende des Lebens gehen dem gefaßten Geiste Gedanken auf, bisher undenk-
bare; sie sind wie selige Dämonen, die sich auf den Gipfel der Vergangenheit glänzend niederlassen.«)

---

[16] Zitiert nach *Goethes Werke,* Hamburger Ausgabe, hg. von Erich Trunz, Bd. III, 6. Auflage
(Hamburg, 1961), S. 57.

In anderer Weise als in den *Räubern* spielt Schiller im *Fiesco* (Buchfassung) auf die Denkkonvention an, daß sich im letzten Wort die Wahrheit über den sterbenden Menschen geltend mache. War Franz Moor von Anfang an der philosophische ›Bösewicht‹ gewesen, so schwankt Fiesco im Verlauf des Dramas zwischen zwei Möglichkeiten, die mit den Stichworten ›Herzog‹ und ›Republikaner‹ bezeichnet werden, vor allem in dem großen Entscheidungsmonolog II. 19 *(»Republikaner Fiesco? Herzog Fiesco?«)*. Nun ist es zwar sehr die Frage, ob es sich dabei letztlich nicht bloß um zwei verschiedene Erscheinungsweisen ein und desselben Willens zur Macht handelt, so daß der Republikaner also nur der Herzog in Verkleidung wäre. Doch hängen von der Wahl zwischen beiden immerhin Verlauf und Signatur der Handlung ab. Von daher aber und ebenfalls von der konsequent beibehaltenen Alternative, die mit den beiden Wörtern benannt ist, bleibt es von Interesse und zeugt es für Schillers Geschick im Kalkulieren dramatischer Effekte, daß er Fiesco, kaum daß er »Genuas Herzog geworden« ist (V. 16), von dem ›Republikaner‹ Verrina ins Meer stürzen läßt, wo er mit dem Ausruf versinkt: »Hilf, Genua! Hilf! Hilf deinem Herzog!« (V. 16). Das Schlüsselwort als letztes Wort und wahres Wort: Fiesco stirbt als der, der er im Grunde immer gewesen ist, auch als posierender Republikaner. Goethe hatte diesen Kunstgriff im *Götz* eher einfacher verwendet, als er seinen Helden mit dem Anruf »Freiheit!« sterben ließ – einfacher, sofern Götz das ganze Stück hindurch mit diesem programmatischen Wort charakterisiert wird, mit dem kein anderes Stichwort in Konkurrenz tritt, geschweige denn eine andere Charaktermöglichkeit. Vergleichbar ist, daß Marie Beaumarchais mit dem Wort »Clavigo!« stirbt (4. Akt) und Valentin mit der ›bürgerlichen‹ Selbstcharakteristik »brav«, die in der Tat allem entspricht, was wir von ihm wissen (*Faust*, V. 3775). Und Schiller selbst wird diesen Kunstgriff in der gleichen vereinfachten Form verwenden, wenn er den Marquis Posa, mitten im Gespräch mit Don Carlos von einer Kugel aus dem Hinterhalt getroffen, »mit brechender Stimme« den Thronerben beschwören läßt: »Denk auf deine Rettung«, was im Kontext nur, wie Sekunden zuvor ausgesprochen, »Rette dich für Flandern« bedeuten kann (IV. 3), also Posas politische Devise. Ebenso verfährt Schiller im *Tell*, wenn er die Sterberede Attinghausens abbrechen läßt mit dem – dreimal geäußerten – Wort, das von vornherein nicht nur das Kennwort dieser Programmfigur, sondern auch einer der thematischen Schlüsselbegriffe des ganzen Dramas ist: »Seid einig – einig – einig –« (IV. 2).

Nun wäre es wenig ergiebig – das letzte Beispiel legt es nahe –, Schillers Dramen der Reihe nach auf letzte Worte durchzugehen; nicht immer versteht es selbst Schiller, optimalen oder interessanten Gebrauch von der Konvention zu machen. Geßlers letztes Wort zum Beispiel, als er, aus dem Hinterhalt vom Pfeil getroffen, vom Pferd sinkt, »Das ist Tells Geschoß« (IV. 3), hat längst nicht die dramatische Wirkung und Funktion, die Appianis Benennung seines Mörders hat, schon weil Tell selbst in dem Moment auf dem Felsen erscheint und sich als den Schützen zu erkennen gibt. In *Maria Stuart*, in der *Jungfrau von Orleans* und der *Braut von Messina* halten die Hauptgestalten ihre wohlgeformten Rück- und Vorausblicksmonologe im Wissen um den unmittelbar bevorstehenden Tod: allzu theatralisch inszenierte Sterbeworte, die Leben und Lebensende im deklamatorischen Artefakt ineinsfassen.

Interessante Variationen gelingen Schiller jedoch in *Kabale und Liebe* und im *Wallenstein*. Der sterbende Ferdinand steht, gestützt von Bedienten, an der Leiche Luises, der er in seiner verblendeten Eifersucht selbst den Tod gegeben hat.

> *Ferdinand.* […] Luise – Luise – Ich komme – Lebt wohl – Laßt mich an diesem Altar verscheiden –
> *Präsident.* *(aus einer dumpfen Betäubung, zu seinem Sohn).* Sohn Ferdinand! Soll kein Blick mehr auf einen zerschmetterten Vater fallen? *(Der Major wird neben Luisen niedergelassen).*
> *Ferdinand.* Gott dem Erbarmenden gehört dieser letzte.
> *Präsident.* *(in der schrecklichsten Qual vor ihm niederfallend).* Geschöpf und Schöpfer verlassen mich – Soll kein Blick mehr zu meiner letzten Erquickung fallen?
> *Ferdinand.* *(reicht ihm seine sterbende Hand).*
> *Präsident.* *(steht schnell auf).* Er vergab mir! *(Zu den andern)* Jetzt euer Gefangener!
> *(Er geht ab, Gerichtsdiener folgen ihm, der Vorhang fällt)* (V. 8)

Zunächst: wenn Ferdinand hier von seiner Geliebten als einem »Altar« spricht, verweist er ein letztes Mal auf die Problematik seiner Liebe, die aus Menschlich-Allzumenschlichem etwas Heiliges gemacht hatte, das den Platz des orthodox sanktionierten Göttlichen usurpierte[17]. Wenn er dann aber in seinem buchstäblich letzten Wort sich »Gott dem Erbarmenden« zuwendet, so deutet sich im Seitenblick auf die säkularisierte Vokabel »Altar« noch einmal die Spannung an, die von Anfang an zwischen seinem Evangelium der Liebe und der religiösen Orthodoxie Luises geherrscht hat

---

[17] Vgl. Karl S. Guthke, ›Tragödie der Säkularisation: Schillers *Kabale und Liebe*‹, in Guthke, *Das Abenteuer der Literatur* (Bern und München, 1981), S. 210–241.

und die *den* geistigen Konflikt zwischen den Liebenden – und damit des Dramas – ausmacht. Daß er sich diesem Gott des Christentums nun seinerseits zuordnet, ist weit mehr als ein entferntes Echo der Vorschrift der *artes moriendi* für den ›guten Tod‹; Ferdinand erklärt damit zugleich den Bankrott seines Liebesevangeliums, das sich angemaßt hatte, mit dem Evangelium »Gottes des Erbarmenden«, des Gottes der Orthodoxen und Luises, in Konkurrenz zu treten.

Doch nicht genug damit. Wir haben es mit einem ›bürgerlichen Trauerspiel‹ zu tun (Schillers Untertitel). In den Sterbeszenen dieser Gattung, die zu den beliebtesten ihres Situationsrepertoires gehören, ist das Vergeben *de rigueur*. So hatte Sara Sampson selbstverständlich ihrer Nebenbuhlerin und Mörderin Marwood vergeben, bevor sie sich mit ihren letzten Atemzügen der Rekonstitution der Familie widmete. So also auch hier, mit der Abweichung allerdings, daß das ›letzte Wort‹ zu diesem Thema nicht ausgesprochen, sondern gestisch vergegenwärtigt wird. Der Dramatiker Schiller ist sich seiner theatralischen Effekte sicher, wenn er auch in diesem Fall mit der genialen Transposition des Verbalen ins Pantomimische den Kitsch zumindest streift.

Anders im *Wallenstein*. Während alle bisher zur Sprache gekommenen letzten Worte – denen als Grenzfall auch Max Piccolominis verzweifelt eindeutige Abgangszeile »Wer mit mir geht, der sei bereit zu sterben!« (*Wallensteins Tod*, III. 23) zuzurechnen wäre – wortwörtlich im Sterbemoment und in der Regel ganz konkret, wissentlich im Angesicht des Todes gesprochen wurden, entstammt Wallensteins letztes Wort keineswegs einer solchen Situation. Nicht Wallenstein, wohl aber der Zuschauer weiß, daß die Worte, die der Feldherr am späten Abend zu seinem Jugendfreund Gordon spricht, bevor er sich in sein Schlafgemach zurückzieht, seine letzten sind (V. 5). Der Zuschauer hat miterlebt, wie die Mörder gedungen wurden und ihnen erklärt wurde, wie sie in »das Schlafgemach des Fürsten« gelangen, »ohne daß das Hofgesinde erwacht und Lärmen ruft« (V. 2); der Zuschauer hat Senis aufgeregte astrologische Warnung noch frisch im Ohr: »Von falschen Freunden droht dir nahes Unheil«, und er hat gesehen, wie Gordon den Feldherrn zu bewegen suchte, diese Warnung ernst zu nehmen (V. 5). Der Versuch war vergeblich. Wallenstein liegt nichts ferner als der Gedanke an seinen Tod; und die Worte, die er im Abgehen spricht und denen, wie der Zuschauer, aber auch Gordon weiß, keine weiteren folgen werden, haben deswegen den Charakter des Zufälligen, Banalen, Gewichtlosen, zur wahren Situation Inkongruenten. Es sind letzte Worte, die bemerkenswert sind gerade durch ihr Unwissen über sich selbst.

Solche letzten Worte dürften in der Wirklichkeit – im Gegensatz zur Literatur – eher die Regel als die Ausnahme sein. Sie sind wohl immer schon ein Argument gewesen gegen die Authentizität von jenen letzten Worten, die das Zeug zur Maxime oder zum Lebensmotto besitzen wie Diderots goldenes Wort, »l'incrédulité« sei der erste Schritt zur Philosophie. Wer dementsprechend betont, letzte Worte seien oft gerade nicht die, die die Anthologien letzter Worte zu bringen pflegen, wer also im Falle Diderot Wert darauf legt, daß das letzte Wort des Enzyklopädisten ein mißgelaunter Verweis an seine Frau gewesen sei, die ihn daran zu hindern suchte, eine Aprikose zu essen (oder einen Aprikosenschnaps zu trinken?), der will jedoch nicht unbedingt darauf hinaus, daß das letzte Wort schlechthin nicht ernst zu nehmen sei und damit auch der Kult und die ganze ›Institution‹ des letzten Worts, die in unserer westlichen Kultur so eingewurzelt ist, gegenstandslos sei[18]. Vielmehr ergibt sich gerade von daher ein neuer Zugang: gerade das Zufällige, Unbeabsichtigte, dem Kontext nach Triviale eines letzten Worts wird verstanden als symbolisch bedeutsam und beziehungsvoll über den Anlaß hinaus. Mit Goethes »Mehr Licht!« ist es offenbar von jeher so gewesen[19]. Einer der rezentesten Anthologien letzter Worte blieb es jedoch vorbehalten, eine regelrechte Ästhetik des letzten Worts auf diese Einsicht oder Interpretation zu gründen. Brian O'Kill konzentriert sich in seiner Anthologie *Exit Lines: Famous (and not-so-famous) Last Words* (Harlow, Essex, 1986) statt auf letzte Worte, denen ihr Charakter als »definitive statements« an der Stirn geschrieben steht, auf die eher zufälligen und auf den ersten Blick belanglosen. »It is their unselfconscious, accidental, almost ironic quality which makes them so fascinating, so richly human« – und damit sinnvoll in ganz und gar unbeabsichtigter oder auch nur geahnter Weise. »Whether these words are really inappropriate may be doubted« (S. v–vi). Das zufällige letzte Wort mag ein unvermutet charakteristisches Streiflicht auf das Leben zurückwerfen wie Lord Chesterfields »Give Dayrolles a chair«, Goethes »Mehr Licht!«, Richard Wagners Verlangen nach seiner Uhr usw.; es mag ein Motiv dieses Lebens aufgreifen oder als Schlußwort des Lebensdramas eine ›symbolische‹ Bedeutung gewinnen, die sich dem künstlerisch gesinnten Betrachter, dem Connaisseur des verborgenen ästhetischen Reizes erschließt.

---

[18] Vgl. Nigel Dennis, ›Arthur from the Barge. A Study of Last Words‹, in *Encounter*, 98 (1961), S. 27–31.

[19] So Dolf Sternberger, ›Hauch, Laut und Einbildung. Über die verschiedenen Berichte von Goethes letzten Worten‹, in Sternberger, *Schriften*, I (Frankfurt am Main, 1977), S. 37–45.

Wie dem auch sei (und Phantasie und Spielfreude gehören natürlich dazu): Schiller scheint etwas geahnt zu haben, von dieser Potentialität des zufälligen letzten Worts. Bewußt gibt er Wallensteins Abgangszeilen einen ironischen Doppelsinn, der dem Publikum unmittelbar evident und auch sicher dafür verantwortlich ist, daß diese Worte Wallensteins längst in den Rang des Sprichwörtlichen aufgestiegen sind:

> Gut Nacht, Gordon!
> Ich denke einen langen Schlaf zu tun,
> Denn dieser letzten Tage Qual war groß,
> Sorgt, daß sie nicht zu zeitig mich erwecken. (V. 5)

Ist diese Ironie Schillers nur eine aparte, witzige Spielerei mit dem double entendre – mit dem Lebensabschied, der keiner ist, mit dem Insignifikanten, das in die Signifikanz umschlägt? Oder doch auch und zugleich ein bescheidener Verweis auf jenen durchgängigen »Doppelsinn des Lebens«, von dem Wallenstein mehr weiß als andere Schillersche Dramengestalten? Ein Meister des Doppelsinns ist Wallenstein selbst, »dem es nicht schwerfällt, Freund und Feind gleichermaßen zu täuschen«, in dem aber nichtsdestoweniger »höhere Tendenzen als politische angelegt« sind, nämlich idealische oder moralische[20]. Daher sind die Deuter des Dramas seit eh und je so anfällig für die Täuschung gewesen, die darin besteht, seine Äußerungen entweder als bare Münze oder als Strategie zu nehmen und folglich in Wallenstein, dem Vieldeutigen, Widerspruchsvollen, einen relativ eindeutigen Charakter zu sehen, so oder so: den Idealisten oder den Realisten, den erhabenen Überwinder oder das Opfer der Nemesis. Ist es von daher jedoch nicht eminent sinnvoll, daß Wallenstein, der Täuschungskünstler par excellence, sich seinerseits täuscht über sich selbst – indem Schiller ihm ein letztes Wort in den Mund legt, das durch seine uns bewußte Ironie als sein letztes Wort erkennbar ist, ohne daß Wallenstein selbst auch nur im entferntesten ahnte, daß es sein letztes ist? Der Manipulator des Doppelsinns des Lebens entpuppt sich als Opfer des Doppelsinns des Lebens. Wieder einmal hat Schiller es verstanden, sich der Konvention des letzten Worts in einer kunstvollen Weise zu bedienen, die seinem dramatischen Raffinement Ehre macht.

---

[20] Walter Hinderer, ›*Wallenstein*‹, in *Schillers Dramen. Neue Interpretationen*, hg. von W. Hinderer (Stuttgart, 1979), S. 155.

Victor Lange (Princeton)

Wilhelm Tischbeins *Eselsgeschichte*: Maße und Grenzen eines Talentes der Goethezeit

I

Wenn der Porträt-, Tier- und Historienmaler Johann Heinrich Wilhelm Tischbein (1751–1829) für Goethe zur Zeit des römischen Aufenthaltes seine anregende und stilbildende Rolle spielte, so blieb das in den Jahrzehnten nach deren Trennung in Neapel eine transitorische Episode. Tischbeins berühmtes großflächiges Bild, ›Goethe in der Campagna‹, »wie er auf denen Ruinen sizet und über das Schicksaal der Menschligen Wercke nachdencket«[1] ist ein stilisiertes Zeugnis dieser Monate; im Verhältnis Goethes zum Maler hatte die Begegnung bei aller gelegentlichen und durchaus dankbaren späteren Erinnerung weder ästhetisch noch menschlich wesentliche Folgen.

Tischbein war seit 1779 mehrmals in Rom, trieb mit antiken Kunstwerken Handel, plante ein Werk ›Homer nach Antiken gezeichnet‹ und beobachtete Tier- und Menschenleben als Teil der ›Physiognomik‹ klassischer Werke. Als Goethe am Abend des 29. Oktober 1786 in Rom eintraf, schloß er sich sofort dem ruhig-sachlichen, begabten aber nur begrenzt gebildeten zwei Jahre jüngeren Cicerone dankbar an. Zum ersten Mal sah ihn Tischbein, wie er am 14. Februar 1821 an Goethe schrieb, »in der Locanda auf dem Wege nach St. Peter. Sie saßen in einem grünen Rock am Kamin, gingen mir entgegen und sachten: ich bin Goethe! und ich erkante im Augenblick den Mann, der das WellenGetöse des menschlichen Gemüth in seiner Tiefe kennt«[2]. Goethe zog als ›Filippo Miller, Tedesco, Pittore‹ in das Quartier des Malers. In Tischbeins späterer Lebensbeschreibung[3] wird das Zusammenleben mit Goethe seltsamerweise nicht erwähnt. Durch die gemeinsamen römischen Spaziergänge und die Ausflüge in die Campagna wurde Goethes Verhältnis zu den Monumenten der römischen Welt zugleich galvanisiert und geklärt.

---

[1] Tischbein an Lavater, 9. Dezember 1786.
[2] Wolfgang von Oettingen, *Goethe und Tischbein*, Schriften der Goethe-Gesellschaft, 25 (Weimar, 1910) S. 20.
[3] Wilhelm Tischbein, *Aus meinem Leben,* hg. von Carl Schiller (Braunschweig, 1861); neu hg. von Lothar Brieger (Berlin, 1922).

Mit Goethe reiste Tischbein nach Neapel, wo er sich auf die Stellung des Direktors der dortigen Kunstakademie Hoffnung gemacht hatte und schließlich 1790 als Nachfolger Giuseppe Bonitos (1703–1789) installiert wurde. Er verfolgte in Neapel vor allem seine eigenen Interessen: ihre Wege trennten sich. Mit dem weit weniger begabten Landschaftsmaler Christoph Heinrich Kniep (1755–1825), einem Freunde Tischbeins, setzte Goethe die Reise nach Sizilien fort. Tischbein sah er noch einmal kurz in Rom, dann aber lange nicht wieder. Von seiner damaligen tiefen Verstimmung dem egoistischen Reisegefährten gegenüber zeugt eine briefliche Äußerung an Herder vom 2. März 1789:

> Tischbein ist mit allen guten Qualitäten ein wunderliches Tier, eine Art Hasen-fuß, ist faul unzuverläßig, seitdem er von den Italienern in das Metier der Falschheit, Wort- und Bundbrüchigkeit zu pfuschen gelernt hat [...]. Ich habe es vorausgesehen, daß Tischbein nicht reuissieren würde. Er hält sich für fein, und ist nur kleinlich, er glaubt intrigieren zu können, und kann höchstens die Leute nur verwirren. Er ist unternehmend, hat aber weder Kraft noch Fleiß zum Ausführen. Einen subalternen impiccio weiß er noch leidlich zu leiten. Über Deutsche hat er durch die Exuvien von Redlichkeit, mit denen er sich aufstutzt, und durch seine harmlos scheinenden Hasenfüßereien eine Weile ein Aszendant. Ein Nachklang von Gemüt schwankt noch in seiner Seele. Es ist schade um ihn. Ich kenne ihn recht gut, und wußte, daß er mich in einigen Jahren würde sitzen lassen [...]. Ich sage niemand, wie ich von ihm denke. Wer mit ihm zu tun hat, mag ihn selbst kennen lernen.

Es ist ein selten deutlich wahrgenommenes Kuriosum der Goethe-Ikono-graphie, daß das berühmteste Bild der römischen Jahre zwar 1787 von Tischbein sozusagen unter Goethes Augen begonnen, aber erst nach jahre-langen Modifikationen, und längst nach der Trennung der beiden fertig gestellt und von Goethe selbst nie vollendet gesehen wurde. Max Beerbohm hat in einem liebenswürdig fantasievollen Essay über die spätere Geschichte des Bildes spekuliert[4]. Erst Christian Beutlers Studie[5] hat das historische Feld zuverlässig abgesteckt.

Formal angeregt durch eine Radierung (Titelblatt der *Animalia*) des Holländers Nikolaus Berchem (1620–1683) und den Topos, Reisende vor der versunkenen Pracht des alten Rom darzustellen, entwirft Tischbein eine Reihe von Variationen, die er noch nach der Abreise nach Neapel Ende

---

[4] Max Beerbohm, ›Quia Imperfectum‹, in *The Incomparable Max* (New York, 1926), S. 258–272.

[5] Christian Beutler, *Goethe in der Campagna* (Stuttgart, 1962).

Februar weiter durchprobiert. In Neapel haben sich die beiden getrennt, waren zwar später noch einige Wochen in Rom zusammen, konnten aber das Gefühl der Freundschaft und Kongenialität nicht in der alten unmittelbaren Herzlichkeit fortführen. Das Bild blieb hundert Jahre lang im privaten Besitz zuerst des Dänischen Konsuls Heigelin in Neapel, dann der Familie Rothschild in Rom und Frankfurt, bis es schließlich 1887 dem Städelschen Kunstinstitut in Frankfurt zum Geschenk gemacht wurde[6].

Der Ausbruch der Französischen Revolution vertrieb Tischbein 1799 aus Neapel; er hielt sich zunächst in Kassel, dann 1801 in Hamburg auf, wo er eine Privatakademie zu eröffnen plante und seine Sammlung antiker Kunstwerke und Zeichnungen italienischer Meister als Lehrmittel zu verwenden gedachte (Oettingen, S. 8). 1800 erhielt er vom Herzog Peter von Oldenburg eine Lebensrente, die es ihm ermöglichte, bis zu seinem Tod in der Sommerresidenzstadt Eutin zu leben. Hier entstanden Wanddekorationen des herzoglichen Schlosses, zahllose skizzierte Bilder zeitgenössischen und antiken Inhalts, delikate Minimalzeichnungen von Tieren, Menschen und angedeuteten Landschaften – Zeugnisse eines in keiner Weise originellen und in seinen theoretischen Reflexionen eher sentimentalen als produktiv denkenden Geistes.

Die Beziehungen zwischen Goethe und Tischbein blieben distanziert, nicht zuletzt wohl, weil sich der Maler dem Goethe höchst unsympathischen ›Magister Ubique‹, dem Weimarer Schulmann und Archäologen Karl August Böttiger (1760–1835) eng anschloß. Der spätere Verkehr wird eher durch Goethes Interesse an Tischbeins antikisierender Kleinkunst als durch die immer wieder ungeschickt betriebenen Versuche des spießbürgerlichen Norddeutschen, sich und sein Werk durch monotone autobiographische und kritische Betrachtungen an den bedeutenden Goetheschen Wirkungskreis anzuschließen.

1801 sah Goethe bei dem Altphilologen Christian Gottlob Heyne in Göttingen die Zeichnungen Tischbeins, die er nach den über 1000 antiken Vasen in der Sammlung Sir William Hamiltons als Umrisse zu den Gesängen Homers entworfen hatte[7]. In freundlicher Gesinnung formulierte er in

---

6   Es mag von kulturgeschichtlichem Interesse sein, daß Jacques Louis Davids, des Lehrers und Freundes Tischbeins, ›Schwur der Horatier‹ im Salon von 1785 stilistisch und politisch eine ungeheure öffentliche Wirkung ausübte, die stille private Bildungsbotschaft des nicht weniger ›symbolisch‹ gemeinten Tischbeinschen Porträts sich erst langsam verwirklichen konnte.

7   *Homer nach Antiken gezeichnet von H. W. Tischbein, mit Erläuterungen von Chr. Gottlob Heyne* (Göttingen, 1801).

den *Tag- und Jahresheften* von 1801 das Grundinteresse, das das Denken des Malers unverändert bestimmen sollte: »durch Studium der Antike sich der Einsicht zu nähern, wie der bildende Künstler mit dem Dichter zu wetteifern habe«.

Denn zwei Tendenzen charakterisieren von Anfang bis zu Ende das Schaffen Tischbeins: einmal schien es ihm entscheidend, seinen Zeichnungen und Bildern ein Höchstmaß an erzählerischer, wenn auch meist konventioneller Gestik zu verleihen, und weiter die physiognomische Struktur und das Temperamentensystem des Menschen in analoge Beziehung zu entsprechenden Erscheinungen der Tierwelt, ja geologischer oder botanischer Phänomene zu bringen. Daß er derlei Vorstellungen nur in vage reflektierten anthropomorphischen und mythologisierenden Metaphern vermitteln konnte, macht Tischbein zu einer grundsätzlich unproduktiven und in seiner Zeit wie später folgenlosen Erscheinung.

Tischbeins Briefe der nächsten Jahre sind geschwätzig und wenig ergiebig. Im September 1805 sandte er auf Umwegen ein Buch mit Zeichnungen an die Herzogin Amalia, unter denen Goethe ein satirisches Blatt eines Esels besonderes Vergnügen machte, der »mit großem Behagen Ananas statt Disteln fraß«[8]. Nach langem Schweigen wagte Tischbein am 9. Oktober 1805 in seiner primitiven Orthographie selbst zu schreiben:

Ich habe Manches das ich wünschte das Sie es sehen. Eine Essels Geschichte, von der Gebort an, sein leben durch bis ans Ende, dann todt. Das erste Bladt sindt 5 Brüder die 4 Temparamente welche darüber sprechen, jeder siehet es verschieden an. Diesses kleine Werckgen welches aus 12 Vorstellungen bestehet, ist noch nie aus meinen Händen gewesen, und ich habe es immer heilig bewahrt, alles was ich darüber aufgeschrieben habe, bis ich gelegenheit hätte es Ihnen zu zeigen. Die Zeichnungen habe ich immer selbst gezeicht, und bemerckt, das es sehr Rürth und Empfintung erregt. Zuweilen habe ich versucht die Geselschaft traurig zu rühren, und erklärte die Vorstellungen leident. Da habe ich gesehen, das es so auf ihr Gemüht würckte, das sie so beklomen worden, aufstandeten, die fenstern aufmachten und hinaus weinten. Auch habe ich es zuweilen scherzhaft erzehlt und alle zum lachen gebracht. Mein Wünsch were einen Erzahlung zu diessen Zeichnungen wo das Menschen leben auf eine ernsthafte Art zahrt vorgestelt werde. Jch habe manches aufgeschrieben, aber besitze keine Geschicklichkeit es zusamen zu hängen. (Oettingen, S. 9)

Bis Januar 1822 schrieb Tischbein fünfzehn Briefe an Goethe: »Dergleichen Mitteilungen«, notiert dieser in den *Tag- und Jahresheften* von 1806,

---

[8] *Tag- und Jahreshefte 1806*, in J. W. von Goethe, *Sämtliche Werke* (München (Hanser), 1986), XIV, S. 168 (künftig: MA).

»geschahen von Tischbein immer unter der Bedingung, daß man ihm eine poetische oder prosaische Auslegung seiner sittlich künstlerischen Träume möge zukommen lassen« (MA, XIV, S. 169).

In seinem letzten Schreiben an Goethe (7. Januar 1822) bekennt er noch einmal mit der ihm eigenen Unterwürfigkeit

> die Freude, welche Sie mir gemacht, daß Sie mein Geschmier und Gekratzel so würdigen und aufbewahrt haben [Goethe hatte begonnen, Tischbeins Zeichnungen zu sammeln], ist nicht zu beschreiben; es ist mir so manches dadurch ins Gedächtniß gekommen was ich schon vergessen hatte. Nun wage ich wozu ich vorher das Herz nicht hatte: viele Freunde, die ich auch für gute Köpfe halte, wünschen, wenn sie meine Zeichnungen sehen, »Goethe müsse hierzu seine Gedanken schreiben!« Dann könnte der Wanderer auf dem Obelisk, welcher kam um den Geist der Alten aus den Bruchstücken zu erkennen, dem Freund, der neben ihm stand, und sich der Freundschaft ein Denkmal setzen, das länger dauert als alle Obelisken[9].

Am 14. Mai 1821 hatte er in einer Mappe, dem sogenannten »Grünen Buch«, eine Reihe aquarellierter Zeichnungen gesandt, die Goethe durch »Verse in Tischbeins Buch« kommentierte und wenige Wochen später durch Betrachtungen in Prosa ergänzte. »Aus beiliegenden vorläufigen Druckbogen«, schrieb Goethe am 20. Dezember 1821 an Tischbein, »ersehen Sie, mein Teuerster, daß ich mich diesen Sommer viel mit Ihnen beschäftigt. Es geschah in Marienbad, wo ich viel allein war und mir die vor kurzem an Sie zurückgesendeten Zeichnungen im Sinne schwebten. Da ward ich vom Geiste getrieben, meine Reime mit Prosa zu kommentieren, wie ich vorher Ihre Zeichnungen mit Strophen begleitete.«

Der umfangreiche Aufsatz ›Wilhelm Tischbeins Idyllen‹ erschien 1822 im dritten Heft des dritten Bandes von *Über Kunst und Altertum* als Bestätigung freundschaftlicher Achtung einer schätzenswerten zeichnerischen Kleinkunst. »Wilhelm Tischbein bildete sich in der glücklichen Zeit, wo dem zeichnenden Künstler noch objektives Wahre von außen geboten ward, wo er die reineren Dichtwerke als Vorarbeiten betrachten, sie nach seiner Weise belebet wieder hervorbringen konnte.« So beginnt das höchst anmutig erzählte und kunsttheoretisch wichtige Stück[10].

---

[9] Oettingen, S. 27. Vgl. hierzu H. von Einem, ›Der Wanderer auf dem Obelisk‹, in *Gedenkschrift für Günther Bandmann* (Berlin, 1978).

[10] Hierzu vgl. *Wilhelm Tischbeins Idyllen*, hg. von Herbert Wolfgang Keiser (München, 1970) und Erich Trunz ›Wilhelm Tischbeins Idyllen‹, in *Studien zu Goethes Alterswerken*, hg. von Erich Trunz (Bad Homburg, 1970), S. 7–23.

II

Die schon in Tischbeins erstem Brief an Goethe erwähnte, in Zeichnungen entworfene Geschichte des Esels wurde 1812 in einem merkwürdigen Prozeß als Erzählwerk realisiert und erst 1987 unter dem Titel *Eselsgeschichte oder Der Schwachmatikus und seine vier Brüder der Sanguinikus, Cholerikus, Melancholikus und Phlegmatikus nebst zwölf Vorstellungen vom Esel* veröffentlicht. Wieweit Tischbein selbst an der Gestaltung der stilistischen Einzelheiten des Textes Anteil hatte, ist kaum mit Bestimmtheit festzustellen. Sicher ist, daß eine Freundin des Künstlers, Henriette Hermes, den Versuch machte, »die Idylle zu ordnen, welche größtenteils das Werk unseres Künstlers ist«[11]. Die Darstellung ist insofern ein Gemeinschaftswerk, als der Vorbericht der Frau Hermes angibt, sie habe

> die meisten dieser Darstellungen [...] aus seinen Erzählungen auf Spaziergängen gesammelt, und aus einem Haufen hingeworfener Ideen, Gedanken und Bilder ist – ohne daß man selbst weiß wie – eine Schöpfung entstanden, die manches heitere Bild des Lebens vor die Seele des Bekümmerten stellen und manche schöne Blume auf dem wüsten Pfad der Einsamen entfalten wird. (E, S. 7)

Was auch immer Tischbeins effektiver Anteil an Stil, Gestaltung und Strukturierung des Werkes sein mag, sowohl die märchenhaft stereotypisierende Metaphorik wie die kaum variierte adjektivische Charakterisierung lassen kaum ein Anzeichen individueller sprachlicher Energie spüren. Daß es sich hier in keinem Sinne um psychologische Einsichten oder Probleme handelt, sondern um die Aneinanderreihung fast statuesker Bildgestalten und ihres Bühnenhintergrundes bleibt die unverkennbare Absicht des Werkes.

Die Darstellungen, die sich mit den Aspekten und Phasen des Eselsleben befassen, werden in zwölf Stücken von nicht immer deutlich bezeichneten Erzählern in Form von beschreibenden Exkursen oder als Disputationen zwischen den temperamentmäßig differenzierten fünf Brüdern, unter ihnen der lautere Schwachmatikus, angeboten. Die charakteristischen Entwicklungsphasen des unvergleichlich geduldigen Tieres werden anhand der vorliegenden Zeichnungen zum Teil als Hauptgegenstand des Berichtes, zum anderen nur peripär entfaltet, so daß die Geburt des Esels, seine Ernährung, die ersten Arbeitsleistungen (›Der Esel trägt Dünger‹, ›Der mit Kindern überladene Esel‹, ›Der Esel trägt Felsen‹), bis zu Krankheit und

---

[11] Wilhelm Tischbein, *Eselsgeschichte oder Der Schwachmatikus und seine vier Brüder der Sanguinikus, Cholerikus, Melancholikus und Phlegmatikus nebst zwölf Vorstellungen vom Esel* (Oldenburg, 1987), II, S. 7 (künftig: E).

Tod die Ballungsbereiche sind, innerhalb derer ein enormes Rankenwerk von symptomatischen Begegnungen, Reflexionen und anekdotischen Begebnissen ausgebreitet wird. Im elften Stück ›Der Esel in der Freiheit‹ wird die beispielhafte Funktion des Esels noch einmal referiert:

> den stolzen, vom Dunkel und Wahn betörten Menschen auf den Weg der Einfalt und der Natur zurückzuführen, ihm das geringe scheinlose Gut wert zu machen, die Tugenden eines nützlichen Tieres vor ihm aufzustellen und ihn durch bald freundliche, bald erhabene, bald irdische, bald himmlische Bilder zu seiner edleren Natur hinaufzuführen zu dem Genius, der sich auf den Blumenbogen des Lebens wiegt, bis er da hin kommt, wo Psyche mit Regenbogenschwingen emporschwebt und mit Tönen eines neuen Lebens den ewigen Frühling ruft. (E, S. 243)

Eine der Malergestalten berichtet schließlich von der idyllischen Projektion zweier ungewöhnlich schöner in Freiheit lebender Esel – auch diese Episode nach einer Skizze Tischbeins, erzählerisch nicht erweitert und nur durch allgemeine Betrachtungen ausgedeutet. Es ist das archetypische Bild unbeachteter Tugend, der Esel in schöner verwandelter Gestalt, ohne Joch, wie der freigeborene Sohn der Natur. Das Konzept vom Esel in der Freiheit mag beweisen, daß die Erde ein Paradies sein könnte, in der ein harmonisches friedliches Zusammenleben die Idee der Vergänglichkeit verklärt und in den Gestaltungen der Kunst aufhebt. Tischbein, so teilt Henriette Hermes in ihrem Vorbericht mit,

> wollte das verkannte Nützliche heben und gab daher der stillen scheinlosen Tugend eines nützlichen, aber verachteten Tieres einen jener Tugend angemessenen Wert, stellte den Esel neben den Menschen, in Rücksicht der Duldung und des Verdienstes, Beschwerden für andere zu tragen und unterschied das Geringe vom Gemeinen. Das Geringe, Nützliche stellte er in dem Bilde eines Esels auf; das Große und Schöne zeigte er in der Gottheit und in der Kunst, stellte den Menschen in die Mitte und lehrte ihn, das Nützliche zu achten, nach dem Großen zu streben, das Gemeine zu verwerfen und sich von dem täuschenden Glanz einer falschen Größe nicht blenden zu lassen. (E, S. 7)

Das Eselsthema ist zentraler Anlaß und Leitmotiv eines unendlich ausgebreiteten Spiegelsystems von Gestalten und Handlungen, die wohl im Verlauf des gemeinsamen Aufzeichnens von der Schreiberin ohne strenge Beobachtung der Erzählperspektive, der Stellung des Herausgebers, des Malers oder des jeweiligen Berichtenden durchaus unsystematisch verknüpft werden. Als raum- und zeitorganisierende Figur ohne eigentliche menschliche Kontur fungiert der ›Prinz‹; von seinem Schloß aus – wie dem anderer Fürstlichkeiten – werden Reisen, Ausflüge und Wanderungen unternommen; hier treffen sich Reisende und Besucher, hier werden Bilder, Landkarten und museale Gegenstände betrachtet. In keinem Falle gewinnen Figuren oder Räumlichkeiten jenseits ihrer sachlichen Funktion ein psychologisch oder gedanklich präzisiertes Profil, das die Stimmung eines Urteils oder einer menschlichen oder ästhetischen Äußerung begründen könnte.

Es ist bezeichnend für die statische Form der Vermittlung von Einsicht und diskursivem Vorgehen, daß aus der Beschreibung von bekannten und klassischen Bildern – oft aus dem Gedächtnis – (darunter übrigens eine Anspielung auf das in Goethes *Lehrjahren* so wichtige Bild des kranken Königssohnes) Ergebnisse gewonnen werden, die aus allgemein sittlichen, nicht aber ästhetischen Prinzipien hergeleitet werden. Beispiele der großen italienischen oder holländischen Kunst werden nicht etwa nur von dem praktizierenden Maler sondern von eher enthusiastischen als kenntnisreichen wenn auch allgemeingebildeten Betrachtern kommentiert.

Symptomatisch für die dithyrambischen Kunsturteile ist etwa eine Kennzeichnung der zwei großen römischen Maler:

> Raphael war der Schöpfer des Schönen, Lieblichen und Hohen. Er war der Maler des göttlichen Gemüts. Seine Bilder geben uns anmutvolle Töne, gleich dem Liede des Sängers; oder vielmehr, seine Bilder sind Gesänge, deren Töne in der Seele widerhallen, und seine Gesänge bilden eine Schöpfung rührender, schöner und erhabener Gestalten, die aus besseren Regionen zu uns herabgestiegen sind. – Wenn Michelangelos Größe den Geist beugt und gleich dem Orkan ihn gewaltsam durch die Unermeßlichkeit, von der Schöpfung zum Weltgericht, von der Hölle zum Himmel, von der Verdammnis zur Seligkeit reißt, so steht Raphael herrlich und schön, voll Hoheit und Milde, gleich dem Apoll vor unseren Augen, bewegt das innere Leben und weckt den Funken des Göttlichen im Menschen auf. (E, S. 142)

Das Verhältnis von Kunstgegenstand und Rede entspricht Tischbeins immer wieder thematisierter Frage nach der relativen Aussagekraft von bildender Kunst und Dichtung. Gerade hier berührt sich sein instinktiv gesicherter Ansatz einer andeutenden Skizze und seine unzureichende Fähigkeit, das Dargestellte in irgend einer Form sprachlich zu entfalten und zu reflektieren. In einem ausführlichen Gespräch zwischen dem Maler, einem schwedischen Kunstfreund und dem Prinzen wird die »schöne Ordnung« der Kunst apostrophiert, eine Leistung, die im Grunde nur durch die Poesie erfüllt werden kann. »Sie ist weniger beschränkt als die bildende Kunst und kann in gedankenreichen Worten leichter von der Hölle zum Himmel auffahren, das Große mit dem Kleinen, Gott mit dem Menschen vereinigen, als ein Bild es vermag« (E, S. 247). Den Kunstformen ihre Grenzen vorzuschreiben habe wenig Sinn, denn der

> poetische Maler kann auch dichten in Bildern, aber nur, wenn ihm die Poesie die Stimme leiht und die Vermittlerin zwischen der bildenden Kunst, dem Herzen und dem Verstande wird: und aus diesem Mangel, daß die bildende Kunst keine lebendige Sprache hat, wird es ihr schwerer als der Poesie, fremdartige Dinge mit dem Hauptgegenstand ihrer Darstellung zu vermählen. (E, S. 247)

Nichts mußte Tischbein willkommener und sinnvoller scheinen, als Goethes »Verbalisierung« seiner Idyllen; denn den expressiven Ausdrucksmöglichkeiten seiner Zeichnungen und Bilder waren zwingende technische Grenzen gesetzt. Auch im Erzählwerk selbst werden diese Grenzen einer Aktualisierung von Topographie, Gestalt, von Raum und Zeit spürbar in der teils monumentalisierenden, teils märchenhaften, stets aber aus Schablonen aufgebauten Inszenierung des Geschehens. Charakteristisch für diese erhöhende Form des Benennens sind schon die Eingangsparagraphen des ersten Stückes, in denen weder das erzählende Ich noch die zugeordneten Figuren noch die Zeitbestimmung genaue oder vorwärtsweisende Züge anbieten:

> Ich wurde einst von dem Prinzen von St. – welcher mir der verehrteste und geliebteste Freund war – auf seine Villa eingeladen, um den schönen Frühling mit ihm und seiner Gesellschaft unter Bäumen und Blumen zu genießen. Alles Herrliche und Köstliche, was nur das Glück seinen Lieblingen gewährt, besaß mein Freund, und er glich im Wohltun den Göttern, die gern und gütig spenden. Doch unter allen Gaben, welche ihm vom Glück zuteil wurden, war seine holde Gattin ihm die höchste. Sie war die schönste der Frauen, und er hatte eine königliche Gestalt. Standen sie nebeneinander, so glichen beide den schönen Götterkindern der Latona; doch besiegte sie noch Apollens Schwester durch sanfte weibliche Milde, durch ein liebliches Lächeln, durch ein freundliches Entgegenkommen. Ohne die Zartheit der weiblichen Würde zu verletzen, zog ihre Anmut jedes Herz an, ohne fesseln zu wollen. Alles huldigte ihr, nur sie schien es nicht zu wissen, wie sie entzückte. (E, S. 9)

Nicht etwa um den Fortgang der Zeit oder eine Erweiterung der Gesinnung anzudeuten, sondern lediglich als episodische oder szenische Bereicherung werden Reisen einigermaßen willkürlich motiviert unternommen, Genrebilder als moralische Ornamentik eingeschoben, Details nur mit schematischer adjektivischer Färbung marmoriert. Reisen nach Prag, Amsterdam oder Neapel vermitteln wenig Atmosphärisches; sie bieten weder lokale Qualitäten noch handlungswichtige Züge noch auch Impulse der charakterlichen Vertiefung. Die Strähne der Eselsgeschichte spielt häufig genug eine kaum wahrgenommene Rolle. Worauf es den Reisenden vor allem ankommt, ist nicht, im späteren romantischen Sinne, die Sensibilität der geistigen Rezeptivkraft zu steigern, sondern, im Geiste der Aufklärung, »weiser und besser zu werden« (E, S. 46), »den Menschen in allen Lagen des Lebens, in bürgerlichen, häuslichen und politischen Verhältnissen zu beobachten und kennenzulernen« (E, S. 44). Daß diese Beobachtungen weder von einer kritischen Analyse ausgehen, noch jenseits eines humanitären Ethos bewertet werden, versteht sich bei der Allgemeinheit der hier vorausgesetzten anthropologischen und soziologischen Prämissen von selbst: denn gerade die Thematik einer gegen die Praxis der Gesellschaft demonstrierten duldsamen und eher passiven Eselsexistenz entschärft jede politische Problematik.

Wenn von Volkscharakteren die Rede ist, bleibt die Beschreibung auf das Anziehende beschränkt. Gelegentlich weist die Schilderung einer zufällig getroffenen Persönlichkeit auf damals übereinstimmend anerkannte, zumeist beneidenswerte nationale Züge:

> Ich lernte in Neapel einen Engländer kennen, der mich durch seine einnehmende Gestalt anzog, und sein froher, offener Charakter gewann ihm mein Herz. Ungeachtet ihm alles mit Liebe entgegenkam, übertrat er doch nie die Grenze der Bescheidenheit, und er schien das Muster der Liebenswürdigkeit im Umgange zu sein. Je näher ich mit ihm bekannt wurde, desto leichter und freier fühlte ich mich, und der Unmut über viele Dinge in dem Leben und Treiben der Menschen wandelte mich seltener an in seiner Gesellschaft. Er hatte angenehme Talente; er liebte die Kunst, die Wissenschaften, das Leben und die Menschen und ließ sich weder durch die Torheiten des einen niederschlagen noch durch die Vortrefflichkeit des anderen aus seinem Gleichgewicht bringen. Er belachte jenen, verehrte diesen, und ein leichter fröhlicher Geist führte ihn wie der lachende Genius der Jugend durch das Große und Schöne wie durch das Unbedeutende und Gemeine auf immer gleich blumigem Pfade dahin. (E, S. 163)

Es entspricht dem antithetischen Empfinden Tischbeins, wenn sich in seinem Weltbild gewisse allgemeine Grundspannungen wiederholen, wie etwa Dauer und Vergänglichkeit, Verfall und Bewahrung, schön und häßlich, Zeit und Zeitlosigkeit, Sterblich und Unsterblich, Schaffen und Vernichtung. Seine Vorstellung menschlicher Potenz wird nicht etwa, wie bei Goethe, aus einer durchdachten geistigen Konstruktion abgeleitet sondern konventionell religiös und mythisierend vorausgesetzt:

> Der Mensch ist etwas Achtbares und Großes; er ist keine Pflanze und keine Felsenmasse, kein vernunftloses Tier und keine künstliche Maschine; er trägt

Göttliches in seinem Innern, und sein zum Sternenhimmel gehobener Blick lehrt ihn, woher sein Geist stammt. Der Mensch ist durch diesen Geist ein selbständiges Wesen, er soll sich in anderen achten und den Gott erkennen, der in seinem Inneren wohnt und der im Weltall gebietet. Schon dieses sehnende Verlangen im Menschen, das ihn zu dem Hohen und Besseren zieht [...] erhebt ihn über alles Sichtbare und macht, daß – wenn sein Wille gut und seine Kraft geübt ist, er, vermöge seiner Verbindung mit dem Himmel und mit Gott, Werke schaffen kann, welche dem Druck der Zeiten und der Vernichtung trotzen und ihm eine Unsterblichkeit bereiten, welche über jedes Erdenleben hinausreicht und die er jenseits des Landes der Schatten wieder antrifft. (E, S. 33)

Menschentypen zu unterscheiden ist die Aufgabe, die die Figuren der Erzählung sich stellen, um in der Vielfalt der allgemeinbezeichneten Haltungen und Meinungen die menschliche Norm bestätigt zu finden: Vorsicht, Habsucht, Geiz, Sorglosigkeit aber auch Scharfsicht, Herrschertalent oder Milde dominieren den Einzelnen. Tischbeins Sympathie für Lavaters Theorie bleibt Zeit seines Lebens ein Glaubensartikel. Nicht überraschend ist die immer aufs Neue bekräftigte Hochschätzung der Kunst als ein Instrument des reinigenden Blickes; eigentümlich freilich die vom Maler geäußerte Überzeugung, die Kunst sei »die unterrichtende Muse des Menschen, und sie war eher als die Wissenschaften« (E, S. 27). Diese scheinbar kognitive Funktion der Kunst bleibt allerdings wenig mehr als die Aufforderung, anhand der Kunst dem Schöpfer nachzubilden und Armseligkeit und Trauer des Lebens zu verklären. Nur deshalb ist die Kunst »das höchste, was diese Erde hat und sie ist göttlich in ihren Wirkungen« (E, S. 28).

Es ist offensichtlich, wie stark – noch 1811 – Tischbeins Welt- und Kunstvorstellungen von aufklärerischen Gemeinplätzen bestimmt bleiben. Daß die Aufzeichnerin seinen undeutlichen ethisch-ästhetischen Enthusiasmus angemessen wiedergibt sei vorausgesetzt. Es bleibt die Frage nach der intendierten Form der Erzählung und der erhofften Vertiefung durch Sprache des in den ursprünglichen Zeichnungen der *Eselsgeschichte* angedeuteten Materials. Daß die Form eines ›Romans‹ versucht wurde, läßt sich nur durch die zeitgenössische Vielfalt dieses Gattungsschemas rechtfertigen. Denn gerade dessen Hauptimpuls, der bewußten Herstellung von Fiktion, widersetzt sich Tischbeins Ineinander von topographischer und biographischer, kunstgeschichtlicher ja ökonomischer (Geld und Arbeit) Realität, und deren Verwischung durch banal-allgemeine Urteile, ja durch nicht recht motivierte Transposition in ein Traumidiom (E, S. 59, 100). Fiktion ist nicht verschlüsselte Umschreibung einer vorgegebenen Aktualität, sondern Konstruktion einer in sich gerechtfertigten und als Ganzes durch die Organisation des konkreten Details verständlich gemachten Wirklichkeit. Der *Eselsgeschichte* fehlt diese Fiktionalität; sie ist illustrierter Diskurs, nicht aber ein Roman, keinesfalls ein sogenannter ›Künstler- oder Malerroman‹. Heinses *Ardinghello* erschien 1787 während Tischbeins und Goethes Aufenthalt in Rom, Tiecks *Sternbalds Wanderungen* zwei Jahre nach den *Lehrjahren,* Dorothea Schlegels *Florentin* 1801. In ihnen allen leuchten, mindestens zwölf Jahre vor der Aufzeichnung der *Eselsgeschichte,* die erregenden Farben eines subjektivierten Welterlebens, von dem in der akademischen Staffage und Draperie der *Eselsgeschichte* kaum die Spur zu finden ist. Tischbein hatte sich und die Grundvoraussetzungen seiner Kunstlehre um eine Generation überlebt und war, ohne die geistige Energie und das Verständnis ihres kulturellen Selbstbewußtseins, an der Peripherie des Goetheschen Zeitverständnisses stehen geblieben.

Konrad Feilchenfeldt (München)

Erzählen im journalistischen Kontext:
Clemens Brentanos *Die mehreren Wehmüller*
und ungarischen Nationalgesichter

Die Spezialliteratur zu Brentanos *Wehmüller*-Erzählung ist verglichen mit
der Sekundärliteratur seiner Erzählungen wenig umfangreich. Gerade zwei
Aufsätze von Adolf Heltmann aus dem Jahr 1926 und neuerdings von
David B. Dickens aus dem Jahr 1983 behandeln die *Mehreren Wehmüller*
zentral[1]. Die übrigen Deutungsbemühungen stehen in Aufsätzen oder
Monographien, die die Erzählung nur im Zusammenhang mit den anderen
berühren[2]. Etwas freundlicher verhält es sich dagegen mit den Textaus-
gaben. 1966 veröffentlichte Detlev Lüders ein vielzitiertes ›Nachwort‹ zur
Ausgabe in Reclams ›Universal-Bibliothek‹; und 1984 rühmte Gerhard
Schaub bei seiner Edition ›Sämtlicher Erzählungen‹ die literarischen Qualitäten gerade der *Wehmüller*-Erzählung in einem bisher nie geäußerten
Ausmaß.»Nach meinem Dafürhalten ist die Geschichte von den *Mehreren
Wehmüllern* die schönste, interessanteste, hinreißendste, leserfreundlichste,
brillanteste Erzählung Brentanos; sie ist [...] gewiß die typischste und
charakteristischste Erzählung Brentanos, ein ästhetisch, artistisch, erzähl-
technisch ebenso vollkommenes Gebilde, wie die wegen ihrer ›artistischen
Vollkommenheit‹ [...] zu Recht gerühmte *Geschichte vom braven Kasperl
und dem schönen Annerl.*«[3]
   In der Tendenz ist dieses Lob für den Dichter eine Bestätigung dessen,
was die Erzählforschung gerade an Brentano schon mehrfach festgestellt
hat, und es macht daraus auch kein Geheimnis. Neu ist nur der Rückgriff

---

[1] Adolf Heltmann, ›Rumänische Verse in Klemens Brentanos Novelle *Die mehreren Wehmüller oder ungarische Nationalgesichter*‹, *Korrespondenzblatt des Vereins für siebenbürgi-
sche Geschichte*, 49 (1926), S. 81–104. David B. Dickens, ›Brentanos Erzählung *Die
mehreren Wehmüller und ungarischen Nationalgesichter*: Ein Deutungsversuch‹, *The Germanic Review*, 58 (1983), S. 12–20.

[2] Vgl. zuletzt Clemens Brentano, *Sämtliche Erzählungen*, hg. von Gerhard Schaub (München, 1984), S. 262–347.

[3] Schaub, S. 344. Vgl. Clemens Brentano, *Die mehreren Wehmüller und ungarischen Nationalgesichter*, hg. von Detlev Lüders (Stuttgart, 1966).

auf ein Werkbeispiel, das bislang nicht im Mittelpunkt der Betrachtung und
der Beweisführung gestanden hatte. Neu ist aber auch eine vertiefte Einsicht in die artistische Beschaffenheit gerade dieser Erzählung, die Schaub
als »literarisches Capriccio« und aus der Tradition der »karnevalisierten
Literatur« erläutert und in übergreifende, bisher nicht beachtete dichtungs-
geschichtliche Zusammenhänge einordnet (Schaub, S. 345ff., 347). Die aber-
malige Beschäftigung mit Brentanos *Mehreren Wehmüllern* fällt daher in
eine forschungsgeschichtliche Phase, in der es nicht mehr um die Wieder-
entdeckung einer zu Unrecht unterschätzten Erzählung gehen kann, und
die Voraussetzungen für die folgende Erörterung liegen denn auch auf einer
anderen Argumentationsebene. Es geht auch weniger um die artistische Beschaffenheit der Erzählstruktur im Sinne der Brentano-Forschung als um
die journalistischen äußeren Bedingungen, unter denen die *Mehreren Wehmüller* – wie übrigens alle Erzählungen Brentanos – zu seinen Lebzeiten
erschienen sind. Auch diese Tatsache findet bei Gerhard Schaub ihre bisher
ausführlichste Erörterung. Die Druckgeschichte der Erzählungen Clemens
Brentanos ist ein Stück Almanach- und Zeitschriftengeschichte ihrer Epoche, und sie spiegelt in ihrem Zeitbezug die gewandelte Lage am deutschen
Literaturmarkt wider. Die Ausbreitung des Journalwesens entspricht einem
verstärkten Bedarf an Lektürestoff, und die Wendung Brentanos vom
glücklosen Dramatiker zum schriftstellerisch erfolgreichen Erzähler »fällt
ziemlich genau in die Zeit, in der die Gattung der Erzählprosa in der
literarischen Evolution des 19. Jahrhunderts« überhaupt ihren Aufstieg
erlebte (Schaub, S. 271ff.). *Die mehreren Wehmüller* erschienen erstmals
1817 in der von Friedrich Wilhelm Gubitz herausgegebenen Zeitschrift *Der
Gesellschafter oder Blätter für Geist und Herz*[4], und dieser bibliographische
Umstand ist für die Deutung der Erzählung bisher nur gelegentlich und
ohne Konsequenzen bedacht worden. Dabei ist aber bereits der Name
»Wehmüller« ein Indiz dafür, daß zwischen dem Wortlaut der Erzählung
und seinem journalistischen Umfeld in der Zeitschrift *Der Gesellschafter*
Zusammenhänge bestehen.

Der Name »Wehmüller« stand nämlich im *Gesellschafter* bereits Wochen,
bevor Brentanos Erzählung in derselben Zeitschrift zu erscheinen begann,
in einem anonymen Beitrag von ihm. Am 18. Juli veröffentlichte Brentano
in Anlehnung an eine während der Befreiungskriege geübte journalistische
Praxis zwei fiktive Briefe unter dem Titel *Aus einem geplünderten Postfell-*

---

[4] Vgl. *Brentano-Bibliographie (Clemens Brentano, 1778–1842)*, hg. von Otto Mallon (1926,
    Neudruck Hildesheim, 1965), S. 69f.

eisen[5], und er bezeichnete den Absender des zweiten Briefs mit Namen und Berufsangabe »Wehmüller, Maler allhier«. Dieser Vorgang wäre jedoch kaum beachtet worden, wenn nicht am 30. Juli 1817 Gubitz als Herausgeber der Zeitschrift eine Erklärung im *Gesellschafter* veröffentlicht hätte, in der er im Auftrag des Dichters Wilhelm Müller darauf hinwies, daß dieser und der Maler Wehmüller – den man auch W., d. h. Wilhelm Müller hätte lesen können – nicht identisch seien. »Hr. Wilh. Müller hat gewünscht, daß ich anzeige: er sey nicht Verfasser der *Briefe aus einem geplünderten Postfelleisen* (Bl. 118) und habe auch nicht den entferntesten Antheil an deren Bekanntmachung« (Schaub, S. 435f.). Als daher Brentanos Erzählung am 24. September 1817 ebenfalls im *Gesellschafter* zu erscheinen begann, war zwar durch das Dementi des Herausgebers niemand mehr berechtigt, den fiktiven Namen des Malers Franz Wehmüller mit dem W. Müller abzukürzenden Namen des zeitgenössischen Dichters in Verbindung zu bringen. Der Titel der Erzählung schien dieser Assoziation zwar noch Rechnung zu tragen, wenn er dem Leser die Wehmüller in »mehreren« Exemplaren ankündigte. Daß es jedoch mit den »mehreren Wehmüllern« im Textzusammenhang eine völlig anders gelagerte Bewandtnis hat, erschloß sich auch dem Leser des Jahres 1817 spätestens bei der Lektüre der Erzählung, die sich damals in zwölf Fortsetzungen über fast einen vollen Monat hinzog (Mallon, S. 70). Die Frage, ob Brentano mit dem Namen »Wehmüller« trotzdem eine Anspielung auf Wilhelm Müller formulierte oder nicht, ist deswegen aber noch lange nicht gelöst, und sie ist in der neuesten Diskussion um die Kommentierung der Erzählung sogar mehr denn je umstritten[6].

Die Antwort auf die Frage und ihre Lösung ist zugleich eine Stellungnahme zur bisherigen Forschungspraxis. Einer Werkbetrachtung, die sich vor allem der erzähltechnischen Beschaffenheit des Textes und ihrer Analyse verpflichtet fühlt, kann die soziale Hintergründigkeit einer verschlüsselten Personenerwähnung vielleicht gleichgültig sein. Umgekehrt würde sich eine einseitige sozialgeschichtliche Deutung der Erzählung vor dem Hintergrund einer Dreiecksbeziehung zwischen Brentano, Wilhelm Müller und Luise Hensel dem Kunstcharakter des Werks völlig verschließen (vgl. Schaub, S. 436). Die Gegensätzlichkeit der Auffassungen darf sich daher nicht auf einen Gegensatz der Methoden zurückführen lassen. Wenn Wil-

---

[5] Vgl. Paul Czygan, *Zur Geschichte der Tagesliteratur während der Freiheitskriege* (Leipzig, 1911), I, S. 374.

[6] Clemens Brentano, *Erzählungen,* hg. von Gerhard Kluge, *Sämtliche Werke und Briefe* (Stuttgart, Berlin, Köln, Mainz, 1987), XIX, Prosa IV, S. 660f. Zitiert *Frankfurter Brentano-Ausgabe.*

helm Müller tatsächlich gemeint gewesen sein sollte, war er es in der Erzählung sicher weniger als Mitglied der Gesellschaft, in der Brentano damals verkehrte, sondern vielmehr als Leser der Zeitschrift *Der Gesellschafter,* in der das von ihm veranlaßte Dementi bereits erschienen war. Die Anspielung in Brentanos Erzählung richtet sich weniger gegen den Menschen seines Freundeskreises als gegen dessen seinerzeitigen Vorbehalt gegenüber einer möglichen, aber noch gar nicht zustandegekommenen Identifikation. Nicht Brentano, sondern Wilhelm Müller meinte, daß er mit Wehmüller gemeint sein könnte, und auf diese Tatsache dürfte die wiederholte Verwendung des Namens durch Brentano in seiner Erzählung sehr wohl angespielt haben; denn es handelte sich dabei ja um eine innerhalb der Zeitschrift interne Auseinandersetzung zwischen Autor und Leser.

Die Antwort und Lösung liegt daher in einer Vorgehensweise, welche die Zeitschrift *Der Gesellschafter,* in der Brentanos Erzählung erschien, als journalistisches Forum eines kontinuierlichen dichterischen Entfaltungsprozesses einbezieht. Die Frage, die sich für die Deutung der Erzählungen Brentanos stellt, ist daher die Frage nach dem Kontext ihrer journalistischen Aktualität im Zusammenhang des jeweiligen Organs, Almanachs oder Zeitschrift, in denen sie erscheinen konnten. Mit dieser Fragestellung ist für das Verständnis und für die Deutung Brentanos als Erzähler eine Maßgabe gewonnen, wie sie für das lyrische Werk des Dichters bereits bekannt und diskutiert ist. Die Lyrikinterpretation hat bei Brentano die Bedeutung des Kontexts für das einzelne Gedicht schon seit langem durchschaut und den Gedichttext, soweit er als Verseinlage in Prosawerken überliefert ist, dementsprechend analysiert[7]. Für Brentanos Erzählungen ist die Frage nach ihrer Kontextgebundenheit bisher nicht gestellt worden, weil das journalistische Gattungsverständnis nur die Betrachtung des einzelnen Beitrags, nicht aber des Zeitschriftenjahrgangs oder Almanachs als Ganzheit nahelegte. Für die Frage nach der Identität der Wehmüller-Figur liefert aber eine solche Vorüberlegung die Voraussetzung für eine Wiederaufnahme der Diskussion.

Wilhelm Müller ist im Kontext der Erzählung Brentanos nicht nur in der Anspielung auf sein bei Erscheinungsbeginn bereits knappe zwei Monate zurückliegendes Dementi gegenwärtig. Sein Name erscheint ein weiteres Mal in unmittelbarer Nachbarschaft der Erzählung am 11. Oktober 1817 in der vorletzten Fortsetzungsfolge. Die Gestaltung der von diesem Tag

---

[7] Vgl. Ursula Matthias, *Kontextprobleme der Lyrik Clemens Brentanos: Eine Studie über die Verseinlagen im ›Godwi‹* (Frankfurt am Main, Bern, 1982).

datierenden Ausgabe der Zeitschrift *Der Gesellschafter* spielt geradezu mit dem Namen Wilhelm Müllers und dem Titel von Brentanos Erzählung. Die Nummer beginnt nämlich mit einem Gedicht *Altschottisches Lied* in drei vierzeiligen Strophen, denen als Verfassername Wilhelm Müller in einer eigenen Zeile nachgestellt ist, und bereits in der folgenden Zeile steht ohne

Der Gesellschafter

oder

Blätter für Geist und Herz.

1817. Sonnabend den 11. Oktober. 167stes Blatt.

Altschottisches Lied.

Ach, wär' mein Schatz eine Rose roth,
Und blühte sie auf dem Schloßwall hier,
Und ich, ich wär' ein Tropfen Thau,
Wie wollte ich fallen hinab zu ihr!

Ach, wär' mein Schatz ein Weizenkorn,
Dort unten im blumigen Wiesengrund,
Und ich ein klein fein Vögelein,
Fort flög' ich, das Weizenkörnchen im Mund;

Ach wär' mein Schatz ein güldner Schrank
Und ich, ich müßte Schließer seyn!
Da schlöß' ich auf, ich guckt', ich horcht',
Ich schlöß' in den Schrank mich selber mit ein.
            Wilhelm Müller.

Die mehreren Wehmüller und ungarischen Nationalgesichter.

(Fortsetzung.)

Ja, wer das wüßte! sagte Devillier; wir kamen vor der Höhle an und zogen das Pferd herein. Sie war voll Sorge um mich, wusch mir meine Kopfwunden und Beulen mit Wein und bewies mir unendliche Liebe. So brachten wir die Nacht in steter Angst und Sorge zu. Gegen Morgen hatte sie keine Ruhe mehr, sie verlangte nach der alten Mutter; sie beschwor mich, sogleich die Höhle zu verlassen und zu fliehen. Das Schicksal meines Freundes erschütterte mich tief, ich war entschlossen ihn aufzusuchen. Sie schwur mir ewige Treue; ich versprach ihr, wenn ich sie nach einiger Zeit hier wieder fände, sie zu meiner Frau zu machen; sie lachte, und meinte: Sie wolle nie einen Mann, der kein Zigeuner sey, und nun auch keinen Zigeuner, sie wolle gar keinen Mann. Dabei scherzte und weinte sie, tanzte und sang noch einmal vor mir und als ich sie umarmen wollte, schlug sie mich ins Gesicht und floh zur Höhle hinaus. Ich verließ den Ort gegen Abend. Als ich vom Tode meines Freundes gehört hatte und zu Mitidika zurück kehrte, war ihre Hütte abgebrannt; ich ging nach der Höhle, sie war ausgeplündert. Auf der Wand aber fand ich mit Kohle geschrieben: Wie gewonnen, so zerronnen! ich behalte dich lieb, thue was du kannst, ich will thun, was ich muß. Ich habe das holdselige Geschöpf durch ganz Ungarn aufgesucht, aber leider nicht wieder gefunden; hundert Mitidikas sind mir vorgestellt worden, aber keine war die rechte. Es giebt auch nur Eine, sagte hier Michaly, und wird alle tausend Jahre nur Eine geboren. Kennt Ihr sie? sprach Devillier heftig. Was geht es Euch an, erwiederte Michaly, ob ich sie kenne? habt Ihr nicht die Ehe ihr versprochen und doch eine Ungarin geheirathet? sie hat Euch Treue gehalten bis jetzt, sie ist meine Schwester; und ich wollte sie abholen, da die Großmutter in Siebenbürgen gestorben, wo sie sich mit Goldwaschen ernährten, der Pestkordon hat mir aber den Weg abgeschnitten. Da ward Devillier äußerst bewegt; er sagte: Ich habe sie lange gesucht und nicht gefunden, sie hatte mir ausdrücklich gesagt, sie werde nie einem Blanken die Hand reichen, und nun auch keinem Zigeuner; nur in der Hoffnung: sie wieder zu sehen, blieb ich bis jetzt

Angabe des Verfassers nur mit dem Titel *Die mehreren Wehmüller und ungarischen Nationalgesichter* die nächste Fortsetzungsfolge der Erzählung Brentanos. Wilhelm Müllers Gedicht und Brentanos Erzählung bilden an dieser durch die drucktechnische Anordnung entstandenen Nahtstelle einen eigenen Sinnzusammenhang, der sogar zwischen dem Text des Gedichts und der Fortsetzungsfolge der Erzählung einen Bezug herstellt. Müllers Gedicht artikuliert die von Sehnsuchtsgefühlen gepeinigte Stimmung eines Liebhabers, der umsonst nach seiner Geliebten sucht und sich die verschiedensten Träume eines Wiedersehens einbildet. Brentanos Fortsetzung seiner Erzählung beginnt mit der Fortsetzung von Devillers Erzählung, der infolge unglücklicher Umstände gerade sein Liebstes, nämlich das Zigeunermädchen Mitidika, aus den Augen verloren hat. Ihrem Schicksal hatte der letzte Satz der vorangegangenen Fortsetzung gegolten, »aber was ist denn aus der braunen Mitidika geworden?« Und der erste Satz der neuen Fortsetzung lautet: »Ja, wer das wüßte! sagte Deviller [...]« (*Frankfurter Brentano-Ausgabe*, XIX, S. 301).

Der thematische Zusammenhang zwischen Müllers Gedicht und Brentanos Erzählung ist jedenfalls offensichtlich. Dem Verlust seiner Geliebten in Müllers *Altschottischem Lied* entspricht der Verlust Mitidikas in der Erzählung, und Devillers im Zusammenhang der Erzählung gegebene Antwort auf die Frage nach Mitidikas Verbleiben ist zugleich eine Antwort auf die Ratlosigkeit des Liebhabers in Müllers Gedicht.

> Ach, wär' mein Schatz eine Rose roth,
> Und blühte sie auf dem Schloßwall hier –
> Und ich, ich wär' ein Tropfen Thau,
> Wie wollte ich fallen hinab zu ihr!
>
> Ach, wär' mein Schatz ein Weitzenkorn,
> Dort unten im blumigen Wiesengrund,
> Und ich ein klein fein Vögelein,
> Fort flög' ich, das Weitzenkörnchen im Mund!
>
> Ach, wär' mein Schatz ein güldener Schrank
> Und ich, ich müßte Schließer seyn!
> Da schlöß' ich auf, ich guckt', ich horcht',
> Ich schlöß, in den Schrank mich selber mit ein.

»Ja, wer das wüßte! sagte Deviller [...][8]«.

---

[8] Vgl. *Der Gesellschafter oder Blätter für Geist und Herz*, 11. Oktober 1817, 167. Bl., S. 665. Abb. S. 211.

Die Betrachtung des journalistischen Kontexts fördert an dieser Stelle Erkenntnisse zutage, die in ihrer Tragweite zunächst nicht sogleich abzuschätzen sind. Problematisch ist über den Befund hinaus die Antwort auf die Frage nach der Absicht und Tendenz hinter einem solchen letztlich drucktechnischen Verfahren, das hier sinnstiftend wirkt; denn auch wenn dem Befund selbst eine witzige Absicht zugesprochen werden kann, bleibt vor allem die Frage nach der Urheberschaft offen. Jedenfalls war Brentano kaum allein für die Gestaltung der hier zusammenwirkenden Aussagen verantwortlich. Gubitz mußte notgedrungen eingeweiht sein, wenn er nicht überhaupt der Anreger und geradezu Schöpfer dieser Konstellation gewesen ist, und nicht einmal Wilhelm Müller ist als Mitwisser des Plans völlig auszuschließen. Von Gubitz sind vergleichbare publizistische Nachrichtenspiele mit Brentano gerade im *Gesellschafter* nicht unbekannt[9]. Was daher auch bei Wilhelm Müller, indem er seine Identifizierung mit Wehmüller ausdrücklich dementieren ließ, vielleicht nur den äußeren Eindruck einer öffentlichen Berichtigung machen sollte und dabei sogar den Anschein einer literarischen Fehde erweckt haben mag, könnte ebensogut ein literarischer Scherz unter allen drei Beteiligten gewesen sein, die sich mit ihrem Verhalten über die journalistische Gattung der Berichtigung entweder skandalisierten oder sie im Gegenteil den Lesern nahebringen wollten; *Der Gesellschafter* befand sich damals noch im ersten Jahr seines Erscheinens und war auf jede Publizität angewiesen.

So vieles bei diesem anschaulichen Beispiel kontextbezogener Gestaltung in Brentanos Erzählung unklar bleiben muß, verweist doch das journalistische Umfeld ihrer Veröffentlichung auf ein für das Selbstverständnis des Dichters aufschlußreiches Interpretationsmuster. Schon eine flüchtige Durchsicht des *Gesellschafters* zeigt, daß Brentano dem Jahrgang 1817 der Zeitschrift auch unmittelbare Anregungen zu verdanken gehabt haben konnte[10]. Als Beiträger wie als Leser des *Gesellschafters* stand er diesem Publikationsort jedenfalls persönlich nahe, und soweit sich aus dieser Quelle Nachwirkungen in seiner Erzählung feststellen lassen, sind sie dort sicher authentischer zu belegen als anderwärts. Dies gilt in den *Wehmüllern*

---

[9]   Vgl. Konrad Feilchenfeldt, ›Clemens Brentano und Johannes Neumann: Bisher unveröffentlichte Briefe an Neidhardt von Gneisenau‹, *Jahrbuch des Freien Deutschen Hochstifts* (1982), S. 294f.

[10] Die Recherchen gehen auf ein an der Münchner Universität abgehaltenes Brentano-Seminar vom Wintersemester 1986/87 zurück. Für die Durchsicht der Zeitschrift *Der Gesellschafter* und die Nachweisung der einschlägigen Stellen aus dem Jahrgang 1817 danke ich Frau Ursula Wiedenmann, M. A.

sicherlich auch für *Baciochi's Erzählung vom wilden Jäger*. Hier ist nicht weniger als Bürgers Ballade ›Der wilde Jäger‹ von 1786 eine Korrespondenz-Nachricht aus der Rubrik ›Zeitung der Ereignisse und Ansichten‹ im *Gesellschafter* vom 3. Mai 1817 die Quelle gewesen.

> Cassel, den 19ten April: Ich kann den Wunsch nicht erfüllen, über hiesige Künstler ausführlich meine Ansicht mitzuteilen; sie haben alle ihre Absonderlichkeiten, so kann Lob und Tadel, Verschweigen und Erwähnen ihnen ein gleicher Anstoß seyn. Der bedeutendste hier ist der junge Henschel, der gründlich arbeitet, in eigenthümlichsten und neuen Gedanken. Ein Sohn von dem bekannten Bildhauer Ruhl ist in Rom und zeigt ein schönes Talent. Er hat ein Bild vom wilden Jäger hergeschickt. Die Kurprinzessin arbeitet an dem Karton zu einem großen Bilde, die heilige Elisabeth darstellend, der ihr Vater, als er von ihrer Armut hört, prächtige Kleider schickt, aber wie die Gesandten ankommen und sie in der Kirche finden, halten ihr Engel himmlische Gewänder um, die viel schöner sind als die, welche jene überbringen. – [...][11]

Für Brentano war diese aus Kassel eingesandte Pressemeldung nicht nur interessant, weil sie ihm den »wilden Jäger« als mythische Figur in Erinnerung gebracht haben mochte. Sie mußte ihn vielmehr auch an die Zeit seines eigenen Aufenthalts in Kassel 1807 erinnern, als Johann Werner Henschel und Johann Ruhl der Vater zu seinem engeren persönlichen Freundeskreis gehört hatten[12]. In der Erzählung *Die mehreren Wehmüller* kann daher die ›Erzählung vom wilden Jäger‹ aus Brentanos Sicht sogar als ein Stück Autobiographie verstanden werden, und insofern sie auf die bildnerische Vorlage eines in Rom lebenden deutschen Künstlers Bezug nahm, erwies sie sich motivgeschichtlich als ein Formelement« zur Thematisierung der Malerei in der dichterischen Durchführung seiner Erzählung.

Wehmüllers – wie der Titel der Erzählung nahelegt – umstrittene Identität hätte in der Malerei als Beruf ihre unverwechselbare Bestimmung finden können, und sie findet sie jedenfalls auch in der gestalterischen Handhabung durch Brentano als Autor und Künstler. Gerade dadurch nämlich, daß Wehmüller im Konzept der Erzählung seine Malerei nicht als eine originale Kunstleistung und -schöpfung versteht, sondern als eine Art Manufaktur

---

[11] *Der Gesellschafter oder Blätter für Geist und Herz*, 3. Mai 1817, 73. Bl., S. 292. Vgl. *Frankfurter Brentano-Ausgabe*, XIX, S. 687. – Daß der im *Gesellschafter* veröffentlichte Bericht auf einen Brief Jacob Grimms an Arnim zurückgeht, dürfte Brentano nicht bekannt gewesen sein; er stand damals mit Arnim in keiner engeren Verbindung. Vgl. Reinhold Steig, *Achim von Arnim und Jacob und Wilhelm Grimm* (Stuttgart und Berlin, 1904), S. 374, 376f.

[12] Vgl. Konrad Feilchenfeldt, *Brentano-Chronik* (München, Wien, 1978), S. 56.

und Vervielfältigungsaufgabe ist er im Grunde selbst der Urheber seiner Identitätskrise als Künstler, und für diesen Umstand ist seine malerische Produktion der »ungarischen Nationalgesichter« ein Anschauungsfall.

Was übrigens diese 39 Nationalgesichter betrifft, hatte es mit ihnen folgende Bewandniß: Sie waren nichts mehr und nichts weniger, als 39 Portraits von Ungaren, welche Herr Wehmüller gemalt hatte, ehe er sie gesehen. Er pflegte solcher Nationalgesichter immer ein halb Hundert fertig bei sich zu führen. Kam er in einer Stadt an, wo er Gewinn durch seine Kunst erwartete, so pflegte er öffentlich ausschellen oder austrommeln zu lassen: der bekannte Künstler, Herr Wehmüller sey mit einem reichassortirten Lager wohlgetroffener Nationalgesichter angelangt und lade diejenigen unter einem hochedlen Publikum, welche ihr Portrait wünschten, unterthänigst ein, sich dasselbe, Stück vor Stück zu 1 Ducaten in Gold, selbst auszusuchen; er fügte sodann noch, durch wenige Meisterstriche, einige persönliche Züge und Ehrennarben, oder die Individualität des Schnurrbartes des Käufers unentgeldlich bei, für die Uniform aber, welche er immer ausgelassen hatte, mußte nach Maaßgabe ihres Reichthums nachgezahlt werden. Er hatte diese Verfahrungsart auf seinen Kunstreisen als die befriedigendste für sich und die Käufer gefunden. Er malte die Leute nach Belieben im Winter mit aller Bequemlichkeit zu Haus und brachte sie in der schönen Jahreszeit zu Markte. So genoß er des großen Trostes, daß Keiner sein Bildniß fertig nach bestimmtem Preise, wie einen Weck auf dem Laden, selbst aussuchte. (*Frankfurter Brentano-Ausgabe*, XIX, S. 254)

Es wäre jedoch Brentanos gestalterischer Handhabung der Malerei als Motiv seiner Erzählung zuviel eigene dichterische Originalität zugestanden, wenn dabei unerkannt bliebe, daß auch hier eine Meldung aus der ›Zeitung der Ereignisse und Ansichten‹ im *Gesellschafter* vom 20. Januar 1817 unmittelbare Quelle gewesen sein könnte.

Paris hat unter andern Neuigkeiten auch einen sehr schnellen Maler erhalten, welcher ein Portrait mit Wasserfarben in zwei Stunden, mit Oelfarben in drei Stunden malt! Ein Profil will er in einer Viertelstunde und eine Skizze in einer Minute entwerfen. Ein Gemälde von 2–3 Fuß kann er in zwei Tagen vollenden. Die vornehmen Damen besuchen ihn mit ihrer Familie um 10 Uhr des Morgens und zum Mittagessen ist die ganze Familie gemalt[13].

Auch die Kommerzialisierung der Malerei ist in Brentanos *Wehmüller*-Erzählung demnach ein aktuelles zeitgenössisches Thema, dem er selbst als Leser im *Gesellschafter* begegnet sein konnte, nur gestaltete er es in den *Mehreren Wehmüllern* unter verschärften Wettbewerbsbedingungen.

---

[13] *Der Gesellschafter oder Blätter für Geist und Herz*, 20. Januar 1817, 12. Bl., S. 48.

Die Schnelligkeit der Herstellung kennzeichnet nicht nur Wehmüllers Porträtkunst, sondern auch diejenige seines Rivalen Froschhauer.

> Dieser aber war bisher sein Antagonist und Nebenbuhler gewesen, wenn sie sich gleich nicht kannten, denn Froschhauer war von der entgegengesetzten Schule; er hatte nämlich immer alle Uniformen voraus fertig, und ließ sich für die Gesichter extra bezahlen. (*Frankfurter Brentano-Ausgabe*, XIX, S. 254f.)

Die Identitätskrise, unter der Wehmüller leidet, ist zugleich eine Folge seiner Rivalität mit Froschhauer, der sich dem Konzept der Erzählung entsprechend fälschlicherweise als Wehmüller ausgibt und dadurch zur dramatischen Zuspitzung des Geschehens beiträgt. Die dichterische Durchführung der Künstlerthematik am Beispiel der Malerei verlagert sich daher bei der Gestaltung der beiden miteinander rivalisierenden Schnellmaler von der Versinnbildlichung des Geschehens im Werk zur Versinnbildlichung der handelnden Personen in ihren Eigennamen. Geht *Baciochi's Erzählung vom wilden Jäger* noch auf ein Bild des jungen deutsch-römischen Malers Ruhl zurück, also ein literarisches Werk auf ein bildnerisches, so ruht die Identität des Künstlers als Person in nichts anderem als ihrem Namen, der zugleich als Künstlername eine Garantieerklärung und Qualitätsbezeichnung ausmacht. Wehmüller ist deswegen ein ebenso sprechender Name wie Froschhauer, und die Tatsache, daß dieser aus Klagenfurt stammt (*Frankfurter Brentano-Ausgabe*, XIX, S. 254), verbindet ihn mit seinem Rivalen menschlich und wortspielerisch in der Weh-Klage über ihren unerfreulichen Konkurrenzzustand.

Die Namensymbolik in Brentanos *Mehreren Wehmüllern* ist ein Aspekt ihrer Gestaltung, der nicht nur im Zusammenhang mit dem Namen Wehmüller Interesse hervorgerufen hat, sondern auch bei anderen Figuren der Erzählhandlung (vgl. *Frankfurter Brentano-Ausgabe*, XIX, S. 672ff.). Dabei ist jedoch der Name des falschen Wehmüller und rivalisierenden Schnellmalers Froschhauer bisher unbeachtet geblieben, und damit auch die mit diesem Namen verbundene Anspielung auf den aus Bayern gebürtigen schweizerischen Buchdrucker und Verleger Christoph Froschauer[14]. Die Bedeutung dieses für einen Bibliophilen und Büchersammler wie Brentano völlig geläufigen Namens liegt in der Bewußtmachung des Buchwesens als einer auf schnelle Herstellung und Vervielfältigung angelegten Kunstfertigkeit. Innerhalb des dichterischen Konzepts der Erzählung ist damit der

---

[14] Vgl. *Neue Deutsche Biographie* (1961), V, S. 664f. Merkwürdigerweise normalisiert Schaub in seiner Edition den Namen Froschhauer sogar zu Froschauer, ohne den Zusammenhang mit dem Namen der Druckerfamilie herzustellen.

Malerei und ihrem Originalitätsanspruch ein technisches Verfahren entgegengehalten, das gerade nicht ein einzelnes unverwechselbares Kunstwerk hervorbringen will, sondern eine Menge sich wiederholender Reproduktionen derselben Vorlage. Das Problem, das Brentano mit dieser Thematik in seiner Erzählung zur Sprache bringt, hatte wie die Schnellmalerei eine aktuelle Veranlassung, für die ein weiteres Mal die Rubrik ›Zeitung der Ereignisse und Ansichten‹ aus dem *Gesellschafter* den quellenmäßigen Nachweis liefern kann. Die Tragweite dessen, was sich in Brentanos erzählerischem Konzept nur wie ein stoffliches Gestaltelement ausnimmt, bemißt sich jedoch in diesem Fall nicht an einem einzelnen, vielleicht zufälligen Beleg einer zeitgenössischen Zeitschrift, sondern an der allgemeinen gerade für Brentanos Wendung zum Erzähler charakteristischen Marktlage des Buchwesens um 1815 überhaupt.

Das weiterum diskutierte Tagesproblem der Zeit, das Brentano in seiner Erzählung aufgriff und gestaltete, war das infolge der technischen Revolutionierung des Buchwesens immer aktueller gewordene verlegerische Geschäft mit dem Nachdruck. Die Verlagsbuchhändler Bertuch und Cotta hatten bereits am Wiener Kongreß eine Denkschrift über die »Abschaffung des Nachdrucks« vorgelegt[15], und die Auswirkungen dieser Initiative dokumentiert schon damals eine ausgebreitete Erörterung der zeitgenössischen Presse, die letztlich selbst von der geforderten Maßnahme mitbetroffen wurde[16]. *Der Gesellschafter* brachte noch im Jahr 1817 eine erste Meldung am 15. Februar unter dem Titel »Anfrage. Ist in Hamburg der Nachdruck verboten oder geschützt«[17]. Am 19. April 1817 steht unter der Rubrik ›Zeitung der Ereignisse und Ansichten‹

Es wird jetzt wieder von Vielen gegen den Nachdruck geschrieben, das ist indessen alles vergebens, wenn nicht – wie allerdings mit freudiger Zuversicht erhofft werden kann – die Bundestags-Versammlung dagegen schreibt und wirkt, was ganz in ihrer Nähe auch noth thut. Vorläufig sollte man indessen bei denen, die Nachdrücke verbreiten, oft ihre Namen den Anzeigen derselben beifügen lassen, einen Versuch machen, ob sie wohl noch einige Anlage zum Schämen haben. Denn gewiß ist es doch:

---

[15] *Der Wiener Kongreß in Augenzeugenberichten*, hg. von Hilde Spiel (Düsseldorf, 1965), S. 303f.

[16] Die Problematik behandelten zahlreiche Zeitungs- und Zeitschriftaufsätze wie in der Fortsetzungsfolge ›Vom freien Geistes-Verkehr‹ das dritte Kapitel ›Buchhandel und Nachdruck‹, *Nemesis. Zeitschrift für Politik und Geschichte*, 2, Stk. 3 (1814), S. 328–382, ›Eine Nachdrucker-Speculation von der neuesten Art‹, *Nemesis*, 3, Stk. 4 (1814), S. 647–654, ›Bemerkung, das Nachdruckerwesen betreffend‹, *Nemesis*, 12, Stk. 3, (1818), S. 496f.

[17] *Der Gesellschafter oder Blätter für Geist und Herz*, 15. Februar 1817, 27. Bl., S. 108.

Nur Diebe haben den Nachdruck lieb,
Und wer ihn schützt ist auch ein – scharmanter Mensch! [...][18]

Für Brentano war die Problematik des Nachdrucks daher aus dem *Gesellschafter* ebenso gegenwärtig und aktuell wie die journalistische Spielerei mit dem Namen Wehmüller und die Schnellmalerei. Eine weitere Veranlassung zur Anspielung auf den Namen Müller hätte Brentano die ebenfalls im *Gesellschafter* ausgetragene Kontroverse zwischen Adolph Müllner und Wilhelm Müller über die Gattung Oper liefern können[19]. Ein unmittelbar hervorstechendes Gestaltmerkmal ist die aktuelle Thematisierung des Nachdrucks in der dichterischen Konzeption der Erzählung aber nicht. Die Problematik scheint im Motiv der Schnellmalerei, in der Konkurrenz zwischen Wehmüller und Froschhauer, nur andeutungsweise durch, und was die Originalausgabe eines literarischen Kunstwerks im Gegensatz zu seinem Nachdruck für den Autor oder Verleger nicht nur rechtlich, sondern auch künstlerisch darstellt, geht aus einer vergleichenden Betrachtung der Erzählung innerhalb des journalistischen Umfelds ihrer Erstveröffentlichung nicht hervor.

Die Diskussion um den Nachdruck gestaltet Brentanos Erzählung nicht im Rückgriff auf Anregungen, die *Der Gesellschafter* des Jahres 1817 in künstlerischer Hinsicht bereits ebenso vorstrukturiert hätte wie das Motiv vom ›wilden Jäger‹ oder von der Porträtmalerei. Die dichterische Gestaltung und Umsetzung des Nachdrucks als eines künstlerischen Themas steht in Brentanos Erzählung im Zusammenhang mit seinem Interesse für das Zigeunerwesen (*Frankfurter Brentano-Ausgabe*, XIX, S. 666), und er folgte darin einer literaturkritischen Sichtweise, die Karl August Varnhagen von Ense bereits aus der Zeit seines Aufenthalts in Tübingen 1808 und seiner Freundschaft mit Justinus Kerner überliefert. Von damals stammt eine Aufzeichnung über einen gemeinsamen Besuch in Reutlingen:

> Wir besuchten aber den berühmten Buchdrucker Justus Fleischhauer, wo wir uns mit Volksbüchern und Liedern wohl versahen. Der Nachdrucker, der zunächst am Volke steht, für dessen Bedürfnis er wohlfeile und geringe Ausgaben liefert, ist für Kerner der eigentliche Buchhändler, mehr als der ordentliche, für Gelehrte und Gebildete sorgende Verleger, und der Name Fleischhauer macht ihm einen

---

[18] *Der Gesellschafter oder Blätter für Geist und Herz*, 19. April 1817, 65. Bl., S. 260.
[19] Wilhelm Müller veröffentlichte zunächst in zwei Folgen anonym einen Aufsatz ›Oper und Schauspiel‹, *Der Gesellschafter oder Blätter für Geist und Herz*, 12. und 16. April 1817, 61. und 65. Bl., S. 241f., 258f. Auf die letztere Folge antwortete Adolph Müllner unter ausdrücklicher Nennung des anonymen Verfassers »W. Müller« mit einer Entgegnung ›Genugthuung für die Oper‹, *Der Gesellschafter*, 24. Mai 1817, 85. Bl., S. 337f.

besseren Eindruck als alle Cotta, Göschen und Perthes. Er liebt die Nachdrucker, wie man Zigeuner liebt, aus dem romantischen, gesetzlosen Hang im Menschen, wobei man doch nicht ansteht erforderlichen Falles gegen die Lieblinge es mit der ordentlichen Obrigkeit zu halten[20].

Varnhagens Bericht, der erstmals im Jahre 1838 veröffentlicht wurde (Varnhagen, S. 875), belegt jedoch bereits im Vorfeld der *Mehreren Wehmüller* und ihrer Entstehungsgeschichte eine Volkstümlichkeit der Literaturauffassung, wie sie vor allem die Liedersammlung *Des Knaben Wunderhorn* und ihre Beiträger kultiviert haben, und unter ihnen auch Kerner und Varnhagen[21]. Schon im *Wunderhorn* bezeichnen der Nachdruck älterer Vorlagen und der Rückgriff auf die Tradition der Zigeunerdichtung zwei Quellen volkstümlicher Literaturvergangenheit, aus denen die Herausgeber, Arnim und Brentano, ihre Texte schöpften[22].

In den *Mehreren Wehmüllern* sind diese Quellen noch immer nicht versiegt, wie vor allem in der Figur der Mitidika und ihres Bruders, des Geigenspielers Michaly, auch das Personal der Erzählung zwei Zigeuner aufweist. Die Deutung gerade dieser beiden Figuren erschließt dabei am anschaulichsten die schon bei der Bearbeitung des *Wunderhorns* problematische Überlieferungslage von Dichtung überhaupt. Schon im *Wunderhorn* bilden die Beiträge aus mündlicher oder schriftlicher Überlieferung zwei getrennte Gruppen von Texten, selbst wenn die jeweiligen Angaben nur fiktiv gewesen sind und in der schriftlichen Fixierung und nicht zuletzt durch den Abdruck in der Sammlung die Mündlichkeit der Überlieferung zeitweilig aufgehoben ist (*Frankfurter Brentano-Ausgabe*, IX, 1, S. 38ff.). In den *Mehreren Wehmüllern* ist der Gegensatz zwischen mündlicher und schriftlicher Überlieferung der Dichtung durch die musikalischen Darbietungen des Zigeunerpaars, Mitidikas Gesang und Michalys Geigenspiel, wo nicht durch die Erzählsituation der Reisegesellschaft, ausreichend anschaulich gemacht. Den erhellenden Kontrast dazu schafft die Versinnbildlichung des Druckereigewerbes in der Schnellmalerei Wehmüllers und Froschhauers aber nur andeutungsweise, und dagegen ist das Lob der Zigeunerkunst im Gegensatz zur nahezu mechanisierten Kunstherstellung der beiden Maler in Brentanos Erzählung nicht nur ein werkinternes Bekenntnis,

---

[20] Vgl. Karl August Varnhagen von Ense, *Denkwürdigkeiten des eignen Lebens,* hg. von Konrad Feilchenfeldt, *Werke in fünf Bänden* (Frankfurt am Main, 1987), I, S. 579.

[21] Clemens Brentano, *Des Knaben Wunderhorn. Alte deutsche Lieder,* hg. von Heinz Rölleke, *Sämtliche Werke und Briefe* (Stuttgart, Berlin, Köln, Mainz, 1978), IX, 3, S. 820f., 841.

[22] Vgl. das Gedicht ›Das Feuersprechen‹, Brentano, *Sämtliche Werke und Briefe* (Stuttgart, Berlin, Köln, Mainz, 1975), VI, S. 18ff., IX, 1, S. 88ff. Zitiert *Frankfurter Brentano-Ausgabe.*

sondern darüber hinaus auch eine Anklage gegen das ihm feindlich gesonnene Verlegertum überhaupt.

Wenn Brentanos Erzählung als dichterisch verbrämte Anklage gegen die Welt der Verleger und Drucker interpretiert werden soll, so entspringt die Klärung ihrer Entstehungsgeschichte mehr als nur einem textgeschichtlichen Interesse. Die frühesten Indizien datieren die Anfänge der Entstehungsgeschichte bereits in die Jahre 1811 bis 1813. Die Annahme, daß Brentano bei der Niederschrift noch Anregungen aus dem *Gesellschafter* verarbeitet haben könnte, verschiebt den Abschluß der Erzählung bis zum Sommer 1817[23]. Jedenfalls ist die in Frage stehende Zeitspanne in Brentanos persönlicher Entwicklung durch seine Übersiedlung nach Böhmen und Wien bestimmt, und damit von der Erwartung, sich hier ein neues literarisch-öffentliches Wirkungsfeld zu erschließen. Sein Mißerfolg als Bühnenautor ist bekannt; sein vergebliches Bemühen, sich als Dramatiker in Wien durchzusetzen, war auch die Voraussetzung für seine Wendung zur Erzählliteratur[24]. Eine weitere Folge seines Scheiterns in Österreich war aber auch die ungünstige Auswirkung auf seine Beziehungen zur österreichischen Verlags- und Buchwelt.

Brentano hatte sich in Wien einen Freundeskreis aufgebaut, dem vor allem Antiquare, »Bücherkenner und Sammler«, aber auch Verleger wie die Brüder Anton und Georg Passy angehörten. Er empfahl diesen Freundeskreis noch in einem Brief vom 1. Oktober 1814 Jacob Grimm, der damals gerade nach Wien reiste[25], und in einem Begleitschreiben vom selben Tag ergänzte Arnim, bei dem Brentano damals in Wiepersdorf wohnte, die Empfehlungen seines Gastes:

> Der Clemens erzählt Wunderdinge von seinen dortigen Freunden. Es kommen von ihm dreierlei *a* heraus: Libussa, Victoria, Valeria, meist in Pesth gedruckt, die deutsche Literatur verräth auch hierin eine Neigung fürs Morgenland, in der nächsten Messe kommen die besten Bücher zu Herrmannstadt in Siebenbürgen, dann in Constantinopel, endlich in Bagdad heraus. Uebrigens kann man auf einer Entdeckungsreise ins Innere von Afrika nicht weiter von deutscher Literatur entfernt sein, als wir hier, mein Spott gegen die Journale verwandelt sich hier in rechte Sehnsucht danach, und ich möchte lieber einige Stunden im Beygangschen Museo zu Leipzig, als im Wiener Congresse sitzen[26].

---

[23] *Frankfurter Brentano-Ausgabe,* XIX, S. 658ff. – In der Datierungsfrage stützen die hier neu gewonnenen Erkenntnisse Wolfgang Frühwalds These, daß die Erzählung erst von 1817 datiere.

[24] Vgl. Feilchenfeldt, *Brentano-Chronik,* S. 93f.

[25] Reinhold Steig, *Clemens Brentano und die Brüder Grimm* (Stuttgart, Berlin, 1914), S. 195f.

[26] Steig, *Achim von Arnim und Jacob und Wilhelm Grimm,* S. 311.

Arnims Brief belegt ein bei Brentano noch ungetrübtes Vertrauen in die ihm befreundete österreichische Verlags- und Buchwelt, und erst die Folgezeit dürfte zu einem Umdenken geführt haben. Von den angekündigten Werken erschien erst 1815 nur die ›Libussa‹ unter dem Titel *Die Gründung Prags* wie vorgesehen in einem österreichischen Verlag bei Conrad Adolph Hartleben in Pesth (Mallon, S. 58). Die ›Victoria‹ erschien sogar erst 1817 in der Maurerschen Buchhandlung in Berlin (Mallon, S. 64), und die ›Valeria‹ erst lange nach Brentanos Tod im Jahr 1901 in einer wissenschaftlichen Buchreihe (Mallon, S. 181f.).

Brentanos Erfahrungen mit Österreich entbehrten daher kaum einer persönlichen Bitterkeit, und die Absage von seiten der Verlage dürfte ihn schließlich sogar härter getroffen haben als sein Mißerfolg auf dem Theater. Eine literarische Polemik gegen die österreichische Verlagsbranche wäre deswegen keine für Brentano ungewöhnliche Konsequenz gewesen, und der Tonfall in Arnims Brief an Grimm enthält bereits erkennbare Andeutungen dessen, was Brentano in den *Mehreren Wehmüllern* ausgestaltet hat. Arnim hegte offenbar bereits, ehe Brentano seine Hoffnungen aufgegeben hatte, Zweifel an der Kooperationsbereitschaft der österreichischen Verlage und polemisierte dementsprechend schon früh gegen die Verlagerung deutscher Literaturproduktion in den Osten. Brentano griff Arnims Anregung offensichtlich auf, insoweit er das deutschsprachige Siebenbürgen wenigstens in den geographischen Vorstellungsraum der Erzählung miteinbezog, und damit nach Arnim auch den zentralen Schauplatz künftiger deutscher Literaturproduktion. Wenn dieser Raum jedoch letztlich aus dem Geschehnisablauf der Erzählung ausgeklammert bleibt und das in Siebenbürgen geplante Wiedersehen zwischen dem Ehepaar Wehmüller am Pest-Cordon scheitert, so ist damit sicherlich nicht nur die Pestseuche gemeint, die den Staat zu hygienepolizeilichen Maßnahmen veranlaßt, sondern auch das in der Stadt Pesth konzentrierte österreichische Verlagswesen und Druckereigewerbe, auf dessen Existenz schon Arnim hindeutet. Der Kalauer ist dabei nur einer von zahlreichen Namenswitzen, die Brentano in den *Mehreren Wehmüllern* gerade bei Anspielungen auf das Schriftstellertum und Druckerei- und Verlagsgewerbe bevorzugt. Deswegen enthält auch der Umstand, daß Froschhauer am Schluß der Erzählung die ihm zugedachte »Fleischerstochter« heiraten darf (*Frankfurter Brentano-Ausgabe*, XIX, S. 310), möglicherweise eine Anspielung zwar nicht auf den Reutlinger Nachdrucker Justus Fleischhauer, aber wohl auf den Leipziger Verleger Gerhard Fleischer; denn in seinem Verlag erschien parallel zur österreichischen Ausgabe, die in Pesth herauskam, 1815 ebenfalls *Die Gründung Prags* (Mallon, S. 58).

So absurd eine solche Deutung wirken mag, entspricht sie doch aller Erfahrung nach Brentanos assoziativem Gestaltungswillen, der auch an anderer Stelle der Erzählung und in anderem Zusammenhang wie unvermittelt hervorbricht.

> Der Vizegespann sprach von der Jagdzeit, die am St. Egiditag, da der Hirsch in die Brunst gehe, begonnen habe, und daß er morgen früh nach einem Vierzehnender ausgehen wolle, der ihm großen Schaden in seinem Weinberge gethan. (*Frankfurter Brentano-Ausgabe*, XIX, S. 265)

Unwillkürlich verbindet Brentano an dieser Stelle die Tatsache, daß am 1. September, am Ägidius-Tag, die Jagd aufgeht, mit der Zugehörigkeit des heiligen Ägidius zu den Vierzehn Nothelfern, und statt des ordentlichen Zwölfenders ist die begehrte Jagdtrophäe ein Hirsch, dessen Geweih vierzehn Spitzen aufweisen soll, das aber für seine Unvollkommenheit bekannt ist[27]. Die Vierzehn Nothelfer, die Brentano als Erzähler keines ausdrücklichen Wortes würdigt, sind ihrer Zahl nach in der selten zutreffenden, von Brentano gewählten Bezeichnung Vierzehnender plötzlich gegenwärtig, und so ist auch die Stadt Pesth, auf die Brentano zunächst mit dem Pest-Cordon lautmäßig anspielt, im Verlauf der Erzählung plötzlich im realen Sinn erwähnt und nicht einmal zur Unterscheidung von der Krankheitsbezeichnung mit dem sonst üblichen Schluß-th gedruckt.

> [...] die Magd Mladka ward ins Gefängniß geworfen; sie ist zu ihrem Glück an dem Schuß, den sie im Leibe hatte gestorben, sonst wäre sie gewiß auf den Scheiterhaufen gekommen. Sie war ein wunderschönes Weibsbild und ihr Skelett ist nach Pest ins Naturalienkabinet als ein Muster schönen Wachsthums gekommen. (*Frankfurter Brentano-Ausgabe*, XIX, S. 272)

---

[27] Johann Christoph Adelung, *Grammatisch-kritisches Wörterbuch der Hochdeutschen Mundart* (1793, Nachdruck Hildesheim, New York, 1970), Bd. I, Sp. 1805 »Den Hirsch nach seinen Enden ansprechen, dessen Größe und Stärke nach der Zahl dieser Zacken bestimmen. Ein Hirsch von zwölf Enden, der an jeder Stange sechs Enden hat. Ein Hirsch von vierzehn falschen Enden, wenn er an einer Stange sieben, an der andern aber nur sechs Enden hat.« – Eine vergleichbare Wort- und Formspielerei findet sich allerdings erst wenig späterer Zeit in den Lyrikexperimenten Gustav von Schlabrendorfs von 1824. In einer Anspielung auf das in sechzehn Felder aufgeteilte Schachbrett und auf ein Geweih mit je acht Enden an jeder Schaufel komponiert Schlabrendorf folgenden vierzehnsilbigen Vers, der dank seiner formalen Beschaffenheit als Sprachschöpfung die im Vergleich mit der Zahl 16 ungünstigere Zahl 14 begünstigt. »Statt Sechzehn-Felder und -Ender, freut Vierzehnsilber mich.« Karl August Varnhagen von Ense, *Graf Schlabrendorf, amtlos Staatsmann, heimathfremd Bürger, begütert arm. Züge zu seinem Bilde. Historisches Taschenbuch*, 3 (1832), S. 308. (Vgl. Ludwig Stern, *Die Varnhagen von Ensesche Sammlung* (Berlin, 1911), S. 716.)

Die literarische Tradition, die das Motiv der Pest in Brentanos Erzählung aus der Boccaccio-Nachfolge herleitet und dabei die Erzählsituation zu derjenigen des *Decamerone* ausschließlich gattungsgeschichtlich in Bezug setzt (Schaub, S. 353), verkennt die aktuellen Bedingungen, unter denen Brentano das Motiv mit einem völlig neuen Sinn belegte.

Die *Mehreren Wehmüller* erweisen sich in Brentanos Œuvre als ein Werk, das seine eigene Identität als Autor im Spannungsfeld eines deutsch-österreichischen Gegensatzes zeigt, und seine Druckgeschichte belegt, daß die Entscheidung letztlich gegen Österreich gerichtet war. In Gubitz fand Brentano einen Herausgeber seiner Erzählungen, der ihn – wohl gemeinsam mit Arnim – sogar auf die Seite Preußens zog und ihn persönlich damals Österreich zeit seines Lebens entfremdete. In der Erzählung selbst sind jedoch Spuren eines österreichischen Lokalkolorits erhalten geblieben, das *Die mehreren Wehmüller* gerade unter österreichischen Autoren zu einer nicht unbedeutenden Quelle und Anregung für die einheimische Novellistik machte. Adalbert Stifter griff in *Brigitta* das Thema der Ungarnreise vielleicht aus Brentanos *Mehreren Wehmüllern* wieder auf und verdankte dieser Erzählung vielleicht auch die novellistische Vorlage für die süditalienische Episode mit den Andeutungen des Carbonari-Aufstandes[28]. Grillparzer, der bekanntlich auch den Stoff der von Brentano dramatisierten Prager Gründungssage ebenfalls dramatisierte[29], bezog im *Armen Spielmann* möglicherweise aus den *Mehreren Wehmüllern* das Thema der schriftlichen Fixierung von Kunst, sei es durch Schreiberhand oder durch Kopierverfahren[30]. Symptomatisch ist jedenfalls unter dieser Voraussetzung, daß Barbara sich mit einem Fleischer verheiratet, der ausdrücklich als Fleischhauer bezeichnet ist (Grillparzer, S. 61), und daß auch Grillparzer bei der Wahl der Namen daran dachte, worauf sie anspielen, belegt nicht nur Barbara, sondern auch Jakob. Möglicherweise hat Grillparzer Brentano als einziger bisher richtig interpretiert, wenn die zigeunerhafte Barbara den durch die Namen »mehrerer« Druckerfamilien bezeichneten Fleischer oder Fleischhauer ehelichte.

---

[28] *Frankfurter Brentano-Ausgabe*, XIX, S. 299. Vgl. Adalbert Stifter, *Sämtliche Werke,* hg. von Franz Müller, Karl Koblischke und Josef Nadler (1911, Nachdruck Hildesheim, 1972), III, S. 191f.

[29] Vgl. Emanuel Grigorovitza, *Libussa in der deutschen Litteratur* (Berlin, 1901), S. 77.

[30] Vgl. Franz Grillparzer, *Prosaschriften I,* hg. von Reinhold Backmann, *Sämtliche Werke* (Wien, 1930), XIII, S. 58f., S. 66f.

Walter Müller-Seidel (München)

Kleists ›Hypochondrie‹:
Zu seinem Verständnis in klassischer
und moderner Ästhetik

Das Jahr 1809 ist in Kleists unruhigem Leben ein krisenhaftes Jahr, nicht das erste. Krankheiten und Krisen hatte es schon zuvor gegeben: im Zusammenhang der Würzburger Reise im Jahre 1800, was immer auch ihr Anlaß war[1]; erst recht 1803, nach den stürmischen Monaten in Frankreich, als er im Begriff war, in französische Kriegsdienste zu treten, um auf diese Weise am ehesten »den schönen Tod der Schlachten« zu sterben, wie es in einem Brief an die Schwester heißt[2]. Von einem Zusammenbruch sprechen seine Biographen, als er im Hause des Arztes Wedekind in Mainz Aufnahme fand[3]. Was da geschehen ist, bleibt ihm selbst rätselhaft und unerklärlich: »Ich bin nicht imstande vernünftigen Menschen einigen Aufschluß über diese seltsame Reise zu geben. Ich selber habe seit meiner Krankheit die Einsicht in ihre Motive verloren, und begreife nicht mehr, wie gewisse Dinge auf andere erfolgen konnten.«[4] Aber mit gleichem Recht kann von einem Zusammenbruch im Jahre 1809 gesprochen werden, als Kleist nach der unglücklichen Niederlage Österreichs bei Wagram für mehrere Monate, von Mitte Juli bis Ende Oktober, nicht aufzufinden war. Gerüchte, er sei in Prag verstorben, gelangten nach Berlin[5]. Es war zweifellos eine der nicht wenigen düsteren Phasen in seinem Werdegang.

---

[1] Zur Würzburger Reise gibt es eine reichhaltige Literatur. Vor anderem sei hier die Arbeit von Heinz Politzer genannt: ›Auf der Suche nach Identität. Zu Heinrich von Kleists Würzburger Reise‹, in *Euphorion* 61 (1967), S. 383–399; jetzt in H. P., *Hatte Ödipus einen Ödipus-Komplex?* (München, 1974), S. 182–202. Auf die an Spekulationen reichen Untersuchungen Diethelm Brüggemanns ist hinzuweisen: *Drei Mystifikationen Heinrich von Kleists* (New York / Bern / Frankfurt, 1985).

[2] An Ulrike von Kleist vom 26. X. 1803, in *Sämtliche Werke und Briefe,* hg. von Helmut Sembdner (München, 1961), Bd. II, S. 737.

[3] So Joachim Maaß, *Kleist, die Fackel Preußens. Eine Lebensgeschichte* (Wien / München / Basel, 1957), S. 277: »Ja, es war der Zusammenbruch, was sonst ...«.

[4] An Henriette von Schlieben vom 29. VII. 1804. In: SW, II, 745.

[5] Vgl. *Heinrich von Kleists Lebensspuren. Dokumente und Berichte der Zeitgenossen,* hg. von Helmut Sembdner (Bremen, 1957), S. 240.

In eben dieser Zeit spricht man in Weimar über ihn, kein anderer als Goethe ist es, der sich in einem Gespräch mit dem Schriftsteller und Privatgelehrten Johann Daniel Falk über Kleist unterhält. Über *Käthchen von Heilbronn* wird gesprochen, aber im Mittelpunkt dieser Gespräche steht die Kunstform der Novelle, die es Goethe wenigstens seit den *Unterhaltungen deutscher Ausgewanderten* angetan hatte. Den düsteren Weltbegebenheiten im benachbarten Frankreich hatte er etwas Heiteres im Stil altitalienischer Novellen entgegenzusetzen gesucht; und daß Kleist mit dieser Kunstform anderes im Sinn hatte, entging ihm nicht. In den uns überlieferten Zeugnissen heißt es: »Einst kam das Gespräch auf Kleist und dessen Käthchen von Heilbronn. Goethe tadelt an ihm die nordische Schärfe des Hypochonders; es sei einem gereiften Verstande unmöglich, in die Gewaltsamkeit solcher Motive, wie er sich ihrer als Dichter bediene, mit Vergnügen einzugehen. Auch in seinem Kohlhaas, artig erzählt und geistreich zusammengestellt wie er sei, komme doch alles gar zu ungefüg. Es gehöre ein großer Geist des Widerspruches dazu, um einen so einzelnen Fall mit so durchgeführter, gründlicher Hypochondrie im Wettlaufe geltend zu machen. Es gäbe ein Unschönes in der Natur, ein Beängstigendes, mit dem sich die Dichtkunst bei noch so kunstreicher Behandlung weder befassen, noch aussöhnen könne. Und wieder kam er zurück auf die Heiterkeit, auf die Anmut, auf die fröhlich bedeutsame Lebensbetrachtung italienischer Novellen, mit denen er sich damals, je trüber die Zeit um ihn aussah, desto angelegentlicher beschäftigte.«[6]

Zweimal bezieht Goethe einen in seiner Zeit geläufigen Krankheitsbegriff auf Kleist und sein dichterisches Werk. Er sieht es von dem geprägt, was mit dem Begriff ›Hypochondrie‹ bezeichnet werden soll: »eine der beschwerlichsten Krankheiten, welche [...] oft in Schwermuth und Melancholie ausartet«, wie Adelungs *Grammatisch-kritisches Wörterbuch* definiert[7]. Aber etwas Derartiges – »eine der beschwerlichsten Krankheiten« im psychischen oder somatischen Sinn – kann Goethe kaum gemeint haben, da er eine nähere Kenntnis der Person nicht besaß, die solche Diagnosen allenfalls hätte rechtfertigen können. Damals wie heute sah man oder sieht

---

[6] Johann Wolfgang Goethe, *Gedenkausgabe der Werke, Briefe und Gespräche*, hg. von Ernst Beutler (Zürich, 1949), Bd. XXII, S. 616. Das Gespräch ist undatiert. Ernst Beutler hat es mit guten Gründen in das Jahr 1809 gesetzt. In der Ausgabe der Gespräche, hg. von Wolfgang Herwig ist es als Nr. 3338 in die Rubrik »Undatiertes 1808–1810« eingerückt worden: *Goethes Gespräche* (Zürich / Stuttgart, 1969), Bd. II, S. 600–603.

[7] Johann Christoph Adelung, *Grammatisch-kritisches Wörterbuch der Hochdeutschen Mundart mit beständiger Vergleichung der übrigen Mundarten, besonders aber der Oberdeutschen* (Nachdruck Hildesheim / New York, 1970), Bd. II, Sp. 1345.

man im Hypochonder einen stark ichbezogenen Menschen, der sich unablässig selbst beobachtet und von Krankheiten verfolgt glaubt, die ihm die Ärzte nicht zu bestätigen vermögen. Aber auch an einen Hypochonder dieser Art, an den Typus des eingebildeten Kranken, dürfte Goethe in diesem Gespräch nicht gedacht haben. Näher könnte es liegen, weniger an eine ›ausgereifte‹ Krankheit zu denken als vielmehr an etwas wie Neurose, Neurasthenie oder abnormes Verhalten, wie eine Diagnose aus heutiger Sicht etwa lauten könnte[8]. Doch zeigt sich rasch, daß Goethe mit medizinischen Begriffen vorwiegend ästhetische Urteile ausspricht. In seinem Sprechen über Kleist fällt das Willentliche auf, das er ihm unterstellt, eine Willentlichkeit, die es bei ›normalen‹ Krankheiten nicht gibt. Die Rede ist von »durchgeführter, gründlicher Hypochondrie«, von Gewaltsamkeit der Motive und vom Geist des Widerspruchs. Solche Willentlichkeit im Verständnis von Hypochondrie bestätigt sich in einem Ausspruch Lichtenbergs, der von sich sagt: »Meine Hypochondrie ist eigentlich eine Fertigkeit, aus jedem Vorfalle meines Lebens, er mag Namen haben wie er will, die größtmögliche Quantität Gift zu eigenem Gebrauch auszusaugen.«[9] Einer solchen Fertigkeit in Verbindung mit Hypochondrie entspricht die Verfahrensart, die Goethe dem Dichter des *Käthchen von Heilbronn* und des *Michael Kohlhaas* unterstellt, eine poetische Verfahrensweise, die nach seiner Auffassung gegen Heiterkeit und alles Schöne in der Kunst gerichtet ist. Vom Dichter erwartet Goethe, daß er derart Unschönes zu vermeiden weiß, daß er mithin willentlich etwas tut oder anderes unterläßt. Kleists Dichtung entspricht im Verständnis Goethes solchen Erwartungen nicht; sie entspricht nicht dem System seiner Ästhetik. Er bezeichnet als Unnatur, was ihm da begegnet[10]. So abermals in einer unwilligen Äußerung über *Käthchen von Heilbronn*, das man in Weimar aufgeführt zu sehen wünschte. »Ein wunderbares Gemisch von Sinn und Unsinn! Die verfluchte Unnatur!« soll Goethe gesagt haben[11]. Wenn er das ihn Störende

---

[8] *Historisches Wörterbuch der Philosophie*, hg. von Joachim Ritter (Darmstadt, 1974), Bd. III, Sp. 1251–1252. Ferner H. Feldmann, *Hypochondrie* (Berlin / Heidelberg / New York, 1972). – Hans Jürgen Schings, *Melancholie und Aufklärung. Melancholiker und ihre Kritiker in Erfahrungsseelenkunde und Literatur des 18. Jahrhunderts* (Stuttgart, 1977).

[9] Georg Christoph Lichtenberg, *Schriften und Briefe*, hg. von Wolfgang Promies. Zweiter Band. Sudelbücher II, S. 401 (München, 1971).

[10] Goethes Begriff der Unnatur als ein letztlich ästhetischer Begriff ist aufschlußreich. Abermals in einem Gespräch mit Falk und abermals 1809 heißt es: »verfälscht ist alles, was uns von der Natur trennt; der Weg der Natur aber ist derselbe, auf dem ihr Baco, Homer und Shakespeare notwendig begegnen müßt...« (*Goethes Gespräche* II, S. 428).

[11] *Gespräche* II, S. 1174.

und Verstörende so oder mit ›regelrechten‹ Krankheitsbegriffen bezeichnet,
so handelt es sich bis zu einem gewissen Grade um Metaphern, um eine
Übertragung medizinischer Begriffe auf das Gebiet ästhetischer Wahrnehmung. In einer späteren, erst aus dem Nachlaß herausgegebenen Äußerung
aus dem Jahre 1826 ist der metaphorische Gebrauch weniger augenfällig.
Jetzt geht es um Medizinisches unmittelbar, wenn es heißt: »Mir erregte
dieser Dichter, bei dem reinsten Vorsatz einer aufrichtigen Teilnahme
immer Schauder und Abscheu, wie ein von der Natur schön intentionierter
Körper, der von einer unheilbaren Krankheit ergriffen wäre.«[12] Zugegeben,
daß sich Goethe des Konjunktivs bedient – »wie ein […] Körper, der von
einer unheilbaren Krankheit ergriffen wäre.« Dennoch ist hier wie dort die
Vermischung des Ästhetischen mit dem Medizinischen nicht zu übersehen;
und keinesfalls handelt es sich dabei um eine wertfreie Diagnostik. Hier
wird unverkennbar gewertet; es wird abgewertet und verurteilt, wie nicht
zweifelhaft sein kann. Eine zum Teil bis heute fortwirkende Denkart! In
ihrem im Zorn verfaßten Essay *Krankheit als Metapher,* 1977 erschienen,
setzt sich Susan Sontag mit solchen Denkarten und Verhaltensweisen
auseinander: »Nicht, was es wirklich bedeutet, ins Reich der Kranken zu
emigrieren und dort zu leben, will ich beschreiben, sondern die Straf- oder
Gefühlsphantasien, die man damit verbindet.« Sie haben zur Folge, »daß die
Last der Krankheit dem Patienten aufgebürdet wird«, wie es an anderer
Stelle dieser Schrift heißt[13]. Und nicht um beliebige sondern um bestimmte
Krankheiten geht es hier, um Krebs und Tuberkulose. An psychische
Krankheiten hätte man erst recht denken können, weil es gleichermaßen
solche sind, mit denen sich Schuldzuweisungen verbinden. Noch 1880
urteilt ein Philosoph wie Johannes Volkelt in einem Vortrag über Hölderlin:
»Er ist schuldvoll, denn er besaß nicht die Kraft, die Seite des Endlichen
und Zufälligen positiv in sich zu verarbeiten. Er floh vor ihr, und sie rächte
sich dafür.«[14] Solchen Urteilen liegen Vorurteile zugrunde, und aufgrund
solcher Einstellungen und Denkmuster ist Hölderlin im neunzehnten Jahrhundert wenig geschätzt. Kleist und seiner Dichtung ist es nicht grundsätzlich anders ergangen. Sein Leben sei der Kommentar zu seinen Schriften,
eine »unglaubliche Vermischung von Kraft und Schwäche, Größe und
Kleinheit, Gesundheit und Krankhaftigkeit«, heißt es 1855 in einer Ge-

---

[12] Rezension von Ludwig Tiecks *Dramaturgischen Blättern,* veröffentlicht aus dem Nachlaß
1833; Weimarer Ausgabe 1. Abt. Bd. 40, S. 181f. Hier zitiert nach *Schriftsteller über Kleist,*
hg. von Peter Goldammer (Berlin und Weimar, 1976), S. 57.
[13] Susan Sontag, *Krankheit als Metapher* (Frankfurt, 1981), S. 5 und 56.
[14] Johannes Volkelt, *Friedrich Hölderlin,* in *Im neuen Reich* (1880), Nr. 3.

schichte der deutschen Nationalliteratur (von Rudolph Gottschall)[15]. Von ungesunden Elementen seiner Natur ist andernorts die Rede, »die mit dem äußerlichen Verlaufe seiner Geschicke übereinstimmt«, um hier nur einige dieser Urteile anzuführen[16]. Krankheit wird in solchen Urteilen der Literaturgeschichte nicht untersucht, sondern lediglich behauptet. Hier geht es nicht darum, sie zu rechtfertigen oder zu widerlegen, also nachträglich Diagnosen zu ermitteln, sondern das sich entwickelnde Verständnis zu beschreiben, das dem Unverständnis weicht[17]. In diesem Wandel einen Bewußtseinswandel aufzuzeigen, in dem sich ästhetische Wahrnehmung und medizinisches Wissen vielfach treffen, ist das erklärte Ziel.

Schon früh wird das Gesunde, was immer man darunter verstehen mag, zum maßgeblichen Postulat einer Ästhetik, die sich im Umkreis Hegels entwickelt. Jeder Idealisierung von Krankheit, der wir vielfach im romantischen Schrifttum begegnen, wird schroff widersprochen[18]. Gesund ist eine von höchstem Bewußtsein zeugende Kunst und mehr noch die Darstellung solchen Bewußtseins in den denkenden und handelnden Figuren. Einer der Anwälte der Hegelschen Philosophie, zumal im Gebiet der Ästhetik, ist Heinrich Gustav Hotho, der den *Gesammelten Schriften* Kleists eine eingehende und keineswegs lieblose Rezension widmet. Der Hauptvorwurf lautet, daß die objektive, die äußere und wirkliche Welt vom bloß subjektiven Gemüt des Dichters aufgezehrt werde und in ihm verschwinde[19]; und eigentlich nur der objektiven Welt und der äußeren Wirklichkeit wird das Recht der Darstellung zugestanden. Die innere Wirklichkeit des Menschen,

---

[15] Rudolph Gottschall, *Die deutsche Nationalliteratur in der ersten Hälfte des 19. Jahrhunderts* (Breslau, 1855). Hier zitiert nach *Heinrich von Kleists Nachruhm. Eine Wirkungsgeschichte in Dokumenten*, hg. von Helmut Sembdner (Bremen, 1967), Nr. 315, S. 283.

[16] Johannes Minckwitz, *Der neuhochdeutsche Parnaß* (Leipzig, 1861), S. 456: zitiert nach *Kleists Nachruhm*, Nr. 334, S. 305.

[17] An medizinisch oder psychoanalytisch orientierter Literatur sei angeführt S. Rahmer, *Heinrich von Kleist als Mensch und Dichter. Nach neuen Quellenforschungen* (Berlin, 1909). Hier heißt es einleitend S. VII »Man will heut Kleist nicht mehr verrückt nennen, aber man kommt doch immer noch nicht aus ohne psychiatrische Symptome« – J. Sadger, *Heinrich von Kleist. Eine pathographisch-psychologische Studie* (Wiesbaden, 1910). – S. Lazarsfeld, ›Kleist im Lichte der Individualpsychologie‹, in *Jahrbücher der Kleist-Gesellschaft 1925/6* (1927).

[18] Vgl. Dietrich von Engelhardt, ›Hegels philosophisches Verständnis der Krankheit‹, in *Sudhoffs Archiv*, 99 (1975), Heft 3, S. 225–246.

[19] Heinrich Gustav Hotho in *Jahrbücher für wissenschaftliche Kritik*, Jg. 1827, Nr. 85–92, S. 685–724. Wieder abgedruckt in *Text und Kontext. Quellen und Aufsätze zur Rezeptionsgeschichte der Werke Heinrich von Kleists*, hg. von Klaus Kanzog (Berlin, 1979), S. 11–54. Hier auch der Aufsatz von Dirk Grathoff, der sich eingehend auch mit Hotho befaßt, ›Materialistische Kleist-Interpretation. Ihre Vorgeschichte und ihre Entwicklung bis 1945‹, S. 117–192.

der gesamte Bereich der Seele, sind sozusagen verpönt. Das Gemüt ist eo
ipso das kranke Gemüt, dem gleichwohl Herrschaft und Autokratie vorge-
worfen wird; und verpönt vor allem ist alles Unbewußte, Hellseherische
und Traumhafte. Maßlos und widerwärtig lauten die ästhetischen Urteile,
wenn es Derartiges in den Dichtungen Kleists gibt. Nur die letzten Dramen
und der *Michael Kohlhaas* werden von solchen Verdikten ausgenommen,
weil hier anders als zuvor das wache Bewußtsein die Gestaltung bestimmt.
Im Grunde sind es vernichtende Urteile, die hier gefällt werden: »Denn
man müßte diese Verstimmungen und Krankheiten des Geistes nicht nur in
sich erfahren haben, sondern sie auch für die Gesundheit selber halten, um
mit unserem Dichter ganz übereinzustimmen.«[20]

Hegel stimmt dieser Kritik nicht nur zu sondern verschärft sie noch
obendrein. Zunächst 1828 in einem Beitrag desselben Organs, in dem ein
Jahr zuvor Hothos Rezension erschienen war. Abermals werden Begriffe
der medizinischen Terminologie zu Kriterien ästhetischer Wertung gebraucht. Daß Kleist sowohl den Prinzen von Homburg wie Käthchen von
Heilbronn zu somnambulen Kranken gemacht habe, wird gerügt: durch
solche Darstellungen krankhaften Lebens erhalte das Prinzip des Charakters und der Situation etwas Abgeschmacktes, etwas »Gespenstig-Abge-
schmacktes«, wie es wörtlich heißt[21]. In der *Ästhetik* werden solche Auffassungen vollends sanktioniert. Wieder geht es um Darstellungen unbewußten Lebens, um Somnambulismus und Magnetismus. Shakespeares Charaktere werden ihrer Einheit wegen gerühmt, während sie bei neueren Schriftstellern edel erscheinen, obschon es in Wirklichkeit Lumpe seien: »In
anderer Beziehung nicht besser haben es Spätere gemacht [...] Wie z.B.
Heinrich von Kleist in seinem Käthchen und Prinzen von Homburg [...]«.
Dem preußischen General des Dramas wird hier jeder Edelmut abgespro-
chen, und ein Lump ist am Ende auch er: »Der Prinz von Homburg ist der
erbärmlichste General; beim Austeilen der Dispositionen zerstreut, schreibt
er die Order schlecht auf, treibt in der Nacht vorher krankhaftes Zeug und
am Tage in der Schlacht ungeschickte Dinge.«[22] Im Sinne klassizistischer
Ästhetik werden Regeln abgeleitet, Verbotstafeln aufgestellt und Verdikte
ausgesprochen, an die man sich in der Literaturgeschichte des neunzehnten
Jahrhunderts in hohem Maße hält. Abermals wird der Spielraum der

---

[20] Ebda., S. 43.
[21] *Jahrbücher für wissenschaftliche Kritik,* 1828: in Auszügen bei H. Sembdner, *Nachruhm,*
     Nr. 279, S. 240.
[22] Georg Wilhelm Friedrich Hegel, *Ästhetik,* hg. von Friedrich Bassenge (Berlin, 1955),
     S. 545–546.

Dichtung auf die Bewußtseinsschichten eingeengt: »Aus dem Bereiche der Kunst aber sind die dunklen Mächte grade zu verbannen, denn in ihr ist nichts dunkel, sondern alles klar und durchsichtig, und mit jenen Übersichtigkeiten ist nichts als der Krankheit des Geistes das Wort geredet und die Poesie in das Nebulose, Eitle und Leere hinübergespielt, wovon Hoffmann und Heinrich von Kleist in seinem Prinzen von Homburg Beispiele liefern.«[23]

Der erbärmliche General, der zerstreut ist und die Befehle schlecht aufschreibt: es sind immer erneut solche Unbewußtheiten, die Kleist im Namen einer Ästhetik des Bewußtseins nachgerechnet werden. An Schelling hat man das Bewußtmachen des Unbewußten und das Interesse an dem, was noch nicht Bewußtsein ist, vorausweisend mit Sigmund Freud und seiner Lehre in Verbindung gebracht[24]. Im Denken des Hegel-Schülers Hotho und bei Hegel selbst wird alles Unbewußte dem Verdacht ausgesetzt, etwas Krankhaftes zu sein, so daß auch der Dichter von Krankheit gezeichnet erscheint. Solche Auffassungen haben mit dem glanzvollen Aufstieg der Naturwissenschaften im neunzehnten Jahrhundert sehr viel zu tun. Auch für sie konnte lange Zeit das Unbewußte kein Gegenstand ernster Forschung sein, wie Freud rückblickend bemerkt: »Der Begriff des Unbewußten pochte schon seit langem um Aufnahme an die Pforten der Psychologie, aber die Wissenschaft wußte ihn nicht zu verwenden.«[25] Rudolf Haym, der sein kenntnisreiches Buch über die Romantik geschrieben hatte, um sie hinter sich zu bringen, charakterisiert 1857 in der Einleitung zu dem Buch *Hegel und seine Zeit* die neuartige Hinwendung zur Wirklichkeit im Zeichen des technischen Fortschritts wie folgt: »Eine beispiellose und schlechthin entscheidende Umwälzung hat Statt gefunden. Das ist keine Zeit mehr der Systeme, keine Zeit mehr der Dichtung und der Philosophie. Eine Zeit statt dessen, in welcher, Dank den großen technischen Erfindungen des Jahrhunderts, die Materie lebendig geworden zu sein scheint.«[26] Die Ideen des Schönen, Erhabenen und Poetischen sieht man aus den modernen Naturwissenschaften »hervorströmen«[27]. Aber eine

---

[23] Ebda., S. 257.

[24] Odo Marquard, ›Über einige Beziehungen zwischen Ästhetik und Therapeutik in der Philosophie des neunzehnten Jahrhunderts‹, in *Literatur und Geschichte. Vom neunzehnten ins zwanzigste Jahrhundert*, hg. von Hans Joachim Schrimpf (Bonn, 1963), S. 22–55.

[25] *Gesammelte Werke*, Bd. XVII, S. 147.

[26] Rudolf Haym, *Hegel und seine Zeit*, 2. Aufl. (Leipzig, 1927), S. 5.

[27] *Die Grenzboten* 1858/III, S. 338, zitiert von Helmuth Widhammer in dessen Buch *Realismus und klassizistische Tradition. Zur Theorie der Literatur in Deutschland 1848–1860* (Tübingen, 1972), S. 60.

zur Moderne hindrängende Dichtung wie diejenige Kleists wird als krank diffamiert. Fortschritt in wissenschaftlich-technischer Hinsicht einerseits und Verharren im überlieferten System ästhetischer Normen andererseits vertragen sich gut. Erfolg wird zu einem Schlüsselbegriff der Zeit, aber der beherrschende dieser Schlüsselbegriffe heißt Arbeit. Der herausragende Repräsentant solcher Begriffe ist Julian Schmidt, ein wiedergekehrter Spätaufklärer, wie er im Buche steht. Mit Gustav Freytag gab er die einflußreiche Zeitschrift *Die Grenzboten* heraus; dessen Roman *Soll und Haben* hat er das kennzeichnende Motto mit auf den Weg gegeben: »Der Roman soll das deutsche Volk da suchen, wo es in seiner Tüchtigkeit zu finden ist, nämlich bei seiner Arbeit.« Es ist klar, daß für Kleists Dichtung von einem Geist wie diesem nicht viel zu erhoffen war.

In mehreren Beiträgen hat dieser einflußreiche Kritiker Kleist und sein Werk herausgestellt und in Frage gestellt[28]. Die Besprechung einer Aufführung des *Prinzen von Homburg* steht am Anfang. Wie auch sonst sagt er einleitend viel Lobendes, um rasch bei der Sache zu sein, die seine Sache ist: bei Einwänden und Verdikten. Kleists Dichtung hinterlasse keinen wohltuenden Eindruck, der schönste Zauber der Darstellung werde im *Käthchen von Heilbronn* und in der *Penthesilea* an eine krankhafte Leidenschaft verschwendet; der latente Wahnsinn, der sein Leben vergiftet habe, trete überall hervor[29]. Zwei Jahre später gibt Julian Schmidt ein Charakterbild Kleists, das später in seine Literaturgeschichte des neunzehnten Jahrhunderts eingeht[30]: und wie er von Goethe den Begriff der Hypochondrie übernimmt, so von Hegel die abfälligen Urteile über den Prinzen von Homburg als Charakter und Person[31]. Noch immer empört die Todesfurchtszene die Gemüter: der Prinz werfe sich weg, und wenn dergleichen tatsächlich einmal vorkommen sollte, so sei es nicht darstellbar, gehöre also nicht in den Bereich der Kunst[32]. Nicht einmal in der Einleitung zu den von ihm 1859 im Anschluß an Tieck herausgegebenen Schriften Kleists hält er

---

[28] Eine ausführliche und übersichtliche Darstellung dieser Äußerungen gibt Klaus Kanzog in seinem zweibändigen Werk *Edition und Engagement. 150 Jahre Editionsgeschichte der Werke und Briefe Heinrich von Kleists* (Berlin, 1979), Bd. I, S. 176–203.

[29] *Die Grenzboten*, Jg. VIII/1 (1849), S. 338–345. Wieder abgedruckt in *Text und Kontext*, S. 55–62.

[30] Julian Schmidt, *Geschichte der deutschen Nationalliteratur im neunzehnten Jahrhundert* (Leipzig, 1853), Bd. II, S. 7–8.

[31] S. 10 heißt es im Anschluß an einen zitierten Brief Kleists: »Das klingt freilich sehr trübe, aber es weht doch durch dieses Gefühl des Unglücks ein frischer kräftiger Zug, den wir in der gegenstandslosen Hypochondrie der übrigen Briefe vermissen.«

[32] Ebda., S. 25.

mit seinen herabsetzenden Urteilen zurück. Man bekommt Unglaubliches zu lesen, Sätze wie diese: »Wenn die andern Romantiker mit den dunkeln Mächten ein frevelhaftes Spiel treiben, so steigen diese bei Kleist mit finsterm Schauer aus dem tiefsten Kern seines Gemüths hervor. Der verborgene Wahnsinn zeigt ein verzerrtes Gesicht und erschreckt uns noch mehr, indem er mit dem Anscheine kalter, spröder Besonnenheit Worte der Weisheit stammelt.«[33] Diese einen großen Dichter diffamierenden Charakteristiken sind nicht unwidersprochen geblieben. Aber die von Goethe und Hegel vorgezeichneten Vorbehalte und Verdikte setzen sich fest und setzen sich fort, vor allem in der Literaturgeschichtsschreibung des neunzehnten Jahrhunderts. Noch 1871 wird der *Michael Kohlhaas* von Paul Heyse und Hermann Kurz aus deren Sammlung *Deutscher Novellenschatz* ausgeschlossen, weil hier »Poesie und Irrsinn Hand in Hand gehen«, wie gesagt wird[34].

In der Zeit zwischen 1848 und 1860 erlebt dieser Klassizismus, der jedes Abweichen von den vorgeschriebenen Normen als krankhaft registriert, seine Blütezeit[35]. Mit den ästhetischen Auffassungen der Klassik weiß man sich nicht in jedem Punkt in Übereinstimmung. Aber ihre wichtigsten Prinzipien werden übernommen. Otto Ludwig beanstandet das Abweichen Kleists von Goethe und Schiller; er treibe alles auf die Spitze[36]. Man vermißt Harmonie und orientiert sich weiterhin, wie Julian Schmidt, an der Dreieinigkeit des Guten, Wahren und Schönen: »in der Kunst ist nur das Schöne und Begreifliche wahr, wie nur das Wahre schön ist«, verkündet er selbstbewußt[37]. Der über das Bestehende hinausdrängenden Modernität Kleists ist man sich durchaus bewußt: nichts fürchtet man mehr als sie. 1836 kommt Wolfgang Menzel in seinem Buch *Die deutsche Literatur* auch auf Kleist zu sprechen und gesteht freimütig: »Von unnachahmlicher Lieblichkeit, so ausgemalt, so durchsichtig klar wie von Homer oder Shakespeare, verber-

---

[33] *Heinrich von Kleist's gesammelte Schriften,* hg. von Ludwig Tieck, revidiert, ergänzt und mit einer biographischen Einleitung versehen von Julian Schmidt. Zweite Ausgabe (Berlin, 1863), Bd. I, S. XI.

[34] Vgl. Emil Kuh in *Nachruhm,* Nr. 191 a, S. 154. Es handelt sich um eine Stellungnahme aus dem Jahre 1859; ferner Hieronymus Lorm: ebda., S. 191 b, S. 154–155. Über den Ausschluß des *Michael Kohlhaas* vgl. *Deutscher Novellenschatz,* hg. von Paul Heyse und Hermann Kurz (München, 1871), Bd. I, S. 47–49.

[35] Vgl. H. Widhammer, *Realismus,* S. 15: »Nimmt man es mit den Zahlen nicht allzu genau, so dürfen die Jahre zwischen 1848 und 1860 als die eigentliche Zeit, der realistischen, wie man vorwegnehmend sagen darf: der realistisch-klassizistischen Literaturtheorie gelten.«

[36] Otto Ludwig, *Nachlaßschriften,* mit einer biographischen Einleitung und sachlichen Erläuterungen von Moritz Heydrich (Leipzig, 1874), 2. Teil, S. 347–348.

[37] *Die Grenzboten,* 10. Jg., 1. Sem. 2. Bd. (1851), S. 324.

gen diese Dichtungen doch unter ihren Blumen eine Schlange der Modernität, die uns heimlich grauen und es uns begreiflich macht, warum der so
liebenswürdige Dichter ein Selbstmörder wurde.«[38] Verwandte Befürchtun-
gen beunruhigen auch den späten Eichendorff. Er beklagt den fehlenden
Glaubensmut und bringt seine Vorbehalte gegenüber moderner Poesie unmißverständlich zum Ausdruck: »Und so sehen wir denn bei Kleist in der
Tat schon alle unheilvollen Elemente der neuesten Literatur fast spukhaft
auftauchen und auf diesem dunkeln Grunde die Lineamente der modernen
Poesie der Zerrissenheit, der Phantasterei und des Hasses sich leise formie-
ren.«[39] Sie alle, die in solchen Auffassungen gegen Kleist und seine Dichtung stehen, stehen für die Bewahrung der ästhetischen Normen, wie sie
sich seit der Goethezeit und besonders seit der *Ästhetik* Hegels herausgebil-
det haben. Das Bündnis des am technisch-wissenschaftlichen Fortschritt
orientierten Denkens mit traditionellen Vorstellungen auf dem Gebiet des
Ästhetischen setzt sich fort. Auch im deutschen Naturalismus ist es der
Fall, der an der Schwelle zur Moderne den überlieferten Normen dieser
Ästhetik vielfach verhaftet bleibt, wie sich auch am Kleistbild mancher
Naturalisten zeigt[40]. Noch 1911 bedient sich Michael Georg Conrad längst
überholter Bewertungsmuster, wenn er schreibt: »Seine [Kleists] nichtdra-
matischen Schriften enthalten mir noch viel zu viel von jenem peinlichen
Erdenrest, der mir nicht nur seine eigene persönliche Erscheinung, sondern
auch seine Zeit und Umgebung als krankhaft, unfertig, lebensuntüchtig
erscheinen läßt«.[41] Ähnlich bleibt für Carl Bleibtreu Kleists *Käthchen von
Heilbronn* das Zeugnis einer großen Verirrung – »für gesundes Menschen-
empfinden ebensowohl menschlich wie poetisch unerfreulich«.[42] Dem entspricht, was Wilhelm Bölsche als ein Wortführer des deutschen Naturalismus in seiner programmatischen Schrift *Die naturwissenschaftlichen
Grundlagen der Poesie* ausführt: »Die Krankheit kann nicht verlangen, den
Raum der Gesundheit für sich in Anspruch nehmen zu wollen, das fortge-
setzte Experimentieren mit dem Pathologischen [...] nimmt der Poesie

---

[38] Wolfgang Menzel, *Die deutsche Literatur*, 2. Auflage (Stuttgart, 1836), Bd. IV, S. 230. –
   Nachruhm, Nr. 288, S. 250.
[39] Eichendorffs Aufsatz wurde zuerst 1846 in den *Historisch-politischen Blättern* veröffentlicht. Er wird hier zitiert nach der von Peter Goldammer herausgegebenen Dokumenten-
   sammlung *Schriftsteller über Kleist* (Berlin und Weimar, 1976), S. 78.
[40] Anders Helmut Scheuer, ›Der Beginn der »Moderne««, in *Der Deutschunterricht* (1988),
   Heft 2, S. 3–10.
[41] *Schriftsteller über Kleist,* S. 115.
[42] Ebda., S. 491.

ihren eigentlichsten Charakter.«[43] Ein von Grund auf verändertes Verhältnis in den Grundfragen der Ästhetik, das auch dem Verständnis Kleists zugute kommt, zeichnet sich deutlicher erst mit Beginn der Moderne ab. Wann aber beginnt sie und was ist damit gemeint?

Im Nachwort zu einer Ausgabe der *Penthesilea* hat Christa Wolf ausgesprochen, was uns im Anblick solchen Geschehens befremdet: »Kleists Helden, flatternden Gewissens zwischen unsichere Gebote gestellt, die einander ausschließen, aber unbedingten Gehorsam beanspruchen, zerfleischen sich selbst. Kein schöner Anblick. Die Moderne beginnt«.[44] Kein Zweifel: ein auf die Moderne vorausweisendes Verständnis Kleists und seiner Dichtung wird schon in dieser Zeit, in der Zeit der Romantik, gefördert und vertieft, besonders von Ludwig Tieck, der die *Gesammelten Schriften* als erster herausgegeben hat: 1821 in einer einbändigen Ausgabe und 1826 in drei Bänden; beiden Ausgaben hat er ein eindringendes Vorwort vorausgeschickt. Es sind erste Versuche, aufgrund der biographischen Zeugnisse ein Lebensbild nachzuzeichnen. Vieles ist lückenhaft dargestellt. Was man im neunzehnten Jahrhundert gegen den ›kranken‹ Kleist vorzubringen hat, ist hier schon nachzulesen: sein Zerstreutsein, die Verwirrungen, die einander ablösten, die Krankheiten der Phantasie: »Vielleicht waren seine häufigen schweren Krankheiten vorzüglich Folgen seines zerrütteten Gemüths; man wird versucht anzunehmen, daß schon vor früher Zeit eine dunkle Macht ihn geistig von innen heraus zerstört habe.«[45] Aber nirgends wird Krankheit als Makel aufgefaßt; für den Dichter des *William Lovell* mußten sich solche Auffassungen wohl ohnehin verbieten. Statt dessen ist von Mitleid die Rede, das man solchem Schicksal schulde. Doch beläßt es Tieck bei solchen Einstellungen keineswegs. In der Ästhetik des neunzehnten Jahrhunderts, wie bei Julian Schmidt, werden dichterische Größe und »unerfreuliche Krankheit« vielfach unvermittelt nebeneinander angeführt. Demgegenüber ist Tieck an dem Zusammenhang von Kunst und Krankheit interessiert. Disharmonien und Widersprüche verbergen sich nach Tiecks Auffassung in den meisten Menschen, die dadurch aber nicht gedrückt und geängstigt werden. Anders die Künstler! Sie immer wieder sind es, so führt Tieck aus, die von den Widersprüchen der Welt betroffen

---

[43] Wilhelm Bölsche, *Die naturwissenschaftlichen Grundlagen der Poesie.* Neu hg. von Johannes J. Braakenburg (Tübingen, 1976), S. 12.

[44] Heinrich von Kleist, *Penthesilea. Ein Trauerspiel.* Mit einem Nachwort von Christa Wolf (Wiesbaden, o. J.), S. 162.

[45] *Heinrich von Kleists gesammelte Schriften,* hg. von Ludwig Tieck (Berlin, 1826), Erster Theil, S. XXVII.

sind, die sie nicht niederzukämpfen vermögen. Wörtlich heißt es in diesem Zusammenhang: »Oft aber läßt es das Schicksal zu, daß der Geist nie das Genügen findet [...] dies sind die hypochondrischen ängstlichen Wesen, die durch Wissenschaft und Kunst verlockt, wie Tantalus, an der Quelle des Lebens schmachten.«[46] Auch Tieck verwendet, wie vor ihm Goethe, den Begriff der Hypochondrie beziehungsweise des hypochondrischen Wesens, aber nicht, um Abgrenzungen oder Ausgrenzungen vorzunehmen, sondern verstehend; und wie offen er auch Fragen wie diese berührt – nie läßt er es an Diskretion fehlen. Eine noble Art des Sprechens zeichnet ihn aus, und das gilt für nahezu alle Schriftsteller der Romantik, die sich über Kleist, sein Werk oder sein Lebensende geäußert haben. Solger, der von Ästhetik etwas verstand, nennt den *Robert Guiskard* ein Meisterstück, »eines der größten Werke deutscher Kunst«[47]; und in einem Brief an Tieck betont er, was Kleist über so viele andere hinaushebt. Es sei dies »sein tiefes und oft erschütterndes Eindringen in das Innerste des menschlichen Gefühls.«[48] Arnim, Brentano, Fouqué und andere ihresgleichen bezeugen in ihrer Einstellung zu diesem Dichter eine Kultur des Verstehens, an der es die Ästhetik und Literaturkritik im Zeitalter der Realpolitik immer wieder fehlen läßt[49]. Der Kultur des Verstehens entspricht eine sprachliche Kultur, die Beachtung verdient, eine Kunst der Nuancen und der Diskretion, die auszudrücken versucht, was sich der Sprache entzieht. Varnhagens Brief an Fouqué vom 19. Dezember 1811, geschrieben wenige Monate nach der Tat am Wannsee, ist ein Zeugnis dieser Art: »Noch weiß ich keine näheren Umstände von Kleists sonderbarem Ende, allein nach allem, was mir Pfuel, was mir Brentano von seinen Eigenheiten und seinen letzten Schicksalen erzählt haben, bedarf ich eben keiner Erklärung; die Wege sind mir nicht fremd, deren Ziel so aussieht. Der Körper muß sich gefallen lassen, von dem Leid der Seele fortgeschafft zu werden, während er selbst noch frisch könnte weiterleben.«[50] Und trotz des düsteren Geschehens läßt es sich E. T. A. Hoffmann nicht nehmen, vom herrlichen Kleist zu sprechen, ein Epitheton, das auch andere nach ihm noch oft gebrauchen[51].

---

[46] Ebda., S. XXVI.
[47] K. W. F. Solger an seine Gattin vom 30. III. 1817: in *Nachruhm*, Nr. 262, S. 219.
[48] An Tieck vom 4. X. 1817: *Nachruhm*, Nr. 263 a, S. 220.
[49] Zum Begriff der Realpolitik vgl. August Ludwig von Rochau, *Grundsätze der Realpolitik, angewendet auf die staatlichen Zustände Deutschlands* (Stuttgart, 1853). Der zweite Band ist 1869 erschienen.
[50] *Lebensspuren*, Nr. 586, S. 407.
[51] E. T. A. Hoffmann, *Nachruhm*, Nr. 18, S. 14; Hebbel: ebda., Nr. 293a, S. 254: Treitschke: Nr. 326, S. 291; Liliencron: Nr. 364, S. 333.

Zeugnisse wie diese werden im Fortgang des Jahrhunderts von Abwertungen, Verdikten und Bannsprüchen überlagert, obschon es, wie erwähnt, nicht gänzlich an Stimmen gefehlt hat, die den Rang solchen Dichtertums vorbehaltlos zu würdigen wußten. Feuchtersleben wäre zu nennen[52], vor allem aber Hebbel, der nicht müde geworden ist, in Vers und Prosa für Kleist zu zeugen[53]. Im Gebiet der Ästhetik und der Literaturgeschichtsschreibung geht Gervinus seine eigenen Wege; Urteile von der Art Hegels macht er sich nicht zu eigen[54]. Auch die Dichter des poetischen Realismus haben ein anderes Organ für dichterische Qualität als die Leute um Julian Schmidt. Theodor Storm schreibt 1885 in einem Brief an Paul Heyse, daß er nach Lektüre des Kleistbuches von Otto Brahm die *Hermannsschlacht* den Seinen in einer Teestunde mit großem Erfolg vorgelesen habe[55]. Aber die Rechtfertigung eines wie immer zu erklärenden Zusammenhangs von Kunst und Pathologie beginnt doch erst dort, wo die Moderne im engeren Sinne beginnt. In einem Brief Björnsons deutet sich die Umwertung an, um die es sich handelt. Der norwegische Dichter hatte Julian Schmidts Einleitung zu den *Gesammelten Schriften* gelesen und war damit nicht einverstanden. Er gibt zu bedenken, »daß es zu gewissen Zeiten gerade der Starke ist, der krank werden muß«[56]; eine Argumentation, die an Nietzsches Rechtfertigung des Kranken und Schwachen in *Menschliches, Allzumenschliches* erinnert, wenn es dort heißt: »selten ist eine Entartung [...] ohne einen Vorteil auf der anderen Seite [...] gerade die schwächere Natur, als die zartere und freiere, macht alles Fortschreiten überhaupt möglich.«[57] Rechtfertigungen wie diese verbinden sich mit Umwertungen ursprünglich negativ besetzter Begriffe ins Positive. Der Begriff der Decadence ist ein solcher Begriff[58]. In diesem Umwertungsprozeß, wie ihn die literarische Moderne seit Baudelaire betreibt, wird Kleist zunehmend einbezogen. Der Schriftsteller Wilhelm Herzog ist auf solche Grundfragen moderner Literatur gerichtet, wenn er in der Einleitung zu seinem 1911 erschienenen Kleist-

---

[52] Feuchtersleben bedauert, daß Kleist von Goethe nicht hinreichend gewürdigt worden sei und spricht begeistert über die Dramen wie die Erzählungen: *Nachruhm*, Nr. 304a, S. 271–273.

[53] Hierzu die zahlreichen Zeugnisse in *Nachruhm*, S. 254ff.

[54] Georg Gottfried Gervinus, *Neuere Geschichte der poetischen National-Literatur* (Leipzig, 1842), Bd. VI, S. 674–676; *Nachruhm*, Nr. 291, S. 253–254.

[55] Theodor Storm / Paul Heyse, *Briefwechsel*, hg. von Clifford Albrecht Bernd (Berlin, 1974), Bd. III, S. 106.

[56] *Nachruhm*, Nr. 331, S. 297.

[57] *Kritische Studienausgabe*, hg. von Giorgio Colli und Mazzino Montinari (München / Berlin, 1980), Bd. II, S. 188.

[58] Hierzu Erwin Koppen, *Dekadenter Wagnerismus* (Berlin, 1973). – Wolfdietrich Rasch, *Die literarische Decadence um 1900* (München, 1986).

buch schreibt: »Man hat Kleist eine problematische, oft auch pathologische Natur genannt [...] Was vermögen diese gemeinplätzlichen Bezeichnungen zur Charakterisierung eines Dichters beizutragen? [...] Und nun gar: das Pathologische. Als ob es die Aufgabe des Dichters wäre, das Normale, das Gewöhnliche, das Durchschnittliche, das Gesunde darzustellen [...].«[59] Mit dieser ›Ehrenerklärung‹ widerspricht der Biograph Kleists allem, was seit Goethe und Hegel an ästhetischen Normen in Geltung war; und indem er Hamlet, Lear und Tasso tragische Gestalten des Dramas nennt, bringt er Krankheit und Tragik in ein Verhältnis zueinander, wie es zumal moderner Literatur entspricht, um nur an Freuds *Traumdeutung* oder, auf bescheidenerem Niveau, an Hermann Bahrs *Dialog vom Tragischen* zu erinnern[60]. Wilhelm Herzog, der Verfasser dieses Kleistbuches, war schon in der Zeit vor dem Ersten Weltkrieg deutlich links angesiedelt. In den zwanziger Jahren wird er Mitglied der Kommunistischen Partei Deutschlands und schreibt zum 150. Geburtstag des Dichters einen Artikel, in dem vor allem der Kämpfer und Revolutionär herausgestellt wird; vom Pathologischen ist nun nicht mehr die Rede. Aber in der Grundeinstellung hat sich nichts geändert: zu den Verdikten der marxistischen Literaturwissenschaft, die das Pathologische erneut als Kriterium literarischer Wertung gebraucht, werden keine Argumente geliefert[61].

Doch vor allem aus dem dichterischen Weltbild Thomas Manns sind Rechtfertigungen des Kranken, des Morbiden und Psychogenen nicht wegzudenken. In einem bekenntnishaften Sinn heißt es 1913, ehe ihn die *Betrachtungen eines Unpolitischen* in Anspruch nehmen: »Das intellektuelle Interesse, welches letzten Endes die heute zur Lebenshöhe vorgeschrittene Dichtergeneration beherrscht und beschäftigt, ist das Interesse am Pathologischen.«[62] So war er denn in besonderer Weise befugt, sich Kleists Dichtung von den Voraussetzungen des eigenen Schaffens zu nähern, und wo immer er auf ihn zu sprechen kommt, spricht er von ihm mit großem Respekt: »Er war einer der größten, kühnsten, höchstgreifenden Dichter deutscher Sprache, ein Dramatiker sondergleichen, – überhaupt sondergleichen, auch als Prosaist.«[63] Die Darstellung solcher Motive in der Literatur

---

[59] Wilhelm Herzog, *Heinrich von Kleist. Sein Leben und sein Werk* (München, 1911), S. 1–2.
[60] Hermann Bahr, *Dialog vom Tragischen* (Berlin, 1904).
[61] Der Aufsatz von Wilhelm Herzog wurde in der *Roten Fahne* veröffentlicht; hier zitiert nach *Schriftsteller über Kleist*, S. 264–267.
[62] Thomas Mann, Vorwort zu dem *Roman eines Jungverstorbenen*, in *Gesammelte Werke* (Frankfurt, 1960), Bd. X, S. 565.
[63] Ebda., Bd. IX, S. 823.

rechtfertigen, heißt stets, daß im vermeintlich nur Negativen auch Positives entdeckt wird: »als Steigerung der Lebensgewalt, als dichterische Entrükkung in höhere Welten«. Erst die Schriftsteller der Moderne, durch Freud oder C. G. Jung auf vielfache Weise belehrt, seien befähigt, die vermeintlich nur krankhaften Ohnmachten als Vorgänge des Unbewußten zu verstehen, die dem Leben dienen: »Seine persönlichen Krankheiten haben etwas von den vielen Ohnmachten, die in seinen Dichtungen vorkommen, das heißt, sie gleichen Erholungen durch tiefe Einkehr ins Unbewußte«.[64] Von Hegel haben wir uns weit entfernt. Innerhalb solcher Rechtfertigungen spricht Thomas Mann gelegentlich von »leidendem Kritizismus«.[65] Die Wendung besagt, daß die seelischen Leiden eines Dichters nicht isoliert zu sehen sind sondern immer auch im Kontext der Zeit, als Leiden an dieser Zeit. Kleists ›Hypochondrie‹ verbindet man nun sehr viel stärker mit Zeitkritik. Er selbst sei möglicherweise an seiner Zeit zugrunde gegangen und zerbrochen, hatte in der Mitte des vorigen Jahrhunderts schon Gervinus zu bedenken gegeben[66]. Wie Büchner sei er für sein Volk dahingegangen, »so daß eine Linie der Trauer sich spannt zwischen dem Ufer des Kleinen Wannsees und dem Zürichberg«. Der Satz steht in Arnold Zweigs Essay über Kleist (1923), einem bedeutenden Dokument in mehrfacher Hinsicht[67]. In der Person dieses Schriftstellers verbinden sich Preußentum, Marxismus und Psychoanalyse in bemerkenswerter Weise. Aber sein Judentum nicht zu vergessen! Zweigs von Bewunderung und Ergriffenheit zeugende Würdigung als diejenige eines deutsch-jüdischen Schriftstellers ist aber keineswegs die einzige ihrer Art. Für Jakob Wassermann ist Kleist »vielleicht der größte dichterische Genius, den die Deutschen besitzen«.[68] »So ist er uns auferstanden und wird uns bleiben, nicht allen zwar, nicht vielen zwar, – aber wenigen alles bedeutend«, schließt der mit Kafka befreundet gewesene Schriftsteller und Arzt Ernst Weiß seinen 1927 veröffentlichten Aufsatz zum 150. Geburtstag[69]. Stefan Zweig, Alfred Wolfenstein, Alfred Döblin, Georg Kaiser haben sich ähnlich geäußert. Die

---

[64] S. 831.
[65] In dem rückblickenden Beitrag: ›Zu einem Kapitel aus *Buddenbrooks*‹, in GW, Bd. XI, S. 556.
[66] G. G. Gervinus, *Geschichte der deutschen Dichtung* (Leipzig, 1853), 4. Ausgabe, Bd. V, S. 615: »Zuletzt fiel er als Opfer einer phantastischen Grille, und doch sagen uns die, die ihn besser kannten, daß er nur am gebrochenen Herzen über die Leiden der Zeit gestorben ist; denn einen glühenderen Freund des deutschen Vaterlandes hatte es nie gegeben.«
[67] *Schriftsteller über Kleist*, S. 198.
[68] Ebda., S. 134.
[69] Ernst Weiß, *Kleist als Erzähler*. Ebda., S. 242.

Außenseiter der Gesellschaft, und die deutschen Schriftsteller jüdischer Herkunft sind es in erhöhtem Maße, erkennen sich wieder in Kleist, indem sie von ihm sprechen oder über ihn schreiben. Aber vermutlich hat sich keiner ihm so verwandt gefühlt, so geistesverwandt, wie Franz Kafka, der ein Außenseiter in mehr als einer Hinsicht war. Kleist gehöre mit Grillparzer, Dostojewski und Flaubert zu seinen »eigentlichen Blutsverwandten«, schreibt er in einem Brief an Felice Bauer[70].

Annäherungen von der Art, wie sie beschrieben wurden, setzen Entfernungen von der Tradition voraus. Sie sind in der Literatur des Fin de siècle, des Symbolismus, der Jahrhundertwende offenkundig. Der Expressionismus setzt fort, was um 1900 begonnen worden war. Nur sagt man jetzt alles schärfer und schroffer, wenn man auf die Tradition der Ästhetik und auf Kleist zu sprechen kommt, wie etwa Ernst Stadler: »Von solchem Werke führte keine Brücke zu jenem verklärtem Idealbild der Antike, wie es die klassische Dichtung Goethes und Schillers in Deutschland errichtet hatte.«[71] Wo vorher Maß gefordert war, wird jetzt Übermaß wahrgenommen. Statt Harmonie hat man es mit Dissonanz zu tun, statt Vollkommenheit und Vollendung mit einem Fragment. »So liegt Kleists Lebenswerk vor uns als Fragment, noch mehr als das jedes modernen Künstlers«, lesen wir in Arnold Zweigs schon genanntem *Versuch über Kleist*[72]. Thomas Mann, der sich gern mit Goethe vergleicht, neigt dennoch ihm zu, wenn es zwischen klassischer und moderner Ästhetik zu unterscheiden gilt: »Goethe und Schiller sind vom Sturm und Drang ihrer Jugendwerke eingelenkt ins Edel-Humane, Klassizistische, Hoch-Gesittete, die reine Schönheit [...] Nichts Beglückend-Vornehmeres als Goethes ›Iphigenie‹! [...] Aber sagen wir die Wahrheit: Es ist Kleist allein, von dessen allem schönen Maß sich verweigerndem Werk [...] die Macht ausgeht, die dramatische Ur-Erschütterung, der mythische Schauer, der heilige Schrecken der antiken Tragödie.«[73] Aber zur Modernität gehört auch der Widerstand gegen sie[74]. Solcher Widerstand ist vor allem unter Literaturhistorikern, Kleistforscher eingeschlossen, verbreitet; wenigstens ist er es im ersten Drittel unseres Jahrhunderts. Hier hält

---

[70] Franz Kafka, *Briefe an Felice*, hg. von Erich Heller und Jürgen Born (Frankfurt/M., 1967), S. 460.
[71] Ernst Stadler, *Dichtungen*, hg. von Karl Ludwig Schneider (Hamburg, 1954), Bd. II, S. 103.
[72] *Schriftsteller über Kleist*, S. 177.
[73] GW, Bd. IX, S. 829.
[74] »Der Widerstand gegen die Modernität gehört vielmehr zum Prozeß der Modernität hinzu als Moment dieses Prozesses«: Hermann Rudolph, *Kulturkritik und konservative Revolution. Zum kulturell-politischen Denken Hofmannsthals und seinem problemgeschichtlichen Kontext* (Tübingen, 1971), S. 1.

man noch lange an den ästhetischen Normen der Tradition fest, die man nun auch auf Kleist überträgt, indem man sein literarisches Werk von der Moderne entschieden zu trennen sucht, indem man auch Kleist zum Klassiker ernennt.

Eines dieser Deutungsmuster im Verständnis Kleists ist die preußisch-nationale Variante. Von der nationalen Literaturgeschichtsschreibung vielfach vorbereitet, findet sie in dem Berliner Germanisten Erich Schmidt, dem ohne Frage verdienstvollen Herausgeber einer zum Teil noch heute maßgeblichen Kleistausgabe, ihren sicher bedeutendsten Repräsentanten. Wenn Kleist seit den siebziger Jahren des vorigen Jahrhunderts zum preußisch-deutschen Hofdichter avanciert, wie man gesagt hat, so ist dies vornehmlich ihm zuzuschreiben[75]. In der biographischen Einleitung zum ersten Band seiner Ausgabe ist preußisch-deutsche Gesinnung vor allem zu vernehmen, wo über Kleists Kampf gegen Napoleon zu sprechen ist. Über den *Prinzen von Homburg*, das »vaterländische Meisterstück«, wie wir lesen, wird in einer betont vaterländischen Sprache gesprochen. Kleist habe das Drama geschrieben, »um den trüben Blick seiner Preußen von Jena hinweg auf Fehrbellins Siegesfeld zu richten und ihre bange Brust angesichts des Großen Kurfürsten mit frischem Mut zu entflammen«.[76] Über krankhafte Züge wird nur gesagt, was unbedingt gesagt werden muß. Kleist sei nur vorübergehend einmal des gesunden Gleichgewichts beraubt worden. Danach der alle Zweifel ausräumende Satz: »Man darf weder diese periodischen jähen Krisen und Entschlüsse vertuschen. [...] noch das Wesen und Wirken eines allmählich in reicher Bildung und eigenster Produktion befestigten Gemütes einseitig ins Pathologische verzerren.«[77] In Hinsicht auf den politischen Kleist der späten Zeit erledigen sich Fragen wie diese ohnehin, so daß gesagt werden kann: »Darin offenbart sich Kleists sittliche Größe und der die krankhaften Anlagen besiegende gesunde Kern, daß [...] ihm der nationale Gedanke mehr galt als die einzelne Poesie.«[78] Von Moderne, in deren Nähe Kleist von Schriftstellern unseres Jahrhunderts wiederholt gebracht worden war, will man in solchen Auffassungen nichts wissen. Sogar dem Dichter der *Penthesilea* wird Klassizismus zuerkannt: »Kleist erscheint uns, um nur einen Kontrast anzudeuten, als der

---

[75] Die Wendung vom preußisch-deutschen Hofdichter bei Dirk Grathoff, *Text und Kontext*, S. 131.

[76] *Kleists Werke*, in Verbindung mit Georg Minde-Pouet und Reinhold Steig hg. von Erich Schmidt (Leipzig und Wien, o. J.), Bd. I, S. 39*.

[77] Ebda., S. 12.

[78] Ebda., S. 25*.

Antipode Tiecks durch die Geschlossenheit seiner Kunstformen, die Strenge seiner Charakteristik, die reine Wahrung der Gattungsgesetze«.[79] Klassizismus und Patriotismus werden wie selbstverständlich aufeinander bezogen: wo es das eine gibt, muß auch das andere vorhanden sein. Das Buch *Kleists Berliner Kämpfe* von Reinhold Steig stellt den Gipfelpunkt eines vorwiegend auf Restauration und preußisches Junkertum bedachten Kleistbildes dar[80]. Georg Minde-Pouet, der Schüler und Mitarbeiter Erich Schmidts, setzt diese Linie fort. Er auch ist es, der zu Beginn der zwanziger Jahre die Gründung einer Kleist-Gesellschaft mit Erfolg betreibt. Mitten in einer Zeit, in der der zu hohem Ansehen gelangte Kleist-Preis an namhafte Schriftsteller wie Hans Henny Jahnn, Bertolt Brecht, Robert Musil, Ernst Barlach, Carl Zuckmayer oder Anna Seghers verliehen wird, fällt ihm als Vorsitzenden dieser Gesellschaft nichts Besseres als der Spruch ein, den man nur widerstrebend zitiert: »Zu Kleist stehen heißt deutsch sein.« Es ist derselbe Forscher, der 1934 die im Namen Kleists tätige Gesellschaft dem Nationalsozialismus ausliefert[81]. Von Hypochondrie, Hysterie, von Exzentrik und verwandten Phänomenen muß nun nicht mehr die Rede sein. Das Heroische ist jetzt an der Zeit: »Kleist [...] sank dahin [...] als ein erstes Opfer [...] um den Tag der deutschen Erfüllung [...] heraufzuführen.«[82]

Ein Deutungsmuster anderer Art entsteht im George-Kreis. Auch hier ist Widerstand gegen die Modernität zu bemerken. Aber anders als in dem preußisch-deutschen Deutungsschema wird Kleists Verwandtschaft mit dem Geist der Moderne keineswegs bestritten. Doch gerade solche Zuordnungen werden kritisch gesehen und entsprechend beurteilt. Der literarischen Moderne stand man hier zunächst aufgeschlossen gegenüber. Von Baudelaire und Mallarmé war George selbst ausgegangen, und mit der Decadence der Jahrhundertwende verbanden ihn viele Fäden[83]. Aber mit der Bildung und Entwicklung des Kreises entfernt man sich zunehmend

---

[79] Ebda., S. 31*; ähnlich Heinrich Meyer-Benfey: »Kleist ist kein moderner Künstler. [...] Nicht als Bahnbrecher des modernen, sondern als Vollender des klassizistischen Dramas hat Kleist seine Stellung in der Weltgeschichte der Litteratur« (*Das Drama Heinrich von Kleists*. Zweiter Band. Kleist als vaterländischer Dichter (Göttingen, 1913), S. 514–515).

[80] Über Steigs Buch und seine Wirkung in der Kleistforschung vgl. Rolf Busch, *Imperialistische und faschistische Kleist-Rezeption* (Frankfurt, 1972); auch Dirk Grathoff, *Text und Kontext*, S. 132.

[81] Hierzu Klaus Kanzog, ›Vom rechten zum linken Mythos. Ein Paradigmawechsel der Kleist-Rezeption‹, in *Heinrich von Kleist. Studien zu Werk und Wirkung*, hg. von Dirk Grathoff (Opladen, 1988), S. 313.

[82] Gerhard Fricke, ›Schiller und Kleist als politische Dichter‹, in *Zs. f. Deutschkd.* (1934), S. 327.

[83] W. Rasch, *Die literarische Decadence*, S. 31.

von solchen Anfängen. Züge zu einer Neuklassik eigener Prägung entwik-
keln sich, gefördert vor allem durch den ersten namhaften Literarhistoriker
des Kreises, keinen anderen als Friedrich Gundolf. Hölderlin und Kleist
waren bei den Schriftstellern der frühen Moderne zumeist beide gemeinsam
geschätzt[84]. Im George-Kreis wird deutlich getrennt. Der junge Max Kommerell stellt in seinem Buch Klopstock, Herder, Goethe, Schiller, Jean Paul
und Hölderlin als Führer in der deutschen Klassik heraus[85]. Aber Kleist
wird in diese Ahnenreihe nicht aufgenommen. Seine Geringschätzung
hängt offensichtlich mit der Aversion zusammen, die man allem Modernen
entgegenbringt, bei Gundolf in verstärktem Maße. Schon die beiläufige
Erwähnung in dem 1911 veröffentlichten Buch *Shakespeare und der deutsche Geist* läßt aufhorchen, was Kleist angeht. Abermals wie bei Goethe und
in der Literaturkritik des neunzehnten Jahrhunderts werden krankhafte
Züge gegen ihn vorgebracht. Nur heißt es jetzt Hysterie statt Hypochondrie wie bei Goethe. Im Shakespearebuch lesen wir: »Was er als eigene,
unerhörte Nuance, aus eigenem Urerlebnis, hinzubrachte, [...] ist un-
shakespearisch, ja anti-shakespearisch: die vers-gewordene Hysterie, die
man so gern heute mit Leidenschaft verwechselt.«[86] Das sei lediglich Talent-
Sache, keine geistesgeschichtliche Tat. Mit dem 1916 erschienenen Goethe-
buch mußte sich der Abstand zur Moderne vertiefen; die Normen klassischer Ästhetik bestimmen mehr und mehr sein Denken. Die Abrechnung
mit dem Expressionismus nach dem Krieg gehört in diesen Zusammenhang
– wie das 1924 veröffentlichte Kleistbuch auch[87]. Vor allem das *Penthesilea*-
Drama wird zum Paradigma kranker Dichtung erklärt, und immer sind die
Werke auch die Spiegelbilder ihres Schöpfers. Gundolf kann sich dabei auf
den umstrittenen Satz – »mein innerstes Wesen liegt darin [...] der ganze
Schmerz zugleich und Glanz meiner Seele« – berufen[88]. Die Züge des

---

[84] Vgl. Alfred Döblin, *Schicksalsreise. Bericht und Bekenntnis* (Frankfurt, 1949), S. 158: »Aber
wie flammte ich auf, als mir die ›Penthesilea‹ von H. von Kleist begegnete, und wie richtete
sich mein Zorn gegen den kalten, gar zu wohl temperierten Goethe, der dieses Werk ab-
lehnte. Zu Kleist, den ich in mein erwachendes Herz schloß, gesellte sich Hölderlin. Kleist
und Hölderlin wurden die Götter meiner Jugend.«

[85] Max Kommerell, *Der Dichter als Führer in der deutschen Klassik* (Frankfurt, 1927).

[86] Friedrich Gundolf, *Shakespeare und der deutsche Geist* (Berlin, 1911). Hier zitiert nach der
Ausgabe von 1947, S. 318.

[87] Friedrich Gundolf, ›Stefan George und der Expressionismus‹, in *Die Flöte* 1920/1, Heft 3,
S. 217–221. Wieder abgedruckt bei Thomas Anz / Michael Stark, *Expressionismus. Mani-
feste und Dokumente zur deutschen Literatur 1910–1920* (Stuttgart, 1982), S. 92–97.

[88] Zum Streit um das Wort ›Schmerz‹ oder ›Schmutz‹, der kein Streit um Worte ist, verweise
ich auf zwei Veröffentlichungen, in denen ich mich ausführlicher geäußert habe, beidemale
zugunsten der seit Tieck überlieferten ›Lesart‹ Schmerz: *Kleists Aktualität. Neue Aufsätze
und Essays,* hg. von Walter Müller-Seidel (Darmstadt, 1981), S. 8–10; ›Kleists »Penthesilea«

Krankhaften in der Person können unbedenklich auf die Dichtung übertragen werden. »Das beständige Gespanntsein [...] die Mischung von blutiger Grausamkeit und schmelzender Weichheit, von männischem Trutz und weibischer Hysterie von Überschwang und Brutalität, [...] die somnambulen Entrückungen, die Dämmerzustände des überspannten und dabei doch ziellosen Geistes [...] all das ist in den Reden und Figuren des Achill und der Penthesilea dichter und unmittelbarer vergegenwärtigt als in irgendeinem anderen Stück Kleists.«[89] Mit den gegen die Moderne gerichteten Invektiven wird nicht gespart: »Kein Wunder, daß es [das Drama] ein Liebling des Zeitalters wurde dem die Götter und Geister sich in Reize und Triebe verdumpft und abgefeimt hatten [...]. Die Penthesilea ist die Vorläuferin der hysterischen Zustands- und selbstigen Ausdruckspoesie deren sichtbarste Zeichen in unseren Tagen gewisse Stücke Strindbergs sind.«[90] Hofmannsthals *Elektra* wird genannt als eine Art Kleist-Epigonentum; sie wird nicht zum erstenmal mit der *Penthesilea* in Verbindung gebracht. Schon 1905 hatte der ›Neuklassiker‹ Samuel Lublinski erklärt, daß Hofmannsthals Tragödie ohne die Werke des Ahnherrn, also ohne Kleist, nicht möglich gewesen wäre – und gefolgert, daß sich die Moderne allmählich erschöpfe, oder in seinen Worten: »daß wir uns im Kreise zu drehen und Epigonen zu werden beginnen«.[91] Die Postmoderne beginnt, kaum daß die Moderne begonnen hat. Daß es sich hinsichtlich Hysterie lediglich um Behauptungen handelt, die der Evidenz ermangeln, ist hier nur anzudeuten, nicht auszuführen. Kleists Drama und ihrer Hauptfigur Hysterie zu unterstellen, läuft auf eine Verharmlosung des gewaltigen Geschehens hinaus, auf eine Verkennung des unmenschlichen Amazonenstaates als dem Grund der Tragödie; und dem, der so wie Hofmannsthals Elektra nicht verdrängen will, was an grausamen Verbrechen im eigenen Elternhaus geschehen konnte, kann kaum Hysterie nachgesagt werden.

Mit den Positionen Gundolfs und des George-Kreises scheint die marxistische Literaturwissenschaft, die offizielle und die weniger offizielle, schlechterdings nichts zu tun zu haben. Und doch gibt es Übereinstimmungen und Annäherungen, die frappieren. Schon das Verdikt, das Franz Mehring über den angeblich seines Junkertums nie entwachsenen Dichter verhängte, stand nicht beziehungslos zum Kleistbild der preußisch-deutsch-

---

im Kontext der deutschen Klassik‹, in *Kleists Dramen. Neue Interpretationen*, hg. von Walter Hinderer (Stuttgart, 1981), S. 170–171.

[89] Friedrich Gundolf, *Heinrich von Kleist* (Berlin, 1924), S. 91.

[90] Ebda., S. 108.

[91] *Schriftsteller über Kleist*, S. 112.

nationalen Forschung[92]; nur wurde Kleists altpreußischer Konservativismus, wie ihn Steig ganz in seinem Sinn dargestellt hatte, nunmehr ins Gegenteil verkehrt und als Reaktion verurteilt. Was Mehring als Lessing-Legende in seinem bekannten Buch aufzeigt, hat Gewicht. Aber die simplifizierenden Bilder des Mittelalters und der Romantik am Ende dieses Buches sind Geschichtsklitterei. Das Mittelalter sei die ausgeprägte Klassenherrschaft der Junker und der Pfaffen gewesen, heißt es hier; danach der unhaltbare, auf Kleist bezogene Satz: »Der genialste Dichter der Romantik, Heinrich v. Kleist, ging unter in Irrsinn und Selbstmord«, natürlich infolge eines solcherart reaktionären Junkertums[93]. Im Gefolge Goethes und Hegels werden die Züge der Krankheit als Vorwurf und Makel erneut vorgebracht. So auch später und andernorts. Zum 150. Geburtstag des Dichters im Jahre 1927 liest man in der sozialistischen Breslauer *Volkswacht* schlimme Dinge: »Goethe ist ein europäischer Geist [...] Kleist ist eng, unwissend, borniert [...] Wir haben die Pflicht zu fordern, daß unsere Jugend nicht der wüsten Orgiastik Kleists ausgeliefert wird, nicht seinen Sadismen und Bluträuschen und somnambulen Wunderlichkeiten.«[94] Reaktionäres Junkertum und Psychopathologie ergeben das Negativbild eines Dichters, das lange Zeit in der marxistischen Literaturwissenschaft das vorherrschende war. An der Herstellung dieses Bildes war Georg Lukács als einer ihrer führenden Theoretiker maßgeblich beteiligt. Mehr noch ist es sein Kleistbild, das in einem Teil des deutschen Sprachgebiets Epoche machte.

Der 1936 im Exil verfaßte Artikel mit der doppelsinnigen Überschrift ›Die Tragödie Heinrich von Kleists‹ zielt in erster Linie auf das dichterische Werk im ganzen wie auf die Biographie; er zielt auf das Scheitern am Leben und auf den freiwilligen Tod, weniger auf die Tragödie als einer Gattung des Dramas. Dieser Aufsatz wurde 1953 in das Buch mit dem bezeichnenden Titel *Deutsche Realisten im neunzehnten Jahrhundert* übernommen, in dem außer Kleist auch Eichendorff, Büchner, Heine, Gottfried Keller, Raabe und Fontane vorgestellt werden[95]. Deutsche Realisten: damit ist schon

---

[92] Die These von Kleist, dem Junker, der er zeitlebens geblieben sei, geht auf Treitschke zurück. In einer Rezension der politischen Schriften hatte er 1862 ausgeführt, »daß Kleist im Herzen sein Lebtag preußischer Offizier der alten Schule blieb« (*Nachruhm*, Nr. 195, S. 158).

[93] Franz Mehring, *Die Lessing-Legende. Zur Geschichte und Kritik des preußischen Despotismus und der klassischen Literatur* (Stuttgart, ²1909), S. 415.

[94] *Volkswacht*, Breslau, vom 15. X. 1927; zitiert von D. Grathoff in *Text und Kontext*, S. 165.

[95] Zunächst in russischer Sprache erschienen; deutsch zuerst in *Internationale Literatur*, 8, S. 105–126; vgl. D. Grathoff, *Text und Kontext*, S. 169. Das Buch *Deutsche Realisten* (Berlin, 1953) wird mit diesem Essay eröffnet.

gesagt, welche Maßstäbe hier in Geltung sind: eben diejenigen eines als Norm verstandenen Realismus. Die Frontstellung gegen die Moderne ist ausgeprägt; und wie bei Gundolf, so richtet sich auch bei Lukács der Argwohn und der Unmut gegen sie und Kleist gleichermaßen. Nicht gänzlich blind für literarische Qualität, aber doch weithin, wird Kleist radikaler Nihilismus unterstellt, und Nihilismus sei es auch gewesen, der die Dichtung in den letzten Jahrzehnten der kapitalistischen Welt so außerordentlich »modern« gemacht habe[96]. Diese Gleichsetzung von Kapitalismus und Moderne hat Methode: die letztere ist, wie wir verstehen sollen, gar nicht modern. Daher die Anführungszeichen! Und indem sie als ein Produkt des Kapitalismus hingestellt wird, ist sie schon gerichtet – auf eine sehr billige Art, wie man finden kann. So auch wird es möglich, und aus solcher Sicht widerspruchsfrei, den »modernen« Kleist als einen Vertreter altpreußischen Junkertums herabzusetzen, als den Junker, der er zeit seines Lebens geblieben sei[97]. Hier wird die Kleist-Legende Mehrings wieder aufgenommen, von der schon die Rede war. Aber auch dem so anders gearteten Gundolf, dem bürgerlichen Literarhistoriker, bleibt Lukács verpflichtet, und die klassizistische Ästhetik haben sie gemeinsam. Das beständige Gespanntsein bei Kleist hatte Gundolf gerügt; von Gefühlsüberspannung spricht Lukács. Sie würde ins Hysterische und Monomanische gesteigert, führt er aus; und wie Gundolf wird Kleist auch bei Lukács zum Vorläufer dargestellter Hysterien des modernen Dramas. Er spricht von den modernen Tragikomödien der Hysterie. In der *Elektra* Hofmannsthals hätten sie ihren Gipfelpunkt erreicht. Aber die Verwerfung dieser Tragödie scheint ihm noch wichtiger zu sein als die Herabsetzung Kleists, wenn er allen Ernstes erklärt: »ästhetisch steht Hofmannsthal so tief unter Kleist, daß ein Vergleich dessen Andenken beleidigen würde«[98]. Solchen Verwerfungen liegt ein zeitloses, aus der Antike und aus der deutschen Klassik abgeleitetes Humanitätsideal zugrunde, das in die ›Titelgebung‹ der ersten deutschen Republik als einer Weimarer Republik hineingewirkt hat. Und wie Goethe aus dem ästhetischen Normensystem ausschließt, was er Hypochondrie nennt, so will man nunmehr aus ihm verbannt sehen, was man jetzt als Hysterie bezeichnet: als »Steigerung der Gefühlsspannung ins Hysterische«.[99] Fast ein halbes Jahrhundert nach Veröffentlichung der Hysterie-Studien Breuers und Freuds kümmert man sich wenig um das,

---

[96] *Deutsche Realisten*, S. 21.
[97] Ebda., S. 25.
[98] Ebda., S. 34.
[99] Ebda., S. 25.

was dieser Begriff medizinisch-psychiatrisch seither bedeutet. Unbeeindruckt von solchen Erkenntnissen wird ein Wort der Wissenschaftssprache als ein Schimpfwort der Umgangssprache mißbraucht. Das sagt sehr viel über fortwirkende Vorurteile in Fragen psychischer Krankheit. Daß sich Georg Lukács ein solches Pamphlet zuschulden kommen ließ, ist aus der Zeitlage verständlich, mag man einwenden. Die Art, wie man Kleist in der Zeit des Nationalsozialismus zu vereinnahmen suchte, was freilich auch anderen Dichtern widerfahren ist, haben wir in Rechnung zu stellen[100]. Eine solche ›Vereinnahmung‹ könnte verständlich machen, daß dieser Aufsatz mit seinen zahlreichen Fehlern und Fehlurteilen so gründlich mißriet. Aber kann sie das? Für die politischen Aspekte mag das allenfalls zutreffen, aber die Art, wie man in unserem Jahrhundert unbestimmte und unausgewiesene Krankheitsbegriffe zum Zweck der Herabsetzung gebraucht, ist, recht besehen, unentschuldbar.

Dagegen erscheint es verständlich, wenn eines Tages gegenüber einem solchen Literaturdogma aufbegehrt wird. Dem Schriftsteller Günter Kunert, der damals noch in der Deutschen Demokratischen Republik lebte, riß über solcher Behandlung eines großen Dichters der Faden der Geduld. Aufgefordert, sich an einer Publikation *Schriftsteller über Kleist* zu beteiligen, schrieb er verärgert sein ›Pamphlet für K.‹, das dann freilich in diese Publikation nicht aufgenommen werden konnte. Die fortwährende Zurücksetzung Kleists gegenüber Goethe und dem Erbe der Klassik war der Anlaß seiner Richtigstellung, seines Pamphlets zugunsten Kleists und seiner Verwandten, wie in der Verwendung des Anfangsbuchstabens angedeutet werden soll. Aus der Sicht der Moderne stellt er die ästhetischen Normen in Frage, die eine solche Zurücksetzung bewirkt haben und legt dar, »daß jedes wirklich große und bedeutende Kunstwerk aus einer extremen (nicht »normalen«) Geistes- und Gefühlsverfassung produziert wird; nämlich: daß erst einer erkranken muß an der Welt, um sie diagnostizieren zu können als das Heillose schlechthin«[101], und in einer etwas zugespitzten Formulierung heißt es in diesem Zusammenhang, »daß der einzelne seelisch nur so krank sein kann, wie ihn die Gesellschaft krank macht«. Sätze Peter

---

[100] Hierzu Peter Goldammer in der Einleitung zu dem Buch *Schriftsteller über Kleist*, S. 25: »Wir freilich sind der Meinung, daß die von Lukács verketzerte Linie der Kleist-Rezeption [...] nahezu die einzige Gegenposition zu dem systematisch betriebenen und offiziell geförderten Mißbrauch dieses Werkes für die Zwecke einer imperialistischen, präfaschistischen und faschistischen Propaganda war.«

[101] Günter Kunert, ›Pamphlet für K.‹, in *Sinn und Form*, 27 (1975), Heft 5, S. 1091–1097. Wieder abgedruckt in dem Band *Die Aktualität Kleists*, S. 223–231. Zitate nach diesem Wiederabdruck, hier S. 225/6.

Szondis werden an dieser Stelle zitiert, die es verdienen, daß man sie in Erinnerung bringt: »Krankheit, Unnatur: das sind Urteile, die übers Ästhetische weit hinausgreifen und nicht bloß ein Kunstwerk als schlechtes verwerfen, sondern den Weg bahnen zu einem Verdikt, von dem das Lebensrecht des Künstlers selber ereilt wird. [...] Das beginnt mit der Verdammung der französischen Klassik als naturferner Kunst, führt zu Goethes Urteil über die Kleistsche Dichtung als Zeichen von Krankheit, von Hypochondrie, und mündet in die Barbarei, in der, was der eigenen Vorstellung vom Gesunden sich nicht fügte, als entartet verfolgt wird: die Kunst ebenso wie der Künstler«.[102]

Man könnte auch sagen, das sind Urteile, die in Verbindung mit Degenerationslehre, Biologismus, Sozialdarwinismus und anderen Entwicklungen neuzeitlicher Wissenschaft weit hinausführen – in die Ästhetik der Moderne mitten hinein, sofern sie zu solchen Entwicklungen in Opposition tritt. Das Einmünden in die Barbarei von dem hier gesprochen wird, hat man sich gewiß nicht als eine gerade Linie der Zwangsläufigkeit vorzustellen. Was mit der Verdammung der französischen Klassik beginnt und sich mit Goethes Urteil über Kleist fortsetzt, ist natürlich nicht als eine Art Präfaschismus zu interpretieren, weil vieles noch hinzukommen muß, ehe man berechtigt ist, solche Verbindungen herzustellen. Aber je näher man der Barbarei kommt, die es in unserem Jahrhundert gegeben hat, um so bedenklicher erweist sich der unbedenkliche Umgang mit Begriffen, die den Weg dorthin bahnen können. Entartung ist ein solcher Begriff, und Dekadenz, längst abgelöst von seinem medizinisch-biologischen Kontext, ist nur ein anderes Wort zur Bezeichnung derselben Sache. Es ist ein polemisches Wort in der Art, wie man es gebraucht, indem man es auf Bereiche der Kunst überträgt. Schon in den Anfängen der Moderne hat man Entartung oder Dekadenz gesagt, um sie zu diffamieren[103]. Der Aufsatz von Lukács steht in dieser Tradition. Vom »dekadenten Weltgefühl« Kleists ist die Rede, von »dekadenten Zügen des preußischen Junkers« oder von der »Ausbreitung der dekadenten Gefühle auf breite Schichten des Bürgertums«[104]. Vermeintlich reaktionäre Symptome in der Biographie des Dichters sollen ebenso getroffen werden wie die krankhafte Moderne, sofern sie sich zu einem Dichter wie Kleist bekennt, dem Hypochondrie, Hysterie oder Exzentrik angedichtet wird. Der Legenden sind viele. Es ist ein Verdienst der

---

[102] Ebda., S. 224–225.
[103] Sicher in der denkbar schlimmsten Form bei Max Nordau, *Entartung* (Berlin, 1893), 2 Bde.
[104] *Deutsche Realisten*, S. 21, S. 33.

Schriftstellerin Anna Seghers, daß sie solchem Mißbrauch der Begriffe entgegengetreten ist. Energisch hat sie sich dagegen gewehrt und verwahrt, daß Georg Lukács Dekadenz sagt, wo man es mit bedeutender Dichtung zu tun hat. Das ist in ihrer Rede mit dem Titel ›Vaterlandsliebe‹ geschehen, gehalten 1935 auf einem Schriftstellerkongreß in Paris. Sie macht geltend, daß die ›kranken‹ Dichter nicht losgelöst von ihrer Gesellschaft zu sehen sind und erinnert an eine Rede Gorkijs, in der dieser über die gesellschaftliche Bedeutung von Geisteskrankheiten gehandelt habe. Wörtlich heißt es: »Bedenkt die erstaunliche Reihe der jungen, nach wenigen übermäßigen Anstrengungen ausgeschiedenen deutschen Schriftsteller. Keine Außenseiter und keine schwächlichen Klügler, sondern die besten: Hölderlin, gestorben im Wahnsinn, Georg Büchner, gestorben durch Gehirnkrankheit im Exil, Karoline Günderode, gestorben durch Selbstmord, Kleist durch Selbstmord, Lenz und Bürger im Wahnsinn. [...] Diese deutschen Dichter schrieben Hymnen auf ihr Land, an dessen gesellschaftlicher Mauer sie ihre Stirnen wund rieben.«[105] Der anschließend geführte Briefwechsel mit Lukács über die Zulässigkeit oder Zuverlässigkeit des Dekadenzbegriffs hat die Einsicht nicht erbracht, die zu erhoffen gewesen wäre: der Literaturphilosoph blieb mit Berufung auf Goethe im Banne eines solcherart noch einmal sanktionierten Klassizismus. Die Tragödie Heinrich von Kleists, diejenige seines Lebens wie die literarische Gattung in seinem Werk, blieb ihm fremd, wie die literarische Moderne ihm fremd bleiben mußte. Mit ihrem Plädoyer für die Dichter, und zumal die ›kranken‹, die sich an der gesellschaftlichen Mauer ihre Stirnen wund gerieben haben, hat Anna Seghers etwas wiedergutgemacht. Sie hat auf ihre Art und aus ihrer Sicht den Anschluß an die Moderne wiederhergestellt. Es sind nicht wenige, die vor ihr versagten, als es längst an der Zeit gewesen wäre, sie nicht mit hergeholten Theorien zu verwerfen, sondern sie zu verstehen, was ja nicht heißen muß, daß man allen ihren Parolen blindlings und bedingungslos folgt. Aber mit Widerstand gegen die Modernität haben die Vorbehalte gegenüber diesem Dichter und die Verdikte, die über sein dichterisches Werk ergangen sind, sehr viel zu tun. Goethes Wort über Kleists Hypochondrie hat trotz zahlreicher Gegenstimmen von Anfang an bis in unser Jahrhundert fortgewirkt.

Aber was war sie nun eigentlich und was verbirgt sich hinter dem undeutlichen Krankheitsbegriff, um den es sich handelt? Bedenkt man, wie

---

[105] Anna Seghers, *Kunstwerk und Wirklichkeit*, hg. von Sigrid Bock. 3 Bde. (Berlin, 1971), Bd. I, S. 65ff.; zitiert von D. Grathoff, *Text und Kontext*, S. 166.

leichtfertig man in diesem Zeitalter der Wissenschaft mit dem Wortschatz
einer Wissenschaft umgegangen ist – Hypochondrie, Hysterie, Exzentrik,
Verrücktheit, Wahnsinn, unheilbare Krankheit – so könnte es auch heute
noch an der Zeit sein, Richtigstellungen vorzunehmen und sich Unbewiese-
nes zu verbitten, also Diagnosen zu ermitteln. Solche Ermittlungen aber
könnten nur sinnvoll sein, wenn sie von der Einsicht geleitet würden, daß
von der Darstellung seelischer Krankheit im literarischen Text auf einen
›geisteskranken‹ Dichter nicht eo ipso zu schließen sei. Solcher Kurz-
schlüsse haben sich noch in unserem Jahrhundert Gundolf wie Lukács
schuldig gemacht – infolge eines engen und eben klassizistischen Begriffs
von Literatur. Daß Kleists Dichtung nicht ›kranke‹ Dichtung ist, weil
›Krankes‹ und dem Bewußtsein Entzogenes dargestellt erscheint, versteht
sich inzwischen von selbst. Die ›Ermittlungen‹ hätten sich weithin auf die
Person zu verlagern, um die Situationen zu erhellen, aus denen dieses
dichterische Werk hervorgegangen ist, auf die Untersuchung der wiederhol-
ten ›Zusammenbrüche‹, wie man die Krisen und Krankheiten behelfsweise
bezeichnet, die dieses Leben begleiten. Diese ›Zusammenbrüche‹ sind pha-
sischer Art, und offensichtlich nehmen sie keinen progredienten Verlauf.
Euphorie und Verzweiflung wechseln einander ab, und fast könnte es
scheinen, als wirkten sie beide in die »Krankheit zum Tode« hinein. Dennoch verbleibt man mit solchen Ermittlungen immer nur im Vorfeld des
Verstehens. Obschon man es unverkennbar mit einer von Leiden gezeich-
neten Dichterexistenz zu tun hat, erschließt sie sich doch nicht in medizi-
nisch-diagnostischen Begriffen. Darauf zielt Heinz Politzer mit seiner
Aussage über die Würzburger Reise: » sie war die Ausgangsstation eines
Passionsweges, der von Krise zu Krise in ein Schöpfertum von einzigarti-
gem Rang führte.«[106] Dichtung also als eine Art Lebensrettung, als eine
mögliche Selbsttherapie[107]: Dasein erweist sich als tragfähig, so lange das
Vertrauen erhalten bleibt in das, was Dichtung zu wirken vermag. Das
Leben wird aufgegeben in dem Augenblick, in dem dieses Vertrauen
zerbricht. Literatur wird Literatur der Existenz. In ihr geht es nicht mehr
nur um einzelne Grenzsituationen, die sie darzustellen sucht. Sie ist selbst
eine Grenzsituation. Auch aus diesem Grund ist es berechtigt, mit Beziehung auf Kleist zu sagen: Die Moderne beginnt.

---

[106] Heinz Politzer, S. 201 (vgl. Anm. 1).
[107] Hierzu Adolf Muschg, *Literatur als Therapie? Ein Exkurs über das Heilsame und das
Unheilbare* (Frankfurt, 1981), S. 81ff. über Kleist: »Daß mir auf Erden nicht zu helfen war.«

Wissenschaftliche Veröffentlichungen von Hans Reiss

1. Bücher und Editionen

Franz Kafka, eine Betrachtung seines Werkes (Heidelberg, 1952; 2. Auflage 1956).
The Political Thought of the German Romantics (1793–1815), hg. von Hans Reiss (Oxford, 1955).
Goethes Romane (Bern und München, 1963).
Emanuel Geibel: Briefe an Henriette Nölting, hg. von Hans Reiss und Herbert Wegener, Veröffentlichungen der Stadtbibliothek Lübeck, Neue Reihe, 6 (Lübeck, 1963).
Politisches Denken in der deutschen Romantik, Dalp-Taschenbücher, 386 (Bern und München, 1966).
Goethe's Novels (London, 1969; Miami University Press, 1971).
Kant's Political Writings, hg. von Hans Reiss (Cambridge, 1970; neue Auflagen 1971, 1977).
Goethe's Die Wahlverwandtschaften, hg. von H. B. Nisbet und Hans Reiss (Oxford, 1971).
Goethe und die Tradition, hg. von Hans Reiss (Frankfurt am Main, 1971).
Kants politisches Denken (Bern, Frankfurt am Main, Las Vegas, 1977).
The Writer's Task from Nietzsche to Brecht (London, 1978; Totowa, New Jersey, 1978).

2. Aufsätze und Beiträge zu Sammelwerken

›The Significance of Arthur Schnitzler‹, *Hermathena*, 56 (1945), S. 72–84.
›The Problems of Fate and of Religion in the Work of Arthur Schnitzler‹, *The Modern Language Review*, 10 (1945), S. 300–308.
›Franz Kafka‹, *German Life and Letters*, N.S., 1 (1948), S. 186–194.
›A Note on *Der Zug der Schatten,* an Unpublished Play by Arthur Schnitzler‹, *German Life and Letters*, N.S., 1 (1949), S. 222–224.

›Franz Kafka's Conception of Humour‹, *The Modern Language Review*, 44 (1949), S. 534–542.

›Zwei Erzählungen Franz Kafkas: Eine Betrachtung‹, *Trivium*, 8 (1950), S. 218–242.

›On Some Images in *Wilhelm Meisters Lehrjahre*‹, *Publications of the English Goethe Society*, N.S., 20 (1950), S. 111–138.

›Kafka's Letters to Milena‹, *German Life and Letters*, N.S., 7 (1951), S. 44–47.

›Bild und Symbol in *Wilhelm Meisters Wanderjahre*‹, *Studium Generale*, 6 (1953), S. 340–348.

›The Political Ideas of the German Romantic Movement‹, *German Life and Letters*, N.S., 8 (1954), S. 1–8.

›Zum Stil und zur Komposition in der deutschen Prosaerzählung der Gegenwart‹, *Studium Generale*, 8 (1955), S. 19–31.

›Eine Neu-Ordnung der Werke Kafkas‹, *Akzente*, 2 (1955), S. 553–555.

(mit Leonard Forster) ›International Germanistics in Rome‹, *German Life and Letters*, N.S., 9 (1956), S. 125–129.

›Kant and the Right of Rebellion‹, *Journal of the History of Ideas*, 17 (1956), S. 179–192.

›The Criticism of Heine since the War. An Assessment‹, *German Life and Letters*, N.S., 9 (1956), S. 210–219.

›Recent Kafka-Criticism. A Survey‹, *German Life and Letters*, N.S., 9 (1956), S. 294–305 (auch abgedruckt in *Kafka*, hg. von Ronald Gray (New York, 1963)).

›A Comment on »Die beiden Zettel Kafkas«‹, *Monatshefte für den Deutschen Unterricht, die Deutsche Sprache und Literatur*, 48 (1956), S. 152–153.

›The Concept of the Aesthetic State in the Work of Schiller and Novalis‹, *Publications of the English Goethe Society*, N.S., 26 (1957), S. 26–51.

›Konservatives Denken in England. Zur politischen Theorie von Michael Oakeshott‹, *Studium Generale*, 10 (1957), S. 161–165.

(mit Christopher Middleton) ›German Literature 1880 to the Present Day‹, *The Year's Work in Modern Language Studies*, 28 (1956), S. 377–399.

›Der Gang der Kafka-Forschung‹, in *Franz Kafka. Eine Bibliographie*, hg. von R. Hemmerle (München, 1958), S. 13–18.

›The Criticism of Heine in the Heine-Jahr. A Survey‹, *German Life and Letters*, N.S., 10 (1958), S. 130–135.

›Stil und Struktur im modernen europäischen experimentellen Roman‹, *Akzente*, 5 (1958), S. 202–213.

›The Study of Heinrich Heine, Retrospect and Prospect‹, *The German Quarterly*, 32 (1959), S. 3–10.

›*Die Leiden des jungen Werthers*. A Re-consideration‹, *The Modern Language Quarterly*, 20 (1959), S. 81–96.

›Style and Structure in Modern Experimental Fiction‹, in *Stil- und Formprobleme der Literatur*, hg. von P. Böckmann (Heidelberg, 1959), S. 419–424.

›Fichte als politischer Denker‹, *Archiv für Rechts- und Sozialphilosophie*, 48 (1962), S. 159–178.

›Goethes *Wilhelm Meisters Wanderjahre*. Der Weg von der ersten Fassung zur zweiten‹, *Deutsche Vierteljahrsschrift für Literaturwissenschaft und Geistesgeschichte*, 39 (1965), S. 34–57.

›Report on the Third International Germanistenkongress, Amsterdam, 1965, »Ursprünglichkeit und Tradition«‹, *German Life and Letters*, N.S., 19 (1966), S. 316–319.

›Tradition in Modern Poetry. T. S. Eliot and Rainer Maria Rilke. A Comparison‹, *Actes du IVe Congrès de l'Association Internationale de Littérature Comparée* (Fribourg, 1966), S. 1122–1127.

›*Wilhelm Meisters Theatralische Sendung*. Ernst oder Ironie?‹, *Jahrbuch der Deutschen Schiller-Gesellschaft*, 10 (1967), S. 268–296.

›Justus Möser und Wilhelm von Humboldt. Konservative und liberale politische Ideen im Deutschland des 18. Jahrhunderts‹, *Politische Vierteljahresschrift*, 8 (1967), S. 23–39.

›Mehrdeutigkeit in den *Wahlverwandtschaften*‹, *Jahrbuch der Deutschen Schiller-Gesellschaft*, 14 (1970), S. 366–396.

›Goethe als realistischer Romandichter‹, *Colloquia Germanica* (1971), S. 256–266.

›Kafka on the Writer's Task‹, *The Modern Language Review*, 66 (1971), S. 113–124.

›The Problem of Demarcation in the Study of Literature. Some Reflections‹, *Deutsche Vierteljahrsschrift für Literaturwissenschaft und Geistesgeschichte*, 46 (1972), S. 189–212.

›Das Abenteuer des Wissens. Zum Denken Sir Karl Poppers‹, *Schweizer Monatshefte*, 52 (1973), S. 799–806.

›*Hermathena* and German Studies‹, *Hermathena*, 115 (1973), S. 33–40.

›Nietzsches *Geburt der Tragödie*. Eine kritische Würdigung‹, *Zeitschrift für Deutsche Philologie*, 98 (1973), S. 481–511.

›Nietzsche's *Birth of Tragedy* after a Century‹, *Journal of the Faculty of Arts, Royal University of Malta*, 6 (1975), S. 111–136.

›Of the Use and Abuse of Literary Terms. Some Reflections‹, *Oxford German Studies*, 10 (1979), S. 1–21.

›Lustspielhaftes in *Wilhelm Meisters Lehrjahre*‹, in *Goethezeit. Festschrift für Stuart Atkins* (Bern und München, 1981), S. 129–144.

›Musil and the Writer's Task in the Age of Science and Technology‹, in *Musil in Focus*, hg. von Lothar Huber und John J. White (London, 1982), S. 41–53.

›Sternheim – ein Satiriker!?‹, *Deutsche Vierteljahrsschrift für Literaturwissenschaft und Geistesgeschichte*, 57 (1983), S. 321–343.

›Goethe on War: Some Reflections on *Campagne in Frankreich*‹, *Publications of the English Goethe Society*, 53 (1983), S. 98–123.

›Das »Poetische« in *Wilhelm Meisters Lehrjahren*‹, *Goethe Jahrbuch*, 101 (1984), S. 112–128.

›Die Deutsche Mission – ein heikles Thema‹, *Akten des VII. Internationalen Germanisten-Kongresses, Göttingen 1985*, Band 9, S. 215–219.

›Zu Goethes *Belagerung von Mainz*. Einige Überlegungen‹, in *Romantik und Moderne. Festschrift für Helmut Motekat*, hg. von E. Huber-Thoma und G. Adler (Frankfurt am Main, Bern, New York, 1986), S. 399–430.

›Goethe, Möser and the Aufklärung: The Holy Roman Empire in *Götz von Berlichingen* and *Egmont*‹, *Deutsche Vierteljahrsschrift für Literaturwissenschaft und Geistesgeschichte*, 60 (1986), S. 609–644.

›Goethes Großonkel und die Politik. Die politischen Anschauungen Johann Michael von Loens (1694–1776)‹, *Jahrbuch der deutschen Schillergesellschaft*, 30 (1986), S. 128–160.

›Thomas Mann and Novalis: On Thomas Mann's Attitude to Romantic Political Thought during the Weimar Republic‹, in *Echoes and Influences of German Romanticism. Essays in Honour of Hans Eichner*, hg. von M. S. Batts u. a. (New York, 1987), S. 133–154.

›Goethe über den Krieg. Einige Überlegungen zu *Campagne in Frankreich*‹, *Goethe Jahrbuch*, 104 (1987), S. 11–30.

›Goethe's Great-Uncle, Johann Michael von Loen (1694–1776), as a Traveller‹, *German Life and Letters*, N. S., 41 (1988), S. 384–392.

3. Rezensionen

Fast 200 Rezensionen und Buchbesprechungen in verschiedenen Zeitschriften (vor allem *German Life and Letters*, *Modern Language Review*, *Colloquia Germanica*) und Zeitungen (vor allem *FAZ*, *Neue Zürcher Zeitung*, *Die Welt*, *Times Higher Education Supplement*).

Tabula Gratulatoria

Professor Antonio d'Andrea, McGill University, Montreal
Dr. Thomas Anz, München
Professor William Ashworth, University of Bristol
Professor A. F. Bance, University of Southampton
Professor Dr. Wilfried Barner, Universität Tübingen
E. M. Batley, Goldsmiths' College, London
Professor Dr. Roger Bauer, Universität München
Professor Peter Beicken, University of Maryland
Professor B. G. Benfey, McGill University, Montreal
Professor Clifford Albrecht Bernd, University of California, Davis
Professor Dr. Martin Bircher, Herzog August Bibliothek, Wolfenbüttel
Professor Eric Blackall, Cornell University
Elizabeth Boa, University of Nottingham
Professor Peter Boerner, University of Indiana, Bloomington
Professor Dr. Dieter Borchmeyer, Universität Heidelberg
Professor Dr. Bernhard Böschenstein, Université de Genève
Dr. N. Boyle, University of Cambridge
Professor Peter Branscombe, University of St. Andrews
Professor Dr. Richard Brinkmann, Universität Tübingen/University
    of California, Berkeley
Professor Michael Butler, University of Birmingham
Professor and Mrs. F. L. Carsten, London School of Economics
Professor T. J. Casey, University College Galway
Professor Raymond Chapman, London School of Economics
Professor August Closs, University of Bristol
Dr. Rosemary Combridge, Queen Mary College, London
Professor Michael Costeloe, University of Bristol
Professor Peter M. Daly, McGill University, Montreal
Professor Peter Demetz, Yale University
Hilde Domin, Heidelberg
Professor Dr. Alfred Doppler, Universität Innsbruck

Professor Hans Eichner, University of Toronto
Dr. Karl H. Essig, Montreal
Professor Dr. Konrad Feilchenfeldt, Universität München
Professor Dr. Gonthier Louis Fink, Université II de Strasbourg
Professor Karl J. Fink, St. Olaf College, Northfield, Maine
Professor Dr. Hermann Fischer, Universität Mannheim
Dr. John L. Flood, Institute of Germanic Studies, University of London
Professor Leonard Forster, University of Cambridge
Professor Frank M. Fowler, Queen Mary College, London
Eleonore und Hans-Jost Frey, Universität Zürich
Professor Dr. Hans Fromm, Universität München
Professor Dr. Wolfgang Frühwald, Universität München
Professor P. F. Ganz, Herzog August Bibliothek, Wolfenbüttel
Dr. Mary Garland, University of Exeter
Dr. Howard Gaskill, University of Edinburgh
Professor C. H. Gifford, University of Bristol
Professor W. A. Gillespie, University of Bristol
Dr. O. Glaser, Dublin
Dr. Otto Göhre, Wilhelmsfeld über Heidelberg
Professor T. E. Goldsmith-Reber, McGill University, Montreal
Margaret Goodbody, University of Bristol
Professor Dr. Jörn Göres, Goethe-Museum Düsseldorf
Professor Dr. Gerhart von Graevenitz, Universität Konstanz
Professor Pierre Grappin, Paris
Dr. Ronald Gray, University of Cambridge
Professor D. H. Green, University of Cambridge
Dr. A. Grenville, University of Bristol
Professor Dr. Siegfried Grosse, Universität Bochum
Professor Karl S. Guthke, Harvard University
Professor Dr. Karl-Heinz Hahn, Goethe- und Schiller-Archiv, Weimar
Professor Dr. Wolfgang Harms, Universität München
Professor A. J. Harper, University of Strathclyde
Professor Henry Hatfield, Harvard University
Professor Wolfgang Hempel, University of Toronto
Professor Dr. Arthur Henkel, Universität Heidelberg
Frau Claire Hennig, Basel
Dr. John Hibberd, University of Bristol
Norman Higham, University of Bristol
Professor Dr. Walter Hinck, Universität zu Köln

Professor Dr. Alois Hofman, Karlova Univerzita, Praha
B. Hooberman, London
Professor W. D. Howarth, University of Bristol
Professor Kenneth Ingham, University of Bristol
Professor Dr. Hans Dietrich Irmscher, Universität zu Köln
Dr. Margaret C. Ives, University of Lancaster
Dr. Eva Jahn-Fehsenbecker, Mannheim
Professor Dr. Gerhard Kaiser, Universität Freiburg
Professor Dr. Werner Keller, Universität zu Köln
Sir John Kingman, University of Bristol
Professor Stephan Körner, University of Bristol
Professor Bernd Kratz, University of Kentucky
Dr. W. Krechtler, Mannheim
Professor Dr. Hans-Henrik Krummacher, Universität Mainz
Dr. Paul Kussmaul, Universität Mainz
F. J. Lamport, University of Oxford
Dr. Carl Ludwig Lang, Francke Verlag, Bern
Professor Victor Lange, Princeton University
Professor Herbert Lehnert, University of California, Irvine
Joseph Leighton, University of Bristol
Michael Levene, University of Bristol
Professor Kaspar T. Locher, Reed College, Portland, Oregon
Professor C. P. Magill, University College of Wales, Aberystwyth
Professor Dr. Fritz Martini, Universität Stuttgart
Professor Dr. Alberto Martino, Universität Wien
Professor H. T. Mason, University of Bristol
Professor Winder McConnell, University of California, Davis
Professor A. Menhennet, University of Newcastle upon Tyne
Professor Dr. Peter Michelsen, Universität Heidelberg
Dr. K. A. G. Mills, University of Bristol
Dr. Estelle Morgan, University of Bristol
Michael Morgan, Bristol
Professor Dr. Walter Müller-Seidel, Universität München
Dr. und Frau Hans-Rudolf Mueller-Steiger, Zollikon
Georg von Neubronner, Embassy of the German Federal Republic, London
Professor Dr. Gerhard Neumann, Universität München
Professor H. B. Nisbet, University of Cambridge
Professor John Osborne, University of Warwick

Professor Dr. Kurt Otten, Universität Heidelberg
Professor Dr. Erwin Walter Palm, Universität Heidelberg
Professor E. E. Papst, University of Southampton
Professor Idris Parry, University of Manchester
J. H. M. Parry, University of Bristol
Professor Roger Paulin, University of Manchester
Professor Richard Peace, University of Bristol
Professor Ronald Peacock, University of London
Professor Dr. Christoph Perels, Bibliothek des Freien Deutschen
  Hochstifts, Frankfurt am Main
Professor Dr. Karl Pestalozzi, Universität Basel
Professor Sir Karl Popper, London School of Economics
Professor Dr. Peter Pütz, Universität Bonn
Dr. Stanley Radcliffe, University of Bristol
Professor John Reddick, University of Liverpool
Professor T. J. Reed, University of Oxford
Professor Nigel B. R. Reeves, University of Surrey
Dr. J. H. Reid, University of Nottingham
Professor Horst Richter, McGill University, Montreal
Professor J. M. Ritchie, University of Aberdeen
Mrs. Elaine Robson-Scott, London
Irmgard und Herbert Rockohl, Rieseby
Professor Dr. Hans-Gert Roloff, Freie Universität Berlin
Dr. Wolfgang Rothe, Heidelberg
Professor Niall Rudd, University of Bristol
Professor Dr. Wolfgang Ruttkowski, Kyoto Sangyo University
Professor Eda Sagarra, Trinity College Dublin
Walter Scheel, Bundespräsident a. D., Köln
Marga E. Schmitz, Deutscher Akademischer Austauschdienst, Bonn
Professor Dr. Albrecht Schöne, Universität Göttingen
Dr. Renate Schostack, Frankfurter Allgemeine Zeitung
Professor Hans-Joachim Schrimpf, Universität Bochum/New York
Professor Dr. Wulf Segebrecht, Universität Bamberg
Professor Dr. Hinrich Seidel, Universität Hannover
Professor Helfried W. Seliger, University of Toronto
Professor Dr. Friedrich Sengle, Universität München
Dr. Frank Shaw, University of Bristol
Stephen Silber QC, London
Professor Walter H. Sokel, University of Virginia

Professor Dr. Werner Stauffacher, Université de Lausanne
Dr. R. H. Stephenson, University of Glasgow
Professor Richard Stephenson, McGill University, Montreal
Professor Dr. Martin Stern, Universität Basel
Professor Pamela D. Stewart, McGill University, Montreal
Professor Dr. Georg Stötzel, Universität Düsseldorf
Professor Dr. Rudolf Suehnel, Universität Heidelberg
Professor Martin Swales, University College London
Professor Marian Szyrocki, Uniwersytet Wroclawski
Professor R. J. Taylor, University of Sussex
Dr. Kurt Ticher and family, Dublin
P. F. Ticher, Sutton, Surrey
Professor James Trainer, University of Stirling
Professor Erika Tunner, Université de Lille
Frau Johanna Vatter, Freiburg i. B.
Professor John Vincent, University of Bristol
Professor Hans Vogt, Neckargemünd
Dr. Colin Walker, The Queen's University of Belfast
Professor Gertrud Waseem, Acadia University
Bruce Watson, Royal Holloway and Bedford New College, London
Mrs. Hermann J. Weigand, New Haven, Connecticut
Professor Glynne Wickham, University of Bristol
Heinrich Wiedemann, Bristol
Professor John Wilkie, University of Aberdeen
Professor Elizabeth M. Wilkinson, University College London
Dr. John R. Williams, University of St. Andrews
Professor Rhys W. Williams, University College of Swansea
Professor Dr. Manfred Windfuhr, Universität Düsseldorf
Professor R. A. Wisbey, King's College London
Professor William Witte, University of Aberdeen
Professor Wolfgang Wittkowski, State University of New York at Albany
Evan Wright, University of Bristol
Professor Dr. Hans Wysling, Thomas Mann Archiv, Zürich
Professor W. Edgar Yates, University of Exeter
Dr. Hartmut Zelinski, München
Professor Dr. Bernhard Zeller, Deutsches Literaturarchiv, Marbach a. N.
Professor Dr. Rolf Christian Zimmermann, Universität zu Köln
Professor T. Ziolkowski, Princeton University
Professor Dr. Viktor Žmegač, Univerzitet Zagreb